世界传世藏书

【图文珍藏版】

哈佛管理全集

马松源⊙主编

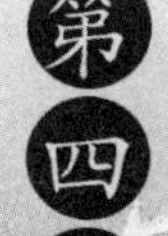

线装书局

（三）自有品牌，问题到底出在哪

罗布·普莱斯（Rob Price）于1997年从顶级商学院毕业后，就直接到H-E-B超级市场任职，不久之后，于2000年早期，就被任命为自有品牌的副总裁。他提到了许多使得H-E-B成为市场领袖的优势。比如，这个超级市场干净、清洁，同时市场内部的员工待客友好，在货架上有着品种丰富的各类商品，并且它的肉类和农产品部以其新鲜美味而著称。除去以上优点，H-E-B同时还在开展其承诺的每天低价活动。

在罗布对货架上的商品一通赞美之后，他把注意力集中到了他自己负责的相关领域——自有品牌商品组合。H-E-B的自有品牌覆盖3 000类商品，主要集中在两大品牌群：H-E-B品牌和。HCF（Hill Counry Fale）品牌。罗布·普莱斯评论道：

H-E-B的自有品牌是公司持续成功的关键。现在，我们的自有品牌商品占据了总销售额19%的比重，获得的边际收益率比全国知名品牌商品高50%。更为重要的是，我们通过对自有品牌商品系列的管理可以加深与消费者的联系。我们的总裁，查尔斯·巴特（Charles Butt）对于公司自有品牌业务非常热心，认为这个业务背后的经济和战略的潜力有待进一步挖掘。

事实上，自有品牌商品一般贴有H-E-B的商标（很自然，这是巴特的家族名）。他对自有品牌商品的质量非常认真，对其市场表现情况非常关注。他提道：当我在30年前第一次接手这个公司的时候，H-E-B还是一个明显的自有品牌公司。当认识到顾客对全国性品牌的兴趣后，我潜意识中开始着手建设一个强大的全国知名品牌形象。今天，我们需要在自有品牌商品和全国性品牌商品之间找到一个适当的平衡点。我知道自有品牌非常重要，但是，我不确定让自有品牌占40%比重的欧洲模式是否适合我们，当然，也没有一家商店是被全国性品牌控制的。我打算在接下来的五年中把自有品牌的比重提高到30%。

由于查尔斯·巴特对于自有品牌有着极大的兴趣，他经常就自有品牌的战略和战术问题，直接询问各部门经理。举例来说，冰川矿泉水（冰川矿泉水）是在罗布·普莱斯执掌自有品牌部门后不久推出的一个商品。巴特对H-E-B的自有品牌——冰川矿泉水比较关注。

对H-E-B来说，瓶装水是一类重要的商品。在2000年，这种商品实现了3 600万美元的销售。这类商品的销售额现在正在以每年20%的速度增长。尽管事实上，水是一种简单的生活必需品，但是水的营销和销售确是复杂的。水市场主要可以从水源（进口矿泉水、本土矿泉水和纯净水）和型号（单瓶销售、多瓶打包、按公斤销售）两个方面来进行细分。

在 H-E-B 的连锁超市中，瓶装水类商品的销售冠军是欧扎卡矿泉水（Ozarka）——一款来自得克萨斯的矿泉水。在进口矿泉水中，销售占据首位的是来自法国的依云（Evian）矿泉水。而在最近，纯净饮用矿泉水市场增长很快，这进一步刺激了可口可乐的达萨尼（Dasani）和百事可乐的阿夸菲纳（Aquafina）等相关商品的需求。事实上，纯净水就是经过化学处理的自来水。

经过三年时间的市场调研和商品开发，冰川矿泉水于 2000 年投放市场。冰川矿泉水被定位为与依云同一等级的矿泉水。由于水是从遥远的加拿大运送过来，这使得冰川矿泉水的成本比美国国内的其他矿泉水价格高很多。虽然在构想的时候，冰川矿泉水是以依云矿泉水为参考样板的，但冰川矿泉水在上架后跟欧扎卡矿泉水更加类似，它的定价低于欧扎卡（六瓶装欧扎卡矿泉水的售价为 1. 86 美元、冰川为 1. 79 美元、依云为 5. 49 美元、阿夸菲纳为 2. 39 美元），同时其包装的规格型号跟欧扎卡完全相同。

罗布·普莱斯总裁希望通过把商店名和高级商品紧密结合，从而提升公司的名气。

行业背景

在美国，杂货业是最古老同时也是竞争最激烈的行业。1999 年，接近 31 500 家超市共实现了 3 654 亿美元的销售额。这个行业中所有的 31 500 家超市里面，64%的超市属于连锁店形式，另外的 36%则是独立运作的模式。接近 2 920 亿美元（80%）的行业收入是在连锁超市中实现的，剩下的 734 亿美元（20%）则在独立运作的超市中产生。在 1999 年，连锁超市中的每个超市店面实现的平均收入为 1 160 万美元，而 1998 年时，平均收入是 1 130 万美元。连锁超市的每个超市店面的平均占地面积为 28 310 平方英尺，每平方英尺实现的平均销售额为 410 美元。大体上来说，边际利润非常少，毛利率也只有 20%~35%，营业收益率只有销售额的 3%~6%。据评估报告说，净利润水平在 0%~3%之间。比较同一超市店面的不同年份销售额可知，1999—2000 年，该行业的销售增长只有 1%~3%。长期以来，H-E-B 被认为是在该行业中的创新领袖，同时，它的每个商店实现的销售收入及单位平方英尺实现的销售额均超过全国平均水平。

由于 H-E-B 公司长期坚持其实现对消费者价值的承诺，它对毛利率的追求与它的每天低价战略并存；但是，由于其卓越的企业运作，H-E-B 能够获得超过行业平均水平的营业收入和净利润。

20 世纪 90 年代，超级连锁超市领域发生了一些大型并购。克罗格（Kroger）以 135 亿美元的价格并购了弗雷德迈尔（Fred Meyer），艾伯森（Albertson）以 118 亿美元的价格并购了美国百货公司（American Stores），从规模上而言，这两起并购创造了两个美国最大的连锁超市。但同样，这两起并购也对多种品牌、系统的协调共存问题提出了挑战，同时还有关于销售区域上的重叠问题也引起了大家的注意。西夫韦（Safeway）在区域范围的强势竞争者中，同样也是一个活跃的并购发起者。例如，1999 年，西夫韦以 18 亿美元的价格收购了兰多尔斯食品店（Randalls）。

欧洲杂货行业的重量级竞争者也同样发起了跨国的零售行业并购。两个最大的跨国竞争者，乐购和家乐福已经进入美国市场。欧洲人以他们强大的可视化购买体验、复杂的供应链管理和成功的自有品牌项目而闻名于世。事实上，瑞士、英国、德国、法国、比利时和荷兰，与美国相比，有着更高比率的自有品牌。

20 世纪 90 年代，还有另外一个重大事件就是沃尔玛进军食品零售领域。1992 年，经过多年的试验和调研，沃尔玛将它的大型折扣商店模式和杂货店整合到一起，创立了“超级购物中心”模式。超级购物中心平均占地为 100 000~200 000 平方英尺，它不仅拥有 36 个在传统沃尔玛折扣店可见的一般商品部，还拥有包括冷冻食品、面包房、农产品、肉和乳制品等在内的传统杂货商品部。绝大多数超级购物中心有着分别面向杂货铺以及一般商品部的不同入口，但是在购买完结账的时候，统一通过一个平台结算，而服务于整个市场的运营模式。沃尔玛的超级购物中心 24 小时营业，同时每个市场雇用员工高达 500 名。一个高效运转的商店每年可以实现超过 75 00 万美元的销售收入。沃尔玛对顾客有着强大的吸引力，这不只是因为市场内部不停顿的购物体验，还基于其低价格的名声。由于其强大的购买优势以及国际购买力，沃尔玛一直以来坚持在其设立商店的地区以最低价销售。

到 2000 年底，沃尔玛在美国同时有 888 家超级购物中心，并预期 2001—2005 年贡献 50%的销售和收入的增长。为了支持其超级购物中心的扩展，沃尔玛在渠道做了很大的投资，在美国开起了四个完整规模的干杂货和两个新鲜农产品配送中心。其中两个配送中心的运作能力就近似于 H-E-B 的全部市场规模。沃尔玛超级购物中心的成功诱使其他的大型折扣店也大举进入这个行业。截至2001年，塔吉特拥有了30家超级购物中心，而凯马特拥有104家超级购物中心。

除了它的超级购物中心之外，在选定的城市，沃尔玛还在尝试推出社区市场模式。这种超市占地为40 000~52 000平方英尺，提供一种聚焦于较窄范围的杂货店，一个可以直接开车抵达的店内药房、扩展的健康和美容护理服务，和一个商品范围较窄的熟食店和面包房。社区市场仍旧坚持沃尔玛公司的低价策略。

沃尔玛利用它在全国范围内大宗采购和供应链上的领袖地位与卖方展开激烈的协商谈判。这个战略从而确保了沃尔玛的低价战略的实施。自从H-E-B在一个以低收入闻名的地区开始它的业务之后，公司对于它自身的价格方面的名声非常敏感和重视。H-E-B认识到，这是一个由大宗普通的、对顾客而言无差异化商品组成的一个事业。在认识到这一现实之后，以及沃尔玛对低价战略的坚持，H-E-B特别关注维持其自身的每天低价的声誉。查尔斯·巴特评述道：

一只800磅重的猩猩闯进你家后院，你肯定会警觉并开始小心关注了。沃尔玛就是一个非常大型的组织和有力的竞争者。山姆·沃尔顿（Sam Walton）这个人我很了解，他是一个商业奇才，同时也在推动这个国家的零售行业的改革。我们认识到，如果想要继续成功地成长，我们得在定价上接近沃尔玛。既然它的购买力量强大，这是一个具有挑战性的任务；但在可以预测的将来，近期对我们比较现实的是，在食品零售领域成为它的主要竞争对手。

我们同样热衷于我们事业的其他部分，这些部分将使我们可以区别于其他企业。这里包括广阔的选择区间，卓越的烘烤食品、农产品、花卉、肉类和海鲜。以客户为中心的服务，以及我们正在成长起来的自有品牌商品也是关键要素。

沃尔玛超市内的全国知名品牌商品和自有品牌商品的种类数都比H-E-B少。就以典型的沃尔玛的超级购物中心的杂货商品类来说，沃尔玛大概有25 000~35 000种，这只占H-E-B商品的70%~75%。这两家公司的商品选择战略的关键区别主要在于它们对于高级自有品牌商品的重要性看法不同。查尔斯·巴特试图在H-E-B这个大品牌下创造一些创新性的商品，用来满足南得克萨斯州人的口味。而沃尔玛提供自有品牌商品的主要目的则是在现有品牌之外给消费者提供更低价格的选择。罗布·安德森（Bob Anderson）——沃尔玛的自有品牌部的副总，在一个商业杂志访问中提到了他们公司的自有品牌商品的战略目的。他说："我有些关注这些高级自有品牌项目。我认为你需要冒着可能降低自身品牌在消费者心中形象的风险。如果你有500或者800个高级商品项目，那你怎么能够保证每个商品都是更高级的呢?”

沃尔玛的自有品牌中的自有品牌商品绝大多数集中在它的惠宜品牌（Great Value Brand）。公司有限的高质量商品项目集中在山姆精选品牌（Sam’s Choice Brand）下。沃尔玛同样还提供奢华品牌，不过，这些并没有直接定义为自有品牌商品。

面食调味酱类商品就为公司的不同自有品牌战略提供了一个很好的例子。沃尔玛提供了有五个全国知名品牌商品，还有就是惠宜品牌下的商品。一个典型的H-E-B商店也供应上述这些全国性品牌，另外还有其他七个专业品牌。除此之外，这商店还会供应贴有H-E-B商标的商品去和其他的高级品牌竞争，而HCF则和经济型的品牌定位类似。

H. E. 巴特杂货公司

H. E. 巴特杂货公司的总部设立在得克萨斯州的圣安东尼奥，它是全美国第11大杂货连锁店。费劳伦斯·巴特（Florence Butt）凭着60美元的投资，于1905年在得克萨斯州的克劳威尔创立了这家公司。15年之后，由巴特最小的儿子霍华德（Howard）执掌家族生意。经历了四次失利，于1927年，巴特在得克萨斯德尔里奥的边境小镇上成功开设立了第二家商店。霍华德·巴特的座右铭是“提供最好服务的人，可以获得最好的利润，”并且他把他的这个理念传递给它的幼子查尔斯（Charles），查尔斯于1971年成为这家公司的总裁。2001年的时候，公司的销售额接近90亿美元，它的连锁店超过275家，H-E-B仍旧由巴特家族私营持有，并且查尔斯·巴特仍活跃的参与公司战略的制定。查尔斯扮演了一个公众的强势角色，对于公司内部员工（称为“合作伙伴”）而言，他是一个鼓舞人心的领袖，对于H-E-B公司服务的社区而言，他是一个大使。这家公司固定会将超过5%的税前收入捐献给慈善事业，特别是在教育和解决饥饿方面。

查尔斯·巴特还致力于保持H-E-B的企业精神，即不能放弃对杂货行业的成功所必需的细节问题的强调和重视。他提道：“杂货零售业特别需要重视每一个细节，通过这些细节从而作用于大量新鲜的、令人兴奋的商品供给上。”他深刻的认为，成功地关键在于把这个哲学更好的灌输给每一个商店的主管。“作为商场雇员的领导，商店主管是最为关键的人物，只有他才能把服务和对细节的关注结合到一起，他所提供的价值事实上也就体现了商店的价值。如果商店的领导做好他的自身工作，那么公司的每一个员工也将为每一位顾客提供卓越的服务和令人满意的价格体验。”

尽管 H-E-B 专注于区域市场经营，但是，它还是被认为是一个世界级的竞争者。在查尔斯·巴特的热切要求下，公司领导层需要在世界范围内找寻新的点子和最优的实践。高级主管们参观不同的地方，诸如伦敦、米兰、汉城和曼谷，在那里，现场调研零售业的各种不同的部门。这些参观产生了一些新的商品战略、商业模式和供应链战略。这个团队同时也在试图找寻新点子，以使公司成为让员工更有激情和执行力的场所。

这些对新主意的探索补充了 H-E-B 对公司稳定的、深受 H-E-B 的服务规范和价值观影响领导团队的依赖。长期任职于这个公司在高级管理层中是很普遍的现象。公司雇员的徽章明确写明员工的服务年数。在 H-E-B 的 26 年工作生涯的最后 7 年时间里，弗里·克雷曼（Fully Clingman）担任公司总裁兼首席运营官。向克雷曼汇报工作的有购物中心部、墨西哥部和美国零售部，同样还有人力资源部和信息系统部。美国零售部的主管哈维·马布里（Harvey Mabry），主管商店运作、市场营销、渠道、生产制造和自有品牌。H-E-B 的市场营销包括拉拢客户、广告和定价。马布里在 H-E-B 已经工作 40 年了。

H-E-B 战略

H-E-B 制定了“大胆的承诺”计划。这个文件在公司的会议室和屏幕保护程序上随处可见。它表达了公司的意愿“合作伙伴们齐心协力，一起构架最伟大的零售公司。”支撑这个意愿实现的有以下诸多各方面，如为客户提供一个优越的购物体验、杰出员工、财务金融上的优势，以及对社区的影响力。

H-E-B 公司的一位高级领导把公司的战略描绘为“拒绝在低价格和差异化之间做出选择。”H-E-B 异常珍惜和维护它每天低价的声誉。每一周，公司的高级主管们都会查看 H-E-B 与它的竞争对手的价格比较。另外，每个月公司将会施行跟踪调查来重估顾客对 H-E-B 公司价格的看法。同时，查尔斯·巴特坚持要求他的团队不能以牺牲服务、多样性和新鲜为代价。罗布·普莱斯评论道：“实行优异购物体验和低价格策略的结合之后，实现了卓越的销售增长和商店产出率。这提供了现金流，而它同时又投资在顾客体验和更低价格上。这个‘良性循环’只有当我们失去了价格和质量上的名声之后才会破裂。”

成本控制精神也体现了公司致力于内部生产。H-E-B 的肉类加工厂每年准备 5 000 万磅肉。两个奶制品厂每年运送 1. 1 亿加仑牛奶并且生产 H-E-B 牌子的酸奶酪、牛奶干酪和酸乳酪。其他生产运作生产包括冰淇淋、面包片、玉米饼、点心和蛋糕。约有 30%的自有品牌的销售是超市自产的商品。H-E-B 的投资决策有高的选择标准比率，投资一个新厂建设期望达到的回报率超过 18%，对已有设施的投资改进希望达到的投资回报为 10%~15%。尽管这些目标很高，但是市场潜力将会证明它自己。H-E-B 估计它自己的内部生产能力建设方面已经投入了超过一亿美元。

同时，H-E-B 公司持续变革创新来改进顾客体验。公司开始实行某些种类的自动补充，从而提供一个更好的现货状态，同时释放了给额外种类的货架空间。

店铺

H-E-B 在得克萨斯州有 271 个店铺，在墨西哥有 16 个店铺，在路易斯安那有一个店铺。在得克萨斯服务的地区范围包括休斯敦、圣安东尼奥、奥斯丁、格兰德河谷、墨西哥湾沿岸和米德兰/敖德萨。在得克萨斯南部和中部，H-E-B 的市场占有率超过 60%。得克萨斯是美国人口增长速度第二快的州，随着得克萨斯州人口的增长，H-E-B 在持续扩张。H-E-B 的扩张战略使得对于公司现有渠道系统可以支持的临近市场扩大了市场份额。这就导致了达拉斯、休斯敦和墨西哥北部成为 H-E-B 成长的一个非常重要来源。

公司研究显示，在 H-E-B 核心营销区内，有 90%的家庭每个月起码去一次 H-E-B。在美国，H-E-B 有三种不同的形式：传统的超市（182 家商店占据 77%的销售额）、食品店（86 家商店占据 16%的销售额）、购物中心（四家商店占据 2%的销售额）。H-E-B 的墨西哥店铺（16 家占 5%的销售额）类似于它在美国的超级市场，不过它占据更大的空间，包括一般商品买卖和易腐性商品的交易。

H-E-B 超级市场 H-E-B 的店铺平均占地为 55 000 平方英尺，拥有接近 50 000 类商品。新的 H-E-B 小型超市占地 45 000 平方英尺，大型则占地有 80 000~90 000 平方英尺。一般而言，小型超级市场有 10~15 个结算通道，拥有大概 200 个雇员。H-E-B 的大型超级市场一般有超过 400 个停车位，同时起码运作 20 个结算通道，雇佣超过 350 名员工。开设一家新的店铺的成本平均为 800~1 500 万美元（包括土地、大楼建筑、设备和存货），预计每周可以实现的收入为每平方英尺销售用地可实现销售 12～15 美元。

H-E-B 超级市场的形式和遍布美国的其他超市的形式类似，固定在靠近外边的通道外侧的货架上摆放农商品、肉类、奶制品、熟食、烘烤商品、冷冻食品、保健美容品。绝大多数 H-E-B 商店有一小时照片冲洗、大型的啤酒和白酒部、花卉部、咖啡店、面包房和药房。

H-E-B 超级市场平均每周的销售额接近 70 万～100 万美元。H-E-B 超市能够达到上好的市场表现，这和它不断地调整商品以迎合当地市场口味及通过每天低价与令人兴奋的特殊事件的结合是分不开的。一个这样的创新是每隔一周都开展的美食活动。在美食活动中，超市提供一种主要材料及其他一些辅助材料，把这些材料放在一起可以做一道简单的菜。例如，有一个以 H-E-B 品牌的冻鸡做主菜的美食活动，主菜只需要 5. 49 美元，同时还提供一包免费的 H-E-B 品牌的苏打，一份免费的水果馅饼，和一包免费的冷冻饼干。H-E-B 一般使用它的一种主要的自有品牌商品作为活动的主材料，从全国知名品牌商品中低价获得一些辅助性材料。

H-E-B 仓储食品店　H-E-B 同样也开了 86 家食品店，这是一种低成本低价格的模式。小型食品店占地在 25 000～30 000 平方英尺，每周平均可以产生 270 000 美元的销售额。这种小型店铺是在 1988 年开始开设的，它最初开设的目的是为了能够更快地进入休斯敦市场。但是，20 世纪 90 年代晚期，这种较小的模式有其局限性，使其无法满足需要更多更全商品的客户需求。H-E-B 打算把许多食品店改造成占地约 87 000 平方英尺的 H-E-B 超级市场。

H-E-B 购物中心　H-E-B 现有两个购物中心，一个在奥斯丁，另一个在圣安东尼奥。购物中心一般占地达 60 000 平方英尺，把高级商品作为销售中心。这种店铺设有许多高档奢侈品的陈列。顾客进入商店时会经过精品部，那里有 600 多件商品被充分展示。肉类和鱼类都被放置在一个玻璃陈列柜后面出售，它会让你想起传统的肉铺，而不是把肉预先切好放在塑料袋中出售。购物中心同样有大量的“可即食”和“需加热”商品。针对美食爱好者，商店中有非常多的白酒和啤酒品种、自助面食、橄榄酒吧、国外的奶酪、一整排的醋、油和沙拉。

一个典型的 H-E-B 超级市场可以在 1～5 英里半径范围内吸引到客户，而每个购物中心作为一个终极的购物体验，它的影响半径达到 50 英里。购物中心在关键商业区对于提升 H-E-B 的名气非常有效。正如一位高级主管所说的："在奥斯丁，过去，H-E-B 的价格名气比它货物新鲜的名气大得多。但是自从 1994 年成立购物中心之后，它改变了 H-E-B 在上层社会中的名声。"

H-E-B 墨西哥　H-E-B 于 1997 年开始了在墨西哥的经营，它绝大多数的店铺位于蒙特利尔地区。蒙特利尔是墨西哥的第三大城市，拥有人口 350 万。H-E-B 在墨西哥北部是以它的低价、多样化（特别是那些从美国进口的商品和 H-E-B 的自有品牌商品）和商品新鲜而闻名，这些促成了许多非常成功的店铺。H-E-B 认为墨西哥是它有最高的增长机会的地区之一。它为这个地区创造了一整套管理基本结构，同时它计划在接下来的 2~3 年中开设 8~12 家新的店铺。

H-E-B 的自有品牌

在 20 世纪 90 年代早期，H-E-B 就对其自有品牌寄予新的使命，公司任命史蒂芬·巴特（Stephen Butt）为公司的第一任负责自有品牌业务的副总裁。在那个时期，公司在货架上有 28 个不同的自有品牌。公司高级管理层认真回顾并总结了其自身的内部能力，同时也致力于全球基准的努力。英国的塞恩斯伯里公司（Sainsbury）在其自有品牌建设方面的优异表现为杂货零售商们的高度称赞，H-E-B 公司参与了和这个公司开展的一系列广泛的交流计划。H-E-B 在许多方面模仿了塞恩斯伯里的自主品牌战略。H-E-B 成立了专门的团队来负责品牌管理质量保证、客户研究和包装设计。在产品开发的一个新的进程中，这些职能将会深入融合；同样也是在这个新的进程中，也将会把消费商品包装公司的最佳做法纳入其中。

自有品牌团队把所有已有的品牌整合成了三大品牌，这样在和全国知名品牌竞争的过程中可以有着更加清晰的自我定位。见下图提供了在 20 世纪 90 年代早期提出的定位问题的一个代表图。H-E-B 品牌提供等于或者超过全国性品牌产品质量的商品。在可能的情况下，H-E-B 品牌会向顾客提供有着"差异化"的商品。接下来一个等级的产品是 HCF。这类产品有着接近全国性品牌产品质量的水平，这类产品的竞争对手主要是其他商店的自有品牌产品。目标定位在价格敏感性客户的 HCF 试图建立"优质"而非"廉价"的品牌形象。第三个等级的品牌，一般而言，会提供有着可接受的质量变化的合理质量的产品。这些产品将是市场上可见得最低价的产品。自有品牌产品的定价一般比竞争的品牌产品要低上 10%~30%，然而，这仍旧能够确保 H-E-B 有一个可观的毛利润。

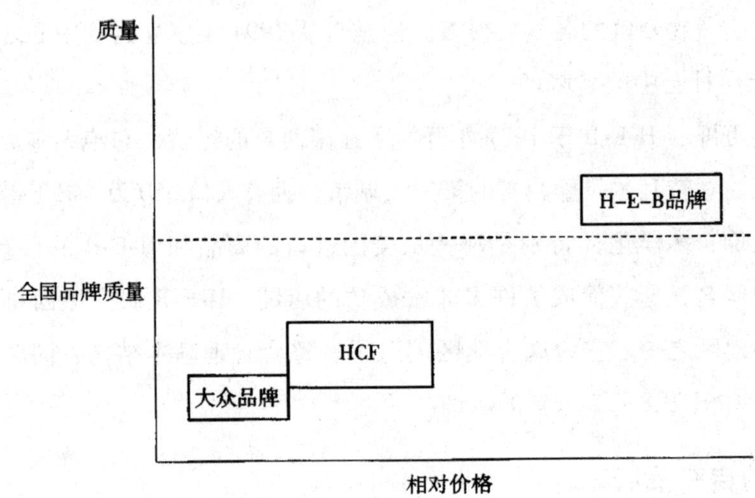

自有品牌定位

2001 年，H-E-B 的自有品牌产品销售额增长到了 14 亿美元。自有品牌产品实现的总毛利润为 4. 5 亿美元，这在 H-E-B 的总利润中占据了一个不成比例的高比重。自有品牌的销售比重（不包括汽油和药物）高达 19%，这使得 H-E-B 在这个产业的自有品牌业务的表现中名列前茅。相比而言，西夫韦和克罗格报告披露的自有品牌产品销售额比重为 22%~25%。在 H-E-B，绝大多数产品类别都有着自有品牌产品，但在这些产品类别中自有品牌所占的比重相差很大。冷冻谷物的自有品牌比重只有 13%，相比而言，在牛奶这一块，自有品牌产品占据了 90%的份额。

对于其自有品牌产品线，H-E-B 有三大主要目标：提高利润率、增加销售额、加深同消费者的关系。与不同的全国性品牌相比，自有品牌的特点就是能够实现更大的边际利润。这是因为品牌商品制造商需要在广告和促销两方面进行投资，这致使其产品的成本比 H-E-B 产品的成本要高，从而也降低了它们的零售利润率。自有品牌产品不需要相同程度的投资，因为 H-E-B 的整体营销活动已经给其自有品牌产品创造了知名度和需求。另外一个额外的成本优势来自 H-E-B 对高利润产品的圈养制造。内部制造使得 H-E-B 可以同时获得零售和批发利润。最后，市场上表现成功的自有品牌产品对某些品牌产品制造商有了影响力，这致使这些品牌制造商为了维持其在货架上的竞争力需要向 H-E-B 提供额外的资金并降低成本价格。

H-E-B 试图通过自有品牌产品来增加消费者的购物频率以及每次购物的消费量，从而最后实现销售收益。购物频率主要由如牛奶、面包和鸡蛋之类的核心产品的需求所决定。这些类别的产品，自有品牌占据主导地位。保证了这些产品的质量和价值，这会直接影响消费者在购物、逛商店时选择 H-E-B。H-E-B 独特的自有品牌从长期而言影响了消费者对其的关顾。每次在商店购物时，消费者会接触到包装诱人、分量十足的自有品牌下的扩展消费类产品，像薯条和饼干，还有例如冰淇淋和西南地区口味的特质熟肉等。这些产品的价格和质量有助于扩大消费者的总购物量。而且，为了进一步扩大销售额，自有品牌对于核心产品有选择地进行广告和促销，每年在自有品牌产品的广告和促销上花费大约 1 000 万美元的费用。

查尔斯·巴特认为，自有品牌产品线最重要的目标是为了加深与顾客的关系。自有品牌产品的低价格巩固了其作为巨大价值领袖的公司形象。自有品牌食品的安全标准增强了 H-E-B 的质量名声。更加定性的来说，H-E-B 的雇员将其创新性的自有品牌产品引以为傲。这种自豪感在他们与客户的互动中可以反映出来。

自有品牌：一个混合的包装

自有品牌战略是在 20 世纪 90 年代早期构想出来的，在 2000 年的回顾总结中才意识到执行这个战略的需要。一份 1999 年的消费者调查研究报告显示，消费者认为 H-E-B 的自有品牌商品比全国性品牌商品的质量一般要差些。同样，消费者在 H-E-B 和 HCF 商品之间没有看到差别。商品研究显示，在一些种类的商品中，包括纺织品和女性保健品，H-E-B 品牌商品的市场表现没法跟全国知名品牌商品相比。这个情况和这类商品原先的标准设定是冲突的。为了能够在自有品牌部门的当前状态下找到一个解决办法，罗布·普莱斯对一些商品种类进行深入研究分析。对于选定种类商品的总体情况，在下文中则有详细介绍。

冰淇淋　H-E-B 的奶油制造（Creamy Creations）冰淇淋在投放市场三年之后，占据了高级冰淇淋这类商品 40%的市场份额。奶油制造比市场主导品牌蓝铃（Blue Bell）的定价低 25%。调查研究表明，如果要对口味打分话，奶油制造接近甚至超过蓝铃。H-E-B 会偶尔推出如内含本地生产的草莓等特色成分的限量版冰淇淋。奶油制造品牌不仅仅是通过电视、广播的广告来进行宣传，同时还有些大量的展示活动。H-E-B 同样也生产 HCF 品牌的冰淇淋，这种冰淇淋主要和其他零售商的自有品牌冰淇淋竞争。

熟肉制品　受肉类采购团队的创造性思维的启示，H-E-B 开始出售当地口味的肉类制品，如烤鸡排、墨西哥铁板烧，加热即食的胸肉等。这些商品都经过严格检验，满足饭店的质量要求。另外，这些熟肉制品调配出来的目的，就是为了把做菜的准备时间减少到最小值。以 H-E-B 的加热即食的胸肉来说，在浸泡和烤肉两个环节，消费者节省了超过十小时的时间。宣传手段还包括用广告来支撑熟肉制品的销售和推广。由于竞争者没法提供相似的商品，H-E-B 的熟肉制品几乎不打折。

意大利面酱　HCF 品牌在定位的时候是以如拉古（Ragu）和普雷格（Prego）等全国性品牌作为竞争对手，而 H-E-B 则是把如古典（Classico）和五兄弟（Five Brothers）等相对更高级的面酱作为竞争对手。

面粉　H-E-B 超市有 H-E-B 品牌的和 HCF 面粉，还有就是多种多样的全国性品牌。两种自有品牌商品的原材料都是“严冬的小麦”。H-E-B 品牌面粉跟 HCF 面粉的区别在于有着更高的“含灰量”，这在烤蛋糕的时候有优势。罗布·普莱斯对于顾客是否能够清晰认识到这种差异或者在选择不同的面粉时候是否会考虑这种差异不太确定。

罐装蔬菜　H-E-B 同时提供 H-E-B 品牌和 HCF 的罐装蔬菜。H-E-B 超市店面有 27 种蔬菜 267 个品种的商品单元，为这种商品创造了 1 500 中单独的饰面。H-E-B 品牌的技术规格评价是“特级优质”而 HCF 的规格评价是“优质。”罗布·普莱斯提到，对这两种不同规格的区别需要补充的是，当农作物“特级优质”供给过量的时候，作为缓冲，剩余的农作物就会被作为 HCF 品牌进行罐装。

冷冻蔬菜　在冷冻蔬菜领域，HCF 冷冻蔬菜是 H-E-B 下面唯一的品牌。自有品牌供给包括基本的商品种类，在质量上与现有可选种类相当。但是从价格上而言，它要远远低于绿巨人（Green Giant）和雀眼（Birdseye）。在这个商品种类中，HCF 冷冻蔬菜有着最低的价格。在冰冻蔬菜商品种类中，H-E-B 品牌没有相对应的商品。

罗布·普莱斯在开始回顾自有品牌战略时，他对于公司中影响 H-E-B 自有品牌成功的许多决策越发了解。产品质量、包装、定价、布置以及促销为购物者就 H-E-B 品牌和 HCF 品牌分别代表什么提供了线索。通常这些元素被协调的统筹，这使得自有品牌在给定产品上有着强劲的市场表现。但是经常，竞争压力和差异化的动因使得它很难做出调整。

在自有品牌产品成功的市场表现中处于中心地位的是采购部，采购部负责为 H-E-B 商店找到所有产品的供应源。采购部负责各类别系列达到最低成本价格。另外，这个部门同时也负责保证来自全国知名品牌的供应商资金（也被称为采购收入）的稳定。

供应商对其在商店中流通和展示中的广告空间支付供应商资金。就每个年度而言，采购部将会把其80%的过道展示位置出售给供应商，在这个位置，一个强劲产品在促销期可以使得其销售量翻番。商店主管将会把剩下的20%的位置留给自主品牌产品。由于运营边际收入非常低，采购收入也就成了总收入的一个重要来源，这不仅适用于H-E-B，其他杂货连锁店也是这个情况。就行业范围而言，采购收入据估计占已包装商品销售额的5%~10%。

采购部的业务发展经理负责谈判、订货、广告、展示和活动。除了肉和农产品部门主管进行各自的定价，杂货和药店相关的业务发展经理则要依赖于一个独立的定价部门。业务发展经理得到的工资补偿和奖金同样是基于各类产品的销售额、毛利润和采购收入。在他们谈判协商时，业务发展经理通常要权衡例如订单数量、货架空间和促销费用，从而能够实现最大的奖金收益。举例来说，如果一个全国性品牌商打算对某种产品进行促销活动，业务发展经理可能会就额外的货架空间、特别定价和从全国性品牌商那里得到的确保促销活动顺利展开需要的付款进行协商。邓肯·麦克诺顿（Ducan McNaughton）是负责杂货采购部的副总裁，他就在这样一个环境中，自有品牌增长的复杂性进行了评述：

在商店中要在自有品牌和全国性品牌产品之间实现平衡，这通常是一个挑战。自有品牌产品对我们的财务健康和产品差异化至关重要。但是，如果让自有品牌产品占据主导地位，那么我们可能失去全国性品牌所带来的好处。自有品牌产品的经济状况有些复杂。自有品牌产品可以实现良好的边际利润，但是它们并不能带来采购收入，这些是作为业务发展经理的他或者他在管理整个类别产品的利润率时需要考虑的情况。

另外，自有品牌产品完全通过我们自己的分销渠道来操作。而许多竞争性的全国性品牌在商店中有直接负责存储交货的渠道和人员。这些类别的产品包括薯条、冰淇淋和软性饮料等产品，毛利润并不是全部。比方来说，菲多利公司（Frito-Lay）订购产品，把商品摆放到货架上以及退回未卖出产品。如果那个产品是自有品牌的话，那么H-E-B不得不处理与之相关的所有事情，这些也会蚕食利润率。

影响自有品牌的另外一个方面问题是定价。不同于杂货业的其他同行，H-E-B有一个独立的七人小组来专门负责杂货和药店的定价。H-E-B认为把定价这个职能从业务发展经理的控制中剥离开，这有助于业务发展经理能够更加集中专注与削减所销售的货物和产品的价格。定价小组的使命就是实现 H-E-B 每天低价的承诺。

随着 H-E-B 所在的贸易领域的竞争越发激烈，一个富有竞争力的定价措施也就变得越发复杂。定价部门的主管吉姆·麦克泰（Jim McTighe）概述了自有品牌所面临的挑战：

拿罐装蔬菜产品打个比方。我们销售地门（Del Monte）玉米罐头的价格是两罐为一美元。假定绿巨人把成本价降低，使得我们能够把它的销售价格暂时调整到0. 39美元每罐，我们 H-E-B 品牌的是 0. 35 每罐，而 HCF 的是 0. 33 每罐。那么，如果我们像沃尔玛这样的竞争对手把地门的定价降低到一美元三罐的话，我们该怎么办呢？

那时，H-E-B 超市就会陷入一个尴尬的境地。如果我们把地门的定价定得与竞争对手一致，那么绿巨人就成了货架上定价最高的商品。这对于它支持我们低成本的定位来说，显然是不利的。并且，我们自主品牌的产品也将比地门的定价要高。如果我们没法在地门的产品定价上跟上竞争对手，那时，我们就会损害到消费者对于 H-E-B 的认知，他们会认为我们没能履行我们每日低价的承诺。

冰川矿泉水的问题

罗布·普莱斯展开了消费者研究。研究结果表明，当没有包装提示时，只有 19%的冰川矿泉水的消费者意识到这个产品是在加拿大进行装瓶的。64%的冰川矿泉水消费者认定这水来自得克萨斯州。即使有包装提示时（包装纸上印有一个红色枫树叶和“加拿大产品”和“天然的加拿大泉水”标识），只有 74%的消费者认识到加拿大是冰川矿泉水的水源。

在展开任何新的行动之前，自有品牌团队回顾了关于冰川矿泉水投放市场的初始研究。开始时的问卷调查显示，取自加拿大的水源这一点对于进口饮用水消费者而言有着很大的吸引力。事实上，依云矿泉水的消费者表示，就依云的水源而言，他们喜欢加拿大水超过法国水。在口味的盲测中，冰川矿泉水和依云泉水的口味评价相同。调查结果显示，如果强调泉水来自加拿大，这能够使冰川矿泉水成为依云用户的用水新选择。

加拿大泉水对于广大饮用水用户而言显然吸引力要小得多。只有 1/5 的瓶装水饮用者感觉到了进口水有某些方面的优点。欧扎卡的用户调查结果显示，44%的人偏好得克萨斯泉水超过加拿大泉水。在口味的盲测中，消费者在评价冰川矿泉水的口味时，把它与欧扎卡等同。

罗布·普莱斯还要求邓肯·麦克诺顿的投入。麦克诺顿承认冰川矿泉水的强劲市场表现和它对毛利润的贡献（见表）。麦克诺顿认为还需要考虑来自全国性品牌的采购收入，这虽然在产品毛利润中没有显示，然而却最后会在公司收入中体现。另外，全国品牌促销在驱动整个流通方面起着重要作用。这些活动通常是由特殊的供应商的资金来买单。一个典型的欧扎卡六瓶装 0. 5 升装矿泉水的促销定价为三美元两份。

表冰川矿泉水问世前后，瓶装水的市场份额

品牌	冰川矿泉水问世前	冰川矿泉水问世后
国产矿泉水（包括欧扎卡）	73%	52%
进口矿泉水		
冰川	0	22
其他（包括依云）	12	6
饮用纯净水	15	20

对研究报告和饮用水类产品的仔细回顾没能给出一个明确的行动方针。一个选择就是把冰川矿泉水定位跟依云更接近。这就需要把它在货架上和依云离地更近，同时冰川矿泉水的定价要高于欧扎卡。这个品牌也不需要改变了，但是，加拿大的信号需要更加清晰的强调出来。这个选择会给 HCF 提供一个发布相对低端产品的机会。但是，关于 HCF 产品应该是矿泉水还是纯净水，这个思路并不明确。

另外一个选择就是把冰川重新定位成一款国内矿泉水。设计和定价仍将维持原样。但是，这就需要把大量时间和花费投入到产品研发和包装设计上。稀缺的广告资源也将被花费到新产品的重新投放中。自有品牌团队也需要决定 H-E-B 品牌和 HCF 品牌在这种新定位的产品上哪一个更加合适。这个选择同样也留下了一个问题，就是关于怎么开启纯净水市场。

在这样一个有着强劲的整体自有品牌战略，却同时需要考虑很多方面问题的背景下，罗布·普莱斯需要就冰川问题给出一个特殊的建议。自有品牌团队经常从查尔斯·巴特和其他公司高级领导那听到如下问题：

自有品牌产品应该对竞争性价格促销如何应对？H-E-B 应该在什么时候跟随这种

定价？如果是全国性品牌产品促销，那又该怎么样？

具体而言，H-E-B 和 HCF 作为两大自主品牌又各自需要扮演什么角色？各类产品与其他品牌相比，这两大自主品牌又应该怎样定位呢？

自有品牌在 H-E-B 公司整体战略中的地位是什么？它为什么重要？它应该高调，受到更多重视？还是低调，减少对它的关注？如果是这样，那么又应该是在什么产品或者说在哪些类别的产品上呢？

十六、营销管理案例

（一）菲博泰克——做出“艰难”的抉择

1991 年 6 月中旬，菲博泰克制造分部的最高管理层与公司创建 15 年以来从未遇到过的一个问题相抗争。因为短期产能不足和顾客对发货延迟的愈发不满，公司的营销副总裁——艾米·维塔利（Agy Vitali）和制造部门的运营副总裁罗布·莱特福特（Rob Lightfoot）需要对如下事件做出决定：四个潜在的订单，公司应当接受哪一个？对于接受的订单，公司应如何报价？由于，每一个订单代表了不同的顾客情况，并且还混合了人力、材料以及生产能力等多个因素，所以，对各个订单进行直接比较是很难的。菲博泰克的总裁斯坦利·浩尔（Stonly Ho）曾建议他们自己拿主意，但是提醒他们必须快速做出决定。

制造部门

公司早期历史

菲博泰克的制造部门在美国钛制造领域排名第二。公司总部和销售办公室以及其主要制造设备都位于费城。

菲博泰克是最早提供工业用钛产品的公司之一。由于钛拥有重量轻和高抗力的优点，20 世纪 70 年代中期以前，钛几乎只用于航空工业。直到钛的价格下降（从航天领域中的每磅 20 美元的复合金属到工业用每磅五美元的薄片和金属板）和抗腐蚀能力被发现为止，它才逐渐与使用不锈钢、黄铜和镍合金、纤维玻璃的产品和一些其他抗腐

蚀产品形成竞争。甚至在 1991 年，钛也只有在两个情况下能够替代其他工业材料而被应用：1）与其他金属相比，钛足够耐久，以至于总体价格更加低廉；2）钛是唯一能胜任的工业金属材料。

业务增长

起初，菲博泰克的主要业务是生产工业防腐蚀用途的钛材料设备。公司与航空表业很少有瓜葛。随着时间的推移，菲博泰克增加了技术人员，参与工业座谈会，发表技术论文并研究了快速发展的钛金属市场。这些活动发展了公司的对外咨询活动和领域内服务业务，如该领域内的维修服务和腐蚀性分析等。

除了普通制造部门外，菲博泰克还制造并销售钛金属和一些特殊硬件（管类装置、螺栓、螺母）给工业市场。两个组织共同使用原材料存货。此外，公司还从市场上购买钛锭和半成品钛，然后把它们加工成条状或盘状的钛成品。随着业务的拓展，这些业务被分割成若干个利润中心，包括金属贸易中心、仓储中心和深加工中心。

1986 年和 1988 年，公司在费城进行了两次产能扩张并随后进行了地理扩张。在整个 20 世纪 80 年代，公司在蒙特利尔成立了一家附属机构，在得克萨斯州成立了一家分公司以开拓石油化工市场，并且兼并了一家濒临倒闭的小型钛电线工厂。除此之外，公司也在巴西成立了一家小型的附属机构以利用在那里兴起的基础工业（如造纸业）的快速扩张带来的机会。

组织结构

运营部门以罗布·莱特福特（原菲博泰克市场部门成员）为首。部门由两名工程师、两名起草人员、两名预算人员和若干行政人员组成。其中工程师负责对消费品产品的设计进行评估以决定最好的生产流程；预算人员负责计算生产成本以最终确定价格。此外，作为非工会部门的运营车间由装配部、焊接部和机械车间三个分部的 78 人组成。尽管得克萨斯州和蒙特利尔的设备产能有富余，但这些产能主要是用来满足其各自的区域市场的，并且整个 1991 年，这些设备都在满负荷工作。

菲博泰克的市场机构是由艾米·维塔利领导的。该机构包括得克萨斯和费城的两名区域经理、钛金属销售团队和顾客服务部门。此外，还有很多在美国本土或是海外经营的制造商代表作为公司的代理机构。

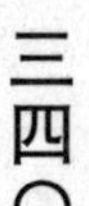

市场与顾客

菲博泰克在11个市场拥有超过90个重要客户，它们是：

1. 普通化学——压力容器、储水池、热交换器、轴承和混频器、泵、电子管、管道、吹风机以及氯化用途的阳极装置。

2. 纸浆和造纸——漂白设备、化学制备容器以及管道。

3. 基本金属——产铜用阴极设备、湿法冶金容器。

4. 石油——精炼用热交换器、钻探设备、生产用热油冷却器。

5. 污染治理——热交换器、容器、城市垃圾氧化管材、空气过滤器和吹风机。

6. 纤维制造——多种生产聚合物中间产品的化学设备。

7. 海水脱盐——热交换器、管道系统。

8. 海洋活动——高压海下电子连接器、驾驶员急救仓、研究海底物质成分。

9. 电厂——表面冷凝用管道。

10. 食品业——腌菜防腐设备。

11. 高性能玩具——12米帆船部件、赛车、高尔夫球杆。

菲博泰克的绝大多数顾客都集中在以费城为中心的500英里半径区域内。但同时公司也在全世界范围内发货。顾客订单价格在75~600万美元之间，以15万美元左右最为常见。大致来讲，20%的菲博泰克顾客提供80%的生意。

一些顾客与菲博泰克以及其职员之间有着良好的生意关系和私人交往。这些顾客带来的业务在公司的钛金属生意中的比例很可观。例如，来自其中的一个顾客——瑞富集团的业务，每年占销售额的15%~20%。另外两家顾客则往往占到10%~15%的公司销售份额。在1990年早期，菲博泰克的管理层制定了“20%的生意可以来自同一个客户、30%的生意可以来自同一个市场地区”的公司内部政策。

激烈的竞争

菲博泰克有五个主要竞争对手，它们都不在中部地区。其中最大的一个位于俄亥俄州，年销售收入为4 950万美元。另外几家分布在全国各地，作为竞争部分的钛产品年销售收入大约在600~3 000万美元之间，平均为1 800万美元。菲博泰克估计在1. 5亿美元规模的钛金属制造市场中所占的份额约为16%。菲博泰克有着高质量的声誉，但其价格在同行业中也比大部分对手高。

预期结果

1985—1988 年，菲博泰克的销售额和权益稳步上升。但 1989 年的销售却让人大失所望。1990 年，虽然公司创纪录的达到了 3 120 万美元的售量，但却经历了它有史以来的第一次亏损。管理层感到 1989—1990 年的结果多源于不稳定的价格策略和市场状况而非内部经营问题。相比 1987 和 1988 年，整个钛金属行业在明显萎靡的状态下运营。1990 年，流程设备的资金投入、精炼行业的扩张、纸浆和造纸业的项目以及化学建设一直在低于预期水平，并且 1991 年的情况也没有好转的迹象。

制造过程

虽然在钛金属行业中有很多生产特性需要专门的技术，但是，一些运营方式，如切割、机械工作和成型等，与某些不锈钢的精密制造中的运营方式高度近似。实际上，公司经常能够将过剩的机械工作外包给地方精密机械车间。热处理、热切割，尤其是焊接等工作通常被认为是最复杂的操作。因为钛属于“易反应”金属，它很容易因内部的气体含量的变化而变脆（主要是氧气和氮气，但也有其他多种因素）。融化钛（如在焊接当中）或是将其加热到 1 200°F 以上会导致钛立刻与空气反应，吸收氧气和氮气然后变脆，从而失去作用。因此，需要清洁的生产线和特殊的惰性气体的焊接技术才可能生产出高性能的钛焊接产品。

菲博泰克以其在焊接技术上的强大优势作为主要卖点。一位管理人员提道：“我们感觉到我们的专业性体现在高性能的焊接技术上。我们的工作有超过 80%用到焊接技术。”这种焊接技术能力的杰出声誉是由对每一个焊接件的 X 光成像检查、超声波检查和液体渗透检查来保证的。公司有 33 名焊接人员，依照他们能够掌握的工作难度分为 A～D 级。此外，菲博泰克还拥有若干自动焊接设备，它还有很多助理和培训生协助焊接人员。

成本

大体上一件产品的成本由五部分组成。生产的平均管理成本大约是直接劳动成本的 200%：

组成部分	范围	平均
原材料	30%~65%	45%
直接人工	5~20	9
生产管理	10~40	18
外包合同	10~15	12
一般管理成本和利润	10~25	16

公司的目标是平均产品成本占价格的80%，最高不超过85%。

目前状况

1991年6月，订货情况已经达到了一个关键的水平。订货数量首次超出了公司的产能水平这么多。过去几个月的发货记录，用一个运营负责人的话来说就是“可怕”。虽然例行的订购都按时发出，但多数量大的和复杂的工作都被延误了。交付时间从1987年的8~10周延长到1990年的16~60周。具体时间取决于交易的大小和复杂程度。另一名运营负责人还说：“很多顾客还是回到我们这里购买主要是由于我们的质量。另外也是因为缺少其他生产钛产品的公司。”

根据第三个运营官的观点，菲博泰克产能问题隐含的一个因素是公司无法有效的雇用和培训有能力的焊接人员。

费城附近的劳动市场和我们对高技术工人的需要使得很难找到新的合适的人选，尤其是在我们不能提供高于平均水平工资的情况下。竞争者的车间都在一些低成本地区，而我们则需要非常谨慎地把人力成本控制在有竞争力的水平上。甚至雇用一个新的焊接人员作为我们的正式员工都很困难。如果我们幸运，我们每个月能找到1~2个合适的人。然后我们需要花两个月到两年时间把他训练到A级水平，主要看他们以前是不是当过焊接工。很多工作还需要焊接人员通过美国机械工程师协会的认证。这一认证很贵，但对于A级或B级水平的焊接工来说非常重要。这一情况比想象的更加严峻，因为我们大部分工作都需要A和B级的焊接工。

这个运营官还意识到，最重要的潜在因素是菲博泰克缺少生产车间在即定时刻的可靠的实际产能信息。

在过去，营销部门签下一单之前会问我们是否有足够的产能。但最近几个月，原料交货延迟和两个大项目上出现的问题吃掉了我们剩余的消化能力，致使我们现有项目的交货期被延长了。营销部门以为有足够的产能接手我们刚刚投标的项目，从而使它们的交货日期吃紧。这样一来，营销部门不再相信我们的产能预测。它们只是拿下它们能够拿到的最长交付期的订单，这样做自然增加了我们的产能问题，成为一个恶性循环。

莱特福特同意这个运营官的看法。他觉得最近以来，营销对产能限制的影响成了现实，从而他愿意与运营部一起改进公司的发货时间表。他观察到：

我们开创了菲博泰克是因为我们为能在工业市场能做的事情感到激动。事实上，斯坦利·浩尔的运营哲学“移动钛来赚钱”成了我们的基本理念。这理念很有意思，而且很大程度上正是它一直使我们经营下来直到现在。目前，我们遇到了利润下滑和送货危机。我们需要做些什么？可能更有选择性的接受订单是公司应该做的。

从运营角度来看，他觉得一些标准能够衡量一个订单是否具有吸引力：

这项工作在技术上富于挑战；

这项工作与菲博泰克的高质量形象和产能相吻合；

公司的工程专家能够参与；

这项工作是长期的、可重复的；

公司有类似产品的生产经验；

规格和工作范围是清晰的；

对于大型订单，支付方式是可以协商的（在整个合同进行的过程当中，随着人力和原料的投入而阶段性付款，而不是在合同结束后一次付款）；

扣除销售成本、固定成本和管理费用前的盈余接近产品价格的20%。

营销

菲博泰克的成品销售和钛金属销售是在营销部艾米·维塔利的指导下进行的。她大概花费60%的时间在成品销售上，其余时间花费在钛金属销售上。类似地，两个区域经理每人用10%的时间在成品销售上。加利福尼亚的一个加工商的销售代表负责处理成品和钛金属两者的销售工作。然而菲博泰克主要依靠在贸易出版物上打广告，参加行业座谈会和成品贸易展等方式做宣传。同时浩尔、莱特福特、维塔利和其他与顾客有密切关系的职员通常负责自己的一块销售业务。以莱特福特为例，他与瑞富集团的一些管理人员有密切的联系，所以他负责这块销售业务最细节部分以外的所有工作。

正如一个经理人员观察到的那样："管理层的绝大多数人有两项或三项工作内容，而且几乎每个人都可以做销售。"

投标过程

营销和销售部门职员的一项基本任务是确定菲博泰克潜在顾客竞标列表。一旦接收到一个价格提案，营销部门就会将其发给运营部做预测（是否接受报价和发货日期）。之后，市场部会根据企业目标和市场状况调整提案。

公司竞标成功率是15%。维塔利觉得较行业平均水平而言，这个成功率有些低，但她也指出七个提案中只有一个是"靠谱的"。她认为更重要的问题是价格竞争占据了市场主流，迫使菲博泰克也不得不参与价格战。

我们盛气凌人的姿态主要是对市场力量的反应，而不是我们的经营哲学。我相信钛市场最后会进入稳定状态。一旦市场稳定，我们就会形成一套有效的订单接受策略，而不是目前的市场反应式的、随遇而安的策略。这是我最关心的问题，因为去年我们没能够保持市场份额。我们应该更好的发力，而现在的问题是，只有在我们有更多选择的情况下我们才有发力的机会。

可能的变化

维塔利觉得，公司对高风险定制的订单应该更有选择性。她也认为，公司市场业务应该分散化："我们与瑞富集团有着很好的关系，但是它的业务占了我们销售份额的30%~40%，如果它突然不提供订单了，我们怎么办？"她相信菲博泰克最终会从生产定制产品为主转向生产自主产品为主。她还认为，公司应该更精准的控制成本。"我们必须更好的定位于我们的市场以确定资源都被最大程度地利用了。"为了这样做，她觉得市场部应从运营部获取更详细的成本信息和产能信息。

维塔利认为可接受订单的标准如下：

这项工作与菲博泰克原来的工作相似；

设计简单，成本预测可靠；

良好的支付条款（随着人力和原料的投入阶段性支付）；

市场类别有发展潜力；

能够接受足够长的发货时间；

价格不是顾客的主要考虑因素。

四个潜在的生产订单

1991 年 6 月中旬，维塔利和莱特福特一起就是否接受每个潜在的订单进行讨论，这四个订单分别是：瑞富集团、PP、环球纸业和凯瑟蔻。两个较大的订单的价格是固定的。较小的两个订单的价格还需再决定。此外，维塔利和莱特福特都觉得定价流程有问题，他们考虑是否改变这个流程。比如，莱特福特认为，相对于材料成本，公司应该向人力成本收取更多的回报。他接着解释道，材料成本相对于人力成本来说更加稳定。他陷入了沉思：

我想我们应该为人力成本的不确定性获得更多的补偿。成本的暴涨（几乎都因为人力成本）是 1990 年失败的利润表现的主要原因。目前，我们的定价程序认为劳动和材料成本没有区别。也许顾客应该为劳动成本的部分不确定性付报酬。

瑞富集团

瑞富集团是菲博泰克最大的顾客，它是世界领先的工程承包商。瑞富集团和它的竞争者设计和建设遍布世界的大型项目。像大多数承包商一样，瑞富集团很专业化——只专注于石油精炼和石油化工设施建设。

若干年以前，瑞富集团就已经发展出了专业化的机械设备，可以在特定的压力、气温、腐蚀条件下进行精炼操作。瑞富集团以往提供了大量以不锈钢为材料的设备单元，但防腐蚀失效以及精炼过程对防腐性要求的提高导致其逐渐转向了钛。这种被称为 Whoppers 的单元形状酷似汉堡包而且体积庞大。它需要有足够的抗腐蚀性和高水平的焊接。菲博泰克与瑞富集团密切合作于开发 Whoppers 的设计制作。此外，瑞富集团有时还为其他钛材料产品光顾菲博泰克——经常是一些需要高水平焊接和制造水平的大型的工程容器，如反应器。据菲博泰克的管理人所知，菲博泰克是瑞富集团在全世界唯一的外部钛金属制造合作者。另一方面，瑞富集团也在位于鹿特丹的设备厂自己生产一些超级合金和钛金属产品。

作为一家工程承包商，瑞富集团拥有一支自己的野外焊接工和焊接检查元队伍。然而，由于钛的特殊属性，他们很少从事与之相关的工作。过去四年一直盛传瑞富集团准备建立一支从事超级合金和钛金属制造的专业队伍。管理层中最了解瑞富集团的莱特福特透露，瑞富集团的管理层完全不愿意讨论这个可能性，多半只是“很诡异的笑笑”。莱特福特认为，瑞富集团对公司的漫长交货时间和偶尔出现的延迟交货感到不高兴，并怀疑公司无法很好地把握未来可能出现的大规模的生产需要。

1991 年 5 月，瑞富集团曾找到菲博泰克要求生产一种大号的 Whopper（后来被称为超级 Whopper）。瑞富集团的采购/外包专家说他们愿意为此支付 600 万美元。他们还愿意分四阶段支付 80%的直接劳动、材料费用。也就是说，每完成工作的 25%，菲博泰克就可以拿到 20%的劳动和材料成本；交货后 30 天即可得到产品卖出的所有金额（瑞富集团总是按时付款）。

为准时完成任务，超级 Whopper 需在 6 月份投入生产。可以确定的是，第一阶段，也许也包括第二阶段，支付的收入会计入菲博泰克公司 1991 年的会计期间（10 月结束）。1990 年，瑞富集团从菲博泰克购买了价值 450 万美元的产品，其中不包括超级 Whopper 的订单。预计 1991 年瑞富集团购买的菲博泰克产品价值将达到 600 万美元（菲博泰克的预计收入为 3 600 万美元）。

PP

维塔利与 PP 公司打交道已经有四年时间了。这家公司致力于私有水处理工厂。它从属于一家大型化工企业并且已经在这个快速增长的行业建立起了很强的市场地位。直到 1991 年早些时候为止，PP 都没什么兴趣与菲博泰克合作。它所有的生意都给了菲博泰克最大的和排位第四的竞争对手。

四月，维塔利收到来自 PP 的增压反应器生产请求。她感到一阵狂喜，因为这代表着部分胜利，或者至少代表着一些长期合作的兴趣。一些艰难的定价决定之后，维塔利为这项工作报价 390 万美元。尽管如此，维塔利还是不能确定菲博泰克能否在预期的时间内完成任务。这种反应器包含一些菲博泰克之前没有接触过的特殊制造工艺。但另一方面，维塔利和莱特福特都认为发展这种工艺十分重要。

6 月 13 日，菲博泰克接下了请求，虽然它也可以拒绝的。这个订单的接受增加了生产任务，意味着菲博泰克的产能进一步吃紧。维塔利相信 PP 自有的两个各工厂有足够的产能生产这种反应器，同时她也听说 PP 对这两个工厂的质量都不满意，尤其对较大的那个。此外，PP 也只愿意为原材料成本阶段付费。

环球纸业

环球纸业是一家生产纸浆、纸和合成纸产品的大型综合企业。20 世纪 80 年代末，环球纸业的生产流程发展实验室将一种全钛金属构成的设备投入测试，之后的实验工厂产品到小型生产单元的过渡很顺利。现在，环球纸业将其第一部完全规格的设备生产权拿来竞标。虽然早些时候，公司的设备使用非防腐蚀材料制成，但是这一部设备将会全部使用钛金属。从维塔利的角度看，她认为这个项目有一些有趣的方面：

有时候，我们一直着急发展一些规格化产品。这将会使我们的管理任务轻松起来，同时使我们能够以相比于生产定制产品时更加标准化的方式训练员工。这样做还会摊平我们的工作量，使我们有机会发展销售力量。目前，我们还没有一个标准化的产品线，因此，我们还不具备常规的销售力量。

环球纸业愿意将新型的设备制造权特许给中标的制造商。如果我们成功中标，我们就可以根据这种产品制作一个标准化的生产线，这种设备也就成了标准化产品。

莱特福特对发展或兼并一条生产线感到同样激动。此外，他还看到增加菲博泰克运营产能的机会：

公司为特殊热处理需要花费 45 万美元的外包费用。我们之所以要花这么多是因为需要将大型设备往返运送于自己和代加工企业的厂房之间。而且代加工企业也占我们很大便宜，主要是由于它们是业内少数几个能够胜任这种特殊热处理的厂家。如果我们能够将环球的设备做成标准化产品，就算量很小，我们也可以提高自己的热处理竞争力，缩短生产周期并节省运输费用。

维塔利怀疑成本预测人员在估算成本时采用了非常保守的方法。她不能确定竞争对手能否提供同样的价格，但她相信 240 万美元应该是差不多的价格范围了。她说："有些厂家可能会提供更低的价格，比如在 210 美元万左右的范围。还有一些可能会报 225 万美元，但我们产品的高质量可以让我们收取相对的高价。"

这个订单不提供阶段性支付，而且对推迟发货有每个工作日 0. 1%的惩罚条款。同时对提前发货没有奖励。

凯瑟蔻

第四个潜在的订单非常简单。凯瑟蔻是一个从事金属精炼和提纯锰用的钛金属电极制造的企业。1991 年春夏两季，凯瑟蔻的销售额很高。1991 年，该公司开始筹建一组新的电极生产设备。该项目被推迟了，这导致凯瑟蔻的产能出现大幅短缺。因为它对菲博泰克很了解，凯瑟蔻只在菲博泰克和其中一个竞争对手中进行选择。菲博泰克与凯瑟蔻关系一直不错，但是，显然这个项目是一个"一锤子买卖"：一旦凯瑟蔻的新设备投入生产，该设备就能够满足凯瑟蔻所有的生产需要。

其他考虑

菲博泰克也靠采购、仓储和销售钛金属盈利。接受这四个订单中的任意一个都会影响所有的金属采购。因为对金属供应商的策略和定价关系的全部影响很难预测，但是综合考虑起来会对公司有利。按惯例，净利润在零到材料成本的4%之间浮动。毛利润略高但波动幅度也更大。

工作车间的产能预测只考虑了员工的正常工作时间和两班倒的情况。事实上，让员工加班的可能性是存在的。虽然有些人痛恨这样做，尤其是在夏天。加班的成本高（是平常的150%）且常常导致低效率和低质量。然而，短期内加班是唯一的一种可行的提高产能的方法。可进行第三次轮换的有技术的员工很难找到，起码在短期内很难。更重要的是，菲博泰克的有限的厂房规模可能使加班或三班倒不具操作性，因为那样就没有地方储存在制品了。

（二）卡拉威高尔夫公司——打造顾客意想不到的产品

1999年一个阳光明媚的秋日，卡拉威高尔夫公司（Callaway Colf Company，CGC）80岁的创始人、董事长兼首席执行官伊里·卡拉威（Ely Callaway）正坐在会议室里。思索着公司未来的发展。他想知道，最近公司面临着内、外部双重考验时，公司该怎样继续前进。十年时间里，虽然卡拉威收取溢价，但卡拉威却将CGC发展成为高尔夫设备制造业的统治者。CGC的销售额已经从1988年的500万美元稳步增长为1997年的8亿美元。他曾表达过他的远见："如果我们为普通高尔夫球手（不是专业球手）提供一种更令人满意的产品，并且有别于其他竞争者的产品，公司就会成功。"

这个建立于1982年的上市公司设计、开发、制造以及营销高质量、新型的高尔夫球杆以及高尔夫球袋、配件和高尔夫球（CGC高尔夫球在2000年2月上市），这些球杆都以优惠的价格卖给普通和专业球手，但同时以其高水平的表现和低技术的要求而出名。公司产品中最出名的要算大贝尔莎（Big Bertha）这一系列的球杆和后来经过改进的版本。它们为1991年的高尔夫产业带来了革命性的变化。到1998年，世界范围内69%的专业球手都使用CGC球杆。

1998年，这个高尔夫产业的神话开始淡出人们的视线。CGC的销售额下跌了

17%，损失 2 700 万美元。不得不承认，CGC 遭到其零售合作者的“谋杀”，因为之前其产品需求是如此强大。当 1998—1999 年间发生的巨变发生（1999 上半年的销售额为 4. 15 亿美元，净收入为 3 800 万美元），卡拉威开始怀疑 CGC 该不该改变它与零售商的关系，那样可能对双方都会有益？要解决可能的市场混乱，应不应该改变传播策略？新开发的 22 种产品到底是公司的生命线还是负担？1999 年的秋季，卡拉威要面对这些问题。这些答案能引导他重新定位 CGC 的零售渠道、新产品开发和营销策略。

公司历史

CGC 是由伊里·卡拉威所领导的。卡拉威是一名极具煽动力的激励者，他确定了公司的文化。人们都称这位生长于乔治亚洲拉格兰治市的领导有魅力、精力充沛、乐观、充满灵感。他是高尔夫神话鲍比·琼斯的远方亲戚，在 20 岁时获得过高尔夫俱乐部赛的冠军，40 岁为三障碍球手。近年来，他发现自己没有太多时间去打高尔夫。他说：“我正尝试着把自己当成一个普通球手，来看看他们对我们新的木头球棒或铁头球棒的反应如何。”

CGC 的建立

1982 年卖掉酿酒厂后，卡拉威接到来自美国一个叫作希克瑞—史迪克斯（Hickory Stick USA）的小型高尔夫制造公司的创始人的电话。卡拉威看到了这些仿古、但很现代的球杆的潜力，于是决定投资 43. 5 万美元买下这家公司。他把公司名称改成卡拉威希克瑞—史迪克斯有限公司，并且开始专注于扩展产品组合。设计在本质上和现有公司的球杆没有很大的不同（主要的区别在于杆身），因此卡拉威首先要做的就是发展原始产品。卡拉威将自己的 200 万美元用于前三年的生产，认为十年后公司将开始盈利。

理查·赫尔姆斯泰特

CGC 从小生产商到专业领域的创新大公司的转变离不开理查·赫尔姆斯泰特（Richard Helmstetter）。他和卡拉威 1985 年在加利福尼亚的一个高尔夫球场认识。作为 20 世纪 70 年代日本最成功的台球棍生产商，赫尔姆斯泰特对木工艺的了解使他成为卡拉威公司招聘改革的重要目标。经过一年的不懈努力，有时候甚至一个礼拜打三次电话到赫尔姆斯泰特的办公室发出邀请，1986 年这位台球棍专家终于答应去加利福尼亚担任 CGC 的副总裁兼新产品总经理。

S2H2

1988 年，CGC 推出了第一批创新性的三个新球杆设计。新设计是一个独特的杆头，叫作 S2H2（短、直、空、插鞘）。（插鞘就是指用以连结球杆杆头与杆身的小部件。）这个设计理念主要是插销重量的重新分布，因为可以直接将杆身连接到杆头，因此几乎可以忽略它的重量，这样可以留出球杆其他部位增加重量的空间。

赫尔姆斯泰特说："我们发现了一种更好的产品，这几乎纯粹是出于偶然，"从那以后，公司生产的每一个球杆都包含了 S2H2 的理念，他继续，"我们持续改进将重量从不很有效的地方转移至有效的地方的理念。"

这种技术引起了 1989 年 S2H2 金属木杆的引进（虽然木杆头最开始由木头做成，但金属杆头有更好的表现，而原始的产品名称也保留了下来）。S2H2 的铁杆和木杆都可用钢或者碳纤维做杆身，取代了更重的山桃木杆身。1990 年末，S2H2 球杆在常青巡回赛（Senior PGA Tour）上采用率排名第二，公司销售额达到 2 200 万美元。

赫尔姆斯泰特有一套独特的研究和开发办法。相比之下，他不会花时间在想出怎样生产出一个更好的铁杆上，而是会让他的团队从事一个叫"RCH 苛刻问题"的工程。RCH 是赫尔姆斯泰特的首创，他有大约 400 个未得到回答的问题，例如"回旋球是怎么形成的?"和"为什么球杆尖端的一击会使球转向左边而不是右边?"赫尔姆斯泰特说，"如果我们可以知道回旋球是怎么形成，可能我们当中一个人会有很好的创意。"他始终相信直觉，特别是有根据的直觉。他尝试着去雇用科学家、工程师以及高尔夫球手，然后让他们一起去思考这些问题的答案。在判断最合适的击球条件以使得击出可能的最远的距离时，如果某人的杆头速度是 130 公里每小时，工程师发现杆头需要大一些，这也促使了大贝尔莎的形成。

大贝尔莎

CGC 第二代创新性新设计是 1991 年引进的大贝尔莎超大金属木杆，大贝尔莎是第一次世界大战中一种大炮的名称。大贝尔莎金属木杆提供了一个更大的杆面中心点。虽然它的价格达到了前所未有的 250 美元，但还是受到了世界范围内很多高尔夫球手的喜爱。大贝尔莎球杆对于 CGC 很重要，因为它重塑了高尔夫球运动，永远地改变了球杆生产的方式以及顾客购买的方式。某高尔夫球分析师说："如果你是一个高尔夫球手，而且无论你拥有大贝尔莎与否，CGC 都几乎改变了你球带内的所有东西。如果你是一个巡回赛选手，你不可能不用大贝尔莎，因为所有的其他选手都用它，而你不会想要落后。”

在大贝尔莎之前，1 号木杆是高尔夫球手最不喜欢的球杆——很多人甚至避免使用它，因为普通球手还不能用它准确地击中球。大贝尔莎改变了这种看法，甚至逆转了很多高尔夫球手的看法。这是有可能的，因为球杆结合了 S2H2 技术，采用超大号的杆头，这样即使没有正中球心，也可以将球击出。在对球杆看法改变的回应中，一个高尔夫分析员说道：“由于大贝尔莎，我们用杆头的后侧击球，球将沿直线飞行；用杆头前侧击球，球也能沿直线飞行，这样，这项运动就容易得多了，对我们这些不以高尔夫运动谋生的人来说也是一件美事。”

在大贝尔莎之后，竞争者们一年后才开始有了超大号的金属木杆。而六年后它们的表现才对 CGC 构成威胁。直到 1999 年，竞争者进行了八年时间的追赶，才终于缩小了和 CGC 之间的差距。

1994 年，CGC 引进了大贝尔莎铁杆和大贝尔莎附带战鸟（Warbird）底面的金属木杆，销售额达到 4. 49 亿美元。那时，赫尔姆斯泰特为 CGC 的成功做出了非常大的贡献，以至于卡拉威在同一年为向其表示敬意建立了一个最先进的球杆测试中心，并以赫尔姆斯泰特的名字命名。

钛杆

到 1995 年，钛杆开始作为 CGC 第三代主要的技术突破出现。赫尔姆斯泰特和他的团队已经知道球杆的转动惯量越大，对技术的要求则越低。因为杆头的总重量在一定程度上是固定的，将重量从杆头中心区域移开可以增加转动惯量。重材料但薄的外壳，如钢或者有同样强度但密度更小的材料可以做到这点，但赫尔姆斯泰特知道不能用不锈钢。虽然转换到钛杆需要重新装备生产设施，但他对于研发的想法是：

如果你可以做出一样足够好的东西，那成本有多高都没有关系。你不能被一些典型的商业学院的惯例约束，如“我们应该先了解市场的规模，然后再确定我们该投入多少钱去开发产品，这样就可以保证很好的盈利。”科学家、技师和设计师不能单独开发出新产品。只有将他们聚集在一起才可能有开发新产品的灵感。这种智慧非常昂贵，因此确定研发的预算极其困难。随随便便可能就是 5%的销售额。

1995 年，大贝尔莎被大大贝尔莎（Great Big Bertha）钛杆取代。这些球杆有更长的杆身、更大的杆头，但却更轻。大大贝尔莎一开始的定价为500美元，虽然有人认为这简直就是营销自杀，一个主要竞争者泰勒梅德（Taylor Made）也引进了一类在同样价格范围内的产品。因此出现了球杆代表地位身份的现象。

1996年唐·戴（Don Dye）成为CGC的首席执行官，在接下来的一年，CGC引进了另一系列的产品——超大贝尔莎（Biggest Big Bertha）钛杆和大大贝尔莎钨钛杆。超大贝尔莎比大大贝尔莎还要好，因为它对使用者的技术要求更低，却能将球击得更远、感觉更好，但并不符合市场预期。它的定价过高，达到600美元（相比大大贝尔莎的500美元），而CGC却同时销售两种产品。而消费者并不认为超大贝尔莎的性能高出大大贝尔莎的20%。

1997年，CGC年终的销售额为8.43亿美元。它还用1.3亿美元收购了奥德赛高尔夫（Odyssey Golf）。奥德赛有最好的推杆销售线，CGC也很欣赏奥德赛对技术的重视。1998年大贝尔莎X-12、大贝尔莎钢头金属木杆和给小孩用的小贝尔莎（Little Bertha）面市。在唐·戴离职后，伊里·卡拉威任命了一个新首席执行官。

产品开发

在高尔夫行业中，与其他公司相比，CGC能以最高的价格卖出更多种类的更多产品。为达到这种程度，CGC必须一直保持先进的技术优势并且持续地超过消费者的预期。生产和竞争者类似的产品还不足够，因此研究和开发对公司很重要（过去的十年，CGC一直在增大生产能力，1988年卖出50万套，1998年卖出600万套）。

如此看来，CGC要应对的最大挑战是不仅是要让产品有别于其竞争者的产品，还要不断地超越自身。如果同样的产品卖得太久，不管它有多好，销售额肯定会下降。这种下降会发生是因为如果消费者真的很喜欢这个产品就会在它上市的前两年内买下它。销售额和价格当然会在两年左右后下降，这就迫使CGC不断地淘汰旧产品。除此之外，还有一个持续推出上等技术产品的原因是防止现有顾客转移到其他品牌。CGC已经是一个非常好的品牌，消费者们都知道CGC总可以提供高质量的产品，但克莉丝假日（Chris Holiday）美国销售部的高级副执行官说道：

真正的顾客忠诚度是针对能帮助他们有更好表现的最好的球杆来说的。一旦一家制造商能够生产出比我们更好的产品，品牌并不能挽救我们，它只会给我们一些应对的时间而已。我们必须继续生产出世界上最好的球杆，否则即使是用了我们球杆15年

的顾客也会立即弃我们而去。

处于领先地位是有代价的：公司的研发费用已经从1994年的600万增加到1998年的3 700万美元。CGC估计这种上升趋势还将持续，因为研发一直就是公司的生命线。

实际上，CGC只是利用超大号的金属木杆创造了全新的一个产品种类，但这却给了高尔夫球商这样的感觉："如果CGC能成功，我们也能成功。"因此带来了更多的生产商进入这个领域。1999年某零售商这样描述发展环境：

每个人时时刻刻都在试图通过开发出新产品而打败对手。以前每年都有两个较大的高尔夫用具展览会，一个是九月份在加利福尼亚（之后改成了拉斯维加斯），另一个是一月份在佛罗里达州。制造商过去总是将最新的产品留到展览会上推出。但现在情况却不一样了，产品推出的速度要更快，生命周期也更短了。

对于不同产品球手的接受程度不同，有时候产品甚至不能持续一个季度。那个零售商还说道："我觉得制造商应该放慢产品更新的步伐。产品从推出到消费者接受需要更多的时间。"这样短的产品周期也加快了存货出清项目的增长。在过去的两年里，几个制造商都花数百万美元用于剩余存货在传统分销渠道的处理。

消费者行为

高尔夫运动是一项很难的运动，玩过的人可能沮丧也可能迷恋，但都伴随着热情和兴趣。即使是团队运动，球手也不会降低对自己的要求。球手们表现不好时往往责怪设备的问题，因此总想改进他们的球杆。和大多数其他运动不一样，高尔夫运动中虽然球手的精神状态和技术水平与场地有很大的关系，但设备对于选手的表现也有重大影响。高水平的球手不管用什么样的球杆都能打出好球，但普通的球手如果使用高级的设备，其表现就会有显著的提高。初学者也能因此受益，因为那些对技术要求较低的球杆可以让他们更快地建立起和球之间的联系，可以减少挫败感，这样就不会轻易地退出这项运动。因此球手们总在寻找一支能帮他们减少杆数并且能更多地享受这项运动的球杆。

购买球杆时，大多数球手都接受其他人的口头推荐。这种形式的宣传很奏效，因为高尔夫运动是一组四个人，他们会在场地上一起相处很长时间。有一个销售人员将它比做以前的柔性洗发露的电视商业宣传语——"他们告诉了两个朋友，四个朋友，八个朋友……"这个四人组也是了解新球杆演示的很好的方式。当一个球手用一支新

打高尔夫

球杆打出一记好球时，小组里的其他成员会顺便自己试试这种球杆的性能。

普通高尔夫球手（定义为每年至少打十轮）是 CGC 的目标市场，他们一般打 18 个以上差点，并且每两三年就会换新用具。这个购买循环只是一个平均数，一些球手八年以上才换一次用具。一个 1987 年后拥有屏（Ping）铁杆，1997 年后换成 CGC 木杆的高尔夫运动爱好者（定义为每年至少打 30 轮）说道：

我已经使用同一套铁杆 13 年了。我一年打 60 轮，到现在能打出持续远的距离，并且能很好地控制它们。它们很管用，我没有理由换掉。不过木杆就不同了，我试过几套。问题现在变得很复杂，我都不知道哪套更好用一些了。我很想改进我的木杆，但如果 300 美元的木杆好用，我就不会再花 1 000 美元购买其他产品。

剩下的打高尔夫球的人主要是初学者（在某一年打过了第一轮）和偶尔玩玩的球手（一年打 1~7 轮）。对于初学者来说，购买一套新的球杆是一件很难的事。零售店提供太多的选择以至于他们只好依赖于售货员的建议。不过初学者会觉得高尔夫用具的购买体验很有趣，因为这对于他们来说是一个全新的消费世界。同时，初学者对价格非常敏感，不会轻易花一大笔钱，直到他们知道自己真的很喜欢这项运动和自己有进步的空间。他们通常购买“初始者套装”，一袋 100~250 美元，包括五支铁杆，两支木杆和一支推杆。轻的球杆容易挥起，使用者能够更有可能击中球，这点对于初学者很重要。初学者还可能购买二手的高级球杆，或是前些年打折的球杆。

对于经验丰富的球手而言，购买新球杆的原因不同，有的人是很渴望得到最新的

和最好的球杆，有的人可能仅仅因为小舅子的一句话“这是必需的”，还有人是因为旧球杆用的时间实在太长，影响技术的发挥。一旦做出了购买新球杆的决定，他们大多数人会选择品牌产品——也就是什么人该拥有什么级别的球杆。有个普通的球手说：“如果有人朝着我球袋里看，我想让他知道我很富有，我打高尔夫，我看上去很不错。”

当决定去哪里购买新球杆时，大多数球手都选择俱乐部外的零售商，这样他们就有更大的选择空间，地点也会更便利（大于90%的俱乐部外零售商有击球区域或者模拟器）。相反，那些很可能是乡间俱乐部成员的高尔夫运动爱好者更倾向于在他们俱乐部的专卖店购买新球杆。这些球手希望自己能抢先使用店内的新产品，这样也可以显示对俱乐部及其专卖店的忠诚。俱乐部成员的消费者可以在俱乐部体验新产品然后去别的店购买，一个球手说：“但那样你在俱乐部就混不下去了。”

木杆和铁杆都很昂贵，推杆相比起来便宜很多，一支大概100美元。轻击被视为高尔夫运动中最难的技术，很多球手在这方面都很弱，他们会在不做产品调查的情况下很频繁地更新推杆。实际上，很多球手拥有五支或更多的不同的推杆，一支推杆表现不好，他们就会换另外一支。

销售和营销

赫尔姆斯泰特和他的下属说过，一定要推出连消费者自己都没有想过要拥有的产品，即使成本是价格的三倍。他相信，如果消费者已经知道想要什么样的产品了，那样就太晚了。赫尔姆斯泰特说：

开发出新产品并且开始面市的时候，你要说服你的顾客认为他们一直都很想要并且需要这样的产品。我们的中心思想就是首先告诉他们产品性能更好了，然后再证明给他们看产品的确是更好了。然后我们再拿到展销会上，使得更多顾客试用产品并且确定广告应该是怎样的。

销售

CGC的销售额来自美国国内外。在美国国内，公司将产品同时卖给俱乐部专卖店和俱乐部外的零售店，它们经营专业的质量较高的设备。1998年，没有一个单独的顾客购买额占到收入的5%以上。CGC大约65%的业务都是来自俱乐部外的零售店。在过去的五年中，俱乐部专卖店的数量已经从5 000家增加到了7 000家，同期，零售店从1 500家增加到2 000家。实际还有1 000家零售店的增加，但它们经营失败因此退出了

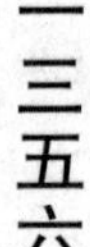

市场。1999 年，在估计的 2 000 家零售店中，CGC 服务了其中的 1 500 家，之前是 1 000 家。总体上来说，大约 1/3 的零售店卖出 2/3 的产品，其余 2/3 的专卖店卖出 1/3 的产品。

俱乐部专卖店对 CGC 很重要，但公司更多地依赖于俱乐部外的零售店，因为一般来说，它们比专卖店有更雄厚的资金实力。另外专卖店人员并没有挑选出合适的产品推荐给客户的时间，因为他们还要经营俱乐部、教授课程、销售衬衫和出租球杆。虽然两种零售店的规模有很大的不同，但 CGC 对所有顾客保持了统一的价格。因此，并不提供数量折扣，不管是一年内购买一万美元产品还是 4 000 万美元产品的顾客得到的价格都是一样的。

通过卡拉威高尔夫销售公司这一子公司，CGC 由本地的实地销售代表（室外销售）、室内电话销售人员（室内销售）和顾客服务代表向顾客批发销售。销售人员将顾客分成三种，"A" "B" 和 "C"。他们会按照每类顾客的重要性分别以每周一次，每月一次，每年四次的频率拜访。拜访时，销售人员会在顾客的商店里待上一两个小时。

室外销售人员在实地销售时负有很多的责任，包括举办"演示日"、维护物理存货、为 CGC 的展示做讲解、接收顾客订单、准备产品研讨会以及了解其他的销售人员。"演示日"是由室外销售人员（每年有超过 2 500 人）组织于周末在俱乐部专卖店举行的，一年 30~40 次。这些活动能让球手亲身体验 CGC 的球杆。

另外一个室外销售的任务是测定个体商店存货的短缺情况并且利用对销售趋势的了解来建议商店填写订单（新产品以配给方式供应，所以事先订下分配给它们的数量，即使存货被消耗尽也不能获得更多的产品）。零售商并没有先进的存货管理，因此 CGC 要依赖于室外销售团队去做实物清点。室外销售人员还要培训销售人员关于 CGC 产品的知识，因为销售人员只有熟悉了产品性能，才能以此吸引顾客，他们知道得越多，销售时就越有说服力。

在美国国外，CGC 的产品主要由外国子公司以及国际高尔夫球杆分销商销售。公司将产品销售到 50 多个国家，这些国家的销售商能享受出口定价折扣，以减轻分销、宣传和销售成本的负担。

营销

CGC 的营销项目之所以很重要有两个原因。首先，高尔夫这个行业盈利的关键在于产品，因此 CGC 必须使其产品有别于其他生产商的产品，这样就可以收取溢价。其次，CGC 通过持续的技术改进获得了差异化产品，这样，终端顾客和零售人员对产品的足够了解变得非常重要，因为这样才会导致明智的购买决策和销售手法。

CGC 利用电视、高尔夫杂志、行业出版物、口头推荐作为主要的宣传方式。公司还利用了五大协会（PGA（美国职业高尔夫球协会）、LPCA（女子职业高尔夫协会）、高级 PGA、欧洲 PGA 和耐克）的职业高尔夫球手帮助宣传公司产品。值得一提的是，世界范围内很多职业选手都使用 CGC 的产品，虽然他们对 CGC 并没有合同义务要这么做，CGC 还是以双赢的方式奖励了这种自愿使用的行为。

CGC 计划在 1999 年花 2500 万美元在世界范围的职业巡回赛上，但这个项目的规模未来很可能会逐渐减小。目的在于聚集一些高素质的信任产品性能的职业球手，以合理的价格签约。

在选择职业球手的合作者时，CGC 的一个执行官说："我们不会不惜代价地请一个超级巨星，这样做很不值，因为我们已经是市场领导者。但我们当然也不希望要一些永远都上不了电视的选手。我们希望选中的球手能成为领导者，能赢得一些比赛。"1999 年 CGC 的一些职业球手包括洛克·梅迪亚特（Rocco Mediate）、科林·蒙哥马利（Colin Montgomerie）、安妮卡·索伦斯坦（Annika Sorenstam）、吉姆·科伯特（Jim Colbert）、布鲁塞·弗雷瑟（Bruce Fleisher）和卡洛斯·佛朗哥（Carlos Franco）。

在 CGC 的产品营销活动中，展销会更像是验证产品性能的途径，而不是什么基础。相比之下，职业球手的接受和使用是泰特利斯（Titleist）营销策略的核心。卡拉威的一个代言人评论道："我为普通球手开发产品，但碰巧职业球手也用这种产品。那样就能证明我们产品的质量和技术含量很高。"

媒体

1991 年推出大贝尔莎时，CGC 有三个消费者印刷广告和三个行业杂志广告。伊里·卡拉威说："不用一分钟的电视——全部都是基于产品表现的口头推荐。"不过很快电视也被采用了，自那以后，CGC 的宣传一直都有变化，从卡通到名人代言，再到公司代言人描述 CGC 球杆的技术优势。CGC 想要声明它对研发非常重视，但这些声明都很轻描淡写。

CGC 的广告主要是在高尔夫赛事时插播，也可能在 CNN 和 ESPN 上播出。因为电视的高成本，公司从来没有将其作为主要宣传手段。1998 年，CGC 的宣传预算是 3 300 万美元，高于 1997 年的 2 000 万美元和 1996 年 1800 万美元。

定价

设定类似大贝尔莎金属木的创新产品的批发价格并不是一件容易的事。伊里·卡拉威如下解释整个定价过程：

我们将新产品和市场上现有的产品联系起来，估计我们的产品在消费者中的影响会有多大、产品有多稀缺、生产成本有多少、制作时间有多长。我们将这些问题都考虑进来，然后内部员工，如商品销售部、产品和研发部的工作人员聚集到一起设定价格水平。定价并没有指定的公式。

因为要预测消费者购买这些创新性产品的意愿很难，因此需要靠判断力和冒险的勇气。1991 年引进的大贝尔莎金属木以 400 美元的价格售出，这个价格可能是任何人之前花在球杆上的两倍的金额。我们确切地知道像大贝尔莎这样的产品对球手会有什么好处，但只有在你将它推荐给球手并让他们尝试后，他们才能帮你做出判断。因此就必须预见到这种尝试体验后的反应。

卡拉威很少去调整木杆和铁杆的批发价格。在整个产品周期中，批发价格一般都保持不变，只有在对现有产品有改进的新产品上市时的 2~3 个季度末才会有所降低。

行业/竞争分析

1986 年，美国有 2 000 万高尔夫球手活跃在 13 353 个高尔夫球场上，1998 年是 2 600 万球手、16 365 个场地（其中 70%都对外开放）。每年预计可以增加 200 万个球手和 300~400 个新场地（1998 年开放的 448 个场地中，54%的是九个洞的场地）。增加人数最多的是那些每年打 8~24 轮的球手，从 540 万增加到 840 万，增长率为 56%。同时高尔夫爱好者从 560 万减少到 540 万，偶尔玩玩的球手数量稳定在 1 000 万。

一些高尔夫行业分析师争辩过新进入者增长幅度的问题。在 1988—1998 年之间，高尔夫运动每年吸引了 150 万~300 万的初学者，但他们中的大多数都退出了，就如美国国家高尔夫基金会说过的："这个行业无法提供一种能刺激更多的球手继续参与这项运动或是激发普通球手更频繁地参与这项运动的体验。"其中的理由可能是这项运动要花的时间（18 个洞的高尔夫要四个小时才能打完）、场地难以租到（很难预订到想要的开球时间）和运动成本的增加（1996 年后每轮平均成本每年上升 5%）。

在1986—1998年之间，高尔夫运动在场地收费、设备和产品上的花费从78亿增加到了150亿美元。1998年，球手们花22亿美元在球杆上、50亿在商品上，其余的都在场地费用上——大约占到总费用的50%。美国一个普通球手在与高尔夫相关购买上的平均花费是1 152美元，高尔夫爱好者的花费则是这个数字的两倍多，其他的球手则要少些。

虽然世界范围内对高尔夫运动感兴趣的人越来越多，但高级设备的市场却在萎缩。1998年的美国市场需求降低了，亚洲经济危机也给世界范围内的销售额带来了负面影响。另外一个原因是市场已经达到饱和。到1998年，13家生产商的18种超大号杆头球杆分享了CGC于1991年创立的市场。随着新技术的先进球杆不断地上市，球手很难再区分自己球袋里的球杆和那些新球杆有什么不同。另外一个问题是，很多球手都会在正常情况下的新购买周期开始之前升级自己的球杆，因此很难保证有新的购买。

竞争

高度竞争的高尔夫设备行业有很多资金实力雄厚、具有很受欢迎的品牌的大公司，以及具有很流行产品的新公司。20世纪80年代末、90年代初，制造商资金实力并不雄厚，不愿意在新的、设计出奇的球杆上下赌注。屏是一个例外，产品非常新颖，到1995年已经统治了整个铁杆市场。然而到1999年，制造商更愿意开发独特的设计。在铁杆和金属木杆的分类上，CGC最大的竞争者是泰勒梅德、泰特利斯、壹佰高尔夫（Cobra）和屏。在推杆的分类上，CGC主要与泰特利斯和屏公司竞争。还有来自试图进入美国市场的日本公司的挑战，这些日本公司拥有先进的产品。一个行业内部人士说道：

高尔夫行业最大的问题是要有第二方案。很多公司可以推出一种新的球杆然后获取一定的市场份额，但当产品周期结束需要新的球杆时，公司却不能推出更好的产品。

泰勒梅德高尔夫

1997年，泰勒梅德被德国跨国公司所罗门集团（Adidas-Salomon）收购，因此有更强大的经济实力。泰勒梅德非常注重研发，在1994年生产了创新性的汽泡轴（Bubble Shaft），将球杆的重量集中在外壳，这样就可以用较小的力量击出更远的球。泰勒梅德目标顾客是普通高尔夫球手，1998年的销售额是3. 21亿美元。51%以上的销售额来自木杆、38%来自铁杆、10%来自配件、1%来自推杆。公司将产品同时卖给俱乐部专卖

店和零售店，也会偶尔卖给网络零售商，如1999年向雾虹（Fog Dog）销售产品。但管理层觉得通过这种分销渠道维持产品价格水平和形象比较难。这家公司也因持续地通过各种各样的项目来支持它的零售商出名，如销售折扣和合作营销项目。1999年，泰勒梅德的管理层迷失于将公司带往哪个方向，因此每年都有新产品上市，以试图维持市场份额。一个零售经理说道：

自从切片面包以来，去年最好的东西算是唯一（Firesole），但今年是超钢（Supersteel）。我怎样才能和顾客持续地搞好关系，然后向他们推荐最好的球杆，这样，新产品推出的时候他们还能够买我的球杆？

泰特利斯和壹佰高尔夫

泰特利斯和壹佰为富俊公司（Fortune Brands）所有。CGC定位于高端和普通球手使用的高尔夫用具，而泰特利斯则定位于专业球手或者很优秀的球手使用的产品。这是公司的一个战略，因为管理层感觉所有的球手都希望自己能被分到那一类当中。在代言上，泰特利斯花了CGC两倍的钱，并在1999年拥有最好的鞋（Fool Joy）和高尔夫球。这种类型的营销方式最终获得了回报。一个正准备够买新的木杆的高尔夫运动爱好者说：“我知道任何人用泰特利斯都能打出好球，所以我也很可能要去专卖店尝试一下。”

壹佰高尔夫成立于1973年，1996年被富俊公司收购之前已经是一家上市公司。与泰特利斯相反，它定位于普通球手，特别是女性和老年人。和很多公司一样，壹佰一开始生产木杆，最原始的一种是调节（Baffler）木杆。之后公司也开始生产铁杆，最成功的一种就是1993年推出的壹佰王（King Cobra）超大号杆头的铁杆。1998年总共的销售额和员工数分别达到了9.63亿美元和4 650人。

屏高尔夫

屏是少数的私有高尔夫公司之一，它和CGC在铁杆市场上竞争。和CGC一样，屏也是以生产推杆起家。管理层很注重研发工作，屏以杆头前后和周边配重以及创新性的量身定做出名。

屏基本上只将产品分销给俱乐部专卖店的零售商，因为管理层觉得这样消费者才可以更好地找到合适的产品。另外一个原因是其他零售店无法模仿球的飞行，而管理层认为这一点对于顾客找到适合自己的产品很重要。但当意识到越来越少的人加入高尔夫俱乐部时，屏也开始向俱乐部外的零售商销售产品，以获得更多顾客。但屏没有参与任何和职业球手相关的代言项目。

管制的压力

1998 年 11 月，美国高尔夫协会（USGA）给 CGC 设置了另外一道考验：测量所谓的球杆杆头“妙手回春作用”的测试协定的采用。卡拉威说：

USGA 制定规则管制设备，我们正努力克服它的考验。那个声明造成了行业的恐慌。它认为球手们将球击得太远了，于是要废除大贝尔莎。我们举行了一个公关活动，向球手调查一个问题：“你并不想它这么做，对吧?”结果我们赢得了暂时性的胜利，USGA 批准了大贝尔莎以及类似产品继续面市。但我们知道还有一些即将面市的产品会被废除。这对于 CGC 甚至整个行业来说都是一个巨大的考验。

这个只适用于美国的 USGA 协定同时涉及业余球手和职业球手。事实上，世界上只有大概 20 个人可以在一定情况下将球击得过远——而球杆只是其中的一个原因，还有球手们更强大和场地条件更好的原因。CGC 的产品服从了 1999 年协定的管制。但这确将引导未来 CGC 乃至整个高尔夫行业的产品开发。

零售渠道

俱乐部内、外都有零售店。俱乐部专卖店通常较小，选择较少，且在高尔夫球场内拥有很多私人和公共的设施。相反，俱乐部外的零售店在球场的外面，比较大，选择较多，通常按店的规模分成不同的类别。一些俱乐部外的零售店在服务和专业知识水平上有优势，另外一些的选址很吸引人，但所有商店的价格都很具有竞争力。正如一个零售商所说：“你必须有能力保持竞争性的价格，否则就混不下去了。”

无论规模大小的俱乐部外零售店都利用广告作为其营销策略的一部分。价格宣传经常出现在报纸上，而在电视上则出现得要少一些。行业大多数生产商都允许顾客宣传它们的价格，很多生产商只有极少的宣传价格限制。直到 1999 年，CGC 才开始允许它的批发商顾客宣传其价格。在那之前，顾客只能通过广告传单或直接邮寄来做价格宣传。

零售人员

零售店提供多样的销售帮助。按照顾客技术水平的不同，销售人员会花 15 分钟到一个半小时时间为顾客提供这些帮助。一方面，初学者需要高水平的服务和单独的照顾，零售目标就是为他们挑选一套合适的、价格水平他们能够接受的用具。对于普通球手或是爱好者而言，他们进商店前就已经知道他们想要什么。这些技术更高的球手会更多地去击球区域体验产品，几乎不需要销售人员的帮助就能做出购买决定，只要价格水平在自己承受范围内并对产品感觉不错。当然，在球手所试用的用具与他技术水平不相匹配时，销售人员会给一些建议。当销售人员同时将每套450美和700美元的用具给球手试用时，这也可能影响购买决定。一个售货员说："更贵的球杆可能在某几次击球上让球手感觉到要容易一些，但大多数人并不能区分二者的区别。"

销售人员能够清楚地向顾客说明，这要求他们对这项运动有深入的了解。一般来说，高尔夫用具的销售人员都受过良好教育、有礼貌、对高尔夫运动有热情并且不会强行推销。即便是这样，CGC 的管理层有时还是感觉销售点人员并不能完全了解产品。主要原因是销售人员的流动性高、地位和薪酬低。

为了增强销售点对产品的了解，CGC 为零售商提供设备资料手册、CD、电视录像带、袖珍型产品指南以及外部销售人员的产品培训。这些方法的作用各有大小。一些零售商拒绝产品培训，因为商店的经理不愿意支付销售人员工资，却让他们把时间花在和制造商的销售代表说话上。一个零售商这样说道："我们就算没有培训，产品也一样卖。"另外一个零售商却有不同观点："我们都想卖出产品，我很欢迎产品培训。我的员工接收到的培训越多，产品就会卖得越好，这样对我和制造商都好。"

某个欢迎培训的销售人员抱怨，CGC 负责培训他们的实地销售代表仅仅是简单地检查了存货，并没有培训任何有关产品的知识。因此，销售人员经常感到对 CGC 技术不够了解，不能向顾客解释产品的价格为什么那么高。有时候，他们会把顾客引向零售商私有品牌的产品或是其他制造商的产品，因为他们更了解这些产品，觉得这些产品更值、更值得信赖（一直以来，品牌产品贡献 15%~25%的利润，私有品牌产品占 40%~50%）。

除了产品培训和教育的帮助，CGC 还为零售商提供其他方式的支持，包括产品宣传、代言、演示日、保障项目、800 个实地销售代表、付款条款和减价抛售。减价抛售通常是因为新产品上市而中断现有设备的使用或是 CGC 有太多的存货需要清理。例如当新产品上市时，如果一个零售商的存货有八个旧款的球杆，CGC 就会免费给他们一个新的球杆，这样就能降低剩余存货的平均成本。推出新产品时，零售商可以随意给剩余存货定价。1999 年，CGC 进行了减价抛售，以更低的价格卖出 4 000 万美元的大大贝尔莎、超大贝尔莎和大大贝尔莎铁杆的过剩存货。

由于这些维持机制，零售调查一直将 CGC 排在宣传、产品质量、优秀顾客服务等方面的前三名。但 CGC 的利润率却排在最后。原因在于 CGC 的“无数量折扣”政策和 30 日内付款享受 2% 的折扣，60 日内付全款，这对于此行业来说是很紧的付款期限——有些制造商提供 120 天的期限。一个 CGC 的内部人士说：“如果 60 天还没有付款，信贷部会催得厉害。”公司认为顾客经营资金周转要靠银行，而不是 CGC。CGC 管理层认为，他们的责任只是提供给顾客最好的产品，创造最大的需求和销售，而且要让顾客在 30~60 天内付清账款。

存货

CGC 的品牌效应很大，因此，零售商不得不销售 CGC 的产品，这样它们商店作为高尔夫用具商店才合理。商店往往拿 CGC 的设备来建立自身的价格形象，因为购买者会通过 CGC 主要的产品来比较商店之间的价格水平。

零售商会购进多少存货并不难知道。大体上来说，它们一次性会购进 2~3 个月的货，最忙的中间两个季度可能会更多。很多俱乐部专卖店只买“软货”，如衬衫，帽子和球，只通过邮寄销售球杆。相反，俱乐部外商店会注重提供市场份额最大、品牌最大的制造商的产品。

零售商不可能购进所有种类的球杆，因为库存单位数量相当大（一个大的零售商的存货可能有多达 10 000 个库存单位）。球杆分为右手用球杆、左手用球杆、女式球杆，还因不同角度和不同杆身而不同。有限的物理空间和成本使得零售商不可能购进所有的类型，因此零售商试图将存货最大化，以满足尽量多的顾客。

零售难题

过去的 20 年中，高尔夫零售业务越来越难做。20 世纪 70 年代，所有的高尔夫球杆都是通过俱乐部专卖店销售，整个美国，只有 50 家俱乐部外的零售店，它们大多数是家庭所有、夫妻经营。随着俱乐部外零售店数量的增加，形成了过多零售商“分一块馅饼”的局面。因为相比其他行业来说，高尔夫球业并不是很大。一个高级执行官说：“这个不像制药业，每个人都需要用药。”

20 世纪 70 和 80 年代，高尔夫球业品牌效应并没有 1999 年那么的重要。因此零售商更有机会销售利润率更高的私有品牌产品。在零售商看来，利润率逐年稳步下跌，但 CGC 却认为原因在于零售商产品中品牌产品（低利润率）占的分量更大了。

CGC 另一个的零售难题是未来因特网的地位。1999 年，开始有网上零售商通过因特网销售 CGC 产品（不直接销售），但这个渠道只占取 CGC 小于 1%的业务量。管理层不相信它会大幅度取代零售渠道，因为球手希望能触摸、感觉、挥击球棒，而且他们也不喜欢产品被延迟送到。

1999 年秋季，CGC 管理层认真考虑了进一步拉近和大顾客之间的关系，但一个执行官说："我可以告诉你，这并不意味分层次定价。"当被问及制造商是否意识到它们比从前任何时候都需要零售商时，一位零售经理回复道："如果它们不这样做就将倒闭，因为是我们在支持产品的销售。"

接下来该怎么做

向会议室的窗外望去，伊里·卡拉威看见一辆保时捷停在公司停车场，牌照上写着"THX ELY"。这是 CGC 成功的小小的象征，体现了深入人心的公司文化，CGC 在享受了多年正增长后，1998 年业绩开始下滑。为了减轻问题以及重建公司，卡拉威已经做出了几项改变。唐·戴离职后，员工数量减少了、表现差的单位已经关闭、非核心业务也已经终止。卡拉威问道："还可以研发出什么样的产品？CGC 该怎样发展与零售商之间的关系？还有，CGC 的营销策略是不是应该调整重心？"

尽管有这么多的问题，卡拉威对他的公司依然保持着自信。当被问及 CGC 能否继续领先于高尔夫行业的竞争时，他引用了牛顿第一定律："没问题。运动中的物体有保持运动的趋势。"他继续道："这个故事还没有结束。"

（三）弗里波特工作室——及时打住业绩的下滑

我们从未对弗兰（Fran）失去信心。但是当你的预测 70%都有问题的话，那你就会有问题了。我们寄希望于弗兰能够找到问题的解决方法，进而，我们在第二年就可以实现收支平衡。

——里昂·比恩公司（L. L. Bean, Inc.）总裁，里昂·戈尔曼（Leon Gorman），弗里波特（Freeport），1999 年 10 月

1999 年 11 月，高级副总裁及总经理弗兰·菲利普（Fran Philip）遇到了一些艰难

的选择。她要么想出一个可行的计划让弗里波特工作室在下一年扭亏为盈，要不然就要冒被母公司——零售商兼目录销售主力军里昂·比恩关闭的危险。

弗里波特工作室（Freeport Studio）是通过目录里昂·比恩销售女性服装的新品牌。里昂·比恩为挽救其停滞不前的销售额，以及降低季节间销售不平衡而创造了这个品牌。经过对内部需求以及外部机遇的彻底审查之后，里昂·比恩认为女性服装品牌不仅与公司现有的运营模式相适应，而且也有巨大的市场潜力。

弗里波特工作室于 1999 年 1 月在一片兴奋声中开始推出。但是激情不久就随着最初几个月销售额的不理想而逐渐消失。春季的业务似乎有所好转，但是低谷随后就出现了——7 月份的结果比预期低了 70%，而秋季的整体需求比预期低了 60%，到了 11 月份，业绩预期也从刚推出时的 600 万美元的盈利修改成为 200 万美元的亏损。随之而来的烦恼是积压了将近 1 200 万美元的存货。

菲利普非常苦恼。她知道自己几乎没有时间来修改春季的目录，因为 1 月份这份目录就要寄出去。早在这些目录开始表现得差强人意时，市场调研人员就马上开始了广泛的市场调研。作为一位最有经验的编目人员，菲利普知道她需要那些信息。“我不知道是这些衣服本身，还是这些创意，或是拿到这些目录的顾客，”菲利普凝视着窗外的深夜对自己说：“但是，到春季目录发出去的时候我会做好一切力所能及的事情。”如果她失败而使目录遭到关闭的话，员工就不得不在里昂·比恩寻找其他的职位，而公司也会失去发起增长攻势的一个大好时机。

里昂·比恩

里昂·比恩于 1912 年通过把皮革鞋面和橡胶鞋底粘合起来制造更好的狩猎鞋在缅因州的弗里波特创建了自己的公司。比恩接下来就向缅因许可的非居民狩猎人寄送产品宣传单，并保证他的缅因狩猎鞋会使对方“完全满意”。当他最初生产的 100 双鞋中 90 双都因为散了架而被退回来时，比恩履行了他的诺言，找到问题的所在并退换了那些鞋子。

这次的生意展现了比恩的人格和价值观：信用、诚实、友善，并且就其个人而言，他真正想了解顾客。以节俭而著称的比恩鼓励客户把穿破的缅因狩猎鞋送回来进行修理，而不是扔掉它们。在讨论生产激励机制的时候，据报道，比恩出于保证质量的考虑曾“宁愿员工做好工作，而不是匆忙地完成更多任务。毕竟我一天只吃三顿饭，第四顿是吃不下去的。”在整个生涯中，该公司都为实现比恩的价值观以及其黄金法则而奋斗，该黄金法认为：以合理的利润来销售高质量的产品，人性化地对待顾客，这样他们就会常常再次光顾。

里昂·比恩主要经营户外产品，如狩猎、钓鱼以及野营用的服装和工具，但是也销售狗狗专用床、女装购物袋、旅行用具以及其他“有趣的”产品和小玩意儿。受传统的限制，衣服一般都被设计成用来在缅因森林的艰难环境中保持身体暖和及干燥。只要他已经彻底地检验过产品并相信它们是已有产品中最好的，比恩就会不断将其纳入产品线中。

许多年过去了，生意一直包括目录、一个工厂以及一个在弗里波特的单一却很大的商店。从 1951 年起，为了更好地为顾客服务，该商店一年 365 天、一天 24 小时营业。在这家商店可以经常看见比恩本人和客户握手并交谈，他看上去很乐于在促成销售的时候提供户外建议。比恩在这个商业领域很活跃，一直到他在 1967 年 94 岁高龄去世的时候。那个时候，其销售额已经达到了将近 500 万美元。

里昂·戈尔曼——比恩的孙子，在比恩去世不久后就成了里昂·比恩的总裁。戈尔曼旨在努力使业务现代化，再加上 1970—1980 年间人们对户外休闲活动兴致地高涨，带来了销售额飞速增长的时期。到 20 世纪 90 年代初期，销售额达到了 10 亿美元。在此期间，里昂·比恩的商业策略和产品重心没有发生什么大的变化。导致 80—90 年代增长的一个因素就是对日本销售额的增加。里昂·比恩很久以前就开始发送国际目录，但是这些销售一直都不是特别突出。在 20 世纪 90 年代初，日本的目录销售暴涨促使里昂·比恩在那儿开设了将近 20 个零售商店作为其合资企业的一部分。

到 1999 年为止，在戈尔曼坚持不懈的带领下，里昂·比恩在缅因州创立不久已经成为国际知名品牌。旗舰店仍然在最初的地址，但面积已经增长到 14 万平方英尺。凭着一年将近 350 万访客的销售，它已经成为缅因州仅次于阿卡迪亚国家公园的第二个最著名的旅游景点。里昂·比恩也开设了十家折扣店，主要坐落于东北部，它们销售断码、二手货以及过剩的存货。公司最基本的业务就是目录销售，它占总销售额的 80%。里昂·比恩在 70 多种的目录中销售 16 000 种产品，每年寄出两亿多目录给其主档案中 600 万活跃的顾客。其销售的产品中有 5% 是自己生产的，包括缅因狩猎鞋，剩下的由外面的来自世界各地的供应商供应。总体来说，里昂·比恩全年雇用 4 000 名员工，而到了圣诞节购物时期还会再雇用 6 000 人，几乎雇用了弗里波特地区的所有居民。

20 世纪 90 年代的挑战

尽管很成功，但里昂 · 比恩还是遇到了几个挑战。最严峻的就是销售额的停滞不前，以及对第四季度或者节假日的过分依赖。截止到 1995 年 2 月的三年中，销售额每年增长 15%。但是从那时候起增长速度就一直低于 2%。表现欠佳的销售是由对许多核心产品需求量的下降以及海外业绩差引起的。

里昂 · 比恩的业务一直都是季节性的，1 月到 10 月的销售额很低，而到了 11 月和 12 月的时候销售额就会猛增。这就导致了公司资源的无效利用并使得里昂 · 比恩在每年的前三个季度经常以亏损而告终。随着公司的成长，这个问题越来越严重。公司每年需要找到并雇用 6 000 名季节性工人。这些人当中很多都是电话代理商，但是最近几年，几个大公司也开始在缅因进行客户服务，因此那些里昂 · 比恩培训出来的季节性工人开始在其他地方寻找全职工作。

寻找答案

在 1997 年秋季，里昂 · 比恩雇用了波士顿咨询集团（BCG）与里昂 · 比恩的一个小组的工作人员一起寻找对销售增长和第四季依赖问题的解决方法。菲利普领导这个小组并直接向戈尔曼以及他的高层团队报告。

菲利普是一个非常有经验的编目人员。1983 年从哈佛商学院毕业后，她就在两个目录公司担任管理职位，之后在 1988 年她加入了花冠（Calyx&Corolla）的组建队伍之中。在那儿，她和她的合作人创建了一个富有创新地让种花人直接把花送到顾客手中的系统。当时，她是运营副总裁，而那个角色要负责顾客的服务、与种花人进行交流、系统开发，并负责财务和会计。截止到菲利普被里昂 · 比恩在 1994 年挖走为止，该公司每年发出的 1 100 万份目录，为公司赚取了 1 500 万美元。在里昂 · 比恩，菲利普发现并经营了几种新目录。所以大家选择她来领导 BCG/里昂 · 比恩小组部分原因是因为她是里昂 · 比恩高级管理层中最新的成员，而戈尔曼认为，一个受到公司传统思维限制较少的人是非常重要的。

戈尔曼已经要求 BCG/里昂 · 比恩小组想出几个可观的办法来拉动非高峰时期的需求和利润。该队伍在他们的探索过程中考虑过很多想法；不管是拓展已存的产品线还是那些对于公司来说全新的目录。考虑过女性运动、休闲服饰、加号或者大号服装、居家产品线以及旅行服饰。女性的运动、休闲服饰，包括连衣裙、套头外衣、裤子以及其他的妇女可能在购物、吃饭时穿的服装或者职业休闲装。公司之前就推出过一个家居产品线，而且它成了公司增长最快、最有利可图的市场。

该队伍不久就开始聚焦于最新款式的运动装，因为它看上去能够解决公司面临的问题，而且是一个富有吸引力的市场。女性倾向于在一年当中大多数时间平衡地为自己购买衣服，但是在节假日时购买的比较少。这些销售大部分是通过目录来实现的。这个市场很大，而且涨幅比整个女性服装市场快。这是由于女性在更多场合穿最新款式的运动装以及那些一个星期五天都可以穿休闲服饰的公司越来越多。为了抓住这个市场机遇，两个大的目录销售公司，兰迪士·安帝（Lands' End）和埃迪·鲍尔（Eddie Bauer。）已经通过创造新品牌来拓展这个市场。其他的竞争者比如，吉尔（J. Jill）、冷水溪（Coldwater Creek）、诺德斯特龙（Nordstrom）在这个市场也增长得很快，它们都是针对销售额和其12个月客户（那些在过去的一年内购买过产品的顾客）来说的。最后，大部分里昂·比恩的顾客，也是其他集中于最新款式的运动装的公司的顾客。

目录销售行业

目录零售有几个关键的特征是其他零售方式所没有的。首先，顾客只能看见目录上有的东西，而目录上的许多产品都是在到达目的地之前好几个月或者一年之前就做好的。商店和因特网销售中常见的对于货物和价格的迅速变化在目录销售中是不可能的。

其次，目录零售商的生命线是顾客和目录的清单。一个目录潜在的最好的顾客是那些过去从该目录上购买过产品的顾客——越接近现在、购买次数越多、购买金额越大，越好。因此，一个新顾客不仅提升了今天的销售额，还增加了未来销售的可能性。与此同时，顾客的流失率也很高。目录行业历史上的流失率是50%。里昂·比恩的经历和行业平均水平一样——本年顾客会有一半下一年都不会再次光顾。这就是说，要在这个行业生存就必须持续不断地找到新客户。保持并增加12个月顾客资料是一个关键的业绩标准。

一个目录公司通过更加有效地把邮寄清单上的人名转变为顾客，以及从名单经纪人那儿得到新名单来找到新顾客。名单经纪人常常以仅可使用一次为基础出租名单。

因为目录购物者倾向于从不止一家目录公司购物，所以，一个目录公司租用其他目录公司的客户资料就很有价值。名单经纪人加速了名单的共享。所以里昂·比恩不仅要从经纪人那儿租用自己的名单还要租用其他公司的名单。分享顾客资料，虽然在其他形式的零售中不常见，但是在目录销售中却是规范。在租用之前，一个庞大的名单数据库已经可以使用了。

“目录行业最吸引我的一个方面，”菲利普说，“就是所有的这些数据。购买习惯的数据是你以其他的方式得不到的。有了我的培训，能够以数量分析为基础做出决策而不仅仅是直觉很好。”

弗里波特工作室

在 1997 年 12 月，BCG/里昂·比恩小组最终确定采用后面为人们所知道的弗里波特工作室的这个商业理念。里昂·戈尔曼以及总裁办公室同意了这个理念并让菲利普制作一个商业计划书。菲利普首先雇用了辛迪·马歇尔（Cindy Marshall）——里昂·比恩的一位市场部经理。菲利普和马歇尔用了一个周末的时间写出这个计划并在 1998 年 1 月末通过。这个商业计划需要第一个目录在 1999 年 1 月寄出。菲利普认为，这个计划有些冒险但是仍然可以实现。

菲利普在 1998 年年初组建了她的管理团队。她知道要成功地在如此紧张的时间内推出弗里波特工作室需要最好的人才。她尤其要找的是那些兼有里昂·比恩和外部其他零售工作经历的人。菲利普也想要那些志趣相投的企业家，要能够和她一起分享自己对于弗里波特工作室的观点，并与其新的创业中的风险和不确定性兼容。除了市场部经理马歇尔，菲利普还雇用了一个老道的商人作为产品部经理，一个厉害的购买人负责存货和分类，以及一位以其项目管理技术见长的系统专家为营业部经理。

理念

弗里波特工作室会提供“高质量、设计巧妙的运动装（最新款式的运动装）给那些活跃而忙碌的女性”。该产品线包括“连衣裙、套头上衣、西装裙、运动裤、夹克以及其他相关通用的、容易穿且容易存放的单件衣物”。舒适且易存放还不会起褶的布料，例如天丝（一种人造丝）是主要材料。尽管弗里波特工作室计划提供比里昂·比恩传统产品更加时尚的款式和颜色，但它还是没有计划要偏离里昂·比恩形象太远以至于与其不相容。

弗里波特工作室将会成为里昂·比恩的一个下属品牌，一个以弗里波特工作室为名的衣物销售线，但是在目录和广告中会巧妙的提到里昂·比恩。在1997年，那些对于打扮讲究的女性衣物目录对于里昂·比恩来说是非常有利可图的业务，销售额达3 000万美元。然而销售额一直很平稳，有人担心这个目录会降低里昂·比恩的整体形象，进而这个形象不再展示出该目录的潜力。有了弗里波特工作室，大多数最新款式的运动装就会从目录中分离出来。这不但可以突出核心品牌，还可以让弗里波特工作室集中于向其顾客发布信息。弗里波特工作室将会通过每年寄送10~12次自己的目录进行营销，但同时回避节假日的高峰季节。

弗里波特工作室计划依靠里昂·比恩执行所有营运任务，比如，收发存货、向顾客发货、处理订单和其他客户服务。然而，在每个营运团队中，弗里波特工作室组成了子团队来专门为弗里波特工作室业务的需要服务。营业部经理单独建立了一个客户服务中心，它会有专门培训的弗里波特工作室顾问来为顾客提建议并帮助他们搭配各种产品。她也在执行中心工作，并试图创造为了达到高质量交货而需要对新品牌进行的特别包装。“特别触感”用来加强产品的质量形象，而这个服务就是发货时用衣架挂着衣服或者用薄纱将其包装起来。

市场

趋势据估计，女性服饰市场大概有800亿美元，而将近70亿都是通过目录来销售的。尽管这个市场以每年4%的速度增长，最新款式的运动装市场增长得更快，为6%。里昂·比恩的传统竞争市场——基本的目录以及其他所有目录，包括睡衣，一直以3%的速度增长。产生这些趋势的原因在于工作和社会中休闲服饰越来越多。

竞争弗里波特工作室打算定位在一个竞争对手相对较少的市场——周五休闲装、最新款式的经典服饰以及周末休闲服饰。它最主要的竞争对手是吉尔、冷水溪，以及诺德斯特龙。这三个公司在最近的几年中，女性最新款式的运动装所占的目录销售比例都飞速上升。其他的竞争对手有特威兹（Tweeds），以及五月塘（May’ s Pond），行业领导者，比如埃迪·鲍尔、兰迪士·安帝，也是竞争对手。最后，一些礼品以及家居目录也正在将休闲服饰加入其产品线中。

产品策略

供应商基础弗里波特工作室期望从一些关键的当地供应商那儿获得其80%的货源，

当然，这些供应商也是里昂·比恩目前的供应商。位于马萨诸塞州的古曼集团（Gooman Group）是一家刚建成的器具商贩。它在本行业中供应着比恩许多竞争对手的产品，并且非常想要和弗里波特工作室合作。古曼提供设计辅助以及专门技术，这就会降低弗里波特工作室的日常费用支出。两个其他的麻省商贩，苏珊·布里斯托尔（Susan Bristol）和 KGR 也是关键的供应商。

定价产品部经理菲利普和施奈特（Snite）相信，弗里波特工作室可以比主要竞争对手定价低 10%甚至更多，但是产品的质量却不差或者还更好。这是可以实现的，原因是它的产品线将会完全是私人商标，还有就是它计划通过借助里昂·比恩的资产（即发出目录的名单和财务支持）进而大规模进入市场。预期毛利率约为 55%。

营销策略

菲利普相信弗里波特工作室能够提供高质量的产品、无与伦比的客户满意度，以及在里昂·比恩经验的帮助下，不同凡响的客户服务。她认为，此次业务成败的关键在于对产品做出合适的展示（创新计划）以及送达到合适的潜在顾客手中（发行计划）。

创新计划 弗里波特工作室计划要“通过复制品、摄影以及其他创新元素来传递其品牌价值。”它要通过“创新的影像、定位、设计和见解”来突出自己的目录。为了与里昂·比恩的核心力量结合起来，目录会展示出产品是专门为“那些喜爱户外运动且需要为其忙碌但是活跃的生活购买衣服的女性”而设计的。这就意味着，这些服装常常会穿在那些专职工作、购物、准备食物、与孩子玩耍或者拜访朋友的女性身上。这些背景常常都是户外。视频影像得到文案撰写的支持，讲述这些服饰的舒适和随意性的特性。

发行计划 弗里波特工作室计划生产四种不同的目录，每季度一种。每种目录寄出之后都有一种或两种转寄目录：一种和先前目录几乎完全相同，只是前后封面有所变化的目录。作为这个行业的标准规范，目录会在季节到来的前几个月寄出。这么做的原因是人们喜欢在季节开始的时候购买衣服，并且从历史上来看，从目录发出到其到达顾客手中需要几个星期。因此弗里波特工作室会在 1 月份寄出其春季目录，紧接着在 2 月和 3 月会再次寄出。类似的 4~6 月寄出夏季目录、7~9 月寄出秋季目录、10~11 月寄出冬季目录。最后一个季节的目录会在 11 月的第一个星期到达顾客家中，12

月不会寄出目录。第一次寄出的目录量非常大，而随后的就逐渐减少并且集中于最好的顾客。

第一年计划总共要寄送 2 000~2 500 万目录到所有美国顾客手中。寄出的目录越多销售额越高，但是由于反应率越来越低，利润不一定越高。目录的整体反应率在第一年预计为 2%~5%，而估计平均每笔订单额为 100 美元。目录主要是寄送到那些里昂·比恩现有的顾客手中；尤其是那些已经购买过里昂·比恩女性服饰的顾客。菲利普相信，里昂·比恩广泛的顾客寄出足够建立起弗里波特工作室的业务。

为了尽快建立 12 个月的购买人资料，弗里波特工作室将会检验里昂·比恩客户的市场以及小部分租用的寄送名单。检验主要是通过寄送少量的目录，比如每个不同的客户市场检验 10 000 人，然后利用复杂的回归以及其他模型技术来找出潜在最好的顾客。菲利普和马歇尔计划广泛寄送这些测试目录给潜在客户。这些测试费用非常昂贵，但是可以慢慢揭示出有价值的客户细分市场，而日后就可以寄送更大的目录给他们。

推出

1998 年这个创业团队雇用了其余的员工、选好了供应商、设计了服装、选定了邮寄名单并创设了目录。这个工作很多都是监督并协调外部服务供应商帮助选择布料、决定服装设计规格，以及设定目录的创新因素。弗里波特工作室品牌、产品供给以及目录设计已经对各种目标小组展示过，并收到了积极的反馈。到该年年末的时候，他们已经做好了一切准备。

弗里波特工作室在 1999 年 1 月 15 日，星期五寄出了第一批目录，它们于第二周的周一和周二就达到了目标顾客。几乎是与此同时，菲利普和她的团队就知道了存在的一些问题。80 个经过特殊培训的电话服务台收到了预计电话数目的一半。目录销售按照预计模式，即 40%的销售额常常都是在目录达到目的地之后的十天后实现。

1 月 28 日需求评估

顾客收到目录的十天后，菲利普和她的团队开始着手准备一个早期的需求评估。找到了若干问题：

目录发送问题　目录因为经过了三天周末假日期间寄出，而且美国大部分天气都很恶劣，所以到达家庭的速度比较慢。到寄送的那一周的周四为止，三个洲还没有收到目录，而五个大洲只收到了部分目录。伴随着这个问题的是，弗里波特工作室设计的发送跟踪服务效果非常差，使得它很难分清楚哪些州已经收到目录哪些州还没有收到。相应地，菲利普决定以后的邮递要避开三天的假日，并开发新的追踪系统。

里昂·比恩标志不够显著　有明显的证据表明，里昂·比恩标志的位置和显著性存在问题。经过对最初的目录计划的诸多讨论之后，决定把这个标志放在首页的右下角。团队认为这可以让顾客知道这是一个里昂·比恩附属品牌的同时，却不至于因为关联太强而使得顾客认为弗里波特工作室和里昂·比恩是一家而且销售的东西也一样。寄出之后的一些反馈暗示，一些人觉得这个标志不够显眼。甚至一些顾客拿到目录之后打电话要求把自己的名字从名单中删除，当被问到他们是否知道这是里昂·比恩品牌的时候，许多人都做出了否定的回答。团队采用了三个步骤来处理这个问题。首先通过电话调查来进一步探索弗里波特工作室和里昂·比恩品牌之间的联系。一个“Dot Whacks”将会放在3月邮寄目录的角落，声明这是一个“里昂·比恩新品牌。”“Dot Whacks”是一种简单的商标贴纸，可以在目录完成之后再贴上去。但对2月份的目录已经没有时间做任何修改了，而且对于3月份的目录也只能靠它来修改。对于4月份要寄出的夏季目录，里昂·比恩标志将会直接跟在弗里波特工作室之后，位于封面的顶端。

缺乏应季服饰/折扣服饰　弗里波特工作室明显高估了顾客在1月份购买春季服饰的欲望。这个趋势在最近几年一直下降，原因是货物的配送速度地加快使得人们更愿意在季节临近的时候再购买。进一步打击销售额的是1月份有太多秋冬装折扣出售。里昂·比恩几乎和弗里波特工作室目录一起发出的女性手册的封面上有显著的“Dot Whack”折扣标志，竞争对手也在其1月份目录上着重强调了折扣品。因此，团队准备在3月份增加目录发送量，因为，那时货物一收到就可以穿了，而“Dot Whack”也会增加反应率。秋季的第一批目录（在7月发出）将要重编页码，进而把一些轻便的无袖服装放在前面。他们还进一步考虑在整体上改变发行计划，使得早期的目录邮寄量比较少，然后随着季节的临近，发行量越来越大。最后，2000年的春季目录将会包括一个秋冬服饰折扣专区。

初始商品收获　早期的销售模式也暗示了一些积极的结果。尽管菲利普和施奈特创造性的决定，第一个产品线应该有意地制作得非常广泛，他们现在能够看清楚顾客需求的趋势。施奈特注意到，天丝衣物卖得非常好，印花布衣服和两件套也不错。她和她的产品开发人员立即着手把这些产品增加到还在印刷过程中的1999年秋季和2000

年春季的产品线中。存货和分类部经理意识到小号产品买的很快，她不得不以比预期更快的速度进货。处在第一线的营业部经理报告，许多顾客都想要加长、加肥版的衣服，而这些在目录中都没有。这就导致了下一年的计划中增加了很多尺寸。

其他问题　掌握了早期的数据后，菲利普以前十天的结果为基础，将 1 月的预计销售额从目录寄出前的 1 020 万调整到了 700 万。接着第二年的净销售额从 9 100 万降到了 6 500 万。菲利普在 1999 年 1 月，采取这样的措施是因为下一个财年的预算已经应该做出来了。从积极的方面来说，弗里波特工作室的个人顾客比里昂・比恩女性产品目录的个人顾客消费额要高 50%。弗里波特工作室的平均订单额度是 150 美元。而里昂・比恩是 100 美元。

3 月~6 月

弗里波特工作室在推出之后有所好转。春季的业绩在 3 月飞速上升，人们相信这是"Dot Whack"以及服装及时性的功劳。首先在 4 月寄出继而在 5 月和 6 月再次寄出的夏季目录的结果达到了预期值。弗里波特工作室的 12 月顾客资料在运营了仅仅五个月之后就达到了 122 000 这个可观的数字。在 6 月份进行的春季业绩评论中，菲利普和她的团队非常乐观地认为她们的努力工作开始得到了回报。

夏季灾难

在接下来的那个月中，这种乐观的情绪消失得无影无踪了。弗里波特工作室在 7 月份寄出了第一批目录，可是一个电话也没有。十天后，它进行了第一次评审。预计销售额只有 287 万美元，比计划的 1 047 万美元少 73%。对于这个差额的解释包括工作太忙、在几个关键州出现了发送问题，以及在大多数目录都在集中减价处理夏季服装的时候寄出了目录。对菲利普和她的存货部经理造成更大压力的是销售不出去的商品越来越多。

8 月的目录表现的比 7 月份好了一点儿：比原计划少 60%。这使得弗里波特工作室把秋季（7 月~9 月）的销售额从 3 700 万美元降到了 2 000 美元，第二次把第一年的销售计划从 6 600 万美元降到了 4 300 万美元，并把第一年的收益从盈利 570 万美元降到了亏损 220 万美元。当时估计年末存货将达到 1 250 万美元。

11 月

菲利普审视了她在前几个月做的市场调研，试图找出阻挡公司前进的障碍，以及如何让它再次运转起来。7月的时候，里昂·比恩的市场调研部门对那些收到过7月目录的顾客做了电话调查；随着8月份的目录一起寄送出了一份纸版问卷；在8月份和9月份购物顾客的包裹中放了问卷；在10月份设置了重点小组。数据显示，顾客知道目录很好，而且很容易购买并订购产品。顾客们也很喜欢布料衣服，而且产品质量的提高自从1月的调查之后也是有目共睹的，他们对于“适合我的生活方式”这一系列的问题评价很低。该调研显示，顾客想要更多颜色，事实上，对于销售得很好的产品的调研也表明，顾客更愿意买鲜艳颜色的衣服。

几个重点小组的参与者做了许多有意思的评论，他们总体上很喜欢目录销售。许多参与者认为，弗里波特工作室的服装或者是古典款式或者是古典与时尚的混合。一个参与者说：“这看上去非常保守和古典。目录中的女性认为她仍然还是非常时尚，但是她却随着年龄的增长而变得更加保守了。”另一个却说：“这是一个古典款式，但是却仍然能够跟上潮流并显示出自己的个性。”其他人对生活方式进行了评价。一位女性说道：“我真的很喜欢这些服装，但是当我带着我的孩子去运动场的时候我不会穿。”另一位女性评价这些模特展示了那些“生活很富裕的女性——有工作、高收入和两个孩子以及和丈夫一起生活在郊区漂亮的房子”。另一个补充说：“它（弗里波特工作室）正在努力吸引那些女性，甚至是太过努力了。它简直太完美了，我们的生活方式就应该是这个样子的。”在关于色彩的对话中，一个参与者解释道：“色彩种类不怎么多，你到处都可以看到相同的颜色。就我本人而言，我是一个比较喜欢色彩的人。一些衣服我比较喜欢基本色，比如说裙子，但是我喜欢更加活泼的运动衫。”然而，另一个却觉得被弗里波特工作室所吸引的女性“不会购买色彩过分鲜艳的衣服。”

市场调研的数据对目录做出了一个新的富有创新性的提议。这个新的设计需要把重点放在衣服上，通过降低“生活方式”——通过在画面中看到的东西的感觉来减少杂乱的商品。因此，照片中的女性姿势简单并且很少。通过强调布料和做工等细节，菲利普和她的团队希望衣服能够展示出自己的质量。她们相信，通过继续强调其最初的工作室思想（她们已经把这个思想植入了弗里波特工作室这个名字），以及脱离里昂·比恩传统的户外主题，她们可以吸引更多想要购买休闲服装的顾客。最后，产品线中加入了更多色彩鲜艳的服装。

菲利普和市场部经理马歇尔也通过回顾本年发行计划的结果来修改第二年的发行策略。弗里波特工作室在1999年寄出了将近2 500万的目录，这几乎是最初计划的上限。1999 年印刷并邮寄一份目录的成本是 0. 44 美元而预计这个成本在下一年不会发生变化。这些目录中的大多数都是面向里昂·比恩顾客资料中的每前十个百分点（10%的增量）发出的，具体包括 600 万的顾客。最好的顾客每年收到弗里波特工作室 14 份目录，而没有什么吸引力的顾客只收到四份目录。

大约 5%的目录寄送到了来自租用名单的顾客手中，马歇尔基于试验的基础选择了这些名单。关于租用名单每份目录的可能销售额不能准确地估计，但是预计将会比里昂·比恩顾客资料中的每前十个百分点低。通过客户数目以及稳定增长到大约 217 000 人预计，全年的销售额为 4 460 万美元。这些顾客平均发出 1. 4 个订单，每个订单额度平均为 145 美元。每个顾客 1. 4 个订单反映出尽管 75%的顾客只订购一次，而另外的 16%顾客订购两次，而其余的订购两次以上的事实。

为了更好地了解需求的来源，弗里波特工作室将销售额分为首次销售和重复购买。首次销售的 3 130 万美元来自寄送到“F2+1~3”顾客（在过去的三年中在比恩至少消费过两次的顾客）手中的 1 960 万目录。首次销售中的另外 130 万美元来自向租用名单发送的目录。据报告，这两个市场细分的所有重复购买都来自弗里波特工作室过去的顾客，除了那些归功于包装夹带的（弗里波特工作室几乎发送的每个包裹中都有一个包装夹带目录）。那些在过去曾经购买过弗里波特工作室产品的顾客在目前是最好的顾客。尽管那些租用名单每个目录的销售额是最低的，但是奇怪的是，这些名单却比一些里昂·比恩顾客资料中的每前十个百分点做得好。

从第一年收集的数据来看，弗里波特工作室能够识别其较好的顾客。因此，它能够租用比如那些达到更加详细的人口统计特征和顾客行为标准的名单。通过这个方法，弗里波特工作室预计租用名单能够在下一年带来每个目录 1. 30 美元的业绩，而这个数字在 1999 年只有每个目录 0. 98 美元。1999 年的名单成本是每个名字 0. 11 美元。如果弗里波特工作室租用那些达到额外人口统计特征或者行为规范的名单，预计租用成本将会是每个名字 0. 15 美元。

菲利普反映弗里波特工作室面临的问题的同时，恢复了戈尔曼对她的信任，要在第二年带领公司盈利。到那时，菲利普也知道顾客的高损耗率意味着要想熬过第二年，弗里波特工作室必须在第二年吸引 20 万新顾客。菲利普估计弗里波特工作室的年损耗率应该和里昂·比恩的历史水平 50%差不多。顾客数据库中的这个比率预期将会随着忠诚度的上升而下降（通过每年的订单数来衡量）。

菲利普当前的任务很明确。首先她需要确定是否要采用提议的创新策略。之后，她就不得不确定弗里波特工作室在2000年要发送多少目录，应该发送给谁，以及顾客资料库是否应该由内部来源建立。最后，她需要编制预算财务报表来说服戈尔曼弗里波特工作室的发行计划在下一年将会盈利。

（四）新甲壳虫——不可能完成的使命

最初的几部车很快便从经销商手中卖出，但是一些怀旧的甲壳虫迷们已经拿出了存款。从长远角度看，该汽车的发展前景并不确定。大众汽车只是模糊地知道那些可能的买主，所以只花费了很少的广告费来招揽客户……对于那些为新甲壳虫创作广告活动的代理商（以及营销团队）来说，还有一个额外的挑战：追随甲壳虫在20世纪60—70年代那些被认为是历史上最好的广告的脚印。把它们全部集中起来则看上去好像是营销人员版的《碟中谍》。

——丹尼尔·麦克金（Daniel McGinn），《小虫的新腿》（摘自《新闻周刊》，1998年1月12日）

1998年3月10日，在为还有一个小时就要召开的营销策略会议做准备的时候，大众市场销售部总监莉斯·万茹拉（Liz Vanzura）正思考她所面临的困难，这可以用最近的《新闻周刊》中的文章《不可能完成的使命》来准确地描述。当天快要结束时，小组包括万茹拉、产品发展部总监查理·沃特豪斯（Charlie Waterhouse）以及公共关系部总监史蒂文·凯斯（Steven Keyes）将会最终确定大众一脚在过去而另一脚在加速迈向未来的新甲壳虫汽车的定位。

1998年1月5日，底特律的科博大厅举行了1998年北美国际汽车展——全国领先的汽车盛事。在那次展览中，大众揭开了其以动态多层次为特征的一系列新车。不计其数的记者和参观者蜂拥而至，就是为了看一眼那次展览的明星——新甲壳虫。六台色彩鲜亮的汽车在舞台灯光下笑迎来客。一个广受欢迎，漆着热敏感油漆的模特甚至邀请参观者按压它们的身体来在上面制造不同的图案。随着人们走过，他们微笑着，抚摸着汽车具有特色的线条，追忆着它们名字的由来，并惊叹于70年代的图符以及“花之力量”竟然在新千年中转型成了一种汽车。

尽管大众的最近这场展示有很多值得庆祝的地方，但公司知道，新甲壳虫的成功远远没有预先承诺的那样。自从其全盛时期以来，作为反主流文化汽车的代表，大众已经经历了从1970年美国销售50多万辆直线下降到1993年的不足五万辆。而以更年轻一代驾驶员为目标的新广告运动和引入产品，如新帕萨特的支持，大众美国从1993年到1997年的这段时间，年销售量稳定以23%的增长率反弹式增长。1998年，大众美国目标销售量为20万，这是在1997年137 885辆的基础上的一个45%的增长。为了促使这个销售水平的实现，大众期望，新甲壳虫要卖出其第一年全年产品额度的55 000辆汽车来至少贡献1998年全球总目标的25%。大众的营销团队知道，要靠其成功选定目标群体、为产品定位以及开发出一个有创意的广告媒体的能力来实现这个挑战——所有的一切都要在春季末，新甲壳虫到达经销商展室之前完成。

随着汽车四年产品化的过程，大众美国有足够的时间进行研究来辅助开发新甲壳虫的营销策略。早些时候的研究表明，新甲壳虫对很多消费者细分市场有吸引力。尽管以婴儿潮出生的一代人这一单一的细分市场为目标会是一个更加集中的策略，万茹拉想知道，该汽车的潜在销售量是否可以通过向如此少的顾客基础销售来实现。一旦目标群体确定下来，还有一个问题就是要对新甲壳虫进行定位。万茹拉从定量分析得知，很多消费者都认为，新甲壳虫是“玩具车”，所以对该车定位的一个关键因素就是要让人们觉得它是一种“真实的，可以驾驭的汽车”。除了这个信息，营销团队对于车的独特销售计划也一直争论不休。不管是内部的还是在大众广告代理商阿诺德通讯（Arnold Communications）那儿的讨论，都集中于这个新定位应该利用多少该汽车的传统。尽管车身——“圆形、特定护板、头灯和尾灯都只有一个，还有一个笑脸”有助于唤起对老甲壳虫的怀念，但新车并不是简单的复制品。万茹拉问自己，我们的营销“应该在多大程度上努力复古”呢？这个问题的答案不仅会影响新甲壳虫的形象，还会影响消费者对更多大众产品线的观点。

团队的营销策略对于公司在德国的高管也很重要。有人担心，品牌定位要么把新甲壳虫定义为另一个新潮的优势产品，要么再次把大众定义为另一个甲壳虫品牌。大众集团管理层董事长费迪南德·皮耶希（Ferdinand Piech）博士简明地总结了他对新甲壳虫在大众世界所扮演角色的看法：“尽管我们对新甲壳虫的期望很高，但有一件事是可以肯定的，那就是大众永远不再会是只产一种汽车的公司。”

大众在美国的兴衰

1949年，大众在美国卖出前两辆大众Ⅰ型（大众给甲壳虫模型取的名字）就遇到

德国大众汽车公司总部

了大的挑战。随着二战的结束，大多数美国人对于购买进口车都很小心。因为缺少配件、修理费用昂贵，只有少数人可以负担得起奢侈的外国车。此外，来自德国的产品还因为额外的形象问题受到了需求约束。尽管存在上述压力，大众的销售量仍有所增长，而且在1954年年末为止，已有8 913辆大众在美国的大街上穿梭。

1955年，公司成立并且正式成为美国大众——大众集团的一个子公司。时任美国大众的负责人卡尔·哈恩（Carl Hahn）博士决定，该公司需要一个统一的公司形象并开始进行广告活动来宣传大众品牌。第一个广告于1959年春季在《纽约时报》上出现。一整页照片都是描述一家纽约经销商处的场景：一个坐在扶手椅中，手中端着咖啡的顾客看着他的甲壳虫接受服务。这个广告因为传递的信息不是关于卖车，而是集中表达大众买主可以从经销商那儿得到的服务而变得独特。这个印刷品标志着一个独特而有效的广告活动的开端，这些广告由道尔（Doyle）、戴恩（Dane）、伯恩巴克公司（Bernbach）制作，而这些公司最终帮助大众成为美国最有名的汽车品牌之一。

除了他的市场首创精神之外，哈恩在拜访了所有大众经销商之后决定在全国范围内，而不是在更小的地区内进行组织管理。到1962年为止，一个新的全国范围内的大众组织建立起来，经销商扩展到全国范围。同年的10月18日，公司在恩格尔伍德、新泽西州建立了总部，与此同时，第100万辆大众汽车到达了美国。

20世纪50年代末期，大众在美国市场得到了一连串简单产品的成功。甲壳虫，在

60 年代美国消费者中赢得了偶像地位，继甲壳虫之后是一种节能汽车——兔子（最后变成了高尔夫），受到了美国有节约能源意识的消费者极大的欢迎。到 1968 年为止，有了其他例如大众“微型汽车”和卡曼基亚跑车的帮助，大众每年在美国销售 50 多万汽车。

在接下来的几年中，一系列的事件中断了公司日益增长的销售。70 年代，德国马克对美元的升值导致了大量低端或者中端产品因定价过高而无销路。1975 年年初，大众几乎在美国卖的每一辆车都赔钱，而且销售量的下跌带来了大众分销网络可能中断的威胁，因为经销商开始叛变，转向新的日本品牌。为了避免其价格再受汇率波动的影响，公司取得了宾夕法尼亚州西摩兰的一家没有竣工的制造厂，从 1976 年的克莱斯勒到 1978 年出现在市场上的美国生产的兔子都是在那儿生产的。早于日本的移植工厂，这个子公司是外国汽车制造商在美国第一次尝试制造汽车。但是兔子的命运很短暂。1982 年经济的衰退、油价的下降，以及有仓门式后背的汽车受欢迎程度日益下降导致销售量继续下降。在同一时期内，大众的甲壳虫也遇到了问题。不能遵守新的环境保护法，大众已经停止在美国销售甲壳虫。最终，在 80 年代中期，面临日本品牌的袭击所带来的竞争，大众眼睁睁地看着自己的销售量自 1958 年以来第一次跌到十万辆之下。

一位汽车行业分析员玛丽安·凯勒（Maryann Keller），将大众的崛起和衰落总结为不能跟上美国消费者一直改变的需求：“大众曾经拥有过一批忠实的拥护者但是现在却失去了。他们让日本给引诱过去了。大众的产品又老又没有活力。”到 90 年代早期，大众的销售下降到了其 1970 年高峰时期的 20%（表）。到 1993 年，销售量只有 49 533 辆，贸易杂志甚至开始报道大众将要退出美国市场的谣言。

美国大众“复苏”

1994 年秋季，大众的营销团队包括沃特豪斯和凯斯（Keyes）在内，会面讨论美国市场毫无生气的业绩并开始部署一个“战略复苏”计划来重振大众品牌。沃特豪斯重述了以下形势：

1993 年大众的销售量达到有史以来的最低水平。尽管一旦汽车供给约束取消，而且我们在墨西哥的新工厂全力生产的话，销售额预期将会上升，但还是不足够回到 70—80 年代的销售额。我们自问，大众如何才能找回在市场中曾经的辉煌，而且还能提升品牌形象来吸引新一代消费者，我们知道我们需要做一些不同的努力。

阿诺德通讯

大众做得最显著的变化就是雇用了一个新的广告代理商。在一场激烈的代理商争论之后，大众结束了其与麦迪逊大道（Madison Avenue）最有名的代理商之一的DDB尼达姆（DDB Needham）长达35年的合作关系。大众因为雇用了一个总部在波士顿的小公司阿诺德通讯而使得整个行业都很惊讶。大众解释了选择其新代理时所面临的挑战：

当我们雇用阿诺德的时候，我们给它的任务是让大众品牌重新吸引大家的视线而且还要和90年代的汽车买主相关。我们知道，德国工程的传统和更有趣味的驾驶感受是这个品牌的强势。而且可以肯定的是，这些强势能够更好地传递给消费者。但是我们也知道，这个品牌有一些严重的缺点需要克服。尽管我们持续不断地做出营销努力，品牌的形象还是在逐渐地遭到侵蚀，甚至在消费者的头脑中认为这个品牌质量差、不可信赖。甚至我们最近的驾驶乐趣活动（Farfegnugen）对于品牌提升的作用也甚微。低迷的销量也侵蚀了我们经销商的信心。

为了得到对消费者和经销商更深层次的理解，阿诺德团队实施了自己的研究并进行了广泛的消费者访查，拜访了经销商前100中的95家，并为了亲自感受大众汽车而开了八万多公里。阿诺德首席营销官弗兰·凯莉（FranKelly）总结了他们从大众消费者那儿发现的一些内容：

通过一个标准的人口统计学分析，我们发现大众消费者更加年轻、更加富裕一些，而且比平均汽车购买者受到更多的教育。更加有趣的是这些消费者的态度。我们发现大众汽车所有者喜欢在驾驶的过程中扮演更加活跃的角色。他们喜欢在富有挑战性的弯弯曲曲的路段行驶，经常不遵守限速标准，而且不止把汽车看作是从一个地方到另一个地方的工具。我们还发现这些消费者对于生活的态度很独特。信息灵通、偏爱冒险、有创造性、有自信心、自给自足、爱好体验，驾驶大众的消费者看起来想要把生活的乐趣极大的发掘出来。

我们的访查也强调人们是如何对该品牌与竞争对手做出评价的。与其他来自欧洲的品牌，如宝马和梅赛德斯相比，人们对大众的印象如其名“大家的汽车”，而且因为大家都能购买而吸引人。大众相对于日本汽车，如本田和丰田还有一个差异，那就是更加独特的、个性化的驾驶体验。

有了对市场的这个新鲜的洞察，阿诺德团队建议进行一个新的产品定位，并树立一个实质上要成为驾驶人想要的活动基础的品牌。凯莉回忆那次展示：

品牌实质的描述要掌握大众能够给其消费者提供的理性和感性双方面收益。我们知道，要在一个充满着竞争的市场上具有特色且吸引顾客就必须好好利用人们对品牌的思考和感受。大众的明显优势就在于它是唯一一个广大美国消费者可以获得的能够负担得起的德国工程的品牌。在情感上，大众汽车代表了一种完全不同的驾驶感受：与道路更为贴近，一种不同的生活方式，与世界联系地更加紧密。

当我们考虑到自己的定位时，我们不仅要考虑到自己想要代表的东西，还要考虑到自己不想代表的东西。例如，我们希望大众有吸引力、人们能够支付得起，而不要像其他欧洲汽车品牌那样拒很多人于千里之外。我们想要卖给消费者的是大众独特的驾驶感受，而不仅仅是作为人们从一个地方到另一个地方的工具，更快或者更便宜。而这些则是几个日本竞争对手的焦点特征。

1995 年 6 月，阿诺德推出了“驾驶者之需”活动的第一个新广告。早期广告之中的一个就是年轻的执行官们忙于工作而在下班后为了快乐一下逃进捷达和高尔夫。画外音——“在生活的路上，既有乘客也有驾驶员，”标题是“驾驶者之需”极大地抓住了大众想要传递给消费者的精神。因为没有计划引入新产品，为了 1995 年和 1996 年的销售而设计的广告活动的目的就是要“让大众重归消费者的购物篮”。

初步的测量显示出这次广告是非常成功的，而且大众独立意识和忠诚顾客的数目开始提高。更重要的是，销售量开始反弹，1995 年和 1996 年都经历了一个相对前一年 16%的增长率。带着这样的记录，1997 年美国大众将其注意力转为向年轻的一代消费者拓展“驾驶者之需”的平台。在“吸引新的不同的驾驶员”这个新目标下，营销团队尝试推出了其第一个联合品牌。公共关系总裁，凯斯解释道：

崔克/K2 促销很巧合地来到我们这儿。我们的模型有天窗、扰流器以及合金轮胎，而且我们还打算推出一个配件市场降价促销活动来推出这些汽车。但是我们知道，这个降价促销和我们一直以来想要建设的形象是相悖的。所以，阿诺德建议我们和崔克（Trek，一家山地车公司）和 K2（滑雪产品公司）商量一个合作营销的机会。在我们最初的对话中，不管是崔克还是 K2 都对和我们合作有些犹豫。它们不认为大众具有其合作伙伴的形象。但是我们最后说服了它们，并在 1996 年 4 月，我们引入了“捷达崔克"，而且引起了轰动。我们决定要给汽车一个全面的包装，进而帮助加强我们的目标驾驶员生活形象，而不是给汽车注入临时的刺激。通过给崔克山地车或者 K2 滑雪板一个特殊设计的工具，我们能够拓展这个品牌的消费者群并吸引更年轻的驾驶员。

山地车

除了富有创新的促销之外，阿诺德还研发出了一个可以吸引嬉皮新人类驾驶员的广告。1997 年 4 月，阿诺德首次推出一个欢呼雀跃的场面：两个年轻人在高尔夫里毫无目的开着车，讲述大众如何"适合你的生活或者是你完全没有的东西。"这个商业广告颇受欢迎以至于其主题歌曲——一首晦涩的德国歌曲"Da Da Da"，作为单曲得到了发行，其离奇的情节被诸如《城市大赢家》（Spin City）电视秀所模仿。再加上诱人的融资租赁交易，这就使得公司能够实现其销售量目标，而且最主要的是建立了与新一代大众驾驶者的关系。

正当大众美国的营销部门忙于努力为其品牌重新注入活力的时候，产品研发组也一直致力于重新设计产品线来与大众集团管理层主席费迪南德·皮耶西所阐述的新开发的平台策略相一致。随着在 1997 年推出新帕萨特，公司最终有了一些真正的产品新闻继而其品牌广告的重点也转向对此次发布活动的支持。对新帕萨特的评价赞赏了该车的风格并宣布这个品牌是中型汽车市场的一个真正的竞争者，尽管很多人质疑大众是否拥有销售价格超过两万美元的汽车的形象。

抛开有限营销预算以及很高的标价，新帕萨特还是帮助大众巩固了其品牌形象，而与此同时，提高了制造商以及交易商的利润，它们以很高的利润率卖出了更多的汽车。

1997 年年末，大众销售了 137 885 辆汽车，比 1993 年的销售最低点时增长了 178%。看上去，大众又回到了美国市场。但是 1998 年前一个月的几件事就检验了这次回归的可持续性，并且对 90 年代将会是大众在美国的一个新纪元这个问题做出了回答。

甲壳虫现象

原始甲壳虫

大众甲壳虫诞生于 20 世纪 30 年代中期，正是费迪南德·保时捷（Ferdinand Porsche）开始计划生产“大众轿车”，——大众的汽车的时候。生产于沃尔夫斯堡的工厂中，该汽车在二战中被征用，作为德国在 30 年代末、40 年代初和吉普车一样的装备。虽然开始的时候名字是“快乐的力量”，人们迅速接受这个汽车更加令人喜爱的名字：甲壳虫，这是当时其中的一个原型被 1938 年《纽约时报》对其的一个戏称。

从其谦逊的开始，大众甲壳虫不久就成了有史以来最成功的汽车模型，卖出了 2 100 万辆。美国人第一次在 1949 年看到这款汽车后，甲壳虫便开始迅速吸引疯狂的爱好者。因其有特征的圆形形状，前面的车头像脸一样，以及低廉的价格，使它从那些像饼干模子形状、体积庞大且价格昂贵的国产车之中脱颖而出并吸引了美国的新一代。对于他们当中的许多人来说，甲壳虫是他们的第一辆车。对于那些很关心价格以及想要通过汽车来展示其独立性和个人风格的学生来说，它尤其受欢迎。而且尽管空气冷却发动机不是很方便，因为它不能产生足够的热量来防止里面窗户的结冰，或者需要在冷却汽车和爬坡之间做出选择，甲壳虫车主热情地忠诚于他们的“虫子”。这些车主发现该车的这些缺点惹人喜爱。关于“甲壳虫”竞赛有很多故事——为了证实多少人能够适应甲壳虫，以及全国范围内的公路旅行，这也是“金龟车”作为汽车、家人以及朋友的故事发生的地方。就像一个车主曾经所描述的：“这辆汽车是家庭的一员，它只是住在车库里而已。”

该车在美国能够成功的很大一部分原因在于道尔、戴恩、伯恩巴克公司创作出来的值得记忆的广告活动。该广告简单但幽默地抓住了甲壳虫的本质。一个印刷广告建议“低买高卖”，暗示着甲壳虫是一个可靠的投资，因为它只需要“非常少的保养费”，而且随时间而增值。另一个著名的广告则通过“柠檬”这个词儿来描绘了大众汽车并继续解释大众如何拒绝运输那些有缺陷的铬合金制成的汽车。到 1970 年为止，甲壳虫的销售量达到 405 615 的高峰，而且这种汽车成了美国的一种真正的象征。

1979 年，美国甲壳虫的经营突然降了下来。大众不能满足两条法律规定的条件：1996 年，《国家高速公路安全法案》和 1970 年的《清洁空气法案》，迫使公司停止在美国销售这种汽车。但是美国和甲壳虫的风流韵事仍然没有结束。

甲壳虫的"重生"

设计者将过去的收益和未来的设计结合起来。通过传统元素及其知名的基本形状来重新演绎原始的甲壳虫，再加上尖端的技术和现代的细节，设计者希望能够创造出一些能够抓住甲壳虫精神和历史感觉的东西，同时还是 90 年代有特色的新车型。为了展示甲壳虫的理念，团队为新概念确认了四条设计原则：诚实、简单、可靠、新颖。但是即使所有的注意力都在设计上，设计中心总裁梅斯（J. Mays）和（首席设计师）托马斯（Freeman Thomas）也知道，在德国管理层下销售汽车的唯一办法就是让新甲壳虫包含最新的德国工程元素，同时提供高级的驾驶效果。到 1993 年为止，其最终设计征服了公司要推出的现在叫作概念 1 号（concept 1）的汽车。

制造商准备让该汽车在 1994 年底，在特律北美国际汽车展中首次亮相。在展览期间的最后几天，记者第一次看见了这个香蕉黄的概念车在展览场地上骄傲地转动。背景是设计者策划的一个很煽情的视频：

我们记得的非常有趣的事情。第一次上学、第一次跳舞、第一个吻、第一辆汽车。一些事情就是无法忘记……如果质量从来不会过时将会怎样？如果新颖仍然意味着一些新鲜的东西又会怎样？如果简单、诚实和可靠性再回来会怎么样？设想下一个新的大众。一个新概念给这个汽车标志下了定义。想象一些高技术以及高级工程。展示出创新、安全、性能。设想一个持久原始品牌的后代。与众不同但是真正地继承了原来的风格和本质。每一个线条、每一个弧度、每一个记忆。不仅仅是所珍爱的古典的进化，还是一个世界范围内以 2 000 万辆汽车为开始的风流韵事的继续。传统之中蕴藏着创新。一个新的大众概念。看一下，所有这些都回来了。但是那时候，它从没有真正地离开。传奇再生了。

展览之后，《芝加哥论坛报》汽车记者——吉米 · 马蒂亚（Jim Mateja）在其 1994 年 2 月 13 日的专栏中给费迪南德 · 皮耶希博士写了一封信，恰当地抓住了汽车所引发的热情并且呼吁汽车赶紧生产出来。

亲爱的皮耶希博士：

博士您还在等什么呢？把甲壳虫带回来吧。而且还要快啊。

为了避免您没注意到，自从您停止在美国销售甲壳虫，大众汽车就一直饱受侮辱。除非您尽快带来一个像老甲壳虫那样小巧的、可信赖的、不贵的新甲壳虫，您很快就会发现，曾经是家喻户晓的大众很快就会成为棋盘游戏问题的答案。

您得到了很多人一生中都得不到的机会，一个在甲壳虫成为世界上最著名的汽车时享受的财富的第二次机会，尽管甲壳虫空间小，从气体压力表到录音机都没有汽车引擎最本质的东西。

所以仔细观察一下你们从加利福尼亚设计室运来的概念1号。然后让董事会在您号召正式投票之前先看它一眼——所有人都赞成。人们正在等待着。

沃特豪斯也记得公众和媒体的强烈反应：

这是一辆从来都没有想到的汽车。但是从其首次亮相的那一天起，消费者真的很激动地和它联系起来了，而且成了把它带进市场的力量。在底特律，它被誉为是展览会的汽车至爱。与此同时，行业媒体的确质疑这是否真的能够驾驶，以及这个复古外形是否会在进入市场之前就已经过时。我们采纳了所有的反馈并对最初的设计进行了改良。我们知道我们必须做好它，因为新甲壳虫对于公司在世界最大的汽车市场上改变公司的形象起着至关重要的作用。

既然引入了就不能再后退。来自媒体、交易商和公众高涨的情绪和热情是最鼓舞人心的。大众美国的主管以及负责北美地区的董事会成员——詹斯·纽曼（Jens Neumann）博士，意识到这种汽车的力量和潜力，进而说服德国大众的管理层依照这个概念制造出真正的汽车。

从概念1号真正成为新甲壳虫之前，对其原型进行了彻底的改进。基于最近重新设计的高尔夫平台，新甲壳虫的发动机现在位于车前面而且是水冷却的，前面和侧面都有气囊，标准的配置都有空调和六个立体声喇叭的音效系统。后部VW标志下面是四立方米的后备厢。对于高尔夫平台的转变也意味着新甲壳虫会比概念1号更大、空间更多。最后，刹车从鼓式制动器升级到四轮盘式制动器使汽车的所有方面得到了保障，新甲壳虫能和高尔夫一决高下。虽然其形状比其前身更加精细和现代化，但一眼还是可以认出它来。为纪念原始甲壳虫，大众在每个冲刺的时候都会安装一个花蕾花瓶。“新汽车在现代包装中放置了原来的座位”。

营销经典

有了完整的设计和最初市场积极的反应，大众现在面临着把对于该车的热情转变为实际上的高销量的任务。万茹拉、沃特豪斯、凯斯以及阿诺德通讯知道其识别一个目标市场，并制定出一个压倒一切的定位的第一步就是要和消费者进行沟通。阿诺德通讯的凯莉解释了研究流程：

我们走遍了整个国家并对马路上行人进行了访查，他们中有男性也有女性，有老人有年轻人，有富人也有挣扎着生存的人，有高学历的还有缺乏教育的，有开放的还有保守的。我们的谈话集中于发掘人们与原始的甲壳虫之间的关系以及他们可能与新甲壳虫建立的潜在关系。为了实现学习更多关于新甲壳虫的目标，我们也采访了工业设计者和社会学家来获得该汽车多方面的观点。

目标群体和定位

小组进行的研究揭示了关于该车的许多观点。虽然有很多人把这种车更多看作是一个玩具，新甲壳虫仍有相当多的粉丝。这些粉丝却有着不同的背景，跨越了年龄、收入以及性别界限。事实上，目标市场看上去吸引了大众新的18~34岁的核心顾客以及婴儿潮时期出生的人。尽管消费者在人口统计特征方面各式各样，潜在消费者的确有一些共同特征。值得一提的是，新甲壳虫驾驶员拥有着如自信、独立以及成为焦点的欲望。除此之外，他们更爱好驾驶并且欣赏生气勃勃的设计以及德国工艺。

对于两组消费者的采访都强调了美国人很珍惜对原来甲壳虫的记忆，而且那些记忆随着新甲壳虫的出现而上升。婴儿潮时期出生的人分享了他们对该车的记忆：

甲壳虫是个人历史以及实际驾驶的资料库；

我对甲壳虫的感情可以追溯到在路易维尔大学的那段日子。我认为我被那辆汽车吸引是因为我把它看作是弱者，我喜欢弱者。

尽管年轻一代没有过去的经验可供回忆，该车强烈的传统气息使得他们与新甲壳虫也有一种感情上的共鸣：

我的工作很保守，但是那不是真正的我。每个人都认为"哇，这个家伙很保守，因为他从事财务工作，他很无聊。"但是我下班之后就不是那样的啦。我的意思是，这真是一辆有趣的车；

我觉得自己在甲壳虫里就不用向任何人证明。我觉得它是为那些特别的人准备的，那些不需要做作就可以吸引注意力的人。它绝对没有势利的感觉，而只是为那些真正喜欢它的人设计出来……是的，他们有信心；

不是驾驶员塑造了汽车，而是汽车塑造了驾驶员……我的客户会笑我。

利用产品摄像和微型模型，设计者也展示了该车外形和设计的重要性：

通过研究我们发现，人们喜爱我们这个世界中的圆形。圆形代表着人类形体，例如眼睛、脸、头。而且不像方形和三角形，圆形既很诱人又很友善，原因在于没有尖锐的边角存在。最后，圆形物品代表着圆满，这是很多人都被其所吸引的地方。新甲壳虫的外形包含了这些特质中的许多。而且通过这样做，能唤起许多和圆形相关的感觉。

你想别人看到你坐在什么车里呢？这就是关于我自己如何在别人面前展示自己的。这不仅仅是我坐在方向盘之后感觉如何，也是关于当我在等红绿灯的时候人们在从我身边走过时是如何看待我的。我们需要设计一种让人们想要看进来的汽车——别人向车里看的感觉很好。

最后我们所采访的社会学家对于美国人和甲壳虫的历史和联系做出了有深刻的见解：

在60年代，因为“甲壳虫”被视为逆文化主流的车，所以有额外的含义。那时候出现的一种感觉是“小就是美”，所以甲壳虫被视为是一种漂亮的车。今天，在美国社会中，一方面有一种标准化所有事物的倾向；而另一方面，人们还设法追求个性。对于很多驾驶员来说，这种车可以让他们展示自己。甲壳虫不再是所有人的汽车，而是一种个人汽车。

除了定位之外，大众不得不决定是否在已有的大众“驾驶员之需”的这个活动主题下引入新甲壳虫。团队分析了“驾驶者之需”这个活动主题对于广告回忆的作用，无助于品牌意识、全面的品牌意识以及倾向购买的标准。虽然最初对于数据的评价揭示出结果趋向是积极的，但是数字在战略措施方面比竞争者的要低很多。支持“驾驶员之需”这个活动主题的辩解认为该活动有创新性，能支持新甲壳虫的推出，而且会成为一个整合众多大众模型的连续的主题。然而，公司中的一些人认为对该车的怀旧情结需要一个全新的而且是不同的宣传活动，一个可以和使得原来的甲壳虫如此受欢迎的广告活动相媲美的活动。

竞争和定价

作为决定目标市场和产品定位分析的一部分，大众团队也还必须评估新甲壳虫在市场上的定价和竞争地位。在 1997 年，总共有 8 272 043 辆汽车在四个细分市场中卖出：小型、中型、大型和豪华型市场。小型汽车细分市场，是继中型汽车市场之后的第二大市场，占据了市场 27%的份额，并在 1997 年年末的时候出现了 5%的下降，销售量只有 2 217 813 辆，尽管大众要对新甲壳虫的竞争地位进行定位，该车的型号会自动地把它放在这个细分市场之中。国内品牌，比如雪佛莱的骑士车、福特的护卫者和土星，加起来占据这个细分市场的 1/3，而且将是甲壳虫最直接的竞争对手。日本汽车制造商丰田和尼桑由于其花冠和山特拉占据了这个市扬的 15. 4%的份额，也是这个产品目录下的竞争对手。

小型汽车细分市场中的关键参与者的价格范围包括从 11 035 美元的两门土星小轿车到 17 239 美元的山特拉 SE4 门轿车。由于基本价格是 15 200 美元，多数新甲壳虫很可能会超出前面列举的范围而达到 17 000~18 000 美元之间，额外的设备如 CD 机和天窗使得它在小型汽车细分市场中成为更贵的汽车，这与该汽车传统的便宜特征的描述相悖。事实上，定价自从对该车进行工程检修并接受更多高尔夫平台以来就一直都存在着争议。大众团队意识到高价战略可能会是一个潜在的问题。如果汽车定价过高的话，消费者可能因为标高价而进入到一个更高价位汽车细分市场来拓展新甲壳虫的竞争对手集合。当然，定价过低的话，该车可能会因为利润率过低而无法吸引经销商并进而不能完成公司的利润目标。

经销商

1998 年，美国有 600 个大众经销商，它们当中的 10%是独家代理的，而且两个数字都在增长。在 20 世纪 80—90 年代，这些经销商经历了该品牌的繁荣和衰落，尽管其中一些放弃了大众，大多数经销商引入了其他品牌并相应减少了其花在大众特许产品上的时间和精力。尽管最近以“驾驶者之需”为主题的运动的结果以及新帕萨特的成功引入已经鼓舞了许多经销商，公司还是需要证明这个特许品牌真正的价值。

为了改善和经销商的关系，大众进行了两个组织上的努力。1997 年 9 月，公司邀请所有经销商飞往德国沃尔夫斯堡的公司总部。在那次旅行中，经销商知道了德国管理层对大众的观点、参观了工厂和技术设备，并且看到了大众将引入美国的汽车的新生产流程线。此外，经销商在 1998 年春季初期的时候还在迪士尼公司接受了全公司范围的培训，这些培训是为了让大众员工理解给消费者创造一个品牌感受的价值而设计的。

紧随着这些和特许经销商建立诚信的努力之后，推出新甲壳虫就会检验公司与这些经销商的关系。大多数经销商对于这个新车都很激动并受到其所收到的预定单的鼓舞。然而经销商也质疑了这次的流行是否会持续或者新甲壳虫是否会因为成为另外一个过时的潮流，而在首次号角之后销售量迅速减少。

新车发布

万茹拉拿起办公桌一边的三份文件，而这三份文件一会儿就要在其团队的战略会议上讨论。第一份是讨论 1997 年的成果，该成果很是激动人心并暗示着大众品牌已经为其在 1998 年以及之后引入新产品——新甲壳虫、新捷达、新高尔夫以及新卡布里奥做好了准备。从销售的角度看，尽管一个供给的问题再次阻碍了公司达到其目标，但建设品牌的努力得到了极大的回报。事实上，在 1997 年大多数数量标准都达到了其最高水平。总的广告召回超过了 50%而达到了 53%，品牌的形象特征得到了积极的响应，而且帕萨特的知名度在 1997 年最后一个季节达到了有史以来的最高水平。

第二份文件是关于最近公共关系努力的报告，强调了关键性的汽车媒体对新甲壳虫愉快的招待会有着重要贡献的几件事情。精心策划的招待会就是为了在北美最有影响力的汽车记者当中创造出一种对“魔力”新甲壳虫早期的、压倒一切的正面评价。在 1997 年 12 月，一群记者被邀请到德国沃尔夫斯堡的公司总部去和管理层见面并预览新甲壳虫的风采。和经销商的旅程差不多，媒体的参观包括欣赏新甲壳虫独一无二的设计和开发程序，并给他们一个对大众新产品线更好的理解的机会。在 1998 年 1 月，新甲壳虫引人瞩目的首次亮相已经摘得了行业汽车中最重要展出的桂冠。然后最近，记者获得了在全国不同的社区驾驶新甲壳虫至少一天一夜进而第一手体验公众对该车所流露出的激动之情的机会。读着即将在 4 月份出版的汽车杂志中的文章，万茹拉意识到公共关系的努力很成功地实现了这些目标。

但是万茹拉知道，光是积极的媒体报道还不足以销售新甲壳虫。营销团队需要决定目标群体并且决定该如何传递该车的优点。以婴儿潮时期出生的人为目标并且价值定位于“沉醉于怀旧”看上去是对新甲壳虫最合适的策略。除了他们和甲壳虫品牌的个人历史和情结外，这些买主也可以负担得起 15 000 美元的价格。但是决策没有那么容易。婴儿潮时期出生的人的消费倾向揭示出他们的偏好正在向更大些的汽车转变——轿车、休旅车，以及搭便车。当然，大众已经改变了策略，将品牌定位于以更年轻的一代驾驶员为目标的“操纵灵活的汽车”。

一旦该汽车的定位确定了，万茹拉就不得不极大化该品牌有限的广告预算的影响。虽然竞争已经花费了将近 1 亿美元在广告费上来支持一辆汽车的推出——80%的预算给了电视台，15%给了印刷媒体，5%给了广播和广告牌，万茹拉不能在新甲壳虫的推出上也花这么多。事实上，她不得不与比常规预算 25%还少的预算做斗争，而且这个百分比还可能更小，如果要为新帕萨特的支持而需要分配剩余的美元的话，新帕萨特刚刚在五个月前已经首次亮相了。如果该车的欣赏者分布得太广泛的话，广告代理商还需要足够的资源来把其信息送达到每个人吗？一个目标策略可以使得公司对特定群体做更多的宣传。

拿起最后一个对于媒体计划的文件，万茹拉想要知道是电视还是印刷广告在到达目标市场的时候更加有吸引力。广告代理商解释说，在广泛的消费者基础上建立品牌意识方面，电视活动效果更好。另一个选择——印刷广告可以使得新甲壳虫在到达某些特定的人群时成本更加有效，比如说婴儿潮时期出生的人。如果两种媒介都使用的话，万茹拉就需要分配预算。最后，一旦媒体选定了的话，团队需要确定用哪些节目和杂志对该车进行广告宣传。因为新甲壳虫是引入汽车市场中的一个独特的产品，应用标准购买消费者数据作为媒体计划的参考是不可能的。相反的是，团队不得不考虑他们想要到达的目标群体，然后评价每个杂志或者电视节目的环境，进而不仅展示其富有创新的产品而且还能对品牌进行定位。万茹拉解释了媒体购买的基本原理：

当我们决定在哪儿购买媒体的时候，把我们的目标群体策略和创新性的执行力以及杂志主编的声音或者电视节目结合起来，并在媒体和信息方面形成一个协同作用非常重要。不像其他的汽车广告人，我们从不基于千人成本或者报道率来购买。

关于印刷广告的选择，万茹拉非常确定应该购买《人车志》《汽车趋势》以及《汽车》杂志。然而，因为预算有限，她想知道如果购买诸如《建筑学文摘》《娱乐周刊》《旋转》《生活》《体育画报》《魅力》以及《时尚》是否合适。

随着离万茹拉做出这些决定的最后期限的临近，她想起来《新闻周刊》中有一篇文章非常恰当地描述了手中这个任务：

我们有机会再次引入美国最受欢迎的汽车；一辆有着怀旧、美丽的回忆以及这个国家曾经看到过的最好的广告的汽车。但是1998年是一个非常不同的背景、一个非常不同的消费人群，以及一个非常不同的时代。而且新甲壳虫无论是从意图还是从目的上讲都是一个全新的甲壳虫。

万茹拉拿起文件并开始走进会议室。在接下的几个小时中，万茹拉、沃特豪斯、凯斯以及广告代理商将最终确定新甲壳虫的营销策略。这将会是大众营销团队和广告代理商将要接受的一个"不可能完成的使命"。

（五）宝马Z3跑车——打造成最耀眼的明星

1996年1月是宝马北美公司定价28 750美元的Z3双门敞篷跑车上市沟通活动第二阶段的开始。第一阶段的宣传活动主要围绕着Z3两座敞篷跑车在几个月前开始公映的007系列电影的轰动新作——《黄金眼》的惊艳亮相。尽管没有经过非常严格的估计，这种非传统的上市前市场预热活动的效果看起来非常积极：Z3跑车和詹姆斯·邦德电影的联合促销的口碑很好，Z3跑车的订单数量也远远超出了宝马公司的预计。现在宝马公司面临的挑战是设计一个计划以维持公众对产品的热情直至3月份经销商开始正式发售。第二阶段的计划需要在宝马旗下其他产品系列开展重大事件营销的背景下展开，包括两个重要的事件：（1）4月份重新设计的宝马5系轿车的上市活动；（2）宝马公司作为1996年亚特兰大奥运会的官方汽车赞助商，将于6月份开展围绕奥运火炬传递的5系轿车营销活动。

尽管这些来自宝马其他产品系列的因素会对Z3跑车造成显而易见的影响，但是Z3跑车的营销活动和最终的效果仍然会影响到整个宝马公司在美国的运营情况。自1993年起就担任宝马美国控股公司的首席执行官兼董事会主席的哈尔穆特·庞克（Helmut Panke）博士提出："Z3跑车注定是第一款不是由来自巴伐利亚的神秘小人制造的宝马汽车。这个车型将在南卡罗莱那州的斯巴坦博格生产。有一些人认为宝马就意味着德国制造。在Z3身上，我们将展示我们是一家在全球各战略性市场生产的成功的全球化公司，而不是只在巴伐利亚生产。在美国组装车辆需要宝马公司将'德国制造'作为高品质的标志转变为将'宝马制造'作为高品质的标志。"就像《品牌周刊》指出的那样："庞克担当着将宝马的神话从巴伐利亚的高山延续到南卡罗来纳州平原的重任。"行业分析师将Z3跑车作为"将德国设计作为产品差异点的系列产品的新标准制定者，"

并期待着“宝马汽车的品牌神话. 尽管它和它的慕尼黑血统紧密相关，仍旧可以在移植到南卡罗来纳州后生存甚至繁荣发展。”庞克和他的团队关注着宝马汽车即将进入的新时代以及由于这个新时代带来的“新鲜而独特”的挑战。迎接这些独特挑战的任务主要由宝马北美公司的主席维克特·杜兰（Victor Doolan）承担。

Z3 跑车在美国的上市宣传活动项目的领导人由宝马美国公司的营销副总裁詹姆斯·麦克德维尔（James McDowell）担任。Z3 双门跑车的上市宣传活动的目标有两个：（1）用 Z3 跑车刺激和激励经销商网络达到更高的标准以符合销售 Z3 跑车的要求；（2）帮助新的斯巴坦博格工厂获得足够的订单，使该厂成为宝马顾客认同、具有宝马品牌特性的工厂。为了达到这个营销目标，宝马必须在传达营销目标时具有创造性，Z3 跑车在 007 系列电影中的亮相作为营销计划的核心就是这种创造性的体现。现在杜兰和麦克德维尔必须要确定该营销计划的其余部分以确保新的“美国制造”的 Z3 跑车系列能够取得成功，而这个成功不仅对 Z3 跑车，而且对整个宝马公司都非常重要。

Z3 应时而生

宝马公司的商业战略

宝马是一家国际化的公司，它在美国汽车市场上占据了豪华型/高性能汽车细分市场的很大份额。宝马开始从 80 年代中后期受雷克萨斯（Lexus）、讴歌（Acura）、英菲尼迪（Infiniti）打压而陷入的低谷中取得了明显的反弹。公司在 1992 年开展了一项将品牌定位由“雅皮士身份象征”转向更为价值导向的“终极驾驶工具”的营销计划，扭转了销售持续下滑的不利局面。与此同时，宝马根据市场竞争的新形势，适当调整了价格，改进了经销商网络以使顾客获得更好的购买体验，进而使顾客获得良好的服务期望，并对产品线进行了显著的改进。但是，公司的整体战略是保持不变的，那就是“为世界市场提供每一款都在同级车中最优，同时具有独特而明确的市场定位的豪华型/高性能车辆。”尽管宝马的战略聚焦于成为“最好的”而不是“销量最大的”汽车供应商，宝马公司仍然期望能够在美国市场获得十万辆左右的销量。因为十万辆的销量不仅是判断一家供应商是否成为国际汽车行业主要供应商的一个重要标志，而且这个销量是达到运营规模经济的一个必要的要求。

把目标客户群扩展到更为广泛的年轻人群似乎是获取品牌销售额增长的一个最可

行的办法。与此相关的建议包括，公司形象的更新以及一项能够促成这种更新的产品研发计划。正如《广告周刊》的评论所言："宝马需要建立一个具有更少严肃感和传统限制的品牌认同，它需要保留它在驾驶性能上所受的好评，同时将品牌的定位由德国制造的汽车向既新潮又富驾驶乐趣的汽车转变。"

宝马 Z3 两门跑车——创新性产品

根据宝马特殊项目团队产品系列经理伯特·霍兰德（Bert Holland）的说法，最终形成两门跑车概念的研发过程开始于 1992 年，当时适逢世界摩托车市场的衰落。这种环境给了宝马一个内生的动力去寻找一个能够表达摩托车所满足的相同情绪、感受与幻想的汽车概念。一些能够表达这种"情绪上的幻想主题"的产品被创造了出来，包括：赛车、沙丘马车、运动型汽车、两门跑车等。采纳两门跑车这个产品概念的原因是它最好的符合了宝马对于驾驶乐趣的总体的品牌定位，呼应了宝马过去作为两门跑车生产供应商的传统，是宝马公司精神的化身，同时集中体现了宝马品牌的精髓。另外，由于这个产品概念代表了一个小的细分市场，它恰恰符合公司做最好的，而不是最大的公司定位。另外，其他主要的豪华车供应商（如保时捷、梅赛德斯等）都盛传有类似的概念正在研发，因此，宝马必须尽快行动以确保其竞争优势。

两门跑车的产品概念在接下来的两年中得到了不断的改进与修正。这款顶棚可开式的 Z3 跑车将使用现在的几款 3 系车型中使用的 1. 9 升发动机。基本型的配置包括六个扬声器的音响系统、电动车窗与座椅、防雾大灯、定速巡航控制和空调。仿皮内饰为标准配置，但是可以升级为真皮内饰。

概念测试显示 Z3 跑车引起了一系列以生活方式定义的细分人群的强烈兴趣。例如 X 一代对 Z3 独特的外形表示感兴趣，40 多岁的男性和女性都表达了一种"拥有我此生梦想的两门跑车"的愿望。而怀旧的婴儿潮后期的人群则渴望拥有具有复古风格的两门跑车。在这些不同人口统计学特征的人群中的共同特点是他们都是"生活的热爱者"，并有一种寻求独特的表达个性方式的倾向。这正反映了 Z3 的目标市场是基于心理特征定义的，而不是基于人口统计特征定义的。

作为宝马公司位于南卡罗来纳州斯巴坦博格的新工厂的首款汽车，同时还作为由德国工程师领导设计的纯粹 100% "美国制造"的首款汽车，Z3 两门跑车计划被赋予了超出单纯产品线扩展目标的战略重要性。其他德国供应商已经准备在消费者中传达对即将下线的美国生产的宝马汽车品质的怀疑。哈尔穆特·庞克解释了 Z3 战略上的重要性：

斯巴坦博格工厂的意义远大于简单地为了逃避德国高成本的生产环境。是的，这家工厂有助于宝马公司对抗国际金融动荡。更重要的是，斯巴坦博格工厂标志着宝马公司深深地扎根于美国市场，并致力于提供那种曾使宝马品牌在 80 年代受到美国汽车消费者顶级膜拜的高性能价值。宝马在斯巴坦博格工厂的初期投资是六亿美元，并将随着项目的进展而增加投资。工厂将达到日产 250~300 辆汽车的产量水平；而生产线则采用柔性设计，因而可以在同一条生产线上以随机的顺序生产不同型号的汽车。斯巴坦博格工厂目前有 1 500 名员工，并计划于本世纪末将员工数量增加到 2 000 人。斯巴坦博格工厂是宝马在欧洲以外的第一家汽车工厂，它是宝马由一个德国汽车供应商实现成为一个真正的国际化品牌的中长期目标迈进的重要一步。斯巴坦博格担负着改变宝马品牌内涵的重任。

维克特·杜兰则从系统化的角度评价了 Z3 上市的意义：

斯巴坦博格为我们提供了与北美市场建立新联系的机会。听到我们将扎根于斯巴坦博格后，我们的经销商开始重新认真对待我们的产品销售，并准备对设施、装备及人力重新投资。你可以看到经销商对我们的品牌和产品的热情完全焕发出来。经销商对新工厂表现得很狂热。而这种狂热也被引导到了市场的终端。

Z3 跑车上市的营销计划

确定主要的营销平台

在 1994 年早春，由营销副总裁詹姆斯·麦克德维尔领导的上市营销团队确定了 Z3 上市推广的主要营销平台。正如宝马公司的一位经理指出的，上市推广的中心目标是扩展宝马的产品线，并通过把 Z3 跑车定位于针对美国文化，扎根于美国公众的观念来实现宝马品牌的年轻化。经理们经常谈论的是："把这款车完全融入美国人的生活，""以美国人的审美观设计这款车，""与日常的经历相结合，"以及"把这款车设计成文化图腾。"詹姆斯·麦克德维尔针对这些评价说：

推广活动的初衷是使人们在日常的场合谈论这款两门跑车。简单地说，就是使这款车成为人们日常谈论的话题。营销计划打算以对这款车激动和狂热的核心顾客作为杠杆，来吸引更广泛的对宝马品牌的关注与兴趣。管理层将这项计划称为“撬动狂热者的杠杆计划”。

基于这种初衷，上市推广团队聚焦于“非传统”的营销方法，因为他们相信这种非传统的营销方法会比传统的电视与刊物广告更为有效。

这次上市营销活动的重要意义决定了需要采取一些非同寻常，而且能吸引眼球的沟通方式。

——伯特·霍兰德（产品推广部门）

这是一种独特的汽车，因而，我们需要找到一种非常规的方式来介绍它。

——汤姆·麦克戈恩（公司沟通经理）

由于非传统沟通手段的本质属性，它们更加能够达到点燃目标顾客热情的目的。

——詹姆斯·麦克德维尔

非传统媒体的曝光率更高。

——卡罗尔·巴罗斯（广告经理）

根据我们基于心理特征的市场细分方法，利用非传统媒体进行沟通，从经济上来看，效率更好。传统的媒体是基于人口统计学特征进行销售的。而非传统媒体的传播范围更广。而且从我们的目标来看，非传统媒体还可以达到影响大众群体的效果，这对我们来说，是非常有价值的。

——乔治·尼尔（客户沟通经理）

宝马公司还希望能够在它的沟通计划中使用多个媒体。宝马的一位管理人员指出：

我们希望消费者能够从各种媒体接收到产品的信息，能从不同的声音听到对 Z3 的评价。这是一种与统治传统广告行业的不断重复加深印象的哲学针锋相对的营销哲学。这种观点更像是“合唱”，但是我们应该认识到文字上的联系和线索必须明显地来自各种不同的元素，而所有这些元素必须互相印证、互相加强。这往往需要一个机构来负责协调这种非典型团队环境下的各种信息渠道。

1994 年 6 月，宝马公司开始向它认为能够实施这项非传统的营销活动以达成公司目标的 30 家广告、促销及公共关系机构征求意见方案。宝马公司基于相互的兴趣及这些机构与此相关的经验，选择了与其中的十家机构进行了正式的讨论。这些广告机构被要求准备一个表现 Z3 跑车基本概念的视频脚本。它们还接受了宝马关于哪些元素是满足非传统要求的，以及哪些非传统营销工具可能更有效的意见。它们认为在一部大片中的亮相、一个电视节目的赞助活动或者一个时尚发布活动亮相是宝马的几个最好的选择，而这几家广告机构也被鼓励发表它们自己的见解。

根据对这些征求来的方案的评审，宝马公司邀请了其中的七家机构来进行展示。宝马选定了由迪克·克拉克制作公司（Dick Clark）——一家以在娱乐行业的丰富经验著称的来自好莱坞的领先促销策划机构所提供的意见方案中的许多元素。这些元素被整合进了宝马内部制定的核心事件与项目框架中，这些事件包括了非常激进的经销商设施升级、员工培训以及预先生产 150 部 Z3 跑车以供在上市推广活动期间进行售前促销活动使用。

与此同时，宝马将它的代理广告公司由穆伦广告公司（Mullen Advertising）变更为弗伦·麦克厄立格特公司（Fallon McElligott）。穆伦广告是一家位于马萨诸塞州温海姆的小型创造性的广告机构，宝马公司于 1993 年 2 月和它签约，由它负责宝马突破传统的雅皮士形象的品牌重新定位。宝马选中弗伦公司的原因在于弗伦公司具有丰富的整合营销与电子营销的经验，宝马公司认为这些经验对于一场非传统的新产品上市营销活动是至关重要的。

定位第一个营销元素：亮相《黄金眼》

宝马选定让 Z3 在电影中亮相，实际上反映了业内越来越流行的将产品在各种活动中亮相作为营销矩阵中的重要手段的趋势。而对于电影制作人来说，供应商提供的品牌产品增加了环境的真实感，同时由于这些品牌能够作为一眼就可识别的文化标志，对于电影的人物性格塑造也有帮助。供应商支付的报酬和免费的产品不仅可以帮助电影制作人降低制作成本，而且可以帮助供应商降低营销成本，尤其在制作成本和营销成本都快速增长的大环境下，这种降低成本的作用就更为显著。而为电影提供产品的品牌供应商则期望从它们的好莱坞合作伙伴身上获得曝光率以外的回报。行业杂志对合作双方在这种合作中获得的回报做出了评价：

这是建立品牌形象的很好的办法。

在这个越来越分化的世界上，广告主不得不想尽各种办法以获得目标受众的注意。由于电视观众可以选择切换频道跳过广告，广告主必须找到新的能够能使目标受众关注的办法。而让产品在电影中亮相则是一种很聪明的沟通方式。

除了上述的优势外，电影还能使营销活动深入到电视广告和刊物广告都很难影响

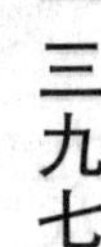

的人群——国外观众和年轻人。

一般说来，供应商为在电影中亮相既可能不支付任何费用，也可能支付高达数百万美元的费用。供应商一般会为产品在一个容易受关注的位置亮相——即被明星演员在电影中真正使用（行业术语一般称为“有影响力的亮相”）支付平均为40 000美元的费用。很多产品在电影中的亮相是物物交换，即电影制作人用产品在电影中的亮相来获取相关产品在电影制作中的免费使用。宝马Z3在《黄金眼》中的亮相也属于这种情况，宝马公司并没有为它在电影中的亮相支付费用。

在接受报纸采访时，宝马公司的长期顾问——诺姆·马歇尔（Norm Marshall）对于产品在电影中亮相的营销效果的不确定性做出了如下评价：

为什么很多公司不需要为它们的产品在电影中亮相支付高额费用，而另外一些公司则为这种产品展示支付了大量金钱？因为在电影中亮相不能保证效果如何，而广告主一般可以控制电视广告的效果。你甚至无法保证你的产品在最终播出时能否亮相。而电影是否能够卖座就更加不确定。事实上，绝大多数电影的票房都不理想。因此，我们要对在什么样的电影中亮相做出选择。我们总是期待着我们能够做出正确的而不是错误的选择。

宝马在1994年秋季与米高梅公司（MGM）就Z3跑车在电影《黄金眼》中的亮相展开了谈判。在看完了台词后，宝马公司非常看重这个对双方都堪称绝配的机会：米高梅公司需要一个合作伙伴帮助它更新邦德33年不变的装备；宝马公司则需要让Z3在一部真正有影响力的大片中亮相，以巩固宝马的品牌形象。其他与米高梅公司的《黄金眼》电影签约的品牌包括欧米茄、巴黎水（Perrier）、锐利影像（Sharper Image）以及IBM。

米高梅公司的高级促销副总裁凯伦·索伦托（Karen Sortito）描述了她第一次邂逅Z3跑车时的印象：

我们曾经看过这款车的照片，感觉这款车酷极了。有一天，我们一起去宝马的生产工厂近距离参观了这款车。这简直是《变得聪明》电影的情节：我们经过了一道又一道的大门，而宝马的工作人员则在我们进入后就关闭了所有的大门。他们揭开了蒙在Z3上的幕布，而我们都被Z3的外观惊呆了。紧接着我们进入了座舱，来零距离地感受这款车，以确定这款车足够酷以配合我们的最新版的詹姆斯·邦德——皮尔斯·布鲁斯南的形象。

麦克德维尔认为邦德电影和宝马的品牌个性是高度吻合的，他认为：

宝马 Z3

宝马正在寻找一位富有魅力的英雄。邦德的人物性格恰好与之吻合。他英俊、性感、富有、足智多谋而又充满冒险精神。他被认为是一个热爱生活，并能够把握自己命运的人物。他同时还以使用高科技产品而闻名。而且，他甚至被认为是一个高速、品质优良的汽车狂热爱好者，一个追求完美汽车的完美英雄。

宝马公司对《黄金眼》、米高梅公司的战略意义以及米高梅为了重振这个文化传奇投入的巨资感到兴奋。管理层认为，这种层次的支持和承诺会和经销商形成良好的配合。米高梅公司甚至讨论了与宝马公司在多部电影中进行合作的可能性，这种合作甚至可能带来持续轰动的前景。

宝马公司和米高梅公司于 1995 年 1 月达成了口头协议，并于 7 月正式签约。基本的交易条件很简单：米高梅公司获得了几辆 Z3 原型车在《黄金眼》电影中的使用权；而宝马公司获得了在 Z3 跑车在《黄金眼》电影中的展示机会，同时获得了在 1996 年 3 月在世界范围内使用《黄金眼》电影进行宣传的权利。

对于电影行业的业内人士来说，宝马公司与米高梅公司的合作更像是一个联合上市推广活动，而不是传统的在电影中展示产品的合作。米高梅公司和宝马公司基本的营销协议是在 1995 年 9 月~12 月间，双方的营销人员联合宣传邦德的新演员（皮尔斯·布鲁斯南）、《黄金眼》电影以及宝马 Z3 两门跑车。除了答应免费为电影拍摄提供免费的原型车，宝马公司同意出钱投资广告宣传 Z3 将是詹姆斯·邦德的全新座驾。作为回报，米高梅公司则同意在电影公映时为 Z3 提供支持。

尽管 Z3 在电影中只有 90 秒钟的露面，但它仍然非常引人注目，因为它替代了詹姆斯·邦德的标志性的座驾——阿斯顿·马丁汽车。马歇尔说“阿斯顿·马丁是邦德与生俱来的一部分。它是邦德的商标。这是邦德系列电影中历史上首次使用其他品牌的汽车。”Z3 是由传奇的英国的。MI5 秘密服务机构的研发工程师 Q 向邦德展示的：“现在，邦德请注意，首先是你的新车，一辆崭新的宝马。”Z3 的产品展示被营销杂志称为和故事主线实现了“无缝整合”。正如娱乐资源营销总监迪安·亚尔斯（Dean Ayers）所说：

在我们工作中最常提到的一个词就是无缝化。我们要将广告与剧情巧妙地融合在一起，将娱乐与广告的界限模糊化。这是电影产品展示取得成功的重要方法。人们喜欢在电影中看到一罐百事可乐或者其他品牌的饮料而不是希望看到只是标明“苏打水”的产品。但是没有人会愿意花钱看广告。你必须吸引适量的注意以达到好的营销效果。

由于无缝化的 Z3 跑车在电影中仅有非常有限的亮相，被一些人认为是一件很具有讽刺意味的事情。正如麦克德维尔评论说：

很多人对 Z3 跑车在电影中并没有出现很长时间感到惊讶。Z3 跑车一共有两次亮相，总时长为 90 秒。Z3 跑车在电影中的亮相仅仅为了一个预先展示的目的。我们更愿意 Z3 跑车能够和电影自然地融合在一起，而不是强迫电影公司让 Z3 上镜头，如果 Z3 跑车的上镜时间过长，有可能破坏人们对 Z3 的期待。

《黄金眼》定于 1995 年 11 月 17 日开始首映。尽管从电影公映到 Z3 跑车在经销商处的交付中间有六个月的时间间隔，而这个间隔给营销活动带来了巨大的技术上的挑战，宝马公司巧妙地安排了时间，使其他宝马产品的营销活动穿插其间，并为新工厂了解客户需要，生产真正完全符合顾客需求的汽车提供了机会。而宝马的早期宣传活动同样使它在梅赛德斯——奔驰公司即将发布的新车之前抢占了先机。由于时间的原因，宝马公司将与邦德电影的联系作为剩下的上市沟通计划的核心。

最终上市前的营销计划

在 1995 年 1 月达成了在电影《黄金眼》中亮相的协议后，上市沟通团队开始寻求既能促进产品预售、吸引经销商关注，又能提升公众对宝马产品线上的其他产品兴趣的辅助营销方法。最终被选作 Z3 上市沟通活动配套方案的营销方法是：

1. 内曼·马库斯（Neiman Marcus）针对邦德特别款跑车的圣诞节目录营销活动。
2. 在宝马网站上对新的 Z3 双门跑车进行特别的报道。
3. 在纽约中央公园举行大规模的公共关系活动——Z3 的“揭幕”仪式。
4. 在杰·列依（Jay Leno 的《今夜秀》（Tonight Show）节目上露面。
5. 电台 DJ 的相关节目。
6. 播放名为《向前：一段美国的公路故事》（Go：An American Road Story）的纪录片。

除了这些活动外。宝马公司和经销商也计划安排一些电视和刊物广告。下面将介绍各种营销沟通活动。

内曼·马库斯目录营销

宝马公司在内曼·马库斯圣诞节商品目录（一份以销售特别商品著称的商品目录）上销售邦德特别限量版的 Z3 跑车。9 月 11 日，销售 Z3 跑车的商品目录插页被《今夜秀》节目报道了。最初宝马公司和内曼·马库斯公司制定了在长达三个半月的圣诞销售期销售 20 辆 Z3 跑车的目标。麦克德维尔解释说："按照以往的销售经验，20 辆的目标应该是个合适的数字。"出乎意料的是，在两天的时间内，宝马就收到了 100 辆 Z3 的订单，所以宝马同意将最终的限量特别版汽车的产量增加到 100 辆。到圣诞节为止，内曼公司共收到了 6 000 个针对这 100 辆邦德特别限量版 Z3 跑车的客户订单或等待购车的购买申请。

宝马公司网站

10 月份，宝马公司公开了自己的新网站。新网站包含了《黄金眼》电影的剪辑和《今夜秀》节目关于通过内曼目录抢先订购新车的介绍。弗伦公司还为了提高网站点击率特意设计了一个非常有影响力的模块。这个被称为"设计你自己的跑车"的模块允许网站的浏览者选择 Z3 的内饰、外部、顶部的颜色以及各项配置。然后，这个模块就会向使用者从各角度展示"属于自己的汽车"，例如，从上向下的角度或从下向上的角度。增加了这个模块后，网站的点击率增长到了以前的三倍，由之前的每日点击 35 000 次增长到每日 125 000 次。苹果电脑公司作为这个模块的技术支持者，在同宝马公司协商后获得了在它自己的公司广告中将"设计你自己的跑车"模块用于展示目的的权利。苹果公司在 1996 年 3 月，在美国电影学院奖颁奖期间投放了大量的电视广告。"而我们获得了这些广告全部 30 秒时长中的 25 秒，"麦克德维尔如是说。

在中央公园进行的媒体发布活动

在 Z3 的上市沟通活动中最具轰动性的公共关系活动是 Z3 跑车在中央公园被正式地向公众推介。由于《黄金眼》电影中的角色 Q 先生曾经特别提到宝马 Z3 跑车包含了"最新发明"，有超过 200 家媒体的代表出席了发布会现场以近距离了解 Z3。在首席执行官庞克输入了 Z3 跑车的包装箱密码后，Z3 在一连串特效中亮相。而邦德电影主演皮尔斯·布鲁斯南开着他的亚特兰大蓝色跑车在车队护卫下环绕中央公园一周后开入了发布会现场，将气氛推向了高潮。

在媒体发布活动的同一天早晨，Z3 跑车又在《今夜秀》栏目的一个板块亮相了，这次的亮相包括一个对首席执行官哈尔穆特·庞克的采访以及节目主持人对 Z3 跑车的试驾。

在中央公园进行的新车发布活动引起了纸质媒体和广播电视媒体的广泛关注，包括《今晨商业》和《金钱车轮》（The Money Wheel）杂志在内的平面媒体和各大电视网络的新闻节目都对此有所报道。有家报纸甚至刊登了布鲁斯南被 Z3 跑车盖过风头的漫画。

杰·列侬的《今夜秀》节目

在 11 月上旬，电影《黄金眼》未上映之前，Z3 就获得了在《今夜秀》节目亮相的机会。宝马公司向杰·列侬提供了一辆 Z3 汽车以供他录制节目使用，而且允许列侬以任何他认为可以的方法使用这部跑车。NBC 也在没有确定列侬的制作思路的情况下接受了列侬的要求。列侬的创作人巧妙地将 Z3 融入了一部喜剧中。在这部喜剧中，邦德为了能够到达演播室，使用了各种手段以躲避 NBC 电视台的保安。但是在节目的最后，主持人发现弄错了邦德的身份，因为皮尔斯·布鲁斯南已经到达演播室了。麦克德维尔评论说：

要传达的信息内容的不可预见性简直令人无法忍受。这就像一场精确计算的赌博。我们不知道列侬会说什么、做什么。在整个国家的其他人知道这些之前，我们也几乎不可能知道。在节目录制期间，我们派出了一名同事去演播室现场观看，他用手机打电话告诉我们节目的进展。但是，我们的节目取得了成功，效果非常好。

电台 DJ 节目

在 11 月上旬（时间上是与电视广告开播相重合的），宝马公司选定了来自 13 个主要市场的顶级电台的 DJ 来制作电台 DJ 节目。选择这些 DJ 的依据是他们选择音乐的品位、节目的内容以及听众的人口统计特征。合格的 DJ 将获得在他们的节目中设计一个板块来展示 Z3 的机会。宝马希望 DJ 们的节目方案具有创新性，并可以使用一切他们想使用的元素。他们还被告知，尽管宝马公司可能会建议一些节目要点，但它不会以任何形式审查已接受播出的节目。

有 25 家电台制作了很有意思的节目。举例来说，亚特兰大的一名 DJ，在一场职业橄榄球联盟比赛的中场休息时，身着圣诞老人的服装，将他借来的 Z3 跑车开到了亚特兰大猎鹰队的球场上。而洛杉矶地区的一个现场的广播节目则送出了一辆 Z3 跑车。宝马公司的媒体沟通经理芭芭·谢蒂（Baba Shetty）对于总体效果有如下评价：

DJ 节目被认为是整个计划中最为冒险的元素。直到计划执行前的一个半星期，管理层才确定要利用 DJ 节目。但是它的效果非常好。DJ 们的评价使我们的产品信息听起来更可靠。而通过 DJ 节目，我们非常成功地成为人们谈论的话题。我们认为它带来了三倍于其他项目的口碑效应。我们从 DJ 活动中获得了 6 000 次的亮相，这大大超出了我们预期的 3 800 次。宝马公司的沟通部门和迪克·克拉克制作公司共同创作了一个关于超负荷劳动的建筑师费布尔重新踏上他 10 岁那年和他的爱德那·罗斯姨妈一起完成的环绕美国的公路旅行的故事。费布尔开着他的宝马 Z3 从萨文那一直旅行到了俄勒冈，重温了当年他姨妈旅行的老路。这个故事是一个“关注个性角色的驾驶经历的旅程盛典”，这个故事所配的原创歌曲《感受你灵魂深处的风》点出了这个主题。这个纪录片的录像带在 12 月时由公司广告部门制作完成，顾客可致电宝马公司的 1-800 电话获得。

电视广告与平面广告　为了配合这些“非传统”的营销活动，宝马公司还委托它的新的广告代理公司——弗伦·麦克厄立格特公司制作了一系列辅助性的广告。由于营销活动的“非传统特性”，对广告的内容和播放媒体的选择都需要慎重考虑。弗伦公司制作的广告被最终确定于 11 月 1 日起在全国范围内播放，而选择的媒体是电视与平面媒体。尽管这些广告最终采用了电视和平面媒体等“传统”的媒体形式，上市推广团队认为广告仍然很好的保存了“非传统”的特征。一位宝马公司的经理评论说：“即使是传统的媒体也可以以非传统的方式被使用。”

广告要传达的信息非常简单：詹姆斯·邦德更换了他的座驾，新座驾是一辆宝马。“从本质上来说，这是在新世界里，新邦德选择了新的汽车。生活在变，邦德也在变，”宝马公司的广告经理卡罗尔·巴罗斯（Carol Burrows）解释说。广告的基调是大胆的、诙谐的、富于娱乐性的。新的广告以幽默与梦幻为中心元素，这和以往的宝马广告以一种一丝不苟的态度强调宝马车的专业品质形成了鲜明的对比。

花费数百万美元的广告宣传活动包括两个定于在广受欢迎的电视娱乐节目：《宋飞正传》（Seinfeld）、《90210》，和有线电视台的时尚生活节目播出的广告。全国性的平面广告被投放在了一些商业和时尚生活杂志，包括《商业周刊》《福布斯》《财富》《旅行者》《奢华展会》，和一些专业的汽车杂志，包括《汽车与驾驶员》《汽车周刊》《汽车世界》。广告被定于在12月投放，并把宣传的重点放在了前期以延续邦德电影点燃的消费者热情上。

广告宣传的效果非常好，根据宝马公司市场研究与信息经理威廉·佩蒂特（William Pettit）评价说：

我们获得了历史上最好的对广告内容的关注。超过15%的电视观众被证实对广告内容有印象。这是我们十年来最好的数字。梅赛德斯——奔驰公司针对它们的E级汽车花费了三倍预算制作的类似时长的广告片只获得了10%的观众复现率。而Z3的数字要比奔驰E级高出50%。这组数据是非常振奋人心的，因为它证实了这种对全新的产品系列用结合传统和非传统的手段进行上市宣传是非常成功的。

经销商的广告促销活动　和所有的新车上市宣传活动一样，获得经销商的合作和支持对于整个上市宣传活动都是至关重要的。宝马公司希望它的经销商能够在促销活动开始时就能够主动配合。媒体沟通经理芭芭·谢蒂评论道：

当我们最初告诉经销商，希望它们能够投入它们的稀缺资源来促销宝马品牌旗下一款要到明年3月才能交付的新车型时，它们的反应都不是很积极。Z3的销售情况是宝马公司调整后的对经销商关系的一个重要测试。我们必须让一切运转正常。

谢蒂从1995年6月开始进行经销商走访，走访的内容是向经销商做一个有关Z3对宝马公司战略性的重要意义，宝马公司和米高梅公司对于基于邦德电影的营销活动的支持力度，提前进行上市宣传活动的有利之处以及宝马公司计划的其他营销活动的演示。谢蒂对她在经销商处的路演做出了如下的评价：

计划的执行是非常复杂的。我们有345家经销商，但是却只有150辆可用的Z3用来在促销期间在展室里陈列。我们必须把活动分为三波，以便这些汽车可以在不同的经销商之间循环使用。现在，样车数量的问题终于解决了。可是说服经销商可一点都不比解决样车数量不足的问题那样简单。当我向经销商们讲述直到1996年3月才会有结果时，一些经销商坐在那里，用怀疑的眼光看着我。我直接告诉他们：“你可以参与这个计划并获得这个机会，你也可以忽略掉这个机会。这是你的选择。但是宝马公司和米高梅公司都对这项营销计划投入了150%的支持。”高品质的促销材料最终帮助我说服了他们。

经销商获得的促销材料中包含着一段用来在邦德电影公映前展示邦德电影和 Z3 跑车的录像。经销商们根据它们的最优质顾客名单编制了一份 200~400 人的受邀客人名单，并向他们邮寄了观赏电影的私人邀请。经销商的店主在电影首映的晚上亲自到场接待客人，并发表了热情洋溢的介绍性演说。一些经销商甚至准备了鸡尾酒会。宝马公司还制作了“007 授权销售”工具箱。这个工具箱包含多媒体影像、一筒有关 Z3 跑车在邦德电影中剧照的胶卷和一个仿制的“邦德 007”车牌。宝马公司还为参与促销活动的经销商提供了车罩、展厅展示用车（短期借用）以及数据库支持。电影观赏活动的剧场由米高梅公司安排，由经销商负责买单。这些营销活动不仅吸引了大量的当地公众，而且引起了当地媒体的注意，当地的报纸、广播和主要电视台都对这次营销活动进行了大量的报道。

波士顿最大的宝马汽车经销商——西部进口车公司的总经理弗雷德里克·铁尔尼（Frederick Tierney）对经销商对总体的促销活动的反应做出了更深入的评论：

我对总体的计划和广告都没有异议。促销活动是创新性的。它看起来非常有感染力。坦白地说，我觉得宝马公司的营销活动有些做过头了。Z3 是一款针对细分市场的特别汽车，它仅仅在邦德电影中出现了一分钟左右的时间，宝马公司却针对电影开展了如此多的公众活动。如果在这种营销活动推动之下卖出了太多跑车我们该怎么办？我们怎样维持消费者的购买热情同时让他们保持足够的耐心？这看起来像是经销商面临的一大难题。

第一阶段上市沟通计划的成功

最终的上市沟通计划的预算按照 40/60 的比例划分给了“传统的”和“非传统的”沟通活动。在公司内部和外部，米高梅公司和宝马公司的联合营销活动都被认为获得了空前的成功。邦德电影在上映一周内获得了 2 620 万美元的票房成绩，刷新了米高梅公司的历史记录。马歇尔估计“宝马公司的广告、促销以及公共关系活动为《黄金眼》带来了数以百万美元计的收入”。Z3 获得了一致的好评。截至 1995 年 12 月，Z3 跑车获得了超过 9 000 辆的预订，大大超过了 5 000 辆的预计预订量。一度被宝马公司认为是潜在负债的产品短期不可交付的问题反而成了宝马的一笔巨大的资产。对此，麦克德维尔评价说：“这个消息说明了人们对于 Z3 上市的兴奋，并使人们对于驾驶体验的期待更为成熟。”经销商也同意这种观点，正如波士顿的宝马经销商——西部进口车公司的销售经理琼·桑塔玛莉亚（Joe Santamaria）的评价：

Z3 为我们的销售注入了一针强心剂。到店顾客的数量有所增加，很多顾客进门就会说，“嘿！这就是邦德开的车！”或者“我在电影里见过这辆车。”很多人在没看到真车的情况下就下了订单。这说明基于电影的大量宣传起到了良好的效果。

这次营销活动的最终结果是经销商升级硬件以满足客户的需要，宝马公司建立了订单银行以管理客户的订单，Z3 跑车的上市取得了成功，并开拓了一个细分市场。管理层还特别提到了非传统上市沟通计划的成本经济性。管理层认为，花在非传统营销方式上的钱要比过去花在传统的营销活动上的钱更有效。

我们比广告声音份额/市场份额法则的要求少花费了 50%。——芭芭·谢蒂

我们花费的每 1 美元都收到了更大的影响。

——乔治·尼尔（Ceorge Neill）

第二阶段上市沟通战略

Z3 第一阶段上市沟通活动导致了宝马公司的“营销模式的转变”。麦克德维尔解释道：

在尝到了像这样的一个计划的威力后，我们可能再也不会回到传统的营销沟通计划上来了。尽管非传统方式具有很明显的缺点，但是它的效果是传统方式无法比拟的。通常新产品上市营销活动的风险是如此巨大，你不得不依赖于传统的营销沟通方式，因为它们提供了一种虚假的安全感。但是事实是这只是一种虚假的安全感。单纯依赖传统媒体要达到我们实际达到的营销效果要至少花费我们目前支出的 3 倍。

这种思维上的转变确定了 1 月份制定 Z3 第二阶段上市沟通估动的战略与策略的计划会议的基调。整个会议过程令参会的经理们备受鼓舞。随着 1 月计划的展开，不仅带来了好莱坞大片和中央公园的名流聚会的美好回忆，也带来了投资 6 亿美元的斯巴坦博格工厂的公众认同和 Z3 跑车上市带来的战略性作用。正如一位经理指出的：“这些是娱乐。但是我们必须学会正确地使用这种方式。”

（六）惠普电子产品部——到底该何去何从

1998 年春，普拉迪·尤瓦尼（Pradeep Jotwani）（惠普电子产品事业部副总裁兼总经理），正在思考电子商务持续的成功以及如何利用它使其部门获得成功。1997 年 12

月，电子产品部开始通过因特网服务中心修理打印机。现在，尤瓦尼开始考虑通过电子商务这个新渠道来销售其打印机。如果要开通这个新渠道，他必须知道要以什么价格销售什么产品，怎么和现在的渠道成员解释这个新的渠道战略并不会损害到现有的渠道结构。尤瓦尼评论道：

管理渠道冲突是非常具有挑战性的。最近一次我们面对过相似的情形是当我们不得不将主体业务——通过增值经销商（VAR）销售打印机的企业对企业公司转变为通过零售终端销售给每个消费者的企业对消费者公司。尽管之后我们也遇到了各种麻烦，不过，我们不仅取得了暂时的成功，还因此最终变得更为强大。目前的挑战是确定网络直销渠道在战略层面的意义，以使我们能在转变后更强大，而不是仅仅保住目前的市场优势。

惠普公司历史

惠普公司是由比尔·休利特（Bill Hewlett）和戴维·帕卡德（Dave Packard）于1939年在帕洛阿图市的一个车库中创建的。沃尔特·迪士尼工作室是惠普的第一个顾客，它购买了八台音频功放器用来组成一套新的音响系统去播放电影《幻想曲》。20世纪40年代，第二次世界大战对电子设备的需求为惠普带来了大量的订单。惠普也在那时开始雇用销售代表去开拓整个美国市场。50年代期间，惠普公司成功的借助美国经济高速发展的东风迅速崛起，确定了公司目标和全球化的发展路径。1962年时，惠普已经在《财富》500强上排第460名。公司在检验和检测器材细分市场上享受着增长的同时，还进入了其他诸如医疗电子和分析设备等相关市场。

70年代，持续创新发展的努力终于让惠普成功地开发出第一部掌上科学计算器——HP35。该计算器取代了过去的计算尺，让计算尺彻底退出历史。当惠普成为计算机行业和打印机市场的主要力量时，80年代又成了惠普成功的关键时期。热喷墨打印机和激光打印机都是1984年向市场推出的。1985年，惠普净收入为65亿美元，它的雇员数为8. 5万名。

伴随着90年代不断推出新的计算机、计算机附属设备及相关产品，惠普成为少数几家能将检测、计算和沟通结合在一起的公司之一。这种成功让惠普在1997年登上《财富》500强上第16名的位子。惠普1997年净收入为429亿美元，雇员数为12. 19万名；而上一年，其净收入为384亿美元，雇员数为11. 2万名。同期，净留存收益从

26 亿美元增长至 31 亿美元。尽管有着这样的增长业绩，1997 年却是惠普公司自 1992 年以来第一次收入增长率低于 20%的一年。卢·帕拉特（Lew Platt）——1992 年起任惠普总裁兼首席执行官，指责惠普不能控制营业费用、应付需求萎缩和应对强势美元的形势。

1998 年，惠普将其产品分为五大类：计算机产品、服务及支持；检验、检测产品及服务；医疗设备及服务；电子元件；化学分析及服务。

计算机产品、服务及支持

1997 年，惠普市场业务涵盖从掌上电脑到超级计算机所有的电脑类型，占惠普总收入的 83%。尽管惠普以其技术创新和产品质量而闻名，但营销才是惠普成功的关键。惠普公司总是能考虑到消费者和合作者的需要。它不是仅仅满足消费者和合作者的需要，而是和他们一起成长。在他们成长的同时，其需求和对惠普的依赖度都会不断增大。惠普深深地明白，它的消费者和合作者的成功直接关系到自己的成功。

当惠普在 1966 年推出其第一台计算机之际，它就显示出其满足复杂需求的能力。该计算机用于对惠普生产的电子设备数据的搜集和检验。70 年代，惠普推出惠普 3000，并凭此打入商业计算市场领域。惠普在 1980 年推出其第一台个人计算机。稍后，又在 1986 年推出一系列基于精简指令集计算机（RISC）体系结构的计算机系统。1991 年，惠普推出 11 盎司的 95LX 个人掌上电脑，1993 年推出 3 磅重的欧米妮笔记本电脑（OMNIBook），1995 年推出惠普畅游人（Pavilion）个人电脑。在 1997 年，惠普已经是全球增长速度最快的个人电脑公司和世界上最顶级的四家电脑制造商之一。这四家顶级电脑制造商是：康柏、IBM、戴尔和惠普。它们一起占到个人计算机市场份额的 38%，而且该市场占有率还在不断增加。康柏以 13. 5%的市场份额夺去了市场第一的宝座。

正如惠普是个人计算机市场中的大腕一样，它同样是打印机行业的领导者。不可思议的是，20 世纪 80 年代早期，惠普公司还没有任何和打印机相关的业务。那时候，爱普生、迪亚伯罗（Diablo）和凯姆（Qume）这三家公司用点—矩阵打印机和菊瓣字轮式打印机领导着市场。之后，1984 年，惠普推出其热喷墨打印机——ThinkJet，采用的是由惠普公司自有实验室在 70 年代自主研发成功的热喷墨技术。激光打印机 LaserJet 也在同年推出，并且大大改变了整个市场。这些打印机，一分钟可以打印八页，每英寸分辨度是 300 点，售价为 3 495 美元。它很快就发展到每分钟可打印 24 页，每英寸分辨率 1 200 点。惠普于 1991 年推出第一台网络打印机——LaserJet ⅢSi，实现了通过局域网直接打印。1994 年，惠普又推出第一台桌面彩色激光打印机——Color LaserJet。不过，目标公司对这种彩色打印机的购买欲望相当迟钝，经销商也觉得很难给它定下合适的价格。1997—1998 年两年间，市场对惠普公司产品需求高速攀升，惠普也成为喷墨打印机和激光打印机市场的领导者。惠普同时也是打印机耗材市场的领导者，耗材业务占惠普 1997 年总销售收入 429 亿美元中的 50 亿。

惠普公司的管理层认为是他们做出的两个至关重要的决定才使得其激光打印机系列产品走向成功。第一个决定是转移到通过经销商销售的方式上。戴维·帕卡德（David Packard）在其 1995 年的书中写道，惠普的方式是：

通过经销商分销激光打印机的重要性怎么强调都是不过分的。这是整个战略中至关重要的最后一环。因此，惠普建立了基础的渠道力量，从而为惠普在过去的十多年里带来了持续的竞争优势。

第二个重要的市场决定就是对产品的命名。激光打印机 LaserJet 一开始叫 2686，因为工程师一直仅仅使用标准数字命名序列。吉姆·霍尔（Jim Hall）——惠普激光打印机项目早期的工程师，说道：

那里面没有墨盒，所以，我们以为我们将会成为街头巷尾的笑料。

打印机行业

和所有热门的新技术一样。打印机的价格持续走低，这种价格态势让打印机制造商能够获得的利润增长空间变得越来越小。不过，打印机制造商推出技术更为先进的新型打印机的狂热依然持续，部分是受打印机使用量不断增加趋势刺激的。从 1997 年开始，公司间信息流普遍采用的“分发再打印”模式，就是该趋势的一种形式。该模式可以让在某处产生的文档通过电子方式传给多个不同地方的使用者，然后又分别在这些地方打印。

1997 年，美国打印机制造商的总收入为 80 亿美元，全球为 220 亿美元。该数据包括所有的喷墨打印机、激光打印机及面向个人和家庭/小型办公室的多功能外围设备。由于 90 年代家庭个人电脑不断盛行，对打印机的需求也急剧增长。截止到 1998 年，喷墨型打印机占所有打印机销量的 70%。

打印机耗材市场明显得益于打印机销量的高速增长。一旦打印机被购买，耗材，比如墨盒，就相当于给了打印机经销商和制造商一笔稳定的收入流。耗材是非常有利可图的，并且，战略上可以类比于剃须刀——剃须刀卖得便宜，但刀片却收取高价。

喷墨打印机

大多数人选择喷墨打印机是因为喷墨打印机的通用性和价格便宜。只要花费 150 美元，消费者就能购买一台打印效果极好的彩色打印机。惠普在此市场的份额从 1997 年 12 月的 49%快速上升至 1998 年春天的 55%。其喷墨打印机市场份额预计，会随着 1998 年 6 月推出的 2000C，进一步增长。2000C 整合了惠普新型的模块化喷墨分配系统（MIDS）。佳能的市场份额为 19%，但正在下降。爱普森的市场份额由于其积极的市场努力和产品价格的低廉而增加到了 18%。利盟（Lexmark）的市场份额，自上一年增长接近了一倍，至 6%，这样的增长是因为其售价仅为 99 美元的低端打印机 Color 1000 和其售价为 249 美元的新产品 5700。

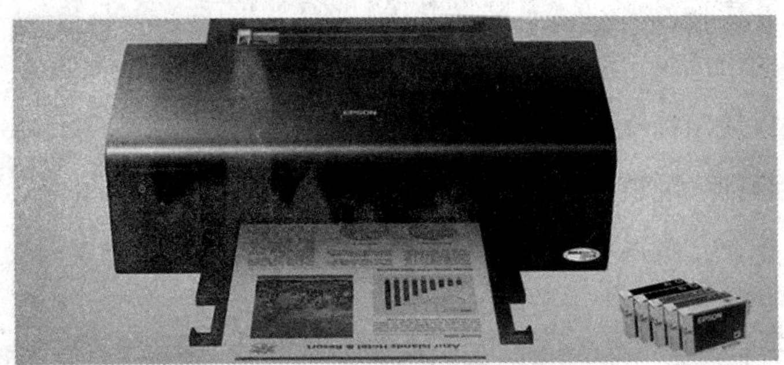

喷墨打印机

激光打印机

激光打印机能够高质高速处理大量的文本文档，还可以通过网络进行打印。至 1998 年，黑白激光打印机技术已经相当成熟，并且近期竞争主要集中在性能和价格上。一台黑白激光打印机售价约为 300 美元，每分钟可打印八页。而彩色激光打印机技术就完全不同了。尽管其价格降低得很厉害，但其价格基准点还是高于 3 000 美元。1998 年春，惠普以令人窒息的 85%市场份额成为该市场当之无愧的领导者。这样的成就，主要是因为其 LaserJet 4000 系列产品掀起的购买狂潮。利盟公司的市场份额排第二，但却仅为 8%。

多功能打印机

多功能打印机可以打印、复印、传真和扫描。1993 年，多功能打印机就已经推向市场，但到 1997 年为止，它的销售量还是一点也不可观。某些型号的多功能打印机还能彩色扫描和彩色复印，并能缩放原文档。如果要分开单独使用不同的设备来独立完成上述所有工作任务，大概要花费两倍的价格，还需占用大量的办公空间。它还有一个好处就是，与将一堆单独工作的机器安装起来相比，使用多功能打印机显然要容易得多，因为它不需要不同的、分开的驱动。但是，这么好的产品，却遭到了质疑，因为它将所有的功能都整合在一起，却没有一项功能很突出。而且，它还很慢，不适合大批量的打印。另外，设计时就没有考虑让它能连接到因特网，虽然这在技术上是完全有可能实现的。最后，依赖一台机器是非常有风险的，如果它其中一项功能坏了，那么整个机器就不能用了。因为，多功能打印机采用了喷墨打印机或激光打印机的一项或多项功能，所以它的技术研发直接和那两种打印机的技术进步相关。

喷墨打印机和激光打印机的技术路径和产品生命周期是不同的。对喷墨打印机来说，核心技术是墨盒，它直接关系到打印的质量和速度。喷墨打印机的产品生命周期为 1~2 年，且周期的不同取决于打印机是针对个人用户的还是企业客户的。更长产品生命周期的喷墨打印机是针对企业用户的，而且价格也更贵。而对激光打印机来说，关键技术是打印机墨盒、图像传感器、纸张处理装置、光学器件和扫描仪。激光打印机是针对商业用户的，其产品生命周期为 2~3 年。其技术变革的速度可以用每年所有制造商推出的新库存单位的数量来衡量。举个例子来说，截至 1997 年 12 月，52 种激光型和 84 种喷墨型库存单位通过经销商渠道分销的，它们大多是在之前的 12 个月内推出的。

消费者购买行为

家庭市场

截至 1997 年 2 月，91%拥有家庭计算机的人同时拥有一台打印机。一些家庭还有不止拥有一台打印机，有黑白的，也有彩色的。拥有打印机的家庭，一般都有小孩，而且户主的平均年收入为六万美元。

家庭市场可以分为“初次购买者”和“重复购买者”两种。大体而言，初次购买者要花上一个月时间来购买，他们主要关注其质量、速度、售后服务及支持、可获得性、品牌和价格。这些购买者通常需要一步一步地经过了解、理解到购买的各个阶段。前两个阶段，人们会访问网站和实体店、询问朋友、阅读《消费报告》。大多数人都在进商店前就形成购买哪个品牌和哪种库存单位的初衷，但是，在大型零售店里，只有65%~70%的购买者会最终购买他事先想要的那款库存单位。一旦进入商店，他就可能被其他品牌的打印机的店内展示所影响。制造商的保证书也是很重要的购买因素，因为消费者认为零售商提供的售后服务和维修服务都比较差。

初次购买者还趋于同时购买个人电脑、显示器和打印机。这种购买占所有打印机销售量的20%。由于个人电脑是这里面最贵的，所以个人电脑在购买决策中居于中心地位。

相比较而言，重复购买者趋于只购买打印机。他们往往怀有的动机要是升级先前拥有的打印机（打印机的质量、速度或色彩）。他们对数码相机、扫描仪和因特网分销与日俱增地迷恋，以及源自孩子的打印需要，是他们的购买动机。例如，一个拥有2~3台个人电脑的家庭，可能需要第二台打印机。或者，家中的小孩离家进入大学，就需要在宿舍中装有一台新的、小型打印机。重复购买者有两个特性。当他们仅仅只是升级现有打印机或再购买一台和之前相似的打印机时，他们的购买决策周期缩短了，并且很可能不需要看见实物就可以做出购买决策。在这类购买者中，邮寄购买是很流行的购物渠道，大概占到全部打印机销量的8%。但是，当他们面对一款新的打印机时，重复购买者就会变得和初次购买者相似，只是他们知道的信息更多点罢了。在这两个细分市场中，重复购买者数量较多。

家庭办公市场

20世纪90年代，在家中办公的人们变得对打印机市场至关重要了。这些人基本使用电子通信方式，夜晚办公，或是自由职业者。他们认为并相信在家办公的好处是，可以追求更好的生活质量，可以避税等。1997年，据估计，美国有5 200万在家办公者，每月至少有1 100万在家办公者使用电子通信方式沟通。对工作场所需求的改变将会持续这种趋势。

那些多功能打印机，是家庭办公族最受欢迎的产品。如前文所述，这种设备可以打印、复印、扫描和传真，并且特别适用于需要最小化开支和节约空间的消费者。该细分市场的购买者要比家庭购买者更为深思熟虑，因为他们更理解他们想要的是什么，并且会在大脑中事先画下一条价格基线。

分销渠道

尽管惠普通过七种渠道将打印机销售给消费者，但下面列出的三种占据了大部分的销售额。

1. 计算机市场：美国计算机（CompUSA）是该类型零售商的一个例子。它销售大量的各种各样类型的个人电脑、附件和计算机相关产品。商店员工大体上掌握足够多的知识来回答消费者的疑问。该类型超级市场，以专门销售某类产品，如计算机，而为人所知。

2. 电子消费品市场：电路城（Circuit City）是该类型零售商的一个例子。计算机及其相关产品只是众多消费电子产品中的一类。销售人员，往往靠佣金工作，他们趋于鼓动消费者购买更贵的产品。

3. 办公用品市场：斯特普尔斯公司（Staples）是该类型零售商的一个例子。计算机及其相关产品也只是其销售的众多产品中的一类。其销售组合包括打印机、复印机、传真机、电话、办公家具和相关耗材。小型办公室和家庭式办公室是这些商店的主要目标顾客。这些商店的销售服务帮助和其他自助商店一样好。

剩下的渠道类型是公司客户经销商、中介邮寄订购公司、超级市场和百货公司。公司客户经销商渠道的一个例子是一家电子公司（Inacom），它没有自己的实体商店，并且至少50%的收入来自其国外的销售人员。麦克罗仓库（MicroWarehouse）是邮寄订购公司渠道的典型例子。它超过‘75%的收入是通过目录营销和因特网产生的。它基本上通过美国邮政或UPS来将产品发运到消费者手中。超级市场（如沃尔玛）和百货商店（如西尔斯），它们集中在家庭消费市场，也进行少量有限的计算机及其相关产品的业务。

零售客户管理

惠普在对待其原来的零售客户上有着相当稳固的名声，并且这样的名声还因惠普为他们提供所有的服务而不断加强。大零售客户占惠普销售量的90%。惠普公司为每一个客户成立一个客户组来和他们打交道。这些客户组和它们的零售客户一起，战斗在销售前线上。举例来说，它们帮助客户协调共同的市场活动并为客户提供商品推广基金。共同的市场活动包括联合广告和店内展示。这些基金用来补贴在零售上针对消费者的促销活动，它占计算机产品销售额的2%~3%。

制造商广告价格政策是行业内通常的做法。制造商广告价格条款是特别加在联合广告合同条款中的。这些条款规定，如果经销商为联合广告付出的价格低于一个特定的价格线，制造商将不会再给经销商补偿。因此，快节奏的库存单位的零售广告价格，在整个渠道内都没有什么变化。其他的还有目录管理的辅助细分和详细说明，目录管理的细分可以帮助零售商理解趋势。细分设计员趋于为第三方工作，但同时也由惠普支付报酬并负责管理。他们负责诸如保证合适类型的纸张用于陈列在商店中的打印机或保证适当的信号。惠普的客户组还帮助它们的主要客户管理物流和存货。所有这些支持服务占惠普销售额的1. 5%，另外再加上花在联合广告基金的2%~3%。最后，惠普为淘汰的存货提供价格保护，这笔零售商的收入相当于其销售额的1%~2%。

惠普的零售商要负责许多价值增值功能。这些包括批转零业务，为零售店送货上门、销售帮助、广告、售后服务支持、赊销/代销业务、退款等。最为重要的是，零售商让购买者能够见到产品实体，感受打印速度，以及实地对打印机表现出的性能进行评判。

惠普还和一些小型零售连锁店进行业务往来。不过，惠普使用这些分销商，是为了能接触到消费者，而不是将产品直接销售给终端消费者。这些分销商只能将惠普的产品卖给惠普授权的零售商。授权程序包括评估零售商历史记录、营业情况和管理团队。

零售商定价和利润

打印机的平均零售价一直稳步下降。1998 年，最受欢迎的喷墨打印机平均售价为299 美元，而最受欢迎的激光打印机的平均售价为 999 美元。在过去五年里，零售商和制造商销售打印机的毛利润一直保持下降的态势。就平均水平而言，打印机占到零售商销售额的5%~10%，其零售毛利润率为8%~14%，而零售净利润率却连5%都不到了。销售商提供所有的服务，加上在零售渠道中的六个星期存货成本，再加上付款条款中制造商设置的30 天账期，零售利润就只有这么点了。另外，因为流行的惠普打印机经常需要零售商做广告促销，惠普打印机的净零售利润甚至比其竞争者的产品还要少。

打印机耗材对零售商和制造商都是有利可图的（净利润有十几个百分点）。喷墨打印机墨盒零售价在22~33美元之间，激光打印机墨盒平均售价为每盒60美元。办公用品超级市场占据耗材市场销量的大部分，消费电子超级市场只占到这个市场相当小的一部分。维持一个合适的耗材组合是一件有挑战性的事情。这是因为，在这么多的库存单位里，消费者难以选择适当的打印机耗材来配合其打印机。就平均水平而言，喷墨打印机墨盒必须一年更换1~2次，而激光打印机墨盒一年大概要更换一次。预计消费者在更换新的打印机之前会使用到3~7盒墨盒。加起来，喷墨打印机墨盒和激光打印机墨盒1997年在全美销售额为70亿美元。

零售瓦解和因特网

零售的目的一直都是：在正确的时间、正确的地点以正确的价格销售正确的产品。因特网为零售商创造了一个理想的平台。这个平台能提供大量的商品选择，能全天24小时营业，能以极低的成本运作，还能为消费者节省大量的时间。总而言之，因特网一直为公认的势不可挡的力量，并且因特网将改变人们生活、工作、娱乐的方式。100年前，英国经济学家尔弗雷德·马歇尔（Alfred Marshall）说过：

具有时代意义的创新，其重要性，往往不能在其产生的那一代完全体现出来。很少有新的发现能够完全发挥其全部实践意义，直到和许多细小的改进和附属的小发明集合在一起，才能大放异彩。

比如说，谁能想象，汽车会改变城市设计、购物和社区的方式？

正如IBM网络部总经理欧文·伯杰（Irving Wladawsky-Berger）所说：

它正在扩大。它正在渗入任何事情中。它正在成为商业中最为普遍的渠道方式。

计算机产品的电子渠道

1998年春，市场上存在两种基本的电子渠道类型。第一种是传统的经销商，如美国计算机、欧迪办公（Office Depot）和沃尔玛，它们利用其实体店的品牌效应在因特网上实现电子商务。这些公司存在固定成本，并且需要在实体店和网店两者间平衡其战略目标。

第二种是新兴的只在因特网上存在的虚拟商店。一个例子就是VA公司（Value America）。VA创建于1997年，它提供大量的科技、办公和消费用品。VA只打折销售一线品牌产品（不提供自己品牌产品和没有品牌的产品）。它和好市多公司（Costco）一样，采用会员制体系结构来给消费者打更多的折扣，通常折扣为5%。VA不收取会员费，而是靠未来的机会获取利润。VA成功的一个关键是和超过1 000个品牌建立关系。VA为这些品牌做广告来换取联合广告的报酬。它遵从制造商广告价格，它还收取产品展示费来冲抵其一般管理费用。VA采用的另一个独特的方法就是采用报纸之类的非因特网广告方式来刺激销售。

VA保持零库存，因此需要直接将产品订单给分销商或制造商。尽管，VA经营种类繁多的产品，其销售额的大部分来自计算机产品。1998年第一个财政季度，其主要销售额来自IBM提供的产品，其余主要来源于惠普、康柏和东芝。分析家预计VA到2002年会实现飞跃，成为主要的电子商务公司。

因特网零售

便利的购物方式可以追溯到1906年西尔斯成功地进行目录营销。西尔斯雇用了2 000名员工来处理每天高达900捆的订单。这些邮件购物的消费者就成了网上购物最初的根基，他们后来就转变成因特网用户了。1997年，因特网用户数为4 600万；2000年，这个数字将增长到1. 5亿。因特网用户达到这个标志性数值只用了五年时间。而广播用了38年，电视用了13年，有线电视用了十年时间，这个记录是相当惊人的。因特网购物的迅速发展，部分原因在于，消费者对便利购物方式的服务水平和缺乏销售人员支持的不满持续增长。另一个原因是，对间接的邮寄购物的接受，使得采购者逐渐习惯购买那些不能亲眼目睹的产品。实际上，在1998年，邮寄购物渠道中的消费者占消费者总人数的8%。

亚马逊的成功就是在线零售的一个典型例子。1996年各季度，亚马逊都能达到100%的增长速度。1997年前两个季度，其季度增长率都超过70%。1997年年底，其销售额达到1. 48亿美元。但是，它并没有对外宣布其利润。这种做法是正在崛起的电子商务的标准行为。实际上，评价电子商务公司是根据其未来增长的前景和新增用户做出的，而不是根据利润得出的。另外，对纯因特网业务的公司来说，至关重要的方面是，获得新客户的花费。这个花费在初期的品牌知晓度建立阶段是相当高的，不过，达到经济规模后将会下降。

戴尔计算机发出了在线零售业中最为响亮的号角。戴尔能获得这样的赞誉，是因为其建立了标准的直接订单销售模式。在三年时间内，戴尔的120亿美元收入有一半逐渐转移到因特网上。1998年初，戴尔每天在因特网上能销售出价值300万美元的计算机、软件及相关产品。戴尔模式成为行业销售的标准，因为它从下订单到发货的整个程序只需36个小时。戴尔通过产品线将下一个产品元件往前推，以准时生产方式为核心对产品进行管理。这让戴尔只需维持13天的存货水平，相比较而言，过去，普通的间接销售模式需要保持75~100天的存货。一个行业内部人士评论到：

康柏和IBM的计算机可能需要两个月才能摆到销售商的货架上，而戴尔只要订单下来就能开始选择配件并组装电脑了。看上去，这没什么大不了的，但是计算机组件的价格可能在短短几个月内下降许多。通过下订单不久就能准确地组装好用户定制的电脑，戴尔计算机的组件要比IBM和康柏同时期卖的要新上60多天。仅此一项，就能在计算机组件上带来6%的利润优势。

1996年，因特网零售额为六亿美元，1997年就超过了20亿美元。1997年最受欢迎的产品和服务是计算机硬件、旅游、经纪、书籍和软件。预计2000年，因特网用户数将达到1.5亿，2000年在线销售额将达到210~560亿美元，2005年更会达到1150亿美元。虽然看上去的数字是那样的吸引眼球，但是1997年，全年在线销售额才只相当于沃尔玛几天的零售额，仅仅占到总零售额2.5万亿美元中的一小部分。人口地理统计变量的变化趋势支持在线零售业和在线购买人数增长的预测。例如，双收入家庭和每周工作时间的延长，将原来每周26小时的闲暇时间挤得这剩下19小时了。1997年，嘉思明咨询公司（Kurt Salmon Associates）做的调查发现，52%的人们打算降低其购物时间，另外，德勤研究发现，50%的美国人认为购物是件不开心的事情，并且在这其中有55%年龄低于：35岁的人也是这样认为的。

在线零售业潜在的威胁来自像沃尔玛这样的大型连锁零售店，或来自制造商本身。沃尔玛强大的品牌知名度、最高水准的信息技术和分销体系，以及更为高级的渠道有机体，会对现在的因特网零售商带来巨大的挑战。对制造商而言，它们似乎天生想消除掉“中间商”以直接在线销售给消费者，不过，它们因为害怕惹怒它们现在的渠道成员而犹豫、踌躇。例如，盖世威（K-Swiss）将会因为失去其重要合作伙伴福洛克（Foot Locker）而受损。福洛克占到其年销售额的1/5。一些零售商引进自有的零售商品牌直接和全国性的品牌竞争，也是其受到威胁的原因之一。

进行直接销售虽然会带来增加的毛利润，但也会带来某些成本或阻碍。除了可能的渠道冲突外，障碍还包括：发展和维护一个稳定网站的巨额投资，安全和品牌宽度事务，投资回报的不确定性，竞争者可以轻松获得信息，更高的退货率，消费者承担的运费（例如，对惠普打印机来说，两日内送货平均费用为12~14美元，一日内为22–33美元）。

战略选择

惠普认为其市场份额既不能反映出公司的竞争优势，也不能推算出消费者对其产品的知晓度和偏好度。惠普还认为零售商应该还能更好地为惠普的产品提供店内支持，这是由于销售人员离职率居高不下和销售人员的产品知识掌握不足造成的。

惠普管理人员还将其网上处理品销售中心定位于降价处理翻修产品及相关打印机耗材和附件。惠普建立网上处理品销售中心的目的有两个。第一个是让公司可以销售已拆开包装的退货。弥补退货的损失是摆在建立在线零售商面前的更重要的问题（之前，惠普是将退货拆散作为备用零件的）。第二个目的是使用它来学习在线直接销售的机制和用来识别日益增长的在线购买人数。惠普认为，通过将业务集中在翻修品/处理品上，不会有什么渠道冲突。通过思考这其中的经验，惠普美国渠道营销经理李深（Shen Li）评价道：

我们获得了持续的信息流。这些信息包括供应链（销售额、库存等）、广告效果（横幅广告和网站链接）和消费者行为（浏览网页、访问路径、每天购物耗时、每周购物天数、电话与网络订单、购物篮等）。在某些方面，通过这种途径获得的信息，在深度和即时性上，都是无可比拟的。整合这些信息，就像试图用救火水龙带喝水一样，流量太大了。

惠普管理层考虑的选择有：

1. 等等看——惠普可以继续通过其网上处理品销售中心销售翻修品/处理品。这样做可以继续维持渠道关系并保证渠道利益。此时，竞争者还没有在因特网上直接销售。因此，如果惠普第一个使用因特网直销渠道的话，就需要承担第一个吃螃蟹的风险。如若有竞争者开始直接销售，惠普可以从竞争对手和零售商关系的冲突中火中取栗。或者，如果竞争者成功地实现在线零售，惠普可以在这种渠道更为成熟的阶段进入。

2. 通过在线零售商参与进去——一些传统的零售商，像美国计算机，在1997年就开始通过因特网进行销售。惠普一直在这些实体店中销售产品，所以伴随着这些传统零售商进军因特网开展在线销售业务，惠普的产品随之扩展到因特网上是顺理成章的。但问题是，相比于 VA 这样的电子零售商来说，这些传统的零售商进军网络的步伐太慢了。另外还值得注意的是，像戴尔这样的计算机制造商，它们已经是网络直销的领导者了。这些公司过去打印机的销量很低，但是在它们计算机中预装打印机驱动所带来的销售优势已经初现端倪了。

3. 扩展到在线销售——进行直接销售可以让惠普直接和它的顾客互动、建立客户关系、强化其品牌。尽管存在吃螃蟹的风险，但是仍然有着潜在的收益，这种收益已经为亚马逊的成功所证明了。如果采用该路线，惠普需要制定能大致描述产品和价格的商业计划，用以指导在线销售。还需要考虑一笔预算，用以发展和维护网站。这笔预算还包括营销和广告的花费。以亚马逊为例，1997 年，它花费其 1. 5 亿美元的收入中的 0. 4 亿用以营销和广告。大体上，建立网站，最少的投资为 50 万美元。横幅广告是流行的因特网广告形式，它的收费标准是每千次曝光收费 35 美元。横幅广告的点击率为 0. 5%~2. 5%，其转换率为 1%~2%。另外，还需要考虑获得新客户的成本。亚马逊、易趣、在线拍卖（OnSale）这些公司获得新客户的成本约为 25 美元，不过，易创（E*Trade）、CD 屋（CD Now）、虚拟旅行（Preview Travel）之类的公司要花费的成本大约为 200 美元左右。

（七）固特异轮胎——拥有固特异，别无所求

1992 年 1 月，固特异（Goodyear）北美轮胎营销副总裁——巴里·罗宾斯（Barry Robbins）正在仔细考虑即将开始的阿考奇牌（Aquatred）轮胎推向市场的活动。阿考奇牌轮胎是一款新型轮胎，它可以在潮湿条件下具有良好的抓地力。在美国市场上，固特异将阿考奇定位于轿车的替换轮胎。最近几年，轿车轮胎替换市场已经饱和，且新的渠道还试图再分一杯羹。因此，罗宾斯必须确保固特异能在正确的时间用正确的产品从公司传统的独立经销商大本营那里获得足够的支持。尽管和这些独立经销商有着长期的亲密关系，固特异仍在权衡拓展公司分销渠道的风险和收益。如果增添新的渠道，罗宾斯还必须判断这个新渠道是否要承担销售阿考奇牌轮胎的业务。

美国轮胎业

从 20 世纪早期到 70 年代早期，美国轮胎市场被五家公司统治着：固特异、凡士通

(Firestone)、优耐路（Uniroyal)、百路驰（BF Goodrich）和通用轮胎（General Tire)。所有这五家公司都在俄亥俄州阿克隆市，并由它们一起组成了轮胎国家俱乐部并负责运营。这五家公司在美国竞争，不仅使得它们都能坐享稳定增长的利润，而且还使得它们完全忽视了外国竞争者的威胁。20 世纪 70—80 年代，美国轮胎业经历了三大变化。第一大变化是新出现的子午线轮胎开始代替过去的“斜交式”或“带束斜交式”的轮胎结构。和过去的轮胎结构相比，子午线轮胎具有更好的胎面耐磨性、操控性和更低的每公里油耗量，只是轮胎显得更加硬些。斜交轮胎和带束斜交轮胎可以使用 3. 2 万公里，而 20 世纪 80 年代早期，子午线轮胎就已经能够使用 6. 4 万公里了。1975—1991 年期间，子午线轮胎在美国轿车轮胎市场的占有率从 32%增长到超过 95%，且所有的新车出厂时就装上子午线轮胎了。但是，因为将工厂转到生产子午线轮胎上需要大量的投资，所以许多美国轮胎制造商犹豫了，将希望寄托在消费者会继续偏爱的软软的带束斜交轮胎上。

第二大变化是不断加剧的国外竞争。一些公司，像法国的米其林。依靠其生产子午线轮胎的专长，作为进入美国市场的利器。其他轮胎制造商，在它们国家出口到美国的汽车上装配轮胎，它们通过这种方法进入了美国轮胎市场。进口轿车轮胎占到美国轿车轮胎市场（包括原厂配套和替换轮胎市场）总销售额的比例，1972 年为 8%，1982 年升为 12%，1990 年升为 22%。

第三大变化来自消费者和汽车市场需求特征的变化。20 世纪 70 年代，石油价格高涨，使得消费者缩短开车距离。生产一个轮胎，基本需要 26 升石油或石油衍生品，因此制造轮胎的成本也随石油价格的升高而上升了。汽车的销售开始转向那些更小型的、更轻型的、前轮驱动的汽车。而这些车对轮胎的磨损更小。再加上子午线轮胎更长的使用寿命，这些综合到一起，就意味着消费者需要更换轮胎的频率更小了。

这三大变化带来了四个主要的冲击。首先，20 世纪 80 年代，对轿车轮胎的需求增长停滞不前。新轮胎的使用寿命，从 1980 年的 4. 5 万公里增加到 1990 年的 6 万公里。在轮胎使用寿命增长的同时，美国轿车出行平均里程数，却增长得很慢，从 1980 年的 1. 5 万公里才增长到 1990 年的 1. 7 万公里。

其次，美国市场新轮胎的价格持续走低。自 1980—1990 年，美国市场上典型的轿车轮胎的中间零售价降幅超过 25%。年，所有汽车轮胎平均零售价格为 75 美元。再次，轮胎产能相对需求过剩。1987—1990 年间，美国轮胎产能增加 12%。这段期间，产能利用率从 87%下降到 76%。尽管轮胎厂不断倒闭，分析家仍然预计产能过剩将持续到 20 世纪 90 年代中期。

最后，整个轮胎行业经济形势的恶化，再加上轮胎制造商应对的缓慢，导致了大规模的合并重组。1986 年，百路驰和优耐路公司将它们的轮胎事业部合并到一起，组建成立新的 U—G 轮胎公司（Uniroyal-Goodrich TireCompany）。U—G 轮胎公司于 1990 年卖给了米其林公司。1987 年，通用轮胎卖给了德国的大陆公司（Continental）。同年，意大利的派利公司（Pirelli），购买了阿姆斯特朗轮胎公司；日本住友轮胎（Sumimoto Rubber）收购了邓禄普（Dunlop）。1998 年，日本的桥石公司（Bridgestone）兼并了凡士通公司。截止 1991 年，固特异成为唯一一家没有被兼并的美国主要轮胎制造商。

公司背景

早在整个轮胎行业的初期，固特异橡胶轮胎公司就因其作为世界轮胎行业的主导者被誉为“金刚”。1991 年，固特异在美国设有 41 个制造工厂。在其他 25 个国家拥有 43 个制造工厂，六个橡胶种植园和遍布全球的超过 2 000 家的分销商。1991 年，固特异总收入为 109. 1 亿美元，其净利润还不足总收入的 1%。公司拥有雇员数约为 10. 5 万。在全球新轮胎销售榜上，固特异排名第三。

在 1975—1990 年期间，米其林在替换轮胎市场和原厂配套轮胎市场都获得了大量的市场份额。和其他美国轮胎制造商不同，固特异在 20 世纪 90 年代后期为将生产转移到子午线轮胎上进行了大量投资。固特异在推出创新性的新产品上也有良好的记录。1997 年，固特异推出第一款全季节子午线轮胎——铁木步牌（Tiempo）轮胎。装配全季节轮胎后，雪季也无须再更换雪胎。该款轮胎在美国轿车替换轮胎市场的份额，从 197 年的 2%激增到 1991 年的 71%。1981 年，固特异成功地推出鹰牌轮胎（Eagle）——第一款跑车用高抓地性能的子午线轮胎。虽然特种轮胎的销售成本约为制造商销售价格的 60%，但相比于子午线轮胎，鹰牌轮胎可以为固特异及其经销商带来更高的利润空间。

20 世纪 80 年代早中期，固特异进行了多元化经营，对石油天然气运输管道进行了大量的投资。1986 年，詹姆士·高德史密斯（James Goldsmith）爵士打算接管固特异。不过，在一场高度情绪化的收购战之后，由于固特异管理人员出巨资全力狙击，他放弃了这一打算。但是，这一举动大大增加了固特异的债务负担。尽管 1987—1991 年间，公司暂时裁员高达 13%，但是固特异每天还要支付 100 万美元的利息，使得其收入仍旧停滞不前。

1991 年 6 月，斯坦利·高特（Stanley G. Gault），从鲁伯梅德（Rubbermaid）主席席位上退休后，来到固特异担任主席职务。高特曾经是固特异董事会成员之一。大家希望他能为固特异带来他在鲁伯梅德展示出的市场才能和新产品开发技能。高特是这样陈述其在固特异的目标的：

……去缔造出一个市场驱动的公司。这意味着要去服务顾客和最终使用者。认为轮胎仅仅是种商品，以为消费者所要的是轮胎那是错误的……消费者要的是安全——他们想要的是车停下来。他们要的是可靠。

高特任命了他自己的管理团队，卖掉和轮胎业务不直接相关的资产，并且调高开发新产品的优先级别。

汽车轮胎市场

汽车轮胎市场可以按三种方法进行市场细分。第一种细分市场的方法是基于高性能轮胎和宽产品线轮胎之间的差异。高性能轮胎要比宽产品线轮胎宽点、贵点，而且抓地性能也要好点。尽管可以用宽产品线轮胎换掉高性能轮胎，但消费者很少这么做，因为这样会导致汽车操作性能的下降。在美国轿车轮胎市场中，高性能轮胎占固特异轮胎总销售量的 25%，占其销售额的 30%以及更高比重的利润。

市场还可按替换轮胎和原厂配套轮胎来细分。替换轮胎是销售给个体消费者的，而原厂配套轮胎是销售给汽车制造商的。汽车制造商用采购量作为谈判筹码，从而获得轮胎价格的大幅折扣。1991 年，美国替换轮胎市场销售额估计达到 86 亿美元。在美国国内，固特异轿车轮胎事业部 65%的收入来自替换轮胎市场的销售，剩下 35%来自原厂配套轮胎市场的销售。轿车轮胎部 1991 年销售量为 3 910 万，销售收入为 19. 8 亿美元。

第三种细分市场的方法是按品牌特征来划分的。品牌按特征可以分为主流品牌、小品牌和自有品牌。主流品牌，就是那些带着主要轮胎制造商名字的品牌，这类品牌产品占到替换轮胎市场销售量的 36%。主流品牌在消费者中有很高的品牌知名度。主流品牌有：固特异、凡士通、米其林、桥石、派利、百路驰。小品牌占到市场销售量的24%，这其中既有小型轮胎制造商生产的轮胎也有大型轮胎制造商以其他品牌名生产的轮胎。小品牌包括西尔斯、邓禄普、通用、凯利（固特异的一个子品牌）、优耐路、库珀、横滨和东洋。尽管是小品牌，但往往属于高端品牌，而且消费者往往非常认可这些小品牌。

自有品牌占据了剩下的40%市场份额。许多小型轮胎制造商特别擅长经营自有品牌，同时，一些大型轮胎制造商也利用过剩的产能逐鹿自有品牌市场。大多数自有品牌都是由某个零售商专营的。不过，也有一些可以由许多零售商经营。自有品牌轮胎的制造商，一般在一个地区只拥有一个分销商，这个分销商可以在一定弹性范围内定价。1991年，自有品牌轮胎占到固特异全资拥有的凯利分厂总销量的80%，凯利牌轮胎的销量只占到剩下的20%。

自有品牌的轮胎平均零售价格要比相应的品牌轮胎低18%。尽管自有品牌轮胎的销量持续上涨，但它们的轮胎寿命还是要比品牌轮胎短。

在影响消费者购买轮胎决策的因素中，许多都不是简单依赖于表面可见的这些方面。为了证明其轮胎的质量，一些零售商为它们销售的轮胎提供担保。这些担保由零售商支付，它们大多保证轮胎能行驶10万公里。零售商担保在自有品牌销售领域是很常见的手法。

之前，固特异生产过两款自有品牌轮胎：全美国牌（All Amerjican）和协和牌（conearde）。固特异的品牌名不出现在这两款自有品牌轮胎上，这样，固特异的独立经销商就可以凭借更低的价格去和其他轮胎零售终端竞争了。1991年，罗宾斯按同样的价格用固特异冠名的轮胎代替了全美国牌和协和牌轮胎，因为市场研究显示，无品牌轮胎销售和品牌轮胎销售会自相残杀。尽管这两款自有品牌的销售额相对较少，但一些分析家还是认为，停止全美国牌轮胎和协和牌轮胎，将会增大固特异独立经销商销售其他制造商轮胎的动机。一些独立经销商认为，消费者希望从一批轮胎中进行选择，他们还认为提供自有品牌会给予消费者购买参考，因此，他们认为这将会有助于固特异的销售。

汽车替换轮胎市场的消费者

消费者行为

大多数消费者认为，轮胎的购买是“不得不进行的采购”——一种让车辆保持行驶能力的昂贵必需品。购买轮胎的平均时间间隔为2.5年，不过，超过一半的轮胎购买者是在他们知道他们需要购买轮胎时才去购买的。大多数轮胎都是成双成对的卖出去的：42%的消费者一次购买两个轮胎，40%一次购买四个轮胎，16%只购买一个，只有2%的购买三个。一套四个轮胎的采购，占轮胎销量的60%。

固特异经常问卷调查汽车拥有者，问他们购买轮胎时都考虑那些性能特性。五个最为重要的性能特性（按重要性从高到低）排列依次为：轮胎寿命、湿地抓地力、操作性能、雪地抓地力和干地抓地力。固特异还经常问卷调查汽车所有者，询问他们选择轮胎零售店的标准。七个最重要的标准（也同样按重要性从高到低）排列依次为：

1. 价格；
2. 快速供货；
3. 可靠的员工；
4. 有吸引力的店面；
5. 提供里程担保；
6. 品牌选择；
7. 非正常工作时间营业。

一份1989年对固特异进行的问卷调查显示，如果没有其他信息，消费者认为固特异宽产品线轮胎中。最贵的和最便宜的轮胎之间的差价应该在六美元之内。研究还表明，固特异现场促销展示并没有改变消费者对其轮胎零售价格的期望。

消费者细分

固特异根据消费者购买行为的研究，将购买者分成了四个部分。

1. 价格约束型购买者。这类购买者在他们预算范围内购买他们能支付的最好的品牌。他们对任何零售终端和品牌都没有忠诚度，并且会在购买轮胎前四处逛商店以便货比三家。

2. 价值导向型购买者。价值导向的购买者购买他们喜爱的品牌时，总是寻找最优惠的价格。他们偏好主流品牌，四处逛商店，对任何零售终端都没有忠诚度。

3. 质量型购买者。质量购买者对零售终端和品牌都相当忠诚，倾向于购买质量高的轮胎，并且采购前只用一点点时间随便逛逛。该部分购买者可以分成两部分。品牌声誉购买者希望能购买市场上最好的轮胎。而容易相处的保守者就希望和某一零售终端建立长期的稳固关系。容易相处的保守者往往会购买他们喜欢的零售终端推荐的品牌，主流品牌的购买占到他们采购量的38%。而65%品牌声誉购买者会购买主流品牌。

4. 商品型购买者。商品型购买者对价格和零售终端都在意，并且可以分为两类。典型的便宜货搜寻者，是年轻人，没有什么品牌偏好，低零售商忠诚度，并且会货比很多家。信任型顾客认为品牌是无关重要的，他们趋于在偏爱的零售商那里购买便宜的轮胎。相对而言，信任型顾客做出采购决定非常快，他们根本不去货比三家。

替换轮胎的批发、零售渠道

轮胎的制造商将替换轮胎销售给批发商，批发商再转卖给各式各样的零售商和承销商，它们再将轮胎卖给消费者。

批发分销渠道

美国替换轮胎市场主要有四种批发渠道。它们分别是：石油公司、大型零售商、制造商自有的零售终端和独立经销商。

批发给石油公司的大部分轮胎，是由石油公司特许经营的或自有经营的加油站或服务站卖出的。石油公司轮胎的批发量，这些年一直在下降，表明零售领域竞争加剧。

大型零售商，包括大型特许经营者和仓储俱乐部，直接从制造商那购买轮胎，然后在自己的商店内销售。这些年，独立经销商分销的份额持续增大。和其他轮胎制造商相似，固特异将替换轮胎卖给三种独立经销商。不零售只专营批发业务的经销商，占到固特异工厂卖给独立经销商销量的10%。它们将轮胎转卖给汽车经销商、汽车服务站、小型独立经销商和其他次级零售终端。另外40%的轮胎卖给既零售轮胎又转售轮胎给其他经销商或次级零售终端的经销商。剩下的50%轮胎卖给只在自己的零售店销售轮胎的经销商，它们是不会将轮胎卖给他人的零售终端。这是轮胎行业典型的划分。

零售分销渠道

在美国替换轮胎市场上，有六个主要的零售分销渠道相互竞争。对这六种零售渠道的描述如下：

1. 汽修厂/服务站：这些小型的、位于街头巷尾的零售终端，提供汽油、轮胎及汽

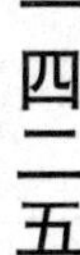

车服务。近些年，由于受到成本更低、销量更大的零售终端的冲击，它们在轮胎市场的份额不断下降。汽修厂和服务站既销售自有品牌轮胎也销售品牌轮胎，它们遭遇大型零售终端的价格压力。

2. 仓储俱乐部：仓储俱乐部经营大型商店，它们销售很多种商品，如食品、衣服、电子产品和硬件。山姆——最大的仓储俱乐部，有 208 家零售折扣店；普拉斯价格俱乐部（Price Club）有 77 家折扣店；好市多有 75 家。仓储俱乐部提供有限的轮胎品牌选择，它们选择的轮胎品牌会根据买家和卖家的交易情况而改变。还有，仓储俱乐部只提供除安装外最低的店内服务。比如，在某些仓储俱乐部，消费者不得不在销售货架中挑选轮胎，然后再将轮胎推到收银处，最后再将轮胎带到商店外边的服务站安装轮胎。尽管仓储俱乐部是一种相对较新的零售类型，但是由于它们低廉的价格，它们轮胎的销售增长得很快。一些独立经销商认为仓储俱乐部打折销售轮胎是为了提高店面人气、获取轮胎安装的利润以及销售其他商品的机会。

3. 大型零售商：大型零售商是销售轮胎、提供汽车服务和销售其他类型商品的零售连锁店。零售商巨头会有许多家零售折扣店。凯马特（Kmart）在 990 家零售折扣店销售轮胎，西尔斯有 850 家折扣店，沃尔玛 425 家。大型零售商通常提供很大范围的品牌选择。例如，西尔斯就提供米其林、古德里奇、派利、桥石、横滨、通用等的轮胎。

4. 制造商自有零售终端：这些零售终端，由制造商拥有并经营，通常只销售一种品牌的轮胎，通常还会提供各种汽车服务。

5. 小型独立轮胎经销商：小型独立经销商经营 1~2 家零售店。它们的零售店销售轮胎并提供安装轮胎的服务，同时还提供汽车服务。许多小型独立经销商都是由经营一个品牌的轮胎开始的，随着时间的推移，又开始经营其他的品牌了。不管是小型独立经销商还是大型独立轮胎连锁店，它们自有品牌轮胎的销售收入的比重越来越大。

6. 大型独立轮胎连锁店：大型独立轮胎连锁店，也称为多品牌折扣商，通常拥有 30~100 家零售终端，它们往往集中在某个地理区域。轮胎美国、国立轮胎仓储以及折扣轮胎都属于这一类型。这些大型连锁店既销售主流品牌的轮胎也经营自有品牌的轮胎。它们趋于进行薄利多销的经营模式。这些年，大型连锁店往往是通过购并小型独立经销商来提高市场份额的。

7. 其他：“其他”类别的轮胎销售有一半是全服务汽车补给店完成的。西部汽车、汽车城以及动感男孩之类的全服务汽车补给店，以较低的价格销售轮胎，以此吸引客流。它们深为独立经销商所痛恨，因为它们总是和独立经销商进行价格竞争。

在市场的大多数情况下，消费者都会在这几种零售渠道类型中选择商品。正如某位独立经销商评论道的那样："轮胎制造商不仅仅是我们的供应商，还同时通过其自有的零售终端和我们竞争。往大的方面说，我们和仓储俱乐部、大型商场、街角商店竞争，而且，谁知道还有谁呀！"

固特异分销体系结构

固特异没有在汽修厂/服务站、仓储俱乐部及大型商场里销售轮胎，而是选择依靠另外三种类型的零售渠道。固特异销售收入的50%是由其4 400个独立经销商完成的，27%的销售收入是由1 047家制造商拥有的零售终端产生的，还有8%是600家特许经销商卖出的（剩下的15%主要是卖给政府机构的）。固特异还尝试了新的零售类型——专卖轮胎。

制造商可以自己决定是否开设或关闭其自己的零售终端。20世纪70年代，固特异每年开设200家零售终端。到1983年的时候，固特异已经在全美拥有1 300家轮胎零售店了。不过，此时，固特异开始考虑到相应的资本及管理上的需要。尽管固特异尽量将自有零售店开设在对其独立经销商影响最小的地方，但经销商的抱怨仍然很普遍。随着时间的推移，固特异逐渐加大特许新的零售终端的力度，同时也将一些公司拥有的零售终端转变成特许经销商或独立经销商。

固特异为这些新零售终端发放三年的特许权，三年后，这些特许商就可以变成独立经销商了。在这三年时间里，固特异为这些店铺提供操作、财务及其他运营方面的培训。等到旧的特许经销商变成独立经销商，新的特许者又会加进来。固特异将特许经销商的数量一直保持在600家。

虽然固特异拥有4 400家独立经销商，但其中只有2 500家是活跃经销商。这些活跃经销商创造出稳定的销量，完成固特异要求的大部分销售展示，以及向消费者提供固特异轮胎全部系列的产品。一个典型的独立零售终端，投资额为十万美元，年收入为100万美元。固特异的独立经销商的零售终端，平均一天可以卖出15. 5个轮胎，这其中包括固特异和其他品牌的轮胎，不过对大部分固特异的经销商来说，固特异轮胎的销售收入是他们收入的主要来源。固特异的独立经销商售出的轮胎平均价格为75美元。独立经销商零售毛利润，平均为固特异轮胎售价的 28%，其他主流品牌轮胎售价的 25%，以及自有品牌轮胎的 20%。批发商销售自有品牌轮胎的毛利润为 18%，而销售固特异轮胎的毛利润只有 14%。

尽管固特异宣称其不会在仓储俱乐部、大型商家和汽车补给站之类的价格低廉的零售终端销售，但这些零售终端还是能零零散散地获得固特异的轮胎。这些零售终端以价格为主的广告和频繁不断地打折，让固特异的独立经销商非常愤慨。一位拥有两个独立轮胎零售终端的店主说道："大型商店正在吞噬我们产品的销售。这可能会把我们挤出轮胎销售业。"行业观察家认为，是那些只经营批发业务的独立经销商将这些轮胎卖给这些渠道的。正如某位分析家指出的那样："许多大批发商，它们根本不管轮胎卖给谁。"

由于法律限制，固特异限制这种多样化分销的手段是有限的。法律禁止制造商干涉零售商销售价格以及他们将产品卖给谁。不过，1990 年 12 月，固特异还是起诉了两家汽车连锁店：轮胎美国和西部汽车补给。这两家连锁店都是西尔斯所拥有的，并且没有一家经固特异授权经营其产品。该官司控诉西尔斯的商店做广告推销固特异轮胎时没能保证足够的库存以满足需求。结果导致消费者进入商店后，转而购买其他品牌的轮胎了。依固特异申述称，它们使用了"上钩调包"的伎俩。固特异还坚持声称这两家连锁店没有得到授权在广告中使用固特异的商标。

专卖轮胎是固特异尝试的新型零售模式。继无须提前预约就提供快速加油服务的"快速加油"店模式后，专卖轮胎模式店只销售和安装轮胎，而不提供其他任何产品或服务。专卖轮胎店向消费者保证安装的速度和质量。

尽管有些重叠，但大多数销售固特异轮胎的零售店并不同时销售凯利—斯普林菲尔德牌轮胎。凯利-斯普林菲尔德牌轮胎没有公司自有零售终端，主要通过大型商场、独立经销商和加油站/汽车服务站销售。

促销手段

据估计，由独立经销商或公司自有零售店销售出的固特异轮胎中，有 3/4 是在促销时销售出去的，促销价平均为 75 折。给消费者促销打折有好几种方式，比如购买三个轮胎送一个，购买一个轮胎则另一个轮胎半价销售，或者某些轮胎直接 75 折。不管是独立经销商还是公司自有零售店，都在"关键事件点"（比如，圣诞节）时间左右进行促销活动。全年共有六次为期三周的“关键事件点”，在这段时间内，固特异的经销商可以按一个折扣价采购固特异的轮胎。固特异为了支持“关键事件点”的促销活动，投入了广播、电视及平面广告，向消费者宣布其特定产品的促销价。每年春天，固特异还为经销商提供一项名为“春季账期”的财务政策，以此扩大经销商的融资能力。在轮胎业进行的“天天低价”的实验都没有获得成功，因为经销商间的价格竞争暗中破坏了试图建立稳定的低廉的公平价格的努力。

固特异的独立经销商

固特异建立了单独的部门，负责服务公司自有零售店和独立经销商。公司自有零售店共分布在42个区域，每个区域有20~23家店。每个区域有一名区域经理，每家店铺有一名店面经理。另一个销售组织是独立经销商，它们被安排在28个区域，每个区域一名区域经理，每个区域平均任命三名地区销售经理。

除了提供轮胎，固特异还采用各种服务以支持其独立经销商，这些服务包括：

专家培训：包括财务、建筑、批发、操作、广告推销等事务；

汽车服务认证：让经销商参加培训课程并获得汽车服务证书；

固特异商业管理系统：固特异公司系统，帮助经销商管理存货和会计账目；

国内及地区广告：支持经销商的销售；

市场研究报告：在某个给定市场，各种轮胎各个尺寸的受欢迎程度。

固特异通过地区销售经理服务这些独立经销商。地区销售经理需要确保经销商的订单完全得到执行、提供市场趋势的信息、为经销商经营提供建议以及处理投诉。地区销售经理的店面访问对经销商来说是非常重要的。正如某位地区销售经理所说的那样：“你永远也不能完全满足经销商。你可能在他那花了一整天时间，但之后第二天，这个经销商就会对你说：‘嘿，我今这有件难事。你不在旁边实在是太糟糕了。’”

经销商大多数的不满都是一些较小的问题，不过来自其他渠道或本地公司自有零售店的不满也是常事。地区销售经理处理不了的争端将上报给区域经理。许多经销商普遍觉得不满的事务将会提交给经销商委员会处理。

固特异建立了十个区域的经销商委员会，来传达固特异独立经销商的观点。每个区域经销商委员会选举一名经销商进入固特异全国汽车轮胎经销商委员会。固特异的职务级别最高的营销和销售总裁要出席委员会会议，回答问题、答复投诉，或者听取意见。委员会会议通常涵盖以下议题：某区域或某城市的市场走向、新产品开发、广告计划、特定轮胎的可获性，或固特异的整体战略。因为反托拉斯法，委员会不得讨论特定经销商的销售操作、特定经销商销售的品牌、来自固特异自有零售店的竞争以及零售价格。

固特异提供给经销商的服务并不是免费的午餐。这些服务的代价就是经销商要加入固特异价格体系中来。只有支付了商业推广广告的账单、整车采购或在临时促销项目中采购的经销商，才能享受折扣价。固特异还使用了各种各样的津贴措施。所有的经固特异批准的经营批发业务的批发商，只有当它销售给在某一特定区域内的固特异授权经营的经销商时，才能获得批发津贴（批发津贴可以帮助固特异限制批发商之间的竞争）。所有经销商的销售额中的1. 5%将作为商业推广广告费，这些金额将用于购买现场促销广告所需的材料。这些材料包括宣传册、招牌等。独立经销商还能获得金额为轮胎采购额4%的广告奖金。广告奖金用作当地广告，由固特异平均分配给经销商，要求广告中没有其他品牌且广告的主要对象为轮胎而不是其他汽车服务项目。

并不是每个经销商都欢迎这些服务的。例如，某些固特异最大的那些经销商们就希望以尽可能低的“净”价买进轮胎，同时还希望能开展自己的广告和促销活动。但是，小型经销商既没有店员也没有专业知识来开展自己的活动。固特异很担心这点，如果没有共同合作的话，一些小型经销商会不做广告，它们轻轻松松就能搭上其他经销商的顺风车，简简单单收获他人努力工作的成果。

轮胎业中的独立经销商

20世纪70年代期间，大多数大型轮胎制造商都坚持建立公司自有零售店这种渠道网络体系。到1991年的时候，轮胎制造商自有零售终端的数量越来越少，只是因为和公司自有零售店相比，独立经销商通常能够提供多种选择，而前者只能提供单一品牌的选择，并且独立经销商需要制造商投入的资本和精力都比较少。一些轮胎制造商认为扩大独立经销商渠道网络，比扩大公司自有零售终端的渠道网络，销售额增长得要快得多。它们期望通过增加独立经销商的数量，可以提高品牌的铺货率，进而增加市场份额。20世纪80年代期间，优耐路和通用轮胎公司卖掉或者关闭了其自有零售终端。

1992年，米其林只有不到125家的自有零售终端，但米其林的轮胎可以在7 000家独立经销商处买到。大部分米其林的独立经销商是多品牌店，同时将米其林轮胎作为该店的招牌品牌销售。美国600家的仓储俱乐部中有95%都出售米其林轮胎。而像西尔斯这样的大型零售商、各种加油站和服务站，都有米其林轮胎可供销售。米其林、优耐路和百路驰最近还将它们的销售人员合并，从而可以让它们的销售人员同时销售这三种品牌的轮胎。

凡士通是独立经销商分销大潮的一个另类。20世纪80年代中期，许多凡士通的独立经销商转投它们。一些人认为这是因为公司为了最大化其短期财务结果而停止对其经销商和产品进行支持。1991年，凡士通拥有1 550家公司自有零售店，这些店面同时也销售桥石牌轮胎。凡士通轮胎很少出现在独立经销商、大型商场及仓储俱乐部中。另外，1991年，通用轮胎决定完全退出自有零售店的营业模式，转而依赖独立经销商。

制造商自有零售店是制造商管理体系的一环，而独立经销商则可以拥有更多的自治权利。1989年，在固特异的独立经销商中，70%只经营固特异的轮胎，剩下30%还经营其他品牌的轮胎。通常而言，它们对固特异以外的牌子并不会进行积极的销售推广，而是仅仅作为固特异轮胎更便宜的替代品而已。到1991年时，已经只有50%的固特异独立经销商只销售固特异的轮胎，剩下的50%还销售其他品牌的轮胎。那些经营其他品牌的经销商当中，也有一些积极地推广其他品牌，不过固特异的轮胎仍然占到多数独立经销商销售收入的90%。

独立经销商对保障自身利益的关注，促使全国轮胎经销商及翻新商协会（NTDRA）于1992年通过了一条权利法案。全国轮胎经销商及翻新商协会主席罗伯特·盖兹克（Robert Gatzke）说道："该权利法案明确规定独立经销商有权从其供应商那里能获得的具体权利。"该法案要求制造商尊重独立经销商的重要性，要求就重大决策与独立经销商商量，要求避免开设公司自有零售店与独立经销商的竞争，要求及时为独立经销商供应轮胎，要求给予独立经销商与销售量大的零售终端一样的定价及待遇，比如，批发俱乐部、多品牌折扣店的销售量就比较大。

汽车服务

1991年，美国汽车服务市场规模达500亿美元。汽车服务包括换油、调整发动机、前后校准对齐、修理刹车及变油器等零部件。汽车服务的收入源自两个部分，一个是汽车零部件，另一个是人工服务，这一点是大大不同于轮胎销售。服务的价格因不同服务站提供的不同服务工作而不同，一般为60美元。汽修厂和服务站占有汽车服务市场份额的40%，同时，新车经销商占据29%的市场份额。业务集中在消声器、刹车这类零部件的专业店，占市场份额的15%，轮胎经销商占8%，大型零售商占最后的8%。

独立轮胎经销商的汽车服务月销售平均为每家店3.81万美元。多数轮胎经销商提供换油、校准、更换配件、安装排气系统及少量的发动机业务。就平均水平而言，在独立经销商的收入中，源自汽车服务的比重，从1980年的26%攀升到1991年的48%。平均来说，20%的收入来自与轮胎相关的业务。独立经销商人工服务的毛利润率为50%，零部件安装的毛利润率为20%~25%；其70%的服务收入来源于人工服务，剩下的30%来自零部件。

一家典型的独立经销商平均每天安装的轮胎数，从1983年到1991年增加了13%，不过同期，其平均汽车服务的收入却增加了92%。不是所有的经销商都乐意他们的收入主要依靠于汽车服务。某位轮胎销售商说道："对我来说，这该死的行业，我们要是只卖轮胎，就没法养活自己了。我们要想存活下来，就必须提供汽车服务。"对大多数消费者来说，轮胎是一种价格昂贵的商品，因而独立经销商担心，汽车服务增加了消费者支付的金额，结果会导致"滞销存货"。

第十一章　绩效管理

一、绩效管理概述

（一）管理要对产生绩效负责

德鲁克认为：管理者的责任就在于要利用好组织的思想和资源，争取最大化的成效与贡献。管理者必须掌握组织的行动方向。管理者必须要仔细考虑组织的使命，制定组织的目标，组织好各种资源，从而让组织做出绩效贡献。

管理者必须对组织的绩效负责，不管是经济的绩效、学生的学业，还是病人的护理，因为这些都是每个组织赖以生存的基础。任何类型的管理工作都是一样，管理者要执行其基本职能，必须组织各项工作，来提高生产率；必须使员工团结起来，发挥出最大的力量来创造成果。

任何组织，无论商业组织还是非商业组织，它们生存与发展的基础都源于社会的各种需求。管理者要意识到，绩效是企业存在的唯一理由，没有一家企业能够独立于社会之外。因此，管理者必须致力于使组织产生更大绩效的事务上来，而不能在一些无谓的工作中浪费时间。

作为一名管理者，你必须经常自问：你的组织是否在发挥应有的作用？如果答案是否定的，就应该明确组织的使命。

（二）卓有成效是一种习惯

德鲁克说：“假如卓有成效是人类的一种天赋，就像音乐天赋和绘画天赋一样，那事情可就糟了，因为天才总是少之又少。于是我们不得不及早发掘潜在的有效人士，培养他们，让他们发挥自己的才干。但即使这样，我们恐怕也很难发掘到足够的人才，以满足现代社会的需要。说实话，如果有效性只是人类的天赋，那么我们今天的文明即使尚能维持，也肯定是不堪一击的。今天的大型组织的文明，所依赖的是大批具有一定有效性而且可以担任管理者的人。”

在企业的经营活动中，真正高效的卓越管理者并不多见，所以这些人更显得引人注目。正如德鲁克所说的，在知识经济时代，我们企业发展需要很多很多的管理者，仅仅依靠少数的高智商、想象力丰富的有效管理者，“我们今天的文明即使不说不能维持，也是不堪一击的。”

培养自己成为卓有成效的管理者，在日常工作中关注以下几个要素：知道时间用在什么地方；重视对外界的贡献；善于利用长处，包括自己的长处、上司的长处、同事的长处和下属的长处；集中精力关注少数重要的领域，善于做出有效的决策。

（三）界定公司的绩效与成效

1958~1963年期间，拉尔夫·科迪纳尔担任通用电气公司的首席执行官，他在界定公司绩效与成效方面的观点颇有争议。他认为：“公开管理公司的高层管理者不啻为一个托管人，他们要对企业的管理负责，使得企业能够最好地兼顾持股人、顾客、员工、供应商以及工厂所在的城市社区的利益。”

通用电气公司

对于科迪纳尔的观点是否合理有效，我们无须展开长篇大论，下面来看德国和日本的公司是怎么做的。

我们知道，这些公司都以高度集中的所有制著称。那么，这些工业企业的所有者是如何来界定绩效和成效的呢？尽管这些企业的管理方法存在着差异，但是他们对这两点的界定都是一样的。与科迪纳尔不同的是，他们追求的是对企业财富创造能力的“最大化”，而并不去“兼顾”任何东西。他们最大化的对象并不是持股人的财富价值，也不是企业利益相关者的短期利益，而始终以企业财富的创造能力为核心。

基于此，他们实现了短期成效和长期成效的协调并存，企业经营绩效的操作空间也与企业的市场定位、创新、生产力、人力资源和人力资源的发展协调起来。正因为如此，企业的所有利益相关者不管是持股人，还是员工、顾客，他们的期望和目标才得以顺利实现。

（四）绩效是衡量管理的最终标准

管理是一种实践，而绝非仅仅是一门学科，衡量管理的最终标准是它的绩效。管理是否有效，要看最终结果，要看管理是否能使执行者出色地完成任务。不要试图给管理者颁发什么执照，或是设置什么文凭的门槛，这些都是愚蠢的做法，充其量只会给社会经济造成巨大损失。

如果一定要把管理“科学化”或是“专业化”，那无非是想摆脱那些不确定的事务——企业前景的渺茫、经营上的失误以及顾客的“非理性选择”等。然而，如果摆脱了这些事务，经济的自由和增长能力也遭到了限制。

德鲁克曾说：“‘管理审计’的支持者所谈论的话题，例如品格的正直和创新能力，最好留给小说家。”对管理进行评价是很重要的，更重要的是进行评价的“底线”是不是管理绩效的合适标准。企业的经营业绩在很大程度上取决于过去管理的成败，而公司未来的经营业绩则取决于当前的管理绩效。

对绩效进行评估可关注以下几个方面。

第一，对资金优化配置的绩效进行评估，必须将实际的投资回报率与预期的投资回报率进行比对。

第二，对人事决策的绩效进行评估，将员工的具体表现与预期的工作绩效进行对比，虽然两者都不能量化，但是我们仍然有办法做出评价。

第三，对创新性的绩效进行评估，将实际结果与做出决定时的期望值进行反馈比较。

第四，对战略与绩效进行评估，预期战略是否变成了现实？战略所确定的目标是否正确？要在现实中找到这些答案。

管理者必须经常认真反思自己及下属的工作情况，并进行一番“管理审计”，审计的标准应该包括你和这些员工是否做出了正确的人事决策，是否提出了具有创意的理念，是否让战略目标得以实现。

证明管理成功与否的标准和目标是业绩，而非知识。你的哪些管理方法已经取得了良好的效果？哪些管理方法是你现在就应该摒弃的？经常这样自问是大有裨益的。

（五）绩效评估中的四个关键问题

德鲁克说：“评估及其背后的指导思想，有过分强调潜力之嫌，要想使工作卓有成效，不妨采用评估表。”卓有成效的管理者都有自己独特的绩效评估表，评估表的内容往往包括某位员工的记录——在过去和当前岗位上，企业指望他能够做出什么贡献，以及他的具体表现。

接着，评估表还会提出以下问题：“他在哪个方面工作做得比较好？他在哪个方面将会有上佳表现？如果想完全发挥自身特长，他还需要学习什么知识？如果我有子女，我是否愿意让子女在他手下工作，为什么？”事实上，这种评估的有效性体现在：把重点放在员工的长处上，而人的短处只要不妨碍工作完全可以忽略不计。

在生产环节，为了能引起所有部门对质量的足够重视，可以采取以下措施：使人们对关乎质量问题的敏感度增加；通过经验丰富者的优势，以有关质量问题的方式向顾客提供服务；与顾客保持沟通以获得信息反馈；在检验产品质量时对员工进行培训。

（六）在绩效要求中，错误在所难免

每一家企业与个人在经营活动中都尽量做到“但求无过”，事实上这个追求并不可靠，也并不见得会取得多么好的绩效。德鲁克说：“组织健全的第一个要求就是对成就提出高标准。事实上，要求推行目标管理和把重点放在任务的客观要求上的主要原因之一，就是必须使管理人员为他们自己树立成就的高标准。”

有这样一些人，他们几乎不犯错误，也没有任何过失，如果他想要做成一件事就必须要求成功。其实这类人是非常危险的，至少不可以完全信任，因为没有人可以避免过失，除非他是一个弄虚作假者，或者只做那些不爱出差错的琐事。

一个人的过失越多，他的经验也就越多，相应的也就越接近于成功。对于一家企业而言，如果管理层不把成就看成是一种平均成功率，而是把迁就当作了成就，把没有短处看成了长处，那么这样的管理层就非常危险了。

企业要想获得健康发展，必须制定严格的纯净标准。事实上，企业之所以推崇目标管理，就在于任务的目标需求，即每一位管理者都能自行设定并实现较高的绩效标准。何为绩效？并非我们一贯认为的只能成功，不许失败。它更注重一种永恒的能力，注重一种在较长时间内对所分配到的工作所发挥出的能力。在这个过程中，我们必须承认错误是不可避免的，失败也在意料之中。

为了实现这个目的，必须先对所谓绩效有个正确的了解。所谓绩效，并不是要求“百发百中”，而是应该以一种持之以恒的态度，是一种在相对较长的时间内就所分配到的各项工作均能产出成果的能力。在绩效要求中，错误在所难免，失败也不可能完全没有。

有些人的失误率极低，或者从未失误过，那么这种人是不足以信任的。因为这类人大都是安于现状、不愿承担责任的人。恰恰相反，越是优秀的人越是经常失误，他们总是在致力于不断创新，失误也就不断出现。

（七）将组织绩效与个人成绩结合起来

德鲁克说：“致力于充分发挥自己及其他人长处的管理者，总能将组织的绩效和个人的成绩有机地结合起来。”管理者通过自我发展来提高效率，可以更好地满足以下需求：组织的绩效目标以及个人对成功的需求。这样一来，组织的绩效和个人的成绩也就能够很好地结合起来。它要求管理者致力于充分发挥人的长处，努力使组织成员的知识成为组织成功的源泉。

知识型员工对薪酬的需求，意味着工作对他们的约束。但是仅仅获取薪酬是不够的，他们还需要自我价值的体现，他们需要有机遇和成就。或许只有使自己成为一名管理者，只有提高自己的效率，才能实现这些愿望。

德鲁克认为，领导者对其所服务的企业，富有“有效性”的责任。何谓“有效性”？它是自我发展的关键，也是组织发展的关键，更是现代社会之所以有生机的关键。

对于知识工作者而言，他们还需要机会、成就、现实以及价值，要满足这些方面，就要确保个人工作的有效性。

在现代企业里，需要的是由“平凡人”来做“不平凡的事”，必须将自己可支配的时间集中在一件应该做的重大事情上。只有人人都贡献自己的长处，发挥统合的力量，使企业的重大决策具备“有效性”，才能实现一个“自由而有功能的社会”。

当今社会的两种需要在于：从组织上来看，需要个人提供其绩效：对个人而言，需要通过组织达到个人目的。

这两种社会需要能否做到相辅相成，取决于领导者的“有效性”。领导者工作的“有效性”是建造高绩效团队的不二法门，这在今天看来如此，在未来也是如此。

（八）利润是对企业绩效的最终检验标准

利润可以衡量企业运作的净效能和健全性，还可以弥补企业的经营成本——重置、折旧、市场风险和不确定性。从这个意义上看，企业没有所谓的利润，只有投入成本与经营成本。而企业的目的就在于能够获取足够的利润以补偿经营成本，并提供未来资本，以保障企业的创新和扩张。

企业的创新和扩张不外乎通过两种方式，它可能会通过保留盈余进行自我融资的直接方式，也可能会采取间接的方式，即为正在成型的外部资本提供足够的诱因，这些资本往往是最适合企业目标的投资形式。

在现代企业中，我们要能够将经济学与人的价值融合起来。经济学必须回答这样一个问题：“我们应该怎样将企业的经营方式和企业的成果联系起来？成果是什么？”我们要设法将企业的短期运营与长期目标联系起来，协调两者的关系正是对管理提出的挑战。管理的目标，归根结底是生产率的提高与创新，如果我们获得的利润是以生产率降低或创新停滞为代价，那么这个利润就是破坏性的。如果我们关注所有关键资源的生产率，并致力于提高我们的创新能力，那么我们肯定是在盈利，因为只有长期的利润才是利润。将知识运用于人力工作中，就相当于创造了财富，这也是现代企业获得利润的有效途径。

我们的方法是将经济学看作人的准则，并与人的价值联系起来。德鲁克说：“这种方法恰是一个标尺，使人们能够衡量自己的方向是否正确，衡量他们的成果是真实的还是空幻的。我们站在了后经济理论的前沿，这种理论深深植根于我们对财富产生的理解。”

（九）工作细分是大势所趋

德鲁克说：“在大多数组织内部，知识性工作变得专业化，因此工作也变得高度细化。对于知识性组织而言，有效地管理好这些专业细分已经成为一个巨大的挑战。”换言之，工作细分是大势所趋，部分管理外包成为必然。

这一现象在现代医院表现得尤为明显，比如医院借用人力资源外包（PEO）和临时工代理公司（temp agency）等途径来满足专业知识型员工的需求。不论是在应对知识工作细化带来的管理复杂性方面，还是适应形势，利用人力资源外包以及临时工代理公司方面，现代医院都堪称成功的典范。

在一家超过 3 000 名工作人员的大型医院中，有近一半的人都是各专业的知识型员工。医生和护士的人数各占几百人，还有几十名医护专家，其中包括理疗师、检验科医生、精神病医生、癌症治疗师、睡眠障碍治疗师、超声波检验师、心内科技师，另外还有几十位手术辅助人员，这些人组成了一个庞杂的工作机构。

这么庞大的机构，这么复杂的工作细分，只能通过部分管理外包才能实现其高标准管理。

德鲁克强调：“没有比保持尸体不腐烂更困难、更昂贵而又徒劳无功的事情了。”这句话意味着管理者要学会判断事务的重要程度，不要把事情浪费在看似很紧急，其实毫无价值的事情上。管理者不要以“他人眼中的轻重缓急”来安排自己的工作，而是要以“自己认可的轻重缓急”来处理日常事务。

卓越的管理者每天都要处理很多事务，因此他们必须保持专注和高效。要做到这一点，必须要抛弃“行将就木”的过去，要马上把企业最有价值的资源，特别是珍贵的人力资源从不必要的工作中解放出来，并投入到有意义的未来工作中去。

管理者如果不能摆脱种种羁绊，学会有条理、有目的地放弃过去，就只能处于被动状态，把企业宝贵的资源浪费在不必要甚至不相关的事务上。事实上，愿意抛弃过去的企业并不多见，以至于很少有企业能够掌握未来的资源，这样一来未来的机会也就牺牲在了昨天的祭坛上。

（十）关注公司的核心业务，能外包的尽量外包

在发达国家，企业一般都是将服务性的工作任务外包出去。比如一些辅助性的工作，包括维修等日常事务性工作，也包括设计师的绘图等工作。

事实上，一些律师事务所早已把过去由其法律图书馆来完成的工作，外包给了一些计算机“数据库系统”来处理。

在企业里，最需要管理者提高其生产效率的，是那些层次比较低的业务活动。没有哪个高级管理者会对这类活动提起兴趣，更谈不上对它有足够的了解。一般来讲，这类工作与企业的价值体系没有什么直接关系。

医院的价值体系主要是以医生与护士的工作为核心，医院所关注的也是治病求人与医疗保健，没有人会去关注医院的清洁工作。

基于此，在未来几年里，将这类工作外包给其他的专业组织将成为一种趋势。而这些组织势必会形成相互竞争的局面，如此一来它们自身的效率也得到了提升。

德鲁克表示：“在未来社会的公司中，最重要的管理将是关注公司的核心业务。”公司的核心业务包括：企业的发展方向、生产计划、发展战略、价值原则以及与同行的关系；也包括组织的研究和创新工作以及行业的战略联盟、合作伙伴、联合经营等等。

我们看到，在第二次世界大战结束后的半个多世纪里，公司不仅证明了自己是一种经济组织，而且还证明了自己是财富的创造者和工作机会的提供者。在未来社会里，大公司尤其是跨国性的大公司，其一切非核心业务都可以“外包”，他们所面临的最大挑战将是其存在的社会合法性，即公司的价值观、使命和愿景等方面。

现代企业在人力资源方面正经历着一场变革，而人力资源外包公司（PEO）正是这一变革的产物。人力资源外包公司在近20年才逐渐兴起，现在以年均30%的速度迅速成长，已经成长为一个新兴产业。调查显示，企业用这种方式外包人力资源管理，不仅可以节省30%的成本，而且还能提高员工的满意度。

使得产业增长的原因一方面是越来越复杂的规章制度（使其满足对人力资源管理的运作）；另一方面是越来越严格的专业管理要求（使其满足对员工的管理并留住人才）。人力资源外包公司的业务对象是中小型企业，他们的合作使得经理人不再纠缠于严格的规章制度甚至繁文缛节，而是集中精力专注于他的核心业务。

除了人力资源外包公司，还有业务流程外包公司（BPO），后者的业务对象是人数几万人的大企业，给他们提供一整套的人力资源管理服务。业务流程外包业务的创立者是伊格塞特公司，它创立于 1998 年，是当前业界的领先者。很多大企业包括《财富》杂志评选的500强企业都是它的忠实客户，它的业务就是为这些大企业打理人力资源流程上所有环节的工作，比如发放工资、招聘员工、资料整理和管理层培训等相关事宜。

你的企业已经将哪些工作外包出去了？哪些工作正准备外包？外包出去的理由是什么？如果你的企业从来不曾外包过工作，理由又是什么？深入考虑你所在的企业，有哪些业务是不符合企业价值体系的，把企业不擅长打理的服务性业务交给擅长的人员去处理吧！

（十一）企业需要进行系统化的放弃

企业的经营管理是一项长期而又复杂的过程，这个过程有创新也有放弃，在具体管理工作事务时，德鲁克强调："要'放弃什么'和'如何放弃'必须要系统地进行。不然，它们会被永远地搁置下来，因为它们从来不是受欢迎的政策。".

举个例子，某一个很有实力的大企业，它的主要业务是为许多发达国家提供外包服务。这个企业的管理层上下，包括高层管理者和每个部门的负责人，每月都要开一次"放弃"会议。会议的主题是，大家系统地检讨公司某项业务，比如第一个月要检讨公司的某项产品和服务；第二个月检讨公司业务所涵盖的一个区域；第三个月则要检讨公司某种服务的方式，再下个月可能就是人事政策了。

这样在一年内，企业就把自己里里外外、上上下下都检讨了一遍，企业的重大决策有三四个是涉及关于应该"放弃什么样的服务"，而有两倍的决策是关于"方法上应该怎样改变"的，同时一些新的创意和好点子也就相应而生了。

要注意的是，一切涉及放弃的决策，包括"放弃什么"或者"怎样放弃"、要进行哪些新的服务，要与企业管理者及时沟通，管理层也要及时提交报告，说明采取了什么措施，放弃或革新的结果怎么样。

（十二）局部的改进或提高，并不一定能改善整体的功效

德鲁克说："所有的管理科学背后都蕴藏着一条深刻的真理，即企业是最有秩序的

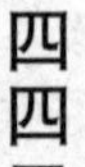

有机整体。如果局部的功能得以改进，或者局部的效率得以提高，整体的功效未必一定能够改善。事实上，整体还有可能因此而受损，甚至遭到破坏。”

组织是一个整体系统，它的构成要素是人，组织成员自愿地将自己的知识、技能和热忱奉献给企业，将自身的绩效转化为企业的成就。

对于任何真实存在的系统来说，无论是像导弹控制装置一样的机械系统，还是像树木一样的生态系统，抑或像企业一样的社会系统，它们的共同之处在于，系统的各组织部分相互依存并相互作用。

局部的绩效是为了整体的绩效，部门的功能是为整个系统服务的。有的时候，改进整个系统的最好办法就是弱化局部组织，使其精确度和效率降低。原因在于，整体的绩效是重要的，它源于局部和谐的发展与动态的平衡、整合，而并不仅仅来自技术效率的改变。

如果我们过分强调局部组织的作用，过分提高局部效率的管理，那么很有可能会影响到整体的效率。到头来，局部工具的精确度提高，换来的却是整体的良性发展和绩效水平受到破坏。

这样的例子并不少见，原因也很简单，但仍是有不少管理者对此熟视无睹，事实上他们并非不懂其中的道理，只是他们过分注重自己的绩效，而不顾企业整体的发展，对企业来讲，这是一种很自私、很危险的想法。

（十三）掌握成本与价值信息才能创造出绩效与成果

德鲁克强调：“在企业内部，其基础的结构化信息是以顾客和资源所创造的价值为核心的。只有我们掌握了成本与价值信息，才能不断创造出绩效与成果。”今天的情况说明，会计的概念以及工具正在经历着根本性变革的痛苦过程。在这种情况下，所使用的会计工具不但要反映出交易记录，还要能够显示出业务与成果的不同形式。

因此，就算是一点会计知识都不懂的企业管理者，比如说一位在产品开发部门工作的部门经理，也必须要了解上述会计变革所预示的基本理论与概念。这些新的概念与工具包括：以作业为基础的成本会计制度，价格主导成本，经济链成本，经济附加值以及标杆分析。

在进行产品利润核算时，必须以顾客实际购买这项产品，并将成品与价值作为基础来进行，以作业为基础的成本会计制度相应反映出了所有产品与服务的成本。企业要想不断创造成果，就必须充分掌握成本与价值信息，这也是管理者所应该掌握的基本工作理论。

尽管我们坚持锻炼，节制饮食，但还是避免不了疾病的发生。企业也是一样，无论在防止成本增长方面做得多么到位，还是不得不采取缩减成本的措施。在降低成本时，管理者要问自己：“如果我们去掉这一工作环节，企业大厦会不会轰然倒塌?”如果答案是否定的，那么我们就完全可以去掉这一环节。令人欣慰的是，我们付诸的措施，大多数都会顺利进行下来；然而，在缩减成本方面比较有经验的领导者，不会等到不得不这样做时才付诸行动。在日常的经营活动中，他们已经将成本缩减系统化地融入其中了。

（十四）成本控制应以“预防为主，治疗为辅”

德鲁克强调：“聪明的管理者若早知减肥裁员有大的副作用，就应在事先注意不要轻易增肥。”我们都知道，减肥比一开始就不增加体重困难得多。对于企业经营而言，成本过高就是肥胖过度。削减成本不可能从员工那里得到立竿见影的效果，除非是裁员。但是，如果没有员工的积极参与，有效的成本控制措施是不可能轻易实施的。

近年来，一些管理者为削减成本做了很多努力与尝试，但都没有收到很好的效果。其原因就在于管理者把措施强加到员工身上，而员工则就把它看作是对自己的威胁。相比之下，成本预防的措施往往能得到员工的积极响应，因为员工们更能体会到肥胖的原因。而且，他们也清楚受到控制的成本将意味着更安全的工作。所以，一些大企业始终都将成本削减作为持久发展的首要工作步骤。

要有效控制企业活动的成本，就要关注于正确观念的建构。要做到这一点，还要接受一个前提条件——成本控制的实质并非缩减，而是预防。企业成本不可能自行降低，所以成本的预防是一项永不间断的工作。无论企业的组织结构多么完善，也无论它们在成本控制方面做得多么到位，都需要反复检查其成本控制的有效性，需要每隔几年对其经营活动和流程进行评估。

这样做也确保了员工们能够欣然接受成本控制，使员工们认识到成本控制是机遇而非威胁。倘若成本控制被视为成本缩减，那么员工们很可能会认为它威胁到了自己的饭碗。只有将成本控制理念植入员工们的观念与实践，并体现为一种成本增加的预防措施，才会使其视为机遇，最起码他们会为了自己的工作更加稳定而支持这种做法。

去除 10 磅的重量比事先不增加它要困难得多，所以有效的成本控制应该做到“预防为主，治疗为辅”。管理者必须善于观察，以确保成本上升的幅度小于收入增加的幅度；而在经济衰退或者收入减少的情况下，要保障成本下降的幅度大于收入减少的幅度。

医药界的某家巨头企业在这方面做得非常好，在 1965~1995 年期间，这家企业在排除了通胀因素以后，使其规模增长了将近 8 倍。在短短 30 年的时间里，它始终确保企业成本与收入成本的增长率之间维持着一定的比率——当收入增长 15%，成本增长最多不能超过 10%。在经过几年的探索之后，该企业慢慢总结出一套更有效的经验，即在经济衰退期，确保成本降低比率与收入比率之间维持相同的水平。长期以来，这家企业致力于有效的成本控制，使员工对此已经习以为然，所以公司也根本不需要裁员。

卓越的管理者，必须认识成本控制的实质，定期检查每个部门成本控制的有效性，每隔一段时间，对你所在组织的经营活动进行评估。

二、绩效管理“长存”

（一）永远想着自己是教练，而非老板

绩效管理是战略、组织、人的完美结合，不和战略结合的绩效管理没有价值；绩效管理是谁的事？绩效管理是老板、直线管理者、人力资源管理者和基层员工等所有人的事。每个人都在其中扮演重要角色，大家的互动是绩效管理成功的关键。

早期时候，人们认为所谓绩效管理，就是设计一张考核表，然后对每个人进行打分，最后把这些打分结果和每个人的年终奖挂钩，这就是绩效管理。

后来，随着绩效管理理论的发展，人们开始关注组织层面的绩效。于是，考核指标有了进一步明确的描述，如销售收入、利润率等，后来绩效管理进一步和公司业绩相结合，企业开始从财务角度看待绩效。销售部使用少数几个可以量化的考核指标，而职能部门则和销售部门的考核结果挂钩，这是更高层次的绩效管理。

最近几年，平衡计分卡的管理思想开始深入人心，于是企业开始系统化地看待绩

效管理。从战略的高度出发，首先通过平衡计分卡的战略工具梳理公司的战略目标体系，然后分解成各级员工的绩效考核指标，通过过程中的经营检讨和绩效面谈，对绩效考核的执行情况进行检查，确保绩效管理始终走在正确的轨道上。

其实，绩效管理如同体育训练一样，是一门艺术。绩效管理是构成经理人和下属关系的基本元素之一，它不仅仅是谈话，还包括经理人的态度和立场。

态度上就是要放下老板架子，想着自己是个教练。保证员工不抵制、不反抗你所给出的评价的最佳方式，即推行伙伴关系，让培训无形中融入经理人和员工的关系中去。

表明立场上要掌握沟通技巧。在做绩效面谈时，首先应明确员工过去半年绩效目标的达成情况与评估结果；然后，要对员工绩效中的闪光点进行重点激励；接着要跟员工明确他还存在的不足与改进方向；再探讨下一阶段的工作目标。人力资源部门教了经理人很多的沟通技巧。例如，不要对员工的考核结果直接加以判断，而应先描述关键性的事件，如员工曾经与顾客争吵，而没有向顾客道歉等。这些事件一经描述，员工便会自己进行判断，得出结论。要谈员工的问题时，可以先对员工进行表扬，让员工心情舒畅起来，接下来指出员工的不足，最后再对员工的优点进行表扬，使他们能带着愉快的心情结束谈话。

员工无法改变已经发生的事情。但是他们可以改变今后要做的事。因此，经理人在和员工谈话时最有效的态度，是注重将来可能采取的有建设性的行动。“如果我们没有达成目标，那么让我们来找找原因。是不是因为这个目标不切实际？是不是员工缺乏某种技能？那么我们可不可以把它放到来年的培训计划里？”

由“绩效考核”到“绩效管理”，虽然只有两字之差，却蕴含着管理理念的深刻变革。习惯了传统的报表和文字式的“纸上”考核，一旦要面对面地与员工探讨绩效问题，经理们的第一反应可能是逃避。的确，“纸上”考核带来的人际冲突和紧张已经使经理们恨不得退避三舍了，更何况现在要面对面地探讨如此令人尴尬和敏感的绩效问题！另外，经理们会以“没有时间”为由排斥绩效管理。

因此，宣传、渗透绩效管理的理念，消除抵触情绪至关重要。要引导考核双方认识到，首先，实施绩效管理的唯一目的是帮助员工个人、部门及企业提高绩效。它是管理者与员工之间的真诚合作，是为了更及时有效地解决问题，而不是为了批评和指责员工；其次，绩效管理虽表面上关注绩效低下的问题，却旨在成功与进步；最后，绩效管理虽然只需要平时投入大量的沟通时间，却因防患于未然避免了日后“火灾”的惨重代价，而声称没有时间的管理者目前或许正忙于“扑救大火”！

（二）刚性排名和强制排序要不得

刚性排名（Forced Ranking）和强制排序（Forced Distribution）是相对强硬的两种形式。刚性排名体系和绩效考核流程相辅相成，其标准既包括员工表现，也包括员工潜力。公司对表现好的员工给予奖金和成长机会，表现差的员工则要求改进，或者请他们“出门”。理论上，公司找到了该奖励和该惩罚的员工，分别给予“萝卜”与“棍棒”，这样可以让公司发展得更好，但是实际上，实行员工排名有利也有弊。

在典型的刚性排名体系里，20%的员工被评为 A 类员工，70%为 B 类员工，剩下的 10%为 C 类员工。一方面，即使每个人都达到了基本要求，一部分员工还是只能在排名中垫底，而且在有些公司中，这部分员工会因此遭到解雇。另一方面，刚性排名体系只着重在年度考核流程上，并不评估员工的工作潜力。

然而，在美国福特汽车公司，却有了截然不同的结果。该公司之前的 CEO 一度将员工依照绩效，评为 A、B、C 三级，而且规定一定要有 10%的员工属于 C 级。公司希望借此淘汰表现不佳的员工，让公司的成绩更好。不过，后来有 6 名员工控告公司的排名方式不够公平合理，结果公司赔偿了千万美元之后，决定修改这个做法。

对于员工排名是否奏效，专家学者的正反看法掺半。赞成者认为，员工排名简单而且公平，是衡量员工绩效的良好工具。平时，可以改进或淘汰表现不佳的员工；在公司不景气需要裁员的时候，还可以帮助公司精准地“减肥”。此外，一般主管偏向于当好人，除非必要，他们不会告诉员工做得不好，实行员工排名，迫使主管正视员工的绩效，并且要告知员工。如此一来，员工就可以知道他们自己表现如何，以及是否需要改进，这样可以激励员工努力工作。

反对者则认为，公司应该创造团队合作的氛围，排名会造成员工之间彼此竞争，职场的达尔文主义将打击员工的工作士气。除了使员工感到不舒服外，主管也被迫比较员工的能力，即使所有的员工表现都在一个水平之上，主管还得被迫列出表现不佳的员工，让这些人受到不应该受到的评价及处罚。

对员工排名持中立意见者认为，员工排名的好坏，大部分取决于公司绩效管理的方法。曼哈顿学院专业道德中心负责人韦尔斯在《劳动力》杂志上强调，系统及执行者是否公平，这一点非常重要，例如谁是执行评估者；被评为最差的员工，是否有机会申诉。为了维持公平性，公司需要制定客观、具体的评估标准，尽量让不同的主管参与，不要只有一个人独掌评估大权。

另外，还要融入感性的力量。如果绩效管理只是一摞硬邦邦的考核卡和一堆冷冰冰的考核数据，那就是不具人性化的管理工具，也就很难得到贯彻落实。即使强行推动下去了，也迟早会形式化。“感性”则是绩效管理由一个平面变成有血有肉立体的内涵与灵魂。这里我们谈“感性”，不是随意、无原则，而是指要考虑、尊重人的感受。

1. 目标制定上下沟通，达成一致。

我们在为企业导入绩效管理体系过程中，一般建议企业采用“上下沟通，制定目标”的方法。制定目标过程中的上下沟通，既是制定合理目标的有效方法，也是充分尊重下级意见、听取下级想法的重要途径，还是将目标执行的困难与思想障碍提前扫清的重要手段。

实践证明，采用这种方法，能使各级人员执行目标的积极性提高，目标的达成效果也比以前好了很多。

2. 目标实施指导鼓励，共同达成目标。

绩效考核不是月底累计数据，与员工进行“秋后算账”，而是要在目标执行过程中关注员工表现，及时表扬员工，及时纠正过程的不足，时刻关注目标完成的进度，让员工有动力、有压力，并及时提供帮助，与员工共同完成设定的目标。

有的企业老是盯着看“分数有没有拉开差距，是否分数普遍高了”，而不去关注目标是怎么完成的，或者为什么没有完成。这与绩效管理强调的“过程跟踪”的管理思想严重偏离。目标实施过程中的指导和鼓励，是作为上级主管管理职能发挥的重要途径。如果没有目标过程的指导和鼓励，试问：“员工凭什么认为你是他的领导?”

3. 考核打分进行中肯评价，认真反馈。

领导魅力是怎么建立起来？其中很重要的一点就是让员工得到尊重、重视与公平对待。在绩效管理中对员工进行中肯的评价、认真反馈，就是让员工得到尊重、重视与公平对待的有效手段，其作用已远远超出了单纯的绩效考核成绩本身。

绩效考核不能只以绩效为导向，应特别注重绩效沟通及其应有的弹性。通过反思，我们不难得出如下结论：管理者纠正绩效管理过度刚性、绩效导向过头的办法，最根本的是要明确绩效管理的终极目的，然后是刚柔相济地实施绩效管理的方式，即不放弃应该的标准和原则、不丢弃最初的目标和考核结果。但实际的操作中能够融入人性化，注意区分不同的岗位特点和考核的模式、周期，以及沟通的形式、频率，要让员工发自内心地认可和接受。

（三）用“绩效循环”来扭转糟糕的业绩

糟糕的业绩，说明我们的企业在绩效环节存在重大问题。为了扭转这个严酷的现实，绩效管理将被引入日常管理。绩效管理一般来讲有五个环节，这五个环节正好构成了我们平常所说的“绩效循环”。

第一个环节：绩效计划。

绩效计划是绩效管理流程中的第一个环节，发生在新的绩效期间的开始。制定绩效计划的主要依据是工作目标和工作职责。绩效计划并不是制定以后一成不变的，随着工作的开展，它会根据实际情况不断地调整工作计划。在绩效计划阶段，管理者和被管理者之间需要在对被管理者绩效的期望问题上达成共识。在共识的基础上，被管理者对自己完成的工作目标做出承诺。管理者和被管理者共同的投入和参与是进行绩效管理的基础。绩效管理是一项协作性活动，由工作执行者和管理者共同承担。同时，绩效管理是一个连续的过程，而不是在一年内只进行一两次的活动。

绩效计划的内容包括以下几点：

（1）员工在本次绩效期间内所要达到的工作目标是什么？

（2）制定绩效计划的主要依据是工作目标和工作职责。达成目标的结果是怎样的？这些结果可以从哪些方面去衡量，评判标准是什么？

（3）从何处获得关于员工工作结果的信息？员工的各项工作目标完成的如何？

第二个环节：绩效观察。

设定了绩效的考核标准以后，就要对员工进行绩效观察，以便做出准确的判断。但现在很多的经理总是凭感觉、凭印象在评判，主观随意性比较大，极易造成下属不服。怎么克服这个问题呢？

1. 合理安排考核期。

有两种情况很容易造成绩效观察的失败：一种是考核时间过长，如按年度考核，这样很容易造成你只记得你感兴趣的或者你印象最深的事情。一种是考核太频繁，使考核流于形式。

比较合理的安排是，普通的员工按月度考核，中层按照季度考核，高层按照年度考核。高层主要是看整个年度组织目标的达成，中层主要是看阶段性目标的达成，执行层的员工要么是关注目标，要么就关注过程。

2. 先设定关键事件，再观察关键事件。

比如，创新能力怎么考核呢？第一个要点是先设定关键事件：假定你能够在考核期内提出三条以上新的建议并且被采纳了，这就算你有创新能力。因为工作过程中会发生很多事情，我们一定要抓住主要的。否则，员工不知道朝什么方向努力，我们也不知道怎么来判断。第二个要点就是，所谓的关键事件一定要在设定考核标准的时候就让员工也知道。你不能把员工蒙在鼓里，到时候你就拿自己设定的这几条来评判他，这种考核就毫无意义了。

3. 避免在工作过程中对下属喋喋不休、指手画脚。

对下属的执行能力不放心，老是叫他这么干叫他那么干。这样在评判的时候，很容易着眼于一些很细节的事情。而对于下属来说，你的评判也往往是捡了芝麻漏了西瓜，事先设定的关键事件忘了，把下属要补的短板也给忘了，所以我们要对考核者进行训练。

第三个环节：绩效评估。

在绩效期结束的时候，依据预先制定好的计划，主管人员对下属的绩效目标完成情况进行评估。绩效评估的依据，就是在绩效期间开始时双方达成一致意见的关键绩效指标。另外，在绩效实施与管理过程中，收集到的能够说明被评估者绩效表现的数据和事实，可以作为判断被评估者是否达到关键绩效指标要求的证据。

第四个环节：绩效面谈。

谈到绩效面谈大家都觉得流于形式，主要的原因有这么几个：一是没有从绩效面谈中尝到甜头；二是整个公司的管理水平比较低，你要谈绩效面谈，他觉得你在瞎扯，或者就把它当作一个玩笑；三是还不太掌握绩效面谈的技巧和方法。

要解决这个问题，第一项就是做好面谈的准备工作。最有效的不是面谈时间、地点的准备，而是先写好个人总结和述职报告，这个非常重要。因为这是员工的自我评价，如果他自己的评价与管理者的评价接近的话，那管理者在跟他进行绩效面谈的时候，沟通就相对容易些。

第五个环节：绩效改进。

绩效改进就是采取一系列的具体行动（绩效辅导活动）来改进员工的绩效。通常，在绩效反馈面谈时，须直接指出员工需改进之处。其后，即可选取一次缺失（待改进的项目）率先开始进行绩效改进。

作为绩效评估中不可分割的一部分，绩效改进是提升企业组织及员工绩效的重要环节，也是企业倡导“以人为本”，促进员工人力资本增值的一种现代管理方式。

绩效改进的程序和计划如下：

1. 工作绩效评估要素和技能要求。

2. 工作绩效分析与实例。

3. 工作绩效计划。

4. 与员工进行讨论。

通过上述五个环节，管理者可以帮助下属找到他的短处，然后将其作为下次考核的标准。这实际上是一个不断循环的过程。

（四）制定恰当的汇报机制

任何部门的领导都会时而在下属那里遇到一些令他措手不及、手忙脚乱的事情。下属交上来的报告不合格、格式不符合要求，一项关键工作受到拖延却未预先通报，问题没有迅速解决以至于酿成大乱。这些情境令人非常尴尬，会使管理者的工作变得极为被动。

导致一些不受欢迎的、措手不及事件出现的原因是：沟通的失败。这种失败是部门领导的责任。下属之所以没有汇报重要的情况，是因为部门领导未能建立恰当的汇报体制。

每个部门领导上任后的第一件事就是应该建立一个汇报体制，以监督部门内部发生的每一个重要事件。这里的关键词是“重要”，如果部门领导陷入了事无巨细的泥潭里，也将承受不起这个代价。下面提供一些在建立这一信息系统方面的建议：

1. 通过向下属传达重要信息而树立正确的榜样，告诉你的下属为什么某些信息是重要的。定期召集会议，在会上相互交换信息。部门领导者自己要开放而直率，下属也会开放而坦率。

2. 确保别人理解了你的指示。让下属对自己的工作任务进行理解以获得反馈信息，让他们把你的口头指示写下来。

3. 坚持让下属参与。当人们认识到别人希望自己有所贡献时，他们就会更为积极主动。

4. 在分配任务时，你明确告诉下属，需要他们提供一系列工作进程的汇报，这样有助于你了解工作是否按计划如期完成。

5. 不要斥责带来坏消息或承认错误的员工。如果你斥责他们，下一次他们会尽可能长时间地隐瞒这种消息而不让你知道。

6. 设立绩效标准，并根据标准衡量实际的绩效。如果本部门应该每天处理 120 份订购单，突然间减少了 50 份，则数量本身就“表明”了问题的出现。

7. 偶尔要求在工作进行的过程中去实地看看工作的完成情况。对好的进行表扬，对不好的进行改正，但不要斥责。除非你以前已经提供了修改方案。

8. 平易近人。敞开办公室的大门是一种无言的邀请，欢迎人们走进来并讨论问题。

9. 让你的下属知道为什么信息必须全面。提供咨询、鼓励和辅导。

10. 让你的下属知道你不喜欢措手不及、令你吃惊的事情。让你的下属知道，最终必定暴露出来的东西应该及早暴露才对。

11. 真诚地对员工及员工所说的话感兴趣。人们喜欢和对自己感兴趣的人交谈。

12. 少批评，多表扬。被批评的员工下一次不会再对你“敞开心扉”，受到表扬的员工则急于再次来到你的面前带给你更多的信息。

如果你做到了所有这些方面，你就能够成为公司中消息最灵通的领导者。所有的人都会羡慕你的沟通体制，以及你与员工之间的融洽关系。

（五）评估知识型员工的五个关键

著名管理学家德鲁克提道：“今后 50 年内，能最系统最成功地提高知识员工生产率的国家将占据世界经济的领导地位。”

在企业的管理中，凡是对工作的主要成果可以定量评估的职位，绩效评估方法就不会太难。但是现在企业中还有一类员工是不能用常规的绩效评估方法来对其进行考核的。因为在他们当中，有很多知识型员工所做的工作不能很快见到成果，如媒体、咨询公司等，他们通常都在办公室里、电脑桌前，使用着阅读、思考、研究、讨论、写作等工作方式，运用掌握的知识来想方设法帮助企业的产品和服务增值。知识型的员工已经逐渐成了一个企业较为重要的资产，对他们的评估也是我们业绩管理的一个重点。

评估知识型员工是需要讲究方法的：

第一，采取系统的手段探索创意价值，为创意加上价值。

知识型员工如何为公司增加价值？他们当然是通过自己的创意为公司增加价值的。而众所周知，创意就是公司的血液。一些公司还使用了电子知识账户。员工往账户里存入知识，然后能得到积分，获得奖励。这个系统有助于了解员工思考的内容，最终能帮助经理人开发出一张公司知识地图：地图中详细注明了公司里谁是哪个领域的专家，而谁又能帮助你解决某个特定的问题。

第二，把握住知识型员工的薪酬体系设计的“度”。

一般来说，应该和操作型岗位的薪酬结构分开，至少要高于操作型岗位的15%~20%。但管理者也应看到，知识型员工不仅对于物质需求有要求，还会非常关注薪资外的福利，如弹性工作制、带薪休假、保障及购房津贴等。因此，企业在进行知识型员工的薪酬设计时，眼光不能局限于金钱量化的工资制度，各种非工资性薪酬也应纳入考虑的范畴，这样才能使知识型员工的“心”稳定下来。

第三，引进知识型员工的自我管理绩效体系。

知识管理专家玛汉·坦姆仆经过大量的调查研究后认为，激励知识型员工的前四个因素分别是：个体成长（约占34%）、工作自主（约占31%）、业务成就（约占8%）和金钱财富（约占7%）。这说明，对于知识型员工来说，个人成长空间和工作自主性是非常重要的。在这个基础上，比较好的做法就是引入自我管理绩效体系。因为很多知识型员工都自认为比其他人聪明，对于公司提出的硬性规定常常不予理睬。因此，要衡量其绩效，公司需要让知识型员工进行自我工作认知和自我管理。

第四，建立没有终点的阶梯状的晋升体系。

与其他类型的员工相比，知识型员工更重视能够促进他们发展的、有挑战性的工作，他们对知识、对个体和事业的成长有着持续不断的追求。因此，他们对企业发展目标和个人晋升体系也非常重视，有时候他们还担心自己的才能没有被企业及时发现。比较理想的情况是将绩效考核的体系进行分级，例如，同样是营销主管的职位，可以分为初级、中级和高级，这样就能够让那些在企业里待了很长时间的知识型老员工，也知道自己还有晋升空间。

第五，重视绩效，同时也要重视培训。

知识型员工对自己的学习是比较重视的。他们在企业工作，不仅希望从企业内部学习到更多知识，还希望能够进一步深造，如上 MBA、EMBA，或者接受一些短期的培训等。

在新的环境下，企业的市场竞争越来越体现为以知识型人才为核心的竞争。企业要吸引和留住知识型员工，必须在绩效考核体系上具有先进性，不仅要给予他们合理的报酬，还要从公平客观评价、个人成长空间、培训机会等对他们进行多角度的激励，才能提高他们的归属感，激发他们的工作热情和创新精神。

（六）为高绩效做预算

以往的预算流程可以帮助高级执行官分配资源，以预算衡量绩效，监管公司全年财政目标的进程。预算咨询师杰里米·霍普称这样的预算为“等级森严的信息高速公路”。在今天的商品经济社会里，它却存在三大致命缺陷：

1. 预算本身不会帮助公司着眼于当今商业的绩效驱动力。创新速度、质量及知识共享等这类重要指标不能轻易地被估出预算额。

2. 预算中每个员工的价值都是一样的。管理者都知道在决定部门业绩时，员工的才能和工作热情比薪酬更重要。而在这两项指标上，预算完全体现不出来也起不到任何作用。

3. 传统的纵向预算流程信息流把公司划分成一块块业务部门。管理者只看自己部门的内部流程，而不会想到去了解其他部门甚至整个公司发生了什么。

面对困难的时候，公司也在寻找办法减轻预算的痛苦。它们没有废除整个流程，而是重新考虑流程背后的某些设想——绩效预算管理。

实行预算管理是为了提高经营绩效，这就要求管理者在工作实践中及时总结、发现问题，及时分析、纠正偏差，以实现预算管理的有效监控与考评，促使企业各项经济活动有序进行，最终达到提高经营绩效之目的。

20 世纪 20 年代，美国通用电气、杜邦与通用汽车等公司率先采用了全面预算管理模式。这种管理模式，迅速成为当时美国大型工商企业的标准作业程序。在美国，90%以上的企业都要求实施预算管理；欧洲一些国家甚至要求 100%的企业都做预算。由此可见，预算管理已成为现代企业管理中不可或缺的重要组成部分，并在企业管理中有新的表现，如下所示：

第一，面向战略，预算从战略目标而不是从数额开始。

传统预算流程从去年的预算数额开始：以去年的数额为基数，再进行加减。而更好的方法是从部门的战略目标开始制定预算。罗列目标不仅提供了讨论框架，还有助于减少预算中典型的反复无意义的修改。

绩效预算必须以企业战略为出发点，为实现战略提供服务。因此，绩效预算必须考虑企业的生命周期，在关注企业短期经营活动的同时，重视企业的长期目标，使短期的预算指标及长期的企业发展战略相适应，增强各期绩效预算编制的衔接性，使绩效预算管理成为企业长期发展目标的实现推进器。

第二，员工参与，整个团队一起做预算。

鲍勃·雷科扎管理 TELUS 通信公司的运营服务部，他说："鼓励员工参与决策，这本身就是一种收益。老式的预算方式只与经理有关。经理一个人列出预算数字，一再修改数据表，最后证明预算要求的合理性。同这样的预算方式相比，更有效的方法则是把做预算变为一项团队建设工作，从而在预算中建立"责任制"。这样的流程不仅让公司离职人数减少了，还增加了利润。

让员工承担一定的责任，给他们提供学习管理技能的机会这本身不正是一种奖励吗？到了晋升的时候，学习到的新技能可以帮助员工获得机会。同时，还给他们原本平凡的工作带来了活力。员工真正参与进去后，你会发现他们更有动力制定预算了。

第三，将预算公之于众。

预算完成后，很多经理人就把它锁进文件柜了。然而正确的做法是把预算贴在墙上，让团队成员使用预算来测评工作进程和工作成就。管理层还可以每个月与员工一起回顾财务情况，这样就促使制定预算计划的人去追踪和管理工作进程。培训发展经理希拉·巴克利说："我必须精准地预测每个月要花的费用，以及资金的去向。然后到了月末，就要向上层汇报实际的花费。"

第四，系统管理。

要纳入绩效预算管理的资源需要完成立项、编制、审批、执行、监督、差异分析和考评等环节。绩效预算管理系统设立的目的是降低预算风险，是一种自我约束、自我管理的管理信息控制系统。

在企业绩效预算管理的执行过程中，目标利润及由此分解的各个分预算的目标，是考核各部门工作业绩的主要依据及准绳。通过实际与预算的比较，便于对各部门及每位员工的工作业绩进行考核评价，这样有利于调动员工的积极性，使他们在今后的工作中更加努力。

在绩效预算管理模式下，企业将奖金、利润分享及股票期权计划同业绩目标的实现相联系，而业绩目标正是来自企业及部门预算中的数据。在绩效预算管理为绩效考核提供参照值的同时，管理者还可以根据预算的实际执行结果去不断修正、优化绩效考核体系，确保考核结果更加符合实际，真正发挥评价与激励机制在企业中的具体应用。

三、绩效管理的误区与问题

目前，越来越多的企业开始接受绩效管理的概念，并在管理实践中，或者借助外脑或者自己动手，设计和实施绩效管理体系。然而，不少企业似乎都遇到一个同样的问题，即绩效管理的方案迟迟推行不下去，结果是企业花费了大量的时间、精力和财力，却收效甚微，甚至出现员工紧张、直线管理者反感，人力资源管理部门伤透脑筋的现象。

这种现象与我国目前企业管理现状有关，如企业管理不完善、管理者的观念没有转变或存在认识偏差、企业员工的素质参差不齐等，导致了绩效管理中的误区和问题。

这里，将绩效管理的误区与问题做相对区分，前者主要围绕企业管理者特别是企业高层管理者对绩效管理认识上的误区，后者侧重于绩效管理特别是在绩效评价中存在的具体问题。

（一）绩效管理的误区

一般地说，当前企业绩效管理中主要存在以下误区：

1. 绩效评价等同于绩效管理

这是一种比较普遍的误解。企业管理者没有真正理解绩效管理的含义，没有将之视为系统，而是简单地认为是绩效评价，认为作了绩效评价就是绩效管理。其实，绩效管理与绩效评价并不等同。绩效管理强调管理者和员工之间的持续的双向沟通过程。

在此过程中，管理者和员工就绩效目标达成协议，并以此为导向，进行持续的双向沟通，帮助员工不断提高工作绩效，完成工作目标。如果简单地认为绩效评价就是绩效管理，就忽略了绩效沟通，缺乏沟通和共识的绩效管理肯定会在管理者和员工之间设置一些障碍，阻碍绩效管理的良性循环，造成员工和管理者之间认识的分歧，员工反感，管理者能避则避，就在所难免。如前所述，绩效评价只是绩效管理的一个环节，是对员工前期工作的总结和评价，远非绩效管理的全部，如果只把员工固定在绩效评价上面，必然要偏离实施绩效管理的初衷。

另外，只注重绩效评价的管理者会认为绩效评价的形式特别重要，总想设计出既省力又有效的绩效评价表，希望能够找到万能的评价表，以实现绩效管理。因此，他们在寻找绩效评价工具和方法上花费了大量的时间和精力，却难以得其法，难以找到能解决一切问题、适合所有员工的评价方法和工具。

这种现象与一些企业管理者的观念有关。观念上没有转变，或者没有真正地花些时间去研究绩效管理的原理，而想当然地认为绩效管理就是以前的绩效评价，往往认为只要方法改进。如果这种观念不转变，企业实施绩效管理就只能停留在书面和口头上，不可能有任何实质性的改变。

2. 角色分配的偏颇

不少企业有一种普遍的认识是：人力资源管理是人力资源部的事情，绩效管理是人力资源管理的一部分，当然由人力资源部来做。一些高层管理者只做一些关于实施绩效管理的指示，剩下的工作全部交给人力资源部。如果做得不好，那是人力资源部的责任。这种认识是一些企业绩效管理得不到有效实施的重要原因之一。

应该说，人力资源部对绩效管理的实施负有相当责任，但绝不是全部责任。人力资源部在绩效管理中主要扮演的角色是流程和程序的制定者、活动的组织者和监督者、咨询顾问等角色。绩效管理中的方向性决策、绩效管理的推行必须依靠直线高层管理者。高层管理者的支持和鼓励起着决定性的作用。离开高层管理者的努力，人力资源部的工作则过于苍白。高层管理者的努力远不是开始阶段的动员那么简单，而是要贯穿整个过程。同时，绩效管理的贯彻和实施还需要依靠中、基层的直线管理者。各级直线管理者与人力资源职能部门共同合作，形成工作伙伴关系，行使绩效管理中的各自责任。

3. 过于追求完美

追求完美是许多管理者的一个共同特点，凡事总想找到一个完美的解决方案，希望它能够解决一切问题。有些管理者在绩效管理方法上表现出极大的关注，绩效管理方案改了又改，绩效评价表设计了一个又一个，却总找不到感觉，总没有满意的，使得人力资源部疲于应付。这种认识造成了人力资源部大量的工作浪费，无形中浪费了许多人力资本，也挫伤了人力资源部的积极性，影响了他们的工作热情和创造性，努力地工作却没有成就感，得不到认可。其实，绩效计划和持续的沟通，是绩效管理中的主要方面，绩效管理绝不是简单解决考核一个问题，更多地转变管理者的管理方式和员工的工作方式，提醒大家关注绩效，管理者和员工共同就绩效进行努力并取得成果，这是最重要的。

4. 绩效管理只是管理者单方面的事

这种认识也与观念有关，一些企业认为只要管理者知道绩效管理就可以了，员工知不知道则不重要。更为严重的是，一些企业除了人力资源部和总经理之外，没有人知道绩效管理是怎么回事，这也是绩效管理得不到有效推行的一个重要原因。

无论什么东西，理解了才会用，完全不理解的东西，硬塞给管理者和员工，结果肯定是没人会用，没人愿意用。直线经理不明白，他们就没法认真执行，更谈不上融会贯通，员工不明白，本身就对考核持有恐惧和反感心理，一种新的管理手段实施，员工更加会敬而远之。因此，必要的培训不可或缺，要让员工明白绩效管理对他们的好处，他们才乐意接受，才会配合管理者做好绩效计划和绩效沟通。让经理明白对自己的好处，经理们才愿意接受、参与和推动。因此，在正式实施绩效管理之前，必须就绩效管理的目的和意义、方法等问题对管理者和员工进行必要的培训沟通，取得管理者与员工共同的支持。

（二）绩效管理的问题

在许多企业中，除了绩效管理认识上存在误区，同时还存在不少实际操作性问题，集中表现在绩效评价环节。主要存在的问题有以下几方面：

1. 绩效管理目标的狭隘性

目前，许多企业的绩效管理等同于绩效评价，绩效管理目标等同于绩效评价目标，并没有上升到与企业战略目标相结合的战略高度，也没有突出改进员工工作和发展员工的目标。停留于绩效评估阶段的企业往往将绩效考核局限于“秋后算账”，即当员工完成工作后，再就员工的工作绩效进行评价和衡量，并根据考核结果给予物质或精神的奖励和惩罚。这种考核目的的狭隘性使员工对考核往往谈虎色变，有违于绩效管理目标。

2. 绩效评价方案设计的非科学性

绩效考核方案设计的非科学性主要表现为考核目的不明确，有时甚至是为了考核而考核，企业考核方和被考核方都未能清楚了解绩效考核只是一种管理手段，并非管理的目的。同时，绩效考核方案的非科学性还表现为考核原则的不一致性，甚至自相矛盾。在考核内容、指标设定以及权重设置等方面表现出无相关性，随意性突出，常常体现长官意志和个人好恶，且绩效考核体系缺乏严肃性，任意更改，难以保证政策上的连续性和一致性。

3. 对绩效评价方案理解的差异性

有些企业在制定和实施一套新的绩效评价方案时，不重视与员工进行及时、细致、有效的沟通，员工对绩效评价方案的目的和行为导向不清楚，各人仅凭各人想当然的了解，戒备地看待该方案对自己的影响，往往产生各种曲解和敌意，并对所实施的绩效评价方案的合理性、实用性、有效性、客观性和公平性等表现出强烈的怀疑，对方案的认识产生心理上和操作上的扭曲。

4. 评价过程的形式化

一些企业认为已制定和实施了较完整的绩效考核工作，但是很多员工内心却认为绩效考核只是管理当局的一种形式主义，每年必须走过场，无人真正对绩效考核结果进行认真和客观的分析，没有真正利用绩效考核过程和考核结果来帮助员工切实改进和提高其业绩、行为、能力和态度。

5. 绩效评价信息来源的单一性

在许多企业的绩效评价中，往往是上级对下属进行审查或考核，考核者作为员工的直接上司，他（或她）与员工的私人友情或冲突、个人的偏见或喜好等主观因素在很大程度上影响绩效评价结果。评价者的一家之言有时由于相关信息的欠缺而难以给出令人信服的评价意见，甚至会引发上下级关系的紧张。

6. 评价者态度的极端化

评价者在进行绩效考核时，特别是对被考核者进行主观性评价时，由于考核标准的不稳定等因素，考核者很容易自觉不自觉地出现两种不良倾向：过分宽容和过分严厉。有的考核者奉行“和事佬”原则，对员工的绩效考核结果进行集中处理，使得绩效考核结果大同小异，难以真正识别出员工在业绩、行为和能力等方面的差异。另一种倾向就是过分追究员工的失误和不足，对员工在能力、行为和态度上的不足过分放大，简单粗暴地训斥、惩罚和威胁绩效考核不佳者，使得员工人人自危。

7. 绩效评价方法的选择不当

理论学者和管理人员开发出了多种绩效考核方法和考核技术，如量表评价法、行为锚定量表法、关键事件法、目标管理评价法、混合标准量表法、短文法、平衡计分卡法等。这些方法各有千秋，有的方法适用于将绩效考核结果用于员工奖金的分配，但可能难以指导被考核者识别能力上的欠缺，而有的评价方法和技术可能非常适合利用绩效考核结果来指导企业制定培训计划，但却不适合于平衡各方利益相关者。准确地选择和组合考评技术和方法对考核者和绩效考核方案设计者提出了很高的要求。然而，目前不少企业既无意识、也无能力适当地选择、组合和运用成熟的评价方法和评价技术。

8. 关键绩效指标的空泛化

不少企业确定的关键绩效指标过于空泛化，只是根据现成的指标库或模板生搬硬造，而没有根据企业的战略规划、业务流程、行业特性、发展阶段、组织特性、评价对象特性等进行深入的分析，导致考核的关键绩效指标具有普遍性，而不具有适合企业特征的针对性。由此必然导致考核结果的失真，并且难以获得员工的认同。

9. 考核对象角度的片面性

很多企业推行绩效考核时，只关注单个员工的业绩好坏，而忽视了对团队的考核，这是不科学的，从管理角度看也会带来不可忽视的恶果。首先它会错误地引导员工培养“独狼意识”，并不惜牺牲同事的利益，破坏组织内部的协调关系；其次，它会产生“木桶效应”，由于业绩上存在一个“短木板”，而降低整个“业绩桶”的承重能力或使用寿命。因此，科学的绩效考核体系，应该同时兼顾企业、团队、个人三个层面的考核，并通过一定的权重分配来准确衡量一个人的价值和业绩。

另外，这种片面性还表现为只考评基层人员、不考评高层管理人员的现象。出于种种考虑，一些企业所有者和人力资源经理错误地认为，企业高层管理人员不宜考核、不易考核、不能考核。其实，在企业中，由于高层管理人员掌握更多的资源，他/她的绩效表现，对企业的整体绩效影响更大，高层管理人员的考评意义重大。

10. 评价反馈与面谈的忽视

评价无反馈主要表现为对评价结果缺乏反馈。绩效评价结果无反馈的表现形式一般分为两种：一种是评价者主观上和客观上不愿将考核结果及其对考核结果的解释反馈给被考核者，考核行为成为一种暗箱操作，被考核者无从知道考核者对自己哪些方面感到满意和肯定，哪些方面则需要改进。出现这种情况往往是考核者担心反馈会引起下属的不满，在将来的工作中采取不合作或敌对的工作态度，也有可能是绩效考核结果本身无令人信服的事实依托，仅凭长官意志得出结论，如进行反馈势必引起巨大争议；第二种是指考核者无意识或无能力将考核结果反馈给被考核者，这种情况出现往往是由于考核者本人未能真正了解人力资源绩效考核的意义与目的，加上缺乏良好的沟通能力和民主的企业文化，使得考核者缺乏驾驭反馈绩效考核结果的能力和勇气。

评价无反馈与绩效评价面谈的忽视相关。绩效评价面谈可以有效地检查员工目前的工作绩效，使员工有机会提出改进工作绩效的想法或建议，主管也得以借此修正员工的工作责任、目标及绩效指标，并可以进一步了解员工是否需要接受更多的培训和辅导。此外，考评面谈还能提供一种主管与员工联系和沟通的渠道。但许多企业忽视绩效评价面谈，评价往往“打闷包”。

11. 评价结果的资源浪费

企业在实施绩效评价中，通过各种资料、相关信息的收集、分析、判断和评价等流程，会产生各种中间考核和最终考核结果的信息资源，这些结果信息资源本可以充分运用到用人决策、员工的职业发展、培训、薪酬管理等多项工作中去，但目前一些企业对绩效考核结果的信息资源弃之一旁。

12. 绩效评价的政治化

与一些企业浪费考核结果资源相反，在另一些企业中，绩效评价充满政治色彩。管理者往往凭借绩效评价之名，将平时与管理者关系不好或有冲突的员工给予打击报复，而不是利用考核结果信息资源来激励、引导、帮助和鼓励员工改进绩效和发展员工。

13. 评价结果全部由最高管理者审定

企业的每层上司都有权修改员工的考评评语。尽管各层管理者由于所站的角度不同，可能会产生意见分歧，但是，官大说了算，最终以最高管理者的评定为准。这样，一方面，被考评者的直接上司感到自己没有实权而丧失了责任感；另一方面，员工也会认为直接上司没有权威而不服从上司，走“上层路线”，使企业内的正常指挥秩序遭到破坏。此外，考评结果的最终裁决权掌握在最高管理者手中，在很多情况下，考评结果最终会送到最高管理那里去审批。结果，实际上是把员工对考评结果可能存在的不满转嫁到最高管理者身上，现实中员工对企业领导人的不满大多数就是这样产生的。

14. 岗位分析缺失或不规范

在我国不少企业中，岗位分析并未受到应有的重视。一些企业岗位分析缺失，凭企业管理者的经验进行人员配置；一些企业虽然有岗位分析和岗位责任书，但不规范和科学，由此产生的岗位职责模糊，或者交叉重叠。这样，一是失去了判断一个岗位工作完成与否的依据，岗位目标难以确定，导致难以进行科学考评；二是各岗位忙闲不均，存在同一职级的不同岗位之间工作量的大小、难易程度差别较大。结果，在其他表现差不多、工作任务也都完成的情况下，往往工作量大、工作难度高的岗位上的员工没有得到应有的评价和认可。

15. 传统消极文化意识和观念的影响

中华传统文化博大精深，其中的一些不适应现代社会发展的方面，必然反映到考评系统中。比较典型的如求同心理、官本位、人情、关系网等。求同心理反映到考评中，就是你好、我好、大家都好，而拉不开差距；官本位反映到考评中，多表现为强调政治素养而且长官意识十分严重；人情和关系网反映到考评中，则是关系好或是网中人，评价结果就较好，反之则较差。

16. 对国际新理念盲目跟从

不少企业往往热衷于追捧国际最新的管理理念和方法，而不考虑该理论和方法与企业的适用性。比如 360 度考核，要求企业对客户资源控制力度高，能及时采集客户的信息。如果做不到这一点，采用客户评价的 360 度考核就只是浮于纸上，强制推行也只能浪费时间、金钱和精力，实在得不偿失。平衡计分卡也存在同样的毛病。

上述，我们列举了目前我国企业在绩效管理，特别在绩效评价中存在的主要问题。这些问题在不同程度地影响企业管理水平和效果，严重妨碍和削弱了人力资源绩效管理应起的作用。绩效评价已成为企业管理人员的最棘手的问题。根据某机构对国内 500 多家企业的高层管理人员的调查反馈，在“中国职业经理人的十大困扰”中，“绩效考评”排在第一位。

四、目标管理

（一）目标几乎总是来自公司高层

单纯从逻辑角度讲，制定目标应是一个自上而下的过程，应从公司战略开始。例如，如果公司战略目标是通过快速推出产品成为市场领导者，那么部门的目标就应服务于这一战略。而个人目标也应与部门目标保持一致。实际上，公司自上而下应有环环相扣、瀑布状的目标。公司的战略目标位于顶端。所有运营部门的目标都直接支持这一战略目标。在运营部门内部，团队和个人的目标直接支持所在部门的目标。

这类瀑布状目标的真正力量在于，它们与公司的最高宗旨保持一致。在这种结构中，每位员工都应理解自己的目标，理解自己的任务如何促进团队的目标，理解所在部门的活动如何为公司的战略目标做出贡献。正因如此，公司所有的目标具有一致性，力量被集中到最重要的工作上。

有一点需注意：在我们的描述中，目标的制订——无论在高层还是基层——完全是个自上而下的过程，而现实并非如此。而且现实也不应如此。从高层“照搬”目标并非明智之举，因为倘若这样做，就无法体现公司上下各级员工的利益和潜能。公司各种目标的出发点是什么？是最高战略（top-1evel strategy）。如果 CEO 经验丰富，他就不会自以为是地独自制订战略并把它当作最佳战略告诉大家。恰恰相反，明智的管理者总会集思广益，征询多方面的意见和建议：高层管理团队、部门主管、基层技术专家等。这些人共同探讨各种行动方案的利弊得失，而通过这一过程，很多人的个人目标就会在公司战略中反映出来。CEO 只有以这种方式咨询他人的意见，才能理解不同方案的风险与收益。公司首脑只有理解了公司员工，才能评估他们执行既定战略的能力与意愿。CEO 必须千方百计让员工的各种声音进入战略制订的过程。

这是一种共享磋商的概念，它同样适用于其他层次——尽管在最底层或许效果差些。举例来说，现在假设公司的战略目标是：通过快速推出新产品增加市场份额。作为新产品开发部门的领导，你不能简简单单地告诉手下：就按照我决定的这个比例增加新产品的数量。反之，你应该召集下级和营销人员，共同商讨实现相关战略的最佳途径。公司是否应根据当前最畅销的产品推出新系列？如果答案是肯定的，那么应推出哪几种？公司核心技术可否用于服务新用户和新用途？

最后，员工个人的目标必须在部门目标的形成过程中得到体现。相反的情况是：上级指定下级的目标。而指定的目标不可能激发员工的上进心和创造力，也就不可能产生好效果。相比之下，如果目标是与员工磋商后的结果，那么员工就会觉得这些目标属于他们，这种感觉很重要。因此，一定要让你的人参与到目标制订的过程中。这样一来，就可以确保做到两点：(1) 员工拥有为达到目标而承担责任的能力；(2) 他们懂得这些目标的细节和重要性。

当个人目标与部门目标冲突时

偶尔，你会碰到不重视或不在乎部门目标的下属。举例来说，销售经理刚聘用了一位地区销售代表，可这位销售代表的个人目标却是市场调研方面的职位。他来做销售，只为在简历上"镀金"，因此只是权宜之计。无法或不愿为目标提供支持的人则另当别论。但是，如果下属够明智的话，你通常可以说服他，让他鼓足勇气、全力以赴达到目标。如果你是那位销售经理，你会对那位地区销售代表说些什么呢？

因此，目标的制订——无论在高层还是基层——需要包括相当数量的意见交流。只有管理者真正理解了下属，这种交流效果才最佳。员工有什么样的抱负？他们的个人目标与部门目标兼容吗？在拟订部门目标时，如何最大限度地调动下属的热情、获取他们的支持呢？

要全面地了解下属，这将为你制定目标的工作提供巨大帮助。更重要的是，这有助于绩效管理中方方面面的工作。理解了下属，你将更清楚如何去激励他们。你将懂得哪些激励方式能取得立竿见影的效果。（参见"当个人目标与部门目标冲突时"，讨论一下如果下属的个人目标与部门目标不相容时该怎么办。）而且，你还能发现他们的缺点，从而通过辅导或培训加以纠正。

（二）目标与行为

人们很容易将目标与行为混为一谈。行为描述的是人们如何花费时间，而目标则是大家追求的结果。两者混淆后，可能出现不少好心好意的行为，但正面效果却寥寥无几。想想下面的例子：

行为	目标
每周写销售报告	销售额增加10%
处理客户投诉及其他问题	客户流失率降低15%
每周讨论新产品的开发计划	本年度推出五种新产品
参加关于质量控制的培训项目	生产出的废品数量减少20%

有时候，造成这种混淆的根源是：公司试图通过员工的职务说明来阐释目标。职务说明其实只是对工作岗位的概述，包括其基本职能、归谁领导、职权范围、工作时间、任职资格。职务说明的重点是工作内容，而非管理者及其下级认可要去追求的目标。想想以下的职位说明：

作为董事的行政助理，需完成如下工作：计划、安排、协调董事参加有关会议；做会议记录；管理和跟踪对外联络工作（电话、传真、电子邮件），提供及时答复，发布消息；协助起草、编辑、复印、分发项目报告和其他材料；联系安排出差事宜；协助整理、报销有关发票单据；管理复杂的日程和日常办公系统；按要求完成有关工作。另外，接听办公室电话等工作也是职责所在。

这份职务说明列出了很多行为，但不包括明确的目标。这个例子表明，在为下属制定目标时，你不能以职务说明作为替代品。

（三）有效目标的特点

既然目标是必需的，那么有效目标具有哪些特点呢？多数专家认为，目标应具有如下特点：

重要性得到认可

清晰

白纸黑字写下来

有明确期限

与组织战略保持一致

可以达到，但有一定挑战性

适当报酬作为支持

以这些特点来衡量，你的员工具有怎样的目标？

至于目标应具体到什么程度，或许这里需要一个免责声明。在现实工作中，高层人员的目标往往更加笼统，而较低层次人员——他们不太深入思考自己的工作——的目标往往更具体。关于高层人员，我们这里有个例子。1942 年 6 月，至关重要的中途岛战役打响前夕，美国海军司令部向海军上将雷·斯普鲁恩斯（Ray spruance）下达命令：“行动原则是要进行风险测算，你应该理解，若无把握使敌军伤亡更大，则需避免将你方力量暴露于强大的敌军面前。”这条命令中没有任何具体要求。海军司令部让斯普鲁恩斯根据实际情况自主确定细节问题。

通常，层次越低，目标就越具体，因为低层次人员缺乏经验，需要得到更多指导。以下是个假想的例子，描述销售经理如何为一位地区销售代表确定目标：

雷·斯普鲁恩斯

在新的一年，我们公司必须大幅增加销售收入。最近公司大笔投资于培训和生产，公司高层希望能够收回投资，这就需要我们创造更高的销售收入。如果我们做到这一点，公司的财务状况将大大改善，公司未来也将更具竞争力。那样一来，我们的工作就会更稳定，大家就能拿到更多的奖金。

在新的一年，公司目标是将销售收入增加 1 500 万美元，每位销售人员都要为此做出自己的贡献。我们经过讨论决定，你的目标是将所负责地区的销售收入从 200 万美元增加到 220 万美元——达到 10%的增长。稍后我会给你一份相关的书面说明。

10%的增长的确有难度，因为你已经做得很出色了，但那个地区仍有很大潜力可挖。我相信你能达到这一目标，而且，我会给你全力的支持。

这里的目标非常具体。还要注意到，这位经理的话体现了有效目标的每一个特点。他阐述目标时讲得很具体，设定了明确的期限，还解释了目标的重要性及其与公司目标的一致性。他还承诺提供一份有关目标的书面说明，并告诉下属如果达到目标可获得什么好处。

（四）三种需要避免的错误

公司在制定目标时常犯的错误有三种：（1）没有确立绩效指标，（2）没有理顺报酬与公司目标、部门目标的关系，（3）达到目标的门槛太低。三种错误会使目标制订工作的价值大打折扣。

1. 绩效指标

绩效指标为目标的完成——或完成度 ——提供客观依据。销售收入、单位机器的产量、每千件产品的次品率、新产品投入市场的时间，这些都可作为绩效指标。无论采用什么绩效指标，都要确保它们与你们的目标紧密相连。

然而，有些岗位的目标性质和工作内容不同，很难为之设定绩效指标。如果目标是增加销售收入，那么为销售人员确立可测的量化指标则相当容易。例如，你可以下达销售指标：销售额增长 10%，或销售额达到 220 万美元。但是，有些目标——如改进客户关系，这些难以设定量化的绩效指标，该怎么办？客户关系的测评的确有难度。不过，你或许可以测评那些有助于改善客户关系的因素，如一个季度内多少次成功解决客户投诉，或解决客户的一个问题平均需要多长时间。

所以，不要以为定性的目标就不能有绩效指标。（参见“软目标”一节对难以量化指标的深入讨论。）

2. 目标和报酬不一致

报酬是绩效管理的一个方面，其用意在于促成某种特定的行为或结果。报酬包括员工看重的任何东西：加薪、奖金、升职、试探性任务，甚或公费旅游。报酬应与目标保持一致，但这一点说起来容易做起来难，因为“上有政策、下有对策”，即使报酬机制再严密，员工也能找空子钻。

很多公司改变目标后，未能对报酬机制作相应调整。有些公司做出了调整，但经常搞错方向，以致奖励了错误的行为。更有甚者，有些措施更是造成适得其反的效果。在这方面，咨询师黑格·纳班提恩（Haig Nalbantian）、理查德·古索（Richard Guzzo）、戴夫·基弗（Dave Kieffer）、杰伊·多尔蒂（Jay Doherty）就常引用一个案例。在这个案例中，一家美国生产商想达到提高产品质量的目标。[2] 这是公司的首要目标。然而，尽管公司付出了巨大的努力，但产品质量仍不断下滑。经过深入调查，公司发现，质量问题的根源在于一个不太明确的目标：每隔两年让年富力强的管理人员更换岗位，以增长他们的经验。实际上，这成了管理人员升职和加薪的途径。野心勃勃的管理人员很快了解到，频繁调动是“升官发财”的捷径。

3. 软目标

有些工作的效果难以测评。例如，一位年轻的投资银行家正着力建设客户关系，效果如何数年后才能看出来。一位营销专家为新产品撰写推广计划，但新产品的成败应归因于他的计划还是产品质量，却是难以确定。很多人将这种难以测评的目标称为“软”目标。而且，对于难以测评的目标，人们经常从主观上降低其重要性。可别犯这种错误。某些工作难以测评，并不代表它就不重要。还以前面那位年轻银行家为例，他所努力发展的客户关系可能就是公司未来业务的最大保障。

在《哈佛管理前沿》（Harvard Management Update）中，卡伦·卡尼（Karen Carney）针对包含软目标的工作，引用了绩效管理的三种招数：

（1）让员工自己确定自己的绩效标准。给他们一系列的公司或部门目标，问他们能对哪些目标施加影响。让他们天马行空地想一想，能在哪些方面为同事或客户提供帮助。

（2）找到合格的裁判，让他们根据这些标准评估有关人员的表现。裁判可以是同事、客户、供应商或其他任何人，只要他们在合适的位置上，正好可确定有关人员的工作效果或行为是否达到、超过或低于期望值。

（3）软、硬指标有机结合。卡尼引用的一家公司根据部门赢利状况（硬指标）发放奖金，根据每位员工体现公司核心价值（软指标，如客户服务和“顾全大局”）的程度决定薪资和职位。

结果令人遗憾，管理人员的频繁流动使产品质量大受影响。产品开发往往是长期项目，但管理层却两年一换。启动项目的管理者知道，当产品最终上市时，他早已离开了那个位置——所以不必对结果负责。如果从头至尾负责某个项目，他从事管理时就无法“步步高升”。如此一来，报酬机制未能与公司目标保持一致，事实上鼓励了管理者将精力投入错误的活动中——在不同岗位间频繁流动——公司提高产品质量的目标大受其害。

在这种情况下，最佳的应对策略是采取一种系统性方法，能够使目标和报酬保持一致。上述生产商遭遇到意外后果，系统性方法可帮你避免重蹈覆辙。（在《第二章》探讨激励问题时，还有更多关于绩效测评和报酬机制的内容。）

4. 挑战性不足

很多管理者制定目标时都头脑清楚。一方面，他们知道目标须针对公司面临的最大挑战。另一方面，他们懂得这些挑战——从“挑战”一词的定义即可看出——具有难度和风险。因此，这些管理者倾向于确定较低的绩效门槛。毕竟，高难度的目标会招来团队成员的埋怨。而如果下属不愿迎接这样的挑战，管理者就会显得水平低下。

降低期望值和目标高度的确能够解决这种问题，但并非最有利于公司抑或你与你的下属。最佳方案是令目标可以达到，但同时还要具有挑战性。然后，开诚布公地与下属沟通。说明为什么选定这么富有挑战性的目标，以及为什么达成这些目标非常重要——无论对于公司还是员工个人。一定要让他们看到，在目标达成后，他们能得到什么好处。然后，鼓励他们全力投入。

什么是成功完成目标，如何根据这些目标测评绩效，这些问题一定要很清楚。同时，根据员工的技能状况，考虑他需要什么样的辅导或培训才能够完成目标。

（五）白纸黑字写下来

你与一位员工就目标问题达成一致后，应将你们的结论以正式备忘录的形式记录下来。备忘录应包括以下方面：

你们进行会谈的日期

双方所谈意见的要点

该员工同意达到的目标

他为达到目标会怎么做

你答应会提供什么样的辅导或培训

该员工的绩效将得到正式评估的日期

将备忘录给该员工一份，你自己保留一份。

如果你的直属下级级别已相当高，那么这种记录就没有必要。他们的目标很宽泛，不容易具体描述，而且他们个人行动的自由度也相当大。然而，当下属级别较低、缺乏经验或需要严格监管时，最好有这样的书面记录。

（六）达到目标的四个步骤

制订一系列明确的目标很重要，但显然不能到此为止。还需有达到目标的实用方

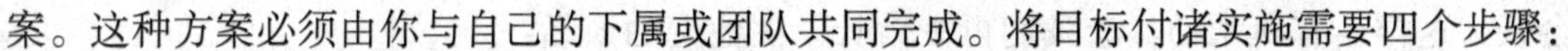

案。这种方案必须由你与自己的下属或团队共同完成。将目标付诸实施需要四个步骤：

1. 将每个目标分解为多个具体的任务——要有明确的期待结果。

2. 为任务的执行制订计划——要有时间表。

3. 集合各种所需资源，以顺利完成每项任务。

4. 实施计划。

这种方法听起来不过是“按部就班”，但它的确有效，对于需要指导和严格监管的员工尤其如此。这是你和他们一起工作时非常有效的方式。现在我们仔细看看这四个步骤。

步骤一：首先，确定达到目标需完成哪些任务。有些任务必须依次完成——例如，你必须先完成任务 A 才能开始任务 B。在这种情况下，必须以正确顺序安排各项任务。有些任务可同时完成——你可以将任务 A 交给一些人，同时让另一小组去攻克任务 B。如果一项任务工作量太大，就把它分成几小块。

步骤二：针对每项任务制订计划，注明起止日期。为让大家能够一目了然，你可以使用甘特图（Gantt chart）或其他有时间尺度的图表。甘特图是一种基本的柱状图，为多数人所熟悉。这种图表简单易懂，可明确传达特定时间段内需完成的任务。要设定“里程碑”，如，“我们应在今年 5 月 15 日前完成任务 A 第一阶段的工作”。里程碑可将长期任务分解为时间较短、更易管理的几小块，从而使大家更有信心完成任务。

步骤三：制订日程时有一件事须谨记：如果计划制订者忽略或低估了完成任务所需的时间和各种资源，那么失败常常难以避免。所以，在针对每项任务制订实施计划时，一定要核查各种资源能否到位。员工有足够的时间和设备吗？谨防工作负荷过大。为完成任务，大家是否接受过必要的培训？是否掌握有关的专业技能？

步骤四：实施计划是最后的、也是最关键的步骤。一位经验丰富的推销员曾这样描述他的成功秘诀：“首先，计划好当天的工作——然后按计划去做。”按计划去做，就是要完成你计划好的所有事情。没有这一步，会谈结果和良好意愿就无法转化为脚踏实地的工作。

在目标问题上与下属达成一致后，你需要安排一次会谈，将达到目标的四个步骤说清楚。还以前面那位销售经理和他的地区销售代表为例。销售代表被要求将所负责地区的销售额增加 10%，或 20 万美元。至于增加销售额应采取何种策略和行动，目标本身只字未提。那么，需通过什么手段达到目的呢？针对此问题，你需要与下属另外会谈，这样会有所帮助。让我们再去偷听一次他们的谈话：

销售经理：销售额增长10%的确有难度。年内你可能还会流失一些业务——这是很自然的事。所以，要达到220万美元的目标，你除了弥补那部分损失，还必须开拓新业务。

销售代表：对，我一直在考虑这个问题。

销售经理：那你想到什么主意了？你计划怎么从200万做到220万？

销售代表：是这样，因为有老客户在，我能维持一个不错的收入基数，另外我还可做三件事：针对老客户改进售后服务，仔细安排对潜在客户的拜访活动，还有就是在密尔沃基（Milwaukee）地区开拓新业务。我相信，有了更好的客户服务，我能针对老客户增加销售额。而且我们的新产品春天就上市了，我很有可能从那些公司得到更多订单。仔细安排对潜在客户的拜访活动也能有些效果，因为我会重点关注最重要的潜在客户。

销售经理：有道理，不过，你打算怎么在密尔沃基地区开拓新业务呢？

销售代表：您知道的，吉斯莫公司（Gizmo Products）正准备在密尔沃基郊外投资建厂。吉斯莫很可能将我们作为供应商之一，因为在别的地方他们就是这么做的。我一定努力促成这件事。

销售经理：这只是一个新客户。你还在考虑其他对象吗？

销售代表：对，我还知道，密尔沃基地区有两个工厂的采购经理夏天就会退休。这两个人我一直没搞定。他们把生意都给了阿珂姆（Acme）和史密斯公司（SmithCo）。等这个两个人走了，新的采购经理就会走马上任。你知道，“新官上任三把火”——他们一般会想做出些改变。这就为我们提供了机会。我们没有更多选择，只能重点瞄准这些公司。

销售经理：这个计划听起来还可以。下周我们再碰头，争取将这些想法进一步细化。同时，为使计划能够成功，你想想需要我提供什么帮助——比如销售支持或者更多的出差和招待费预算等等。

在从制定目标到做出工作计划的过程中，这位销售经理和他的下属已有了一个良好的开端。接下来还要充实这些计划。

（七）目标管理的实施

1. 目标管理成功的先决条件

首先，要取得目标管理的成功，必须满足下列先决条件。这些先决条件满足得越多，目标管理通常越成功。事实证明，目标管理失败的一般原因中，其中之一是错误地认为不需要满足这些先决条件而可以实行目标管理。这些先决条件包括：

（1）最有效的管理作风。在成功的目标管理中，普遍采用的管理作风是参与式的管理作风。从本质上讲，参与式管理是一种分散权力、用小组形式管理的方法，每一个管理人员被赋予最充分的自由，去决定或影响他的工作和前途，但又不超出整个组织在特定时期内必须达到的要求范围。参与管理要求管理人员和他的上级，首先对下属要达到的具体目标和时间，对下属享受的权限以及可以支配的资源取得一致意见，然后让下属独自管理他自己的单位，上级的控制要最少，但必须有效。

（2）组织层次分明。要取得好的管理效果，先决条件是要求所有管理人员为已确定的目标负起绝对责任，这就需要明确指定哪一个管理人员负责哪一些目标，而且，每一个管理人员负责的这些目标必须与授予的权限相一致。任何在职责和权限之间出现的差距，往往会使目标无法达到，而且会使管理人员受到很大的挫折。为每个组织人员制定目标，有助于发现组织上的弱点：是否重复授予权限，或授予的权限与职责是否一致，这些弱点的纠正工作必须由最高管理部门进行。在组织混乱的情况下，确定目标是很困难的行为。

（3）管理工作的反馈。工作的反馈是绝对必要的，这有两个极其重要的理由：第一，管理人员越以成就为方向，越需要对他自己工作的反馈。他自始至终要了解他的工作做得好不好，他不愿意在采取行动后，对行动的结果一无所知。第二，管理人员越以成就为方向，越不能忍受日常文书工作、不必要的日常事务和原始数据。他需要最小量的、但经过组织的、有质量的、着重于采取行动的数据，他可以据此决策采取行动。

2. 目标管理的具体实施

目标管理包括以下两方面的重要内容：第一，必须与每一位员工共同制定一套便于衡量的工作目标；第二，定期与员工讨论他的目标完成情况。具体来说，主要有计划目标、实施目标、评价结果、反馈四个步骤。

（1）计划目标，就是建立每位被评估者所应达到的目标。这一过程是通过目标分解来实现的，通常是评估者与被评估者共同制定目标。在这一步骤上需要明确的是，本部门的员工如何才能为部门目标的实现做出贡献。通过计划过程明确了期望达到的结果，以及为达到这一结果所应采取的方式、方法及所需的资源。同时，还要明确时间框架，即当他们为这一目标努力时，了解自己目前在做什么，已经做了什么和下一步还将要做什么，合理安排时间。

（2）实施目标，就是对计划实施的监控，是保证制定的计划按预想的步骤进行，掌握计划进度，及时发现问题，如成果不及预期，应及时采取适当矫正行动，如有必要还可对计划进行修改。同时通过监控，也可使管理者注意到组织环境对下属工作表现产生的影响，从而帮助被评估者克服这些他们无法控制的客观环境。

（3）评价结果，是将实际达到的目标与预先设定的目标相比较。这样做的目的是使评估者能够找出为什么未能达到目标，或为何实际达到的目标远远超出了预先设定的目标的原因。有助于管理者做出合理的决策。

（4）反馈，就是管理者与员工一起回顾整个周期，对预期目标的达成和进度进行讨论，从而为思考制定新的目标以及为达到新的目标而可能采取的新的战略做好准备。凡是已成功地实现了目标的被评估者都可以而且愿意参与下一次新目标的设置过程。

目标管理观念特别重视和利用员工对组织的贡献。在传统的绩效评价方法中，评价者的作用类似于法官的作用，而在目标管理的过程中，评价者起的是顾问和促进者的作用，而员工的作用也从消极的旁观者转换成了积极的参与者。员工同他们的部门主管一起建立目标，然后在如何达到目标方面，管理者给予员工一定的自由度。参与目标建立使得员工成为该过程的一部分。在评价后期，员工和部门主管需要举行一次评价面谈。部门主管首先审查所实现目标的程度，然后审查解决遗留问题需要采取的措施。在目标管理下，管理者们在整个评价时期要保持联系渠道公开。在评价会见期间，解决问题的讨论仅仅是另一种形式的反馈面谈，其目的在于根据计划帮助员工进步。与此同时，就可以为下一个评价期建立新的目标，并且开始重复评价过程的循环。

（八）对目标管理的评价

目标管理的风行一时并不是偶然的。经历了第二次世界大战后的各国经济由恢复转向迅速发展的时期，企业急需采用新的方法调动员工积极性以提高竞争能力，目标管理由于适应了当时的环境变化和企业管理实践的需要而迅速地发展起来，并在企业管理中发挥了巨大的作用。目标管理在产生之后，很快风靡全球，它作为一种颇有影响力的理论推动着企业管理实践的发展，很多企业和政府部门纷纷效仿，涌现了许多成功的案例。

与传统的表现性评价（由主管根据绩效周期内下属的工作表现，包括工作的数量、工作的行为等，对其做出评价的绩效管理模式）相比，目标管理已经取得了长足的进步。

（1）目标管理重视人的因素，强调“目标管理和自我控制”，通过让下属参与、由上级和下属经过协商共同确定绩效目标，来激发员工的工作兴趣和价值，在工作中实行自我控制，满足其自我实现的需要。实施目标管理还可以提高个人的能力。由于目标管理所订的目标，是以个人能力为主，要达成这个目标，必须努力一番。因此，每一期的目标达到时，个人的能力也比以前提高了。

（2）目标管理通过专门的过程，组织各级主管及成员都明确了组织的目标、组织的结构体系、组织的分工与合作及各自的任务。在目标制定的过程中，权力和责任已经明确，并将个人的需求和组织目标结合起来。许多着手实施目标管理方式的企业或其他组织，通常在目标管理实施的过程中会发现组织体系存在的缺陷，从而帮助组织对自己的体系进行改造。

（3）目标管理能改进管理方式、改善组织氛围。目标管理是以目标制定为起点，以目标完成情况的评价为终点，工作结果是评价工作绩效的最主要依据。这样使得在实施目标管理的过程中，监督的成分较少，而控制目标实现的能力却很强。目标的订立或执行，必须先有良好的上下沟通，因此能够改善人际关系。再加上适当的奖励办法，可以使员工的向心力大为提高。

到了20世纪70年代末，目标管理开始遭到质疑。

首先，目标管理假定员工愿意接受有挑战性的目标，凭着人们对成就感、能力与自治的需求，允许他们设定各自的目标与绩效标准。但是，它忽视了组织中的本位主义及员工的惰性，对人性的假设过于乐观，使目标管理的效果在实施过程中大打折扣。

其次，目标商定需要上下沟通、统一思想，需要耗费大量的时间和成本。罗伯特·斯科法（Robert Schaffer）指出：“值得嘲讽的是目标管理计划经常制造的是纸片风景，计划变得越来越长，文件越来越厚，焦点散漫，质量因目标标准多而混乱，能力会花在机制而不是结果上。”从而使得目标管理流于形式。

再次，目标及绩效标准难以确定。由于目标管理过分强调量化目标和产出，而现实中企业内部的许多目标是难以定量化的，且绩效标准也会因员工不同而不同，因而采用目标管理的企业无法提供一个相互比较的平台。

最后，目标管理会使得员工在制定目标时，倾向于选择短期目标，即可以在考核周期内加以衡量的目标，从而导致企业内部人员为了达到短期目标而牺牲长期目标。

无论如何，目标管理在管理思想史上，仍具有划时代的意义。它不仅作为一种绩效管理工具，为未来绩效管理的发展奠定了基础；同时它作为一种先进的管理思想，对后期的很多管理学理论产生了重大影响。

五、平衡计分卡

20 世纪 90 年代，随着知识经济和信息技术的兴起，无形资产的重要性日益凸显，人们对以财务指标为主的传统企业绩效评价模式提出了质疑。在此背景下，美国哈佛大学商学院教授罗伯特·卡普兰（Robert Kaplan）和复兴国际方案公司总裁戴维·诺顿（David Norton）针对企业组织的绩效评价创建了平衡计分卡。经过两位创始人近 20 年锲而不舍的努力，平衡计分卡得以不断地推陈出新，逐渐发展成为系统完善的战略及绩效管理工具，并被广泛应用于企业、政府、军队、非营利机构等各类组织的管理实践当中。

（一）平衡计分卡的产生与发展

20 世纪中后期，以高新技术产业为主导的新科技革命促使生产力迅猛发展，知识经济初见端倪，科学技术成为经济发展的决定因素，各类组织面临着充满生机但又荆棘遍布的生存环境。为了应对迅速变化的生存环境和市场需求，管理者需要全面掌握组织的经营业绩和运作情况，尤其是无形资产对组织价值创造的贡献。然而，传统财务绩效评价模式因其固有的滞后性，已无法满足管理实践的现实需要，平衡计分卡应运而生。

1. 平衡计分卡的产生

1990 年，美国毕马威会计师事务所（KPMG）的研究机构诺兰诺顿（Nolan Norton Institute）资助了一个题为“未来的组织业绩衡量”的研究项目。该项目为期一年，共有 12 家单位参加，包括 AMD（Advanced Micro Devices）、美国标准石油（American Standard）、苹果电脑公司（Apple Computer）、南方贝尔（Bell South）、GIGNA 保险、Conner Peripherals 公司、Cray Research、杜邦（DuPont）、EDS（Electronic Data Systems）、GE（General Electric）、惠普（Hewlett-Packard，HP）和加拿大壳牌石油（Shell Canada），涉及了制造、服务、重工业和高科技等多个行业。诺兰诺顿的 CEO 戴维·诺顿担任该项目的负责人，罗伯特·卡普兰教授则担任学术顾问。项目开始后，研究团队搜集和分析了大量有关绩效评价系统创新的案例，最终把目光锁定在模拟设备公司（Analog Devices）的“企业计分卡”上，它不仅包括了传统的财务指标，还包括与交货时间、制造流程的质量和周转期、新产品开发效率等相关的绩效指标，研究团队都认为这张计分卡最可能满足项目的预期要求，因此它就成了平衡计分卡的原型。在听取模拟设备公司副总裁阿特·施奈德曼（Art Schneiderman）的经验介绍之后，小组成员进行了深入的研究和反复的讨论，最终创建了一个新的具有财务、客户、内部业务流程、学习与成长四个独特层面的绩效评价系统，这个新的评价系统被命名为“平衡计分卡”。随后，项目小组在多家参加项目的企业中运用和实施了平衡计分卡，并总结了正反两方面的经验，最终于 1990 年 12 月提交了关于平衡计分卡绩效评价系统的可行性和实施效益报告，项目圆满结束。项目结束后，卡普兰和诺顿总结了研究团队的成果，共同撰写了一篇论文“平衡计分卡——驱动业绩的衡量体系”（The Balanced Scorecard：measures that driveperformance），发表于 1992 年 1-2 月号的《哈佛商业评论》。该文的发表标志着最初用于衡量企业组织绩效的平衡计分卡正式问世。

2. 平衡计分卡的发展脉络

平衡计分卡自问世以来，受到社会各界的广泛认可并迅速风靡全球，成为近百年来最具影响力的管理工具之一。据统计调查，在世界 500 强中有 80%的企业应用了平衡计分卡，《财富》杂志公布的世界前 1000 位公司中，有 70%的公司采用了平衡计分卡。《哈佛商业评论》在庆祝创刊 75 华诞和 80 周年之际，先后评选了“75 年来最伟大的 75 个管理工具”和“过去 80 来最具影响力的十大管理理念”，平衡计分卡均名列前茅。二十年来，平衡计分卡不断地丰富、发展和完善，形成了一批极具价值的研究成果，这些成果集中反映了两位创始人的思想轨迹，生动体现了平衡计分卡的理论演变脉络。

（1）描述战略

战略地图作为一种可视化的描述工具，其贡献在于通过四个层面之间层层向下牵引和向上支撑的逻辑关系，将概括性的组织战略转化成一整套清晰明确的战略目标和衡量指标。相对于表述笼统的战略，这些目标和指标不仅清晰具体，而且围绕战略主题高度整合。战略目标之间具有严密的因果关系，相应的衡量指标也具有明显的关联性，战略因此得以清晰准确地描述和诠释。

（2）衡量战略

卡普兰和诺顿指出，衡量是重要的："不能衡量就不能管理"。任何一个绩效管理系统，目的都应该是激励所有管理者和员工成功地执行战略。在无形资产决定组织未来的信息时代，组织必须摒弃传统的财务绩效评价模式，在战略的指导下综合财务、客户、内部业务流程、学习与成长四个层面，建立一套全面的、紧密关联的、相互平衡的绩效目标和指标体系，以充分发掘组织核心竞争力的价值源泉。

（3）管理战略

由于平衡计分卡提供了一个从四个不同层面来描述战略的管理框架，使组织的管理者能够站在全局的高度审视价值创造的绩效结果和驱动因素，因此利用平衡计分卡作为管理平台构建战略中心型组织是管理者们的优先选择，而战略中心型组织的根本特征就在于将战略作为组织变革和管理流程的核心。

（4）战略协同

平衡计分卡针对传统的职能壁垒提出了创造组织衍生价值的主张，介绍了实现战略协同的八个查验点，并阐释了如何在董事会、组织总部、经营单位、支持单元、外部合作伙伴和客户之间实现密切合作、协同作战、对协同效果进行评估以及对协同流程进行管理的详细方法。

（5）链接战略与运营

卡普兰和诺顿以战略为纲、以运营为目的，以平衡计分卡为管理工具构建起一套包括开发战略、诠释战略、协同组织、规划运营、监控学习和检验调整六个阶段的战略管理体系。该体系从战略制定开始，将关键流程改进和运营计划编制作为链接的节点，以结构化会议形式的战略检验和调整为终端形成了一个良性的管理循环，从而将战略执行和运营管理有效地整合与协同起来。

（二）平衡计分卡的框架及要素

对平衡计分卡的理解，有广义和狭义之分。广义的平衡计分卡指的是一种先进的战略及绩效管理工具；狭义的平衡计分卡是指与战略地图相并列的一种管理表格。战略地图的价值侧重于描述战略，而狭义的平衡计分卡则侧重于衡量战略，两者通过战略目标这一关键要素紧密连接在一起。通过运用狭义的平衡计分卡和战略地图来描述战略、衡量战略、管理战略、协同战略以及链接战略与运营，从而确保组织战略的成功实施和组织绩效的全面提升。

1. 战略地图及其基本框架

战略地图是对组织战略要素之间因果关系的可视化表示方法，是一个有效诠释和沟通组织战略、说明价值创造过程和描述战略逻辑性的管理工具。为了便于读者的理解和记忆，我们把通用的战略地图形象地比喻为一座四层的房子。位于楼房顶端的是组织的使命、核心价值观、愿景和战略；房子的主体部分为四个楼层，从上往下依次是：财务层面、客户层面、内部业务流程层面和学习与成长层面。使命和愿景为组织的发展制定了总的目标和方向，帮助股东、客户和员工正确理解组织的目的和期望。战略是平衡计分卡的核心，是组织在认识其经营环境和实现使命过程中所接受的显著优先权和优先发展方向。组织必须通过制定战略将使命和愿景落实到执行层面，把有限的资源集中到对组织目标实现具有重要推动作用的行动计划上去。

（1）使命（mission）

使命是组织存在的根本价值和追求的终极目标，概括了组织为人类所做出的贡献和创造的价值。卡普兰和诺顿认为，使命是一个简明的、重点清晰的内部陈述，说明了组织存在的原因、指引了组织行动的基本目标和明确了员工行动的价值。一个组织的使命可能简单明了，但却能够激励人心。使命不等于经济目标，“利润最大化”并不能激励组织中各个层级的成员，并且不具有指导作用。正如管理学家吉姆·柯林斯（James C. Collins）所言：“对于那些尚未认清真正核心目的的组织来说，‘股东财富最大化’是一种现成的、标准的目的，但它实际上是一种无效的替代品。”使命可以延续上百年，因此不能将其和具体的目标、战略混为一谈。目标和战略可以随着组织环境和发展的需要而改变，但是使命却恒久不变；目标和战略可以一步一步地实现，但使命却不可能完全实现。使命就像是地平线上的启明星——是组织永远不可及的追求。

虽然使命本身不变化，但是它却可以激发改变。“使命永远不可能完全实现”这一事实，恰恰激励着组织持久地追求。使命就像是组织远航时的灯塔，指引着组织发展的方向，指导和鼓舞着组织成员不懈的努力。因此，在现在这个环境日益多变、竞争日益激烈的时代，组织比以往任何时候都更需要明晰自身的使命，这样才能使组织的工作变得更有意义，更能吸引、激励和留住杰出的人才。

（2）核心价值观（core value）

核心价值观是指组织中指导决策和行动的永恒原则，体现在组织成员日复一日地行动中，反映了组织深层的信仰。卡普兰和诺顿认为，“组织的价值观（通常被称为核心价值观）体现了组织的态度、行为和特质。”高瞻远瞩的组织通常只有几条核心价值观，一般介于3~5条之间。因为，只有少数的价值观才是深植于组织内部的、至为根本的指导原则。核心价值观是促使组织长盛不衰的根本信条，不能将其与特定的文化或作业方法混为一谈，也不能为了经济利益或短期权益而自毁立场。核心价值观可以来源于领导者的个人信仰，但真正的价值观必须可以接受时间的考验，成为组织文化长期积累和沉淀的结果，为全体成员所共同认可和遵从。

（3）愿景（vision）

愿景是组织勾画的宏伟蓝图和期望实现的中长期目标，是组织内人们发自内心的意愿。愿景能够反映组织的使命、核心价值观，明确指引组织战略的制定，正确指导组织成员执行战略的行动，确保组织沿着既定的方向发展。组织的愿景一般由两部分组成：一是组织中长期内要实现的胆大包天的目标（big hairy audacious goals，BHAG）；二是对组织完成胆大包天目标后会是怎样的生动描述。胆大包天的目标应该是简洁、可行并且鼓舞人心的，它是组织成员共同努力的目标，是团队精神的催化剂，能够激发所有人的力量，促使组织团结。而生动描述则是用憧憬的语言传达想要展现给世界的形象。卡普兰和诺顿认为愿景是一个简明的陈述，通常用憧憬的语言传达组织中长期（3~10年）想要展现给世界的形象。一个清晰的、具有说服力的愿景陈述一般包括三个关键因素：挑战性目标、市场定位和时间期限。

（4）战略（strategy）

战略是一种假设，是关于为或不为的选择，是组织在认识其经营环境和实现使命过程中所接受的显著优先权和优先发展方向，描述了组织打算为谁创造价值以及如何创造价值，它是平衡计分卡的核心。卡普兰和诺顿主要是秉承战略定位学派的观点，尤其是迈克尔·波特的思想，从竞争战略层面来探讨战略。波特把战略分为三个层次：一是定位，即战略就是一种独特、有利的定位，关系到各种不同的运营活动；二是抉择，即在市场竞争中做出取舍；三是配置，即在组织的各项运营活动之间建立一种有效的联系。因此，一份完整的战略既要定义“战略是什么”，还应指出“如何实现战略”。

需要注意的是，战略是从组织使命到员工行动这一连续统一体中的一环，它自身无法构成一个独立的管理系统。通常，战略由多个并存且互补的战略主题组成。在制定战略时，全面准确的战略表述需要包括三项基本要素：目标、优势和范围。

（5）战略地图的四个层面

战略地图的主体由四个层面构成，从上到下依次是财务层面、客户层面、内部业务流程层面以及学习与成长层面。前两个层面描述了组织所期望的最终成果，后两个层面则描述了如何实现战略的过程。

①财务层面（financial perspective）

财务层面以传统财务术语（如投资报酬率、收入增长和单位成本等），描述了战略的有形成果，提供了组织成功的判断依据。对于企业来说，平衡计分卡财务层面的最终目标是利润最大化，确保股东价值的持续提升。为了达成这一目标，组织可以通过收入增长和生产率改进这两种战略来改善组织的财务绩效。

第一，收入增长战略，即“开源”，可以通过两种途径实现：一是增加收入机会，通过销售新产品或发展新的客户来创造收入增长。二是提高客户价值，即加深与现有客户的关系，销售更多的产品和服务。第二，生产率战略，即“节流”，也可以通过两种途径实现：一是改善成本结构，即通过降低直接或间接成本来改善成本结构，使得生产同样数量的产品却消耗更少的人、财、物等资源。二是提高资产利用率，即通过更有效地利用财务和实物资产，减少实现既定业务水平所必需的流动资金和固定资本。相比而言，收入增长通常比生产率改进花费更长的时间。因此，在确定这一层面的目标时，必须同时关注长期（收入增长）和短期（生产率）两个方面，使组织能够在短期利益和长期目标之间保持平衡。

②客户层面（customer perspective）

客户层面定义了组织战略所选择的客户价值主张。客户价值主张是一种针对竞争对手的战略模式，是组织经过战略分析，在界定细分市场和目标客户的基础上，为客户提供的一整套有关产品与服务特征、关系和形象等方面的独特组合。差异化的客户价值主张不仅决定了战略所瞄准的市场群体，而且也决定了组织如何使自己相对于竞争对手更具特色。客户价值主张的选择是战略确定的中心要素。卡普兰和诺顿在前人研究的基础上总结出了四种通用的客户价值主张：总成本最低战略、产品领先战略、全面客户解决方案以及系统锁定战略。此外，客户层面还包括衡量客户价值主张成功的滞后和结果性指标，如客户满意度、客户保持率、客户增长率等。

特定的客户价值主张定义了组织的战略，战略的本质在于选择。因此，组织直当在综合分析环境因素以及自身情况的基础上选择一种合适的客户价值主张，并将其转化为特定的目标、指标、目标值和行动方案，以便组织成员能够更深入地认识、更准确地把握体现差异化的战略要素，从而把客户价值主张落实到每个组织成员的具体工作当中。

③内部业务流程层面（internal process perspeotive）

内部业务流程层面阐述了创造价值的少数关键业务流程，即为实现客户价值主张所必需的重点工作。根据创造价值时间的长短，内部业务流程又可以分为运营管理流程、客户管理流程、创新流程以及法规与社会流程四类。运营管理流程是指生产和交付产品或服务的流程，卓越的运营可以为企业带来质量、成本、生产周期和服务效率等方面的巨大改进；客户管理流程是建立并利用客户关系以提高客户价值的流程，它反映了组织选择、获得、保留目标客户并不断扩大客户规模的能力；创新流程是指开发新产品、新服务、新流程和新关系的流程，它是提升客户获得率和增长率、提高客户忠诚度和增加利润的必要条件；法规与社会流程主要是指改善社区和环境的流程，有效的法规与社会流程可以驱动长期股东价值的创造。

④学习与成长层面（learning and growth perspective）

无形资产是组织持续创造价值的源泉，学习与成长层面描述了组织的无形资产及其在战略中的作用，具体包括人力资本、信息资本和组织资本三个方面。人力资本是指执行战略所需的知识、技能和才干；信息资本指的是支持战略所需信息系统、数据库、网络和技术基础设施；组织资本体现了执行战略所需的动员和待续变革流程的组织能力。这些资产必须被相互协调并与关键内部流程保持战略的一致性。

第一，人力资本。在战略地图中，人力资本被划分为知识、技能、价值取向等三个方面。其中，知识是指执行工作所要求的一般背景知识；技能是指弥补一般基础知识要求的技能，如谈判、协商和项目管理等技能；价值取向是指在既定工作中能产生突出绩效的特性和行为，例如，有些工作要求团队合作精神，有些则要求以客户为导向等。

第二，信息资本。信息资本可以分为“硬件”和“软件”两个部分，即技术基础设施和信息资本应用程序。管理者必须知道如何为组织的特定战略选择相应的信息资本组合，以及如何管理支持战略所需的信息资本组合。

第三，组织资本。组织资本被定义为执行战略所需的动员和维持变革流程的组织能力，即将组织拥有的能力和技术协同起来以实现战略目标的能力。为了有效地描述和衡量组织资本，平衡计分卡将组织资本划分为四个组成部分：文化、领导力、协调一致和团队工作。

综上所述，战略地图的四个层面先后回答了四个问题：财务层面回答的是我们如何满足股东的期望；客户层面回答的是我们如何满足目标客户的需求；内部业务流程层面回答的是我们必须做好哪些重点工作；学习与成长层面回答的是我们必须在哪些无形资产上做好准备。这四个层面以特定战略为核心，从上往下层层牵引，从下往上层层支撑。

使命、核心价值观、愿景、战略、四个层面及其构成要素通过逻辑因果关系有效整合起来，形成了战略地图的具体框架，如图所示。这个框架就是卡普兰和诺顿的战略地图通用模板，主要适用于以营利为目的的企业组织，而政府、事业单位、军事机关等公共组织的战略地图框架则需根据组织属性及相应的运营实际进行必要的调整。

2. 平衡计分卡的关键要素

狭义的平衡计分卡是一个由财务、客户、内部业务流程、学习与成长等四个层面构成，用以将战略地图的目标转化为可量化的衡量指标和目标值，并制订相应行动方案和预算计划的管理表格。通过制作平衡计分卡，组织建立了用以衡量战略的绩效指标体系，明确了未来所要达到的绩效水平，确定了实现战略所需的行动方案以及相应的资源。需要强调的是，平衡计分卡不是绩效评价量表，平衡计分卡的首要目的在于管理而非评价。

平衡计分卡的表现形式是一张二维的表格，如表所示。纵向是财务、客户、内部业务流程、学习与成长等四个层面，横向是目标、指标、目标值、行动方案和预算。

目标是战略与绩效指标之间的桥梁，它说明了战略期望达成什么，即若想实现战略在各层面中要做好哪些事情，通常用动宾短语来表达；指标则紧随目标，用以衡量目标的达成情况，通常以名词的形式出现；目标值是针对指标而言的，设定了目标在特定指标上的未来绩效水平；行动方案说明了怎么做才能实现预定的战略目标，通常是指某种计划或项目，制定行动方案时要综合考虑目标、指标和目标值；预算则说明了实施行动方案所需的人、财、物等资源。由于指标是由目标推导出来的，而目标之间具有因果关系，因此指标之间也形成了紧密的关联关系。从整体上看，平衡计分卡的逻辑关系呈现为一个由纵向因果关系、横向推导关系以及指标关联关系构成的网状结构。

（1）目标

目标是一定时期内，组织在特定绩效领域所希望取得的理想成果。目标指出了有效实施战略所必须做好的事情，是对组织使命、愿景和战略的进一步展开和细化，是组织协调一致的核心和关键。具体而言，平衡计分卡的目标主要可以分为以下几种类型：

第一，长期目标、中期目标、短期目标。根据价值创造周期，平衡计分卡中内部业务流程层面的目标可以划分为长期目标、中期目标和短期目标。平衡计分卡的构成是以战略主题为基本单元的，而单个战略主题的确定主要是对内部业务流程层面中少数关键流程的组合。不同时限战略主题的组合能够从整体上直接反映战略的意图，保证组织在短期利益和长远发展之间取得有效平衡，从而实现股东价值的持续性增长。

第二，组织目标、部门目标、个人目标。根据组织的管理层次，平衡计分卡的目标可以划分为组织目标、部门目标和个人目标。组织目标是对组织战略的具体细化和明确界定；部门目标主要是对组织目标的承接和分解；个人目标则是根据职位职责，对其所在部门的目标的承接和分解。

第三，承接目标、分解目标、独有目标。从组织的纵向协同来看，平衡计分卡通过分层承接和分解的方式把战略转化为承接目标、分解目标和独有目标，将各个分散的业务单元和职能部门的不同工作协同起来，实现 1+1 大于 2 的功效，确保组织价值的最大化。承接目标是指上下级公司、部门（或职位）之间一脉相承的共同目标；分解目标是指从上级公司、部门（或职位）目标分解到下级公司、部门（或职位）的目标；独有的目标是指在承接和分解之外，各部门、各职位为完成工作要求而需要独立实现的目标。通过承接目标、分解目标和独有目标，可以有效地联系组织、部门和个人，确保组织战略切实地落实到每位员工，促进组织战略的顺利实现和组织行动的纵向协同。

第四，共享目标、分享目标、独有目标。从组织的横向协同来看，平衡计分卡是按照分工与协作相结合的原则，把部门和个人的目标划分为共享目标、分享目标和独有目标。共享目标是指目标所确定的事项是一个整体，不可分解，需要不同部门或不同员工合作才能完成的目标；分享目标是指目标所确定的事项虽然是一个整体，但是可以分解，不同部门或不同员工根据各自的职责承担部分任务，按照各自所处的流程节点位置进行衔接和配合才能完成的目标；独有目标则是根据职责权限的划分，由单个部门或员工独立完成的目标，通常不需要与他人进行协作。通过目标来实现组织的纵向协同和横向协同，可以有效提高组织的战略执行力，提升组织的核心竞争力，确保组织战略的顺利实现。

（2）指标

指标是指用以衡量目标实现程度的标尺。通常对单个指标进行评价所形成的结果只能反映绩效目标的某一个方面，只有根据工作的数量、质量、时间、成本等不同维度进行指标设计和组合，才能得到一个综合的评价结果，从而真实地反映预期绩效和实际绩效的吻合程度。因此，在平衡计分卡中，指标也被划分为不同类别：

第一，财务指标与非财务指标。平衡计分卡在保留财务指标的同时，将非财务指标分为客户类指标、内部业务流程类指标和无形资产类指标，从而形成一个基于目标因果关系链的绩效指标体系。

第二，客观指标与主观判断指标。将指标分为定性指标和定量指标是管理实践中最为常见的做法。实际上，无论是定性指标还是定量指标都能转化为数值形式，从而模糊了两者之间的界限。为避免这一现象，平衡计分卡将定性和定量指标改为主观判断指标和客观指标。客观指标的评价依赖于直接的数据，而主观判断指标的评价建立在对数据和信息的综合分析之上，受制于评价者的知识、经验和主观感受。

第三，前置指标与滞后指标。平衡计分卡为了凸显价值创造过程中绩效结果和驱动因素之间的因果关系，将指标划分为前置指标和滞后指标并力求在两者之间取得平衡。把前置指标纳入组织绩效管理的体系中来，弥补了以往绩效管理工具只重视滞后指标的片面性，使得那些对组织成功有利的、不容易发现和评价的行为能够得以衡量。

第四，计分卡指标和仪表盘指标。计分卡指标涉及财务、客户、内部业务流程和学习与成长四个层面，通常是员工的日常行为不能直接影响到的战略性和结果性的指标，并多为聚焦于跨业务和跨职能的滞后性指标，其更新频率往往是以月或年为周期，作用在于牵引组织对关系组织战略实现的关键目标进行衡量；而仪表盘指标则主要涉及内部业务流程层面，通常是员工的日常行为可以影响到的运营性和过程性的指标，并多为聚焦于局部的部门、职能和流程的前置性指标，其更新频率往往是以天甚至小时为周期，作用在于规范员工的具体行为和监测日常运营过程。计分卡指标和仪表盘指标之间通过目标的衔接而相互联结在一起，两者之间形成一个有机的整体。

第五，考核指标和监控指标。为了从众多指标中找出对组织战略成败最具影响的因素，平衡计分卡将绩效指标分为考核指标和监控指标。考核指标又称为战略性指标，是指组织为了取得竞争优势而用来界定战略的指标，这类指标一般都需纳入绩效评价量表以便定期对目标进行衡量；监控指标又称为诊断性指标，是指那些可以监控组织是否按部就班地运转并在出现异常现象时需要立刻注意的指标。平衡计分卡中的指标多是帮助组织达成战略的战略性指标，仅有少数监控组织运行的诊断性指标。通常，一个高水平的平衡计分卡大约包括 30 个指标，只有将平衡计分卡指标控制在一定的数量范围之内，才能有效聚焦管理者的注意力和精力，集中有限的优势资源促进组织战略的顺利实现。

（3）目标值

目标值是指既定目标在相应指标上所期望达到的绩效标准。如果说目标描述了实现战略所需做好的事项，指标显示了如何追踪和评价目标的实现程度，那么目标值则说明了这些关乎战略成败的事项应该做到何种程度。通过有时间限制和具体量化的目标值，可以把笼统的描述性目标转变为明确细化的绩效任务。目标值提供了奋斗的方向，指明了需投入的资源规模和应付出的努力程度，对员工也能产生内在的激励作用；但是，激励作用的形成取决于合理的目标值设置。目标值既要有一定的挑战性，即需要员工经过一定的努力才能达成；同时，目标值又不宜设置的太高，以免使员工望而生畏，影响战略目标的顺利实现和员工自我效能感和工作满意度的提升。

（4）行动方案

行动方案是指有时间限制的、自主决定的项目或计划。行动方案的制订需要兼顾目标、指标和目标值的要求，将具有时间限制的、量化的目标值转化成为具体可操作的实际行动，从而明确实现战略目标所需的途径和方法，帮助组织达成绩效目标。通常，每个非财务类目标至少有一个行动方案来支撑。战略主题将不同目标的行动方案绑定在一起，形成一个整体性的行动方案组合，基于同一战略主题的行动方案必须协调同步。因此，管理者需要对行动方案进行严格的筛选、管理和评估，确保所选的行动方案能够全面支撑战略目标并切实得到有效执行。至此，组织的战略经过目标、指标、目标值和行动方案的步步诠释，已经从一个静态的、笼统的战略谋划变成了组织在一段时间内必须完成的若干个具体的计划或项目。

（5）预算和责任制

与行动方案密切相关的是预算和责任制。其中，预算要解决的问题是为行动方案提供合理的资金支持，责任制则是要明确实施和管理行动方案的责任人及其职责。平衡计分卡主张将组织的战略制定过程和预算编制过程结合起来进行。利用平衡计分卡来驱动预算程序，可以使组织明确制定预算的根本目的是什么，确保组织将有限的资金分配给最重要的战略性行动方案。同时，在为行动方案提供资金保证的同时，组织应该建立起有关战略执行的责任机制。通常，平衡计分卡要求组织根据管理层级、职责权限以及管理跨业务和跨职能流程的需要，以战略主题为单元为相应的行动方案选择主题负责人和执行团队，并通过一系列管理会议来定期回顾行动方案实施的进程和效果。由此，组织的战略及绩效管理过程形成了一个包括计划、监测、执行、评价、调整和问责等诸环节在内的良性循环，为组织战略的顺利实现提供了清晰的思路和有力的保障。

（三）平衡计分卡的特点与功能

作为一个新的战略及绩效管理工具，平衡计分卡具有自身的鲜明特点和功能定位。了解这些特点及其功能，不仅可以将平衡计分卡与其他管理理论和工具有效区分开来，例如目标管理、关键绩效指标等，而且还能够与伪平衡计分卡划清界限，如 KPI 平衡计分卡和利益相关者平衡计分卡等。同时，还有助于我们在平衡计分卡的设计与实施过程中准确把握其内在本质，充分发挥平衡计分卡的优势和功能。

1. 平衡计分卡的主要特点

（1）始终以战略为核心

平衡计分卡以提升战略执行力为出发点，结合时代背景和环境特征，围绕组织战略，通过描述战略、衡量战略、管理战略、协同战略以及将战略管理与运营管理有效链接等环节，来确保组织战略的有效落地和组织绩效的显著突破。

（2）重视协调一致

为了实现化战略为行动的目的，平衡计分卡将协调一致提升到了战略的高度，认为协同不仅是创造组织衍生价值的根本途径，也是实现客户价值主张的必要保障。因此，平衡计分卡从逻辑上明晰协同思路、从体系上整合协同主体、从机制上保障协同效果，从而形成一套严谨有效的协同机制以保障组织战略的成功执行。

（3）强调有效平衡

为了弥补传统绩效评价模式单纯依赖财务绩效指标的局限性以及管理上的短视行为，确保绩效评价的科学合理性，平衡计分卡非常强调有效平衡。即财务指标与非财务指标的平衡；长期目标与短期目标的平衡；外部群体评价指标与内部。群体评价指标的平衡；客观指标与主观判断指标的平衡；前置指标与滞后指标的平衡等，以此来确保组织战略的全面实现和组织绩效的整体提升。

2. 平衡计分卡的功能定位

整体来看，平衡计分卡的功能随着理论体系本身的不断发展和完善而发生着变化。这种变化表现在它由最初的绩效评价工具转变为战略及绩效管理工具，乃至发展为整个组织的管理平台，其应用领域也由企业组织逐步扩展到政府部门、非营利组织和军事组织当中。

（1）战略管理工具

卡普兰和诺顿指出，“战略地图创新的重要性丝毫不亚于最初的平衡计分卡本身。管理层找到了战略内在属性和外在力量的可视化表述方法。”平衡计分卡通过战略地图和平衡计分卡建立了战略协同的机制，填补了传统战略管理过程中战略规划和战略实施之间的模糊地带。同时，平衡计分卡尝试通过战略地图、平衡计分卡以及仪表盘等工具将战略和运营进行有效链接。这是平衡计分卡的最新理论成果，尽管还存在有待完善之处，但是实现战略和运营无缝链接的取向是将战略转化为员工日常行为，确保战略落地的必然选择。

（2）绩效管理工具

随着平衡计分卡理论的丰富和发展，绩效管理的计划、监控、评价和反馈环节都纳入平衡计分卡的理论范畴之中，涉及绩效目标的设置和评价指标的选择、绩效沟通和辅导、绩效监测和评估、绩效结果的反馈和应用等诸多内容，平衡计分卡也因此成为一个以战略核心的绩效管理工具。作为一个新的绩效管理工具，平衡计分卡不仅克服了传统财务绩效衡量模式的片面性和滞后性，而且相对于目标管理、关键绩效指标等绩效管理工具也在目标制定、行为引导、绩效提升等方面具有明显的管理优势，因而能够为组织绩效目标的顺利实现提供有力保证。

(3) 管理沟通工具

平衡计分卡为组织提供了一个有效的管理沟通平台。首先，平衡计分卡具有一套层次分明、意义明确、表述统一的概念和术语。例如：使命、愿景、战略、无形资产、人力资本、客户价值主张、战略主题等。这些词汇在统一的平衡计分卡框架内形成了一种新的语言，保证了信息沟通的统一和规范。其次，平衡计分卡是一个具有严密逻辑关系的管理工具。目标之间严密的因果和协作关系以及指标之间的关联关系，明确界定了组织各构成单元和员工所应遵循的沟通渠道、沟通内容以及职责权限。第三，平衡计分卡构建了一套良好的沟通机制。这套机制包括领导者的沟通责任、战略沟通的七七原则、员工培训、战略反馈、结构化会议等，从而可以对沟通的渠道、传播媒介、沟通方式和频次以及沟通管理等内容做出明确界定。

（四）政府组织的平衡计分卡

平衡计分卡最初是针对企业组织开发设计的，随着平衡计分卡在企业组织获得的极大成功，逐渐被政府组织所采纳。卡普兰和诺顿认为，“虽然平衡计分卡最初的焦点和运用是改善营利性企业的管理，但是平衡计分卡在改善政府部门和非营利性组织的管理上效果更好。”美国的夏洛特市、美国商务部经济发展管理司、美国能源部、英国国防部、伦敦自治区、澳大利亚梅维尔市、奥地利财政部、日本姬路市、韩国富川市和新加坡地方法院等政府组织都成功应用了这一先进的绩效管理工具。我国台湾地区公共行政部门、香港特别行政区、黑龙江省海林市的一些部门也都采用了平衡计分卡。据国际社会保障协会 2004 年发布的报告，在被调查的社会保障机构中，有 60%的单位使用平衡计分卡来实施绩效管理和加强社会保障服务，其中 80%的单位认为平衡计分卡对组织绩效的提升产生了积极的影响。现在，已经有越来越多的政府组织开始或者着手实施平衡计分卡，平衡计分卡对于政府组织绩效管理来说，是一个必然的发展趋势。

1. 政府组织的使命、核心价值观、愿景及战略与企业组织相比，政府组织的使命、核心价值观和愿景不仅要体现组织内部管理的特性，还要满足所辖区域内服务对象的需求，因而更具有“组织-社会”的特点。这是因为：一方面，政府组织作为一个组织实体，充分实现内部管理的最优化是政府组织不可回避的关注点，其使命、核心价值观及愿景的设定必须要围绕“打造卓越的组织”这一中心任务；另一方面，对于任何一个政府组织而言，其存在的意义就是要为社会提供更好的公共服务，确保公共利益最大化，政府组织社会公共服务这一特性同样不容忽视。因此，在许多政府组织的具体实践中，使命、核心价值观及愿景的“组织—社会”特点都体现得十分明显。

（1）政府组织的使命

政府组织的使命相对清晰，归根结底是最大化公众利益。世界银行早在 1997 年的世界发展报告中就指出，“每一个政府的核心使命”包括了五项最基本的责任，即：（1）确定法律基础；（2）保持一个未被破坏的政策环境，包括保持宏观经济的稳定；（3）投资于基本的社会服务和社会基础设施；（4）保护弱势群体；（5）保护环境。确定政府组织使命的难点就在于，政府组织通常需要同时负责多个相对独立的基本职责，难以通过概括性的语言进行整合。因此，这就需要政府组织的高层管理团队和员工一起讨论，共同参与制定，明晰对于本级政府组织而言最为根本的存在理由和所做出的最终贡献。正如戴维·奥斯本（David Osborne）在《摒弃官僚制：政府再造的五项战略》中所指出的：“充分讨论组织根本方向的过程——争辩各种不同的假设和组织成员所持的各种不同观点，达成一个共同的使命，这是一个有效的过程。如果这件事情做得好，使命陈述可以贯穿组织的始终。”

（2）政府组织的核心价值观

政府组织核心价值观的提炼必须从高层管理者开始，但却不能止步于此。许多政府组织的高层管理者将核心价值观理解为一个星期静心思考后形成的信条，或者灵光一闪所产生的顿悟式的押韵口号，事实远非如此。虽然我们认为核心价值观大多来源于创始人或高层领导的个人信仰，但是除非它引起员工的共鸣，否则难以推行。因此，高层管理者应该积极主动地将员工纳入组织核心价值观的形成过程中，让每一位员工都有机会发表自己的意见，大家共同思考、发现、讨论、检验和提炼组织的核心价值观。当组织的核心价值观与员工个人的信仰融为一体时，好处是显而易见的，包括：（1）培养强烈的个人效能感；（2）培养身为组织一员的自豪感；（3）提高对组织的忠诚感；（4）促进对工作期望的理解；（5）培养协作和团队精神等。

（3）政府组织的愿景

与使命和核心价值观的形成过程一样，政府组织的愿景描述需要高层管理者和全体成员一起讨论并反复沟通才能完成。这一过程要求参加讨论的成员明确表达未来一段时间所期望达到的目标。彼得·圣吉（Peter Senge）指出，“如果人们没有愿景，他们所做的一切就是签字画押。其结果就是顺从，从没有承诺。”当组织成员将自己内心的愿景表达出来后，通常会发现有许多共同的个人愿望，当这些共同愿景与组织的使命和未来发展趋势结合起来之后，就形成了组织未来一段时间的理想蓝图。

（4）政府组织的战略

政府组织的战略是指政府组织为达成使命和愿景所选择的一种显著优先权，是在可以预见的较长时期内需集中精力完成的关键任务。卡普兰曾指出，“对于公共部门而言，战略可能是一个不相关的观念，这些机构缺乏长远考虑。它们试图为每个人做任何事情，结果什么事情也没有做。”这直接犀利地指出了明晰战略对于政府组织而言的重要性，只有通过战略，才能够明确政府组织期望达成的结果和确定整体的实施途径。保罗·尼文（Paul Niven）提出了一种制定战略的简单方法，这个方法分为以下五个步骤：

（1）开始。第一步需要评估准备工作、编制战略制订计划、讨论国家政策和上级指令，并从历史的角度审视组织，包括组织所提供的产品和服务、具有里程碑意义的事件等。

（2）实施利益相关者分析。辨认所有关键利益相关者及其对机构的需求。为了取得成功，考虑组织对利益相关者的需求同样重要。

（3）开展 SWOT 分析。优势与劣势通常是组织的内部因素，而机会与威胁则体现组织的外部环境。在规划战略时，审视 SWOT 各个因素之间的相互影响至关重要。

（4）确认战略主题。战略主题一般与影响组织使命、核心价值观和愿景的基本政策问题或重要挑战密切相关。利用前面步骤获取的信息，可以顺利提炼出组织的战略主题。

（5）制定战略。通过战略主题分析，形成战略问题清单之后，针对这些问题寻找解决方案。将这些解决方案进行整合并描述，就能够明确组织整体发展的优先方向。

在明确使命、核心价值观、愿景和战略之后，政府组织应当根据组织的特性选择相应的战略地图模板，并在此基础上设计组织平衡计分卡、部门平衡计分卡和个人平衡计分卡。

2. 政府组织战略地图四个层面的内涵

虽然政府组织和企业组织的战略地图都是由财务、客户、内部业务流程以及学习与成长层面构成，并通过各层面间的因果关系形成严密的逻辑体系，但是由于公私部门之间的差异，两者在各层面的具体内涵上也有所区别。

（1）客户层面

奥斯本（Osborne）和盖布勒（Gaebler）指出，传统的政府组织从未将服务对象当成顾客看待，它们往往不去关注服务对象而是关注与其利益密切相关的部门和群体。这种导向使政府组织忽略了自身最重要的职能——提供社会公共服务。战略地图的客户层面将有助于政府组织改变这种狭隘的思维方式，使其认识到服务对象的广泛性和多元性。为此，一些学者和组织对客户层面的名称进行了修改，Bocci 将其界定为“社会团体（community）层面”，并根据公民与组织的关系划分为“作为顾客的公民”“作为所有者的公民”“作为守法者的公民”以及“作为合作者的公民”几个方面；韩国富川市将“客户层面”修改为“市民层面”，他们认为市民才是其最重要的“客户”，该层面的目标主要依据市民的需求而制定；中国海林市则将该层面称之为“利益相关者层面”，因为利益相关者包含的内容更为广泛，既包括了政府组织的上级、同级以及下级部门，也包括了作为其服务对象的群众、企事业单位和社会团体等。

（2）财务层面

对于大多数政府组织来说，其最终目标是提供社会公共服务，确保公共利益最大化，而不是取得财务上的成功。但是，财务层面仍然占有非常重要的位置，各种财务指标既是促进组织成功的重要因素，也是完成使命的限制条件。卓越的运营、以低成本创造价值等财务层面上的有效性，对于政府组织同样具有重要意义。但是，传统上基于预算的衡量政府组织财务绩效的方式，只是在财务控制方面具有一定的作用，并不能激励政府组织自觉地去提高资金的使用效率。财务层面的存在则可以使政府组织的财务衡量更加平衡，既关注政府组织的预算支出，从“节流”的角度关注财务，同时又注重政府组织的收入增长，从“开源”的角度衡量财务。但是由于政府组织类型的多样性，在设计政府组织的财务层面时，需要根据政府组织的不同类型来选择相应的战略地图模板。

(3) 内部业务流程层面

在政府组织的战略地图中，内部业务流程对客户层面目标的实现发挥着重要的驱动和支撑作用，该层面目标的实现程度决定了政府组织公共产品和服务的质量，并最终影响着社会公众的满意度。因此，政府组织在确定内部业务流程层面的目标时，一项关键的原则就是要以政府组织的客户需求为导向，根据客户层面的目标来确定在内部业务流程层面应该重点关注的具体工作。另外需要注意的是，由于政府组织绩效领域的宽泛性以及绩效目标的多元性，其内部业务流程层面的内涵要广泛得多，它超越了企业组织对内部业务流程的定义。除了要关注组织内部管理的效率和效果之外，还要切实考虑到政府组织在其所辖范围内需要履行的社会职能和所承担的社会职责以及必须完成的阶段性工作任务等。

(4) 学习与成长层面

在当今社会，无形资产是组织创造价值的真正源泉。对于政府组织来说，无形资产的重要性也日渐突显出来。“学习型政府”“电子政务”“组织发展”等新的管理理念已逐渐引入到政府组织当中，“人力资本”“信息资本”以及“组织资本”等无形资产也受到政府组织管理者的高度关注。就人力资本而言，政府组织对人力资源的重视程度日益提高，不断通过加强培训等方式提升员工的基本素质和业务能力；就信息资本而言，政府组织的信息化建设在提高行政效率和改善服务质量等方面发挥着日益重要的作用；而就组织资本而言，文化、团队、领导力、激励机制等方面的建设则日益成为政府组织提升内部凝聚力、改善管理水平的重要途径。总之，在政府组织战略地图的学习与成长层面，人力资本、信息资本与组织资本应受到同样的关注，并进行合理有效的配置和衡量。

3. 政府组织战略地图的基本模式

卡普兰和诺顿指出，“衡量政府机构和非营利性组织的经营是否成功，应该视其能否有效地满足纳税人和利益相关者的要求，他们必须为客户或利益相关者定义一个具体的目标。财务因素可以发挥促进或约束的作用，但是很少成为主要的目标。”保罗·尼文同样认为，当平衡计分卡基本模式被应用于公共组织时，战略制定和客户、财务、内部业务流程、学习与成长等层面具体内容的确定就要围绕公共组织的特点进行，充分体现公共组织的非营利性。具体而言，政府组织的最终目标是为公众提供服务，而企业存在和发展的最大动力是获取利润。因此，政府组织战略地图四个层面的设置应该与企业组织有所区别，并且需要充分反映出政府组织的管理特点和战略逻辑。

对于政府组织战略地图基本模式的探讨可谓“仁者见仁，智者见智”。一些学者认为，政府组织的目标是最大化公共利益，其财务目标不应是组织最重要的关注点，所以在政府组织的战略地图中可以省略财务层面。比如，卡普兰和诺顿提出的政府组织战略地图模板就没有包含财务层面。但是，更多的学者则认为，财务层面应该是任何组织都必须关注的重要领域，正如保罗·尼文所言，“任何组织，不论其状况如何，都需要财务资源，这样才能成功经营并满足客户需求。”因此，在保罗·尼文提出的政府组织战略地图模板中，客户层面的位置得到了提升，而财务层面作为一项约束条件位于战略地图的底端。与之类似，韩国富川市在设计战略地图时，同样将财务目标作为提升客户满意度的一项重要驱动因素，将财务层面放在与内部业务流程层面并列的位置予以关注。不过也有研究认为，财务层面作为组织的一项产出结果，应该与客户层面并列位于战略地图的顶层，共同作为政府组织最终关注的产出结果，以反映政府组织的经济性。夏洛特市政府的战略地图就反映了这一观点。针对不同类型的政府组织，我们对政府组织战略地图的应用模式进行了总结，并对战略地图的构成部分进行了调整，形成了适用于政府组织的战略地图模板。相比企业组织的通用模板而言，政府组织战略地图模板主要是对财务层面的位置进行了调整。

(1) A 模式。主要适用于一级政权组织，例如县级党委政府、乡镇党委政府。作为国家的一级政权组织，这类政府组织拥有和行使公共权力，对政治、经济、社会、文化等各项事业进行管理，拥有广泛的利益相关者，并将公共利益最大化作为追求的重要结果，因此，需要将利益相关者层面（客户层面）放到战略地图的顶端。同时，尽管这类政府组织不以营利为目的，并且运营费用全部来自财政拨付，但却承担着发展和管理国民经济的重任，并将经济建设作为工作的重心，因此财务层面应当放在与利益相关者层面并列的位置。采用这一模板的政府组织，还应包括一些具有财税创收任务的政府部门或事业单位，其中政府部门主要是指经济管理部门，他们需要从上级战略地图中承接经济建设方面的目标，例如经济局、发改局等；事业单位主要指那些运营经费部分由财政拨付，部分自筹费用，实行企业化经营的单位，例如铁路局、人才交流中心等。由于这类组织的运营经费部分来源于社会，只有其产品或服务得到社会的认可，才能从财务上保障组织的延续和发展，因此其财务层面应被放到战略地图的顶层。

（2）B 模式。主要适用于绝大部分政府职能部门和公益性事业单位，例如市委组织部、公安局等。这类组织拥有和行使公共权力，从事社会公共事务管理，提供公共产品和服务，运营经费全部来源于国家财政，不需承担财税创收任务。因此，利益相关者的需求是否得到切实满足成为其关注的最终结果。财务层面则被置于战略地图的底部，作为利益相关者、内部业务流程、学习与成长这三个层面的驱动因素和约束条件。对于这种类型的政府组织，财务目标除了涉及降低成本和提高资金使用效率外，争取外部资金支撑也可能成为其需要关注的目标之一。

在对政府组织战略地图模板的研究过程中，我们归纳出一些关键特征：首先，客户层面应该位于战略地图的顶端。对于大多数政府组织来说，“客户”这一概念的外延更为宽泛，包括了社会公众、上级部门、捐赠者、社会团体、中介机构等不同的利益相关群体。政府组织最终目标是为利益相关者提供服务而非盈利。因此，在政府组织的战略地图中，客户层面的位置需要被提升至顶层。其次，财务层面根据组织性质的不同，有不同的摆放方式。尽管财务目标不是政府组织的终极目标，但同样不容忽视。对于有些政府组织而言，财务层面是衡量组织成功与否的最终结果，而更多的政府组织则将其作为影响组织工作效果的驱动因素和约束条件。最后，内部业务流程层面和学习与成长层面是实现组织最终目标的重要支撑。无论是政府组织还是企业组织，内部业务流程和无形资产的作用都是至关重要的，它们最终决定着组织能否长期可持续发展。

（五）平衡计分卡在我国政府部门的应用

平衡计分卡是近年来逐渐兴起的一种战略及绩效管理工具，凭借其理念的先进性和设计的科学性，迅速被众多政府组织所关注。我国于 2005 年开始，在中组部领导干部考试与测评中心的组织与领导下，由黑龙江省海林市、广西壮族自治区桂平市平山镇、四川省乐山市五通桥区等政府组织作为试点单位相继设计和推行了平衡计分卡，拉开了平衡计分卡在中国政府部门应用的序幕。本书将在第九章详细介绍平衡计分卡在中国政府部门的具体设计和应用。

1. 构建我国政府组织平衡计分卡的基本原则

由于政府组织的特殊性，政府组织的高层管理者在运用和推行新的绩效管理工具时，需要仔细权衡实施这一绩效管理工具可能产生的社会影响、利益和风险等因素，因此在设计政府组织平衡计分卡之前，明确构建政府组织平衡计分卡的基本原则十分必要。

（1）兼顾共性和个性。从共性来看，政府组织都是在党的领导下开展工作，以建设服务政府、责任政府、法治政府和廉洁政府为总体目标。因此，在构建政府组织平衡计分卡时，既要充分贯彻党的路线方针政策，坚持行政管理体制改革的正确方向，又要充分考虑到各利益群体的实际诉求，达成各方利益的和谐统一。从个性来看，不同类型、层级和区域的政府组织在发展环境、工作任务、自身特性等诸多方面都存在差异。因此，各政府组织应根据具体情况规划战略和制定目标，不能照搬照抄，否则设计出来的绩效管理体系会因水土不服而无实际效用。

（2）兼顾战略性和协同性。明确战略导向是政府组织平衡计分卡构建过程中应始终坚持的重要原则。具体而言，在设计政府组织平衡计分卡时，要在组织使命、核心价值观、愿景的牵引下，重点抓住组织的战略绩效领域、少数关键业务流程、核心员工以及战略信息，切忌“眉毛胡子一把抓”。同时，还应紧紧抓住平衡计分卡各层面目标之间的因果支撑关系和指标之间的关联关系，处理好长期利益与当前利益之间的矛盾，协调好组织与外部环境之间的关系，把握好不同部门和个体之间的职能权限，以保证政府组织平衡计分卡从整体上形成协同效应。

（3）兼顾前瞻性和可行性。一方面，政府引入平衡计分卡的根本目的在于提高为经济社会发展服务、为人民服务的能力和水平，因此，在构建政府组织平衡计分卡时要严格遵循这一先进工具的核心理念，切忌将平衡计分卡直接套用在已有的管理方法上，影响平衡计分卡功能的充分发挥。另一方面，政府组织在设计平衡计分卡时，要正确处理继承与创新的关系，深入探讨平衡计分卡与整个政治体制的兼容问题，以便设计出来的政府组织平衡计分卡能够切实可行。

2. 政府组织平衡计分卡体系设计

政府组织平衡计分卡体系设计主要有四个步骤：第一步，通过绘制战略地图来描述战略，将组织战略转化为四个层面的具体绩效目标；第二步，通过平衡计分卡根据目标依次导出具体的衡量指标、目标值和行动方案，使战略目标能够被有效地衡量；第三步，通过分级设计战略地图和平衡计分卡，将战略目标落实到部门和个人，从而形成上下联动、左右贯通的平衡计分卡体系；最后，通过建立绩效评价量表，来实现对绩效的衡量与监控。下面将结合政府组织的基本特点，对上述各步骤逐一进行详细的介绍。

（1）绘制战略地图

卡普兰和诺顿曾指出，“战略如果不能描述，就不能衡量；如果不能衡量，就不能管理。”因此，利用战略地图来描述战略是构建政府组织平衡计分卡体系的首要环节。具体而言，主要包括以下几个步骤：

第一步，明确使命、核心价值观和愿景。由于政府组织与企业组织的差异，政府组织在确定使命、核心价值观以及愿景时要特别注意：一方面，政府组织作为一个独立组织实体，追求组织管理的最优化是其不可推卸的责任；另一方面，作为促进当地社会经济发展的责任主体，其社会职能也不能忽视。因此，政府组织在确定使命、核心价值观以及愿景时，需要兼顾组织管理和社会发展两方面的需求。

第二步，确定战略和战略主题。组织在明确了使命、核心价值观和愿景之后，接下来就是要据此来确定相应的战略和战略主题。在确定战略主题时，需要坚持两个基本原则：第一，战略主题应基于政府组织的工作职责，要尽量涉及与组织职责有关的关键绩效领域，既不能溢出也不能缺失；第二，战略主题应该能够有效界定政府组织一定时期的战略重点。尽管政府组织所涉及的工作领域非常广泛，但是在一定时期内必须将有限的资源集中在最为重要的工作上。战略主题应该有所侧重，要体现出组织在一段时期内最为关注的重要工作内容。因此，战略主题的数量不宜过多，否则会导致组织战略的稀释或模糊。

第三步，分层制定目标。在分层制定目标时，需要重点关注以下几个事项：首先，每个层面的战略目标应该根据战略地图四个层面间的因果逻辑关系从上往下分层制定，以确保战略目标能够从下至上层层支撑；其次，战略目标表述应该清晰、明确，能够切实体现组织的重要工作；第三，由于战略地图是描述战略的工具，因此体现在战略地图上的目标应该是组织工作的重点，一般而言，战略目标的总数控制在10-20个之间比较合适。

（2）制作平衡计分卡

战略地图将战略转化为具体目标，而平衡计分卡的主要作用是根据目标导出指标、目标值和行动方案。具体而言，平衡计分卡的设计可以分为以下几个步骤：

第一步，设计指标。在构建政府组织平衡计分卡时，指标的设计是一个难点所在。一方面，由于政府组织的公共性，其很多工作及产出往往难以用客观指标予以表示；

另一方面，很多政府组织的绩效管理基础相对比较薄弱，对一些具体工作的衡量办法研究不足，这两方面因素共同导致了政府组织在设计指标时困难重重。基于已有的理论研究和具体的管理实践，我们认为政府组织在设计绩效指标时可以借鉴以下几点经验：第一，由于指标是对绩效目标的具体衡量，因而在设计指标时，应该在对目标进行充分分析的基础上，根据目标的具体内涵和主要特征进行设计；第二，为了确保目标能够得以充分衡量，有时一个目标可能需要导出多个绩效指标，因此指标的数量往往多于目标数量，总指标数大概是总目标数的 1. 5 倍左右；第三，在设计指标时，邀请有关领导、专家、绩效评价主体以及被评价者等共同参与到指标的设计过程中，有利于集思广益，确保指标设计的科学性和合理性。

第二步，设定目标值。目标值是为绩效指标设定的数量化衡量标度，为了使其对员工具有激励作用，目标值的设定必须合理。如果目标值过高，员工会对工作望而却步而不付出努力；如果目标值偏低，员工则会因为工作没有挑战性而失去追求高绩效的动力。目标值的设定主要可以分为两个步骤：一是将整体的价值差距分解到每个战略主题；二是在每个战略主题内，根据战略地图的因果关系分别设置目标值。在设置目标值时，有多种参考标杆：既可以根据上一个绩效周期的目标实现情况及发展趋势；也可以借鉴地区或行业在该指标上的平均值；还可以源于对利益相关者需求的充分调查等。

第三步，确定行动方案和预算。行动方案是平衡计分卡的一大特色，它使组织不仅关注如何对绩效进行衡量，还帮助管理者和员工明确绩效目标该如何达成。制定行动方案的过程，就是组织中相关人员深入思考和探讨如何完成绩效目标的过程。预算的编制则可以确保组织有限的资源能够有效地投入到对组织战略实现最为重要的关键领域。要决定每个战略主题行动方案的资金投入数量，就需要有一个自上而下的流程来确定资金配置的等级，同时还需要一个自下而上的流程，来选择应给予资金支持的行动方案。因此，行动方案和预算的确定需要经过相关责任人和主管领导共同协商制定，以使其能够与绩效指标及目标值合理匹配，确保组织战略目标的顺利实现。

（3）分级开发平衡计分卡

组织层面的战略地图和平衡计分卡设计完成后，还需要将其逐级分解，依次建立部门及个人层面的战略地图和平衡计分卡，使得战略目标能够层层落实。分级设计平衡计分卡的思路主要是基于目标的承接或分解，而承接或分解的方式既可以根据组织架构，也可以基于业务流程。在这一过程中，协同的理念要贯彻始终。成功的组织不仅需要强有力的领导，而且需要在战略、组织、员工和管理系统之间形成良好的协同。通过战略目标在纵向上将组织、部门、团队和个人协调和整合起来，在横向上将组织中的业务单元和支持单元协调和整合起来，以达到整合组织创造协同效应的目的。

（4）建立绩效评价量表

利用战略地图和平衡计分卡，组织能够确定不同层级、不同单元的绩效目标、指标和目标值，为了确保这些绩效目标及指标在实际的管理实践中能够被有效地衡量，组织还应该建立相应的绩效评价量表。绩效评价量表的作用之一就是确定各个绩效指标的权重、评价主体、评价周期及评价方法等一系列决策。权重是用于确定“指标的重要程度”的问题，因此权重的设置既要能够体现出指标重要性的区别，又不能使权重间的差距过大，导致被评价者“抓大放小”；评价主体是用于确定“谁来评价”的问题，对于政府组织而言，绩效评价的主体既可以是上级主管部门，也可以是组织内部的工作人员或外部的群众及企事业单位等，组织应该根据具体的评价内容，选择合理的评价主体；评价周期是用于解决“多长时间评价一次”的问题，对于不同的指标，评价周期不能一概而论，应根据具体情况加以区别；评价方法是用于解决“如何评价”的问题，政府组织通常采用的评价方法主要是根据绩效指标的内容收集绩效信息，从而对指标的实现程度予以判断，这些绩效信息既包括客观的定量数据，也有主观的定性测评，组织应该将定性评价和定量评价有机地结合起来。

通过以上各步骤，政府组织的平衡计分卡体系就得以建立起来。最后，组织还应建立相应的绩效管理制度和办法，对绩效管理的负责机构、绩效管理的流程、绩效管理结果的应用与反馈等方面进行详细的规定，以确保所构建的政府组织平衡计分卡能够切实落到实处，真正发挥作用。

3. 政府组织平衡计分卡设计与实施过程中需要注意的问题

为了使平衡计分卡能够在政府组织中发挥出最大效用，政府组织除了要对平衡计分卡的设计环节给予高度重视，还要充分考虑构建政府组织平衡计分卡的准备和实施环节，尤其是要对以下的一些具体问题特别予以关注。

第一，要正确认识和看待平衡计分卡。随着理论的发展和实践的深入，平衡计分卡已经由最初的绩效评价工具发展为有效的战略管理工具，它通过描述战略、衡量战略和管理战略，将战略管理和绩效评价有机结合起来。但是在一些政府组织应用平衡计分卡时，由于目前组织对组织战略的重视不足，并且对平衡计分卡的理解不够深入，因而常常将平衡计分卡仅作为一种绩效评价工具来看待，出现“重评价、轻战略”的情况。而事实上绩效评价的目的不只是要对员工的工作进行评定，更重要的是能够使员工在平衡计分卡体系的引导和管控下顺利完成工作任务，最终实现组织的战略目标。因此，政府组织在构建平衡计分卡体系时，应首先从组织的战略入手，对现有战略的有效性进行检验，并据此调整战略或开发新战略。避免根据以往的工作计划或总结来绘制战略地图这种“新瓶子装旧酒”的做法。

第二，应用平衡计分卡需要获得高层领导的支持。构建平衡计分卡体系是一项“一把手工程”，高层领导成员的支持和参与是决定平衡计分卡体系设计成功与否的关键所在，也是影响平衡计分卡体系推广程度和实施效果的重要因素。一方面，平衡计分卡体系的设计和实施不仅需要组织在时间和财力上的大力投入，还需要动员组织全体成员共同参与，而领导者的态度则直接影响到组织资源的投入力度和员工的参与程度；另一方面，组织中的领导成员对组织的发展战略最为了解，他们最能够把握组织的前进方向，平衡计分卡中的战略目标恰恰必须是根据这些发展方向来确定。因此，在平衡计分卡体系的设计与实施过程中，获得高层领导的支持是一项不可或缺的必要条件。

第三，让组织中每个成员理解并接受平衡计分卡。在政府组织推行平衡计分卡时，还经常会遇到员工不配合甚至抵触的情况。这是因为很多人认为平衡计分卡太过复杂、难以理解，并且实施起来费时费力，因而不愿意参与其中。另外，由于一些政府组织以往的绩效管理不正规、不系统，有些员工“干多干少一个样，评与不评一个样”的思想根深蒂固。而平衡计分卡的应用将会彻底改变这一状况，它通过建立科学、规范的绩效管理体系，切实对员工起到有效地激励和约束作用。这也就不可避免地会影响到一些人员的思维习惯和既得利益，引发他们的不满和抵触。对于这种情况，组织应该采取外部培训与内部沟通相结合等方式，积极地帮助员工理解并接受平衡计分卡，使他们认识到平衡计分卡对于个人及组织的重要意义，吸引其真正地参与到平衡计分卡的推行过程当中，鼓励其为平衡计分卡的设计和完善献计献策、贡献力量。

第四，在实践中不断更新和完善平衡计分卡。建立科学的平衡计分卡体系并不是一时之功，而是一个在实践中不断发展和完善的长期过程。因此，不可以抱有一劳永逸的思想，也不能为了追求“完美的设计”而在应用时缩手缩脚。比较可行的做法是在适当时机将平衡计分卡付诸实践，在实践中对其进行检验和调整。随着时间的推移，目标、指标、目标值和行动方案都会不断改变，平衡计分卡体系也会变得更加科学和完善。

六、标杆管理

（一）标杆管理的含义

标杆管理（benchmarking）又称基准管理，起源于20世纪70年代末80年代初。首先开辟标杆管理先河的是施乐公司，后经美国生产力与质量中心系统化和规范化。施乐公司将标杆管理定义为“一个将产品、服务和实践与最强大的竞争对手或是行业领导者相比较的持续流程”。美国生产力与质量中心对标杆管理的定义是“标杆管理是一个系统的、持续性的评估过程，通过不断地将企业流程与世界上居领先地位的企业相比较，以获得帮助企业改善经营绩效的信息”。其实这个定义并不全面深刻，标杆管理不仅仅是个信息过程和评估过程，它还涉及规划和组织实施的过程。标杆管理的概念可概括为，不断寻找和研究同行一流公司的最佳实践，并以此为基准与本企业进行比较、分析、判断，从而使自己企业得到不断改进，进入或赶超一流公司，创造优秀业绩的良性循环过程。其核心是向业内或业外的最优秀的企业学习。通过学习，企业重新思考和改进经营实践，创造自己的最佳实践，这实际上是模仿创新的过程。

标杆管理突破了产业界限与企业性质，重视实际经验，强调具体的环节和流程。其思想就是企业的业务、流程、环节都可以解剖、分解和细化；企业可以根据需要去寻找整体最佳实践或者优秀部分来进行标杆比较；通过比较和学习，企业重新思考和设计经营模式，借鉴先进的模式和理念，创造出适合自己的全新最佳经营模式。通过标杆管理，企业能够明确产品、服务或流程方面的最高标准，然后做必要的改进来达到这些标准。因此，标杆管理是一种摆脱传统的封闭式管理方法的有效工具。

（二）标杆管理的类型

标杆管理可以分为以下四类：

（1）内部标杆管理。它以企业内部操作为基准，是最简单且易操作的标杆管理法之一。辨识企业内部最佳职能或流程及其实践，推广到组织的其他部门，从而实现信息共享，是企业绩效提高最便捷的方法之一。但是单独执行内部标杆管理的企业往往持有内向视野，容易产生封闭思维。因此在实践中内部标杆管理法应该与外部标杆管理法结合起来使用。

（2）竞争标杆管理。竞争标杆管理法的目标是与有着相同市场的企业在产品、服务和工作流程等方面的绩效与实践进行比较，直接面对竞争者。它的实施比较困难，究其原因在于除了公共领域的信息容易获取外，关于竞争企业的其他信息较难获得。

（3）职能标杆管理。这是以行业领先者或某些企业的优秀职能操作为基准进行的标杆管理。职能标杆管理法的合作者常常能相互分享一些技术和市场信息，标杆的基准是非竞争性外部企业及其职能或业务实践。由于没有直接的竞争者，因此合作者往往较愿意提供和分享技术与市场信息。

（4）流程标杆管理。以最佳工作流程为基准进行的标杆管理。由于比较的是类似的工作流程，因此流程标杆管理法可以跨不同类型组织进行。它一般要求企业对整个工作流程和操作有很详细的了解。

（三）标杆管理的作用

标杆管理有很多优越性，它为企业提供了优秀的管理方法和管理工具，具有较强的可操作性，能够帮助企业形成一种持续追求改进的文化。主要表现在以下几个方面：

首先，标杆管理是一种绩效管理工具。它可以作为企业的绩效评估和绩效改进的工具。通过辨识行业内外最佳企业绩效及其实践途径，企业可以制定绩效评估标准，然后对其绩效进行评估，同时制定相应的改善措施。

其次，标杆管理有助于建立学习型组织。学习型组织实质是一个能熟练地创造、获取和传递知识的组织，同时也要善于修正自身的行为，以适应新的知识和见解。标杆管理的实施，有助于企业发现在产品、服务、生产流程以及管理模式方面存在的不足，并学习标杆企业的成功之处，再结合实际将其充分运用到自己的企业当中。并且随着企业经营环境和标杆的变化，这一过程也在持续更新。

最后，标杆管理有助于企业的长远发展。标杆管理是企业增长潜力的工具，经过一段时间的运作，任何企业都有可能将注意力集中于寻求增长的内在潜力，形成固定的企业文化。通过对各类标杆企业的比较，企业可以不断追踪把握外部环境的发展变化，从而能更好地满足最终用户的需要。

（四）标杆管理的实施

施乐公司的罗伯特·开普，是标杆管理的先驱和最著名的倡导者。他将标杆管理活动划分为五个阶段，每阶段有 2~3 个步骤：

（1）计划。确认对哪个流程进行标杆管理；确定用于做比较的公司；决定收集资料的方法并收集资料。

（2）分析。确定自己目前的做法与最好的做法之间的绩效差异；拟定未来的绩效水准。

（3）整合。就标杆管理过程中的发现进行交流并获得认同；确立部门目标。

（4）行动。制定行动计划；实施明确的行动并监测进展情况。

（5）完成。处于领先地位；全面整合各种活动；重新调校标杆。

标杆管理的规划实施有一整套逻辑严密的实施步骤，大体可分为以下五步：

第一步，确认标杆管理的目标。首先，在实施标杆管理的过程中，要坚持系统优化的思想，不是追求企业某个局部的优化，而是要着眼于企业总体的最优。其次，要制定有效的实践准则，以避免实施中的盲目性。

第二步，确定比较目标。比较目标就是能够为企业提供值得借鉴信息的组织或部门，比较目标的规模、性质不一定同企业相似，但应在特定方面为组织提供良好的借鉴作用。

第三步，收集与分析数据，确定标杆。分析最佳实践和寻找标杆是一项比较繁琐的工作，但对于标杆管理的成效非常关键。标杆的寻找包括实地调查、数据收集、数据分析、与自身实践比较找出差距、确定标杆指标，标杆的确定为企业找到改进的目标。

第四步，系统学习和改进。这是实施标杆管理的关键。标杆管理的精髓在于创造一种环境，使组织中的人员在愿景战略下工作，自觉学习和变革，创造出一系列有效的计划和行动，以实现组织的目标。另外，标杆管理往往涉及业务流程的重组和一些人行为方式的变化。这时企业就需要采用培训宣讲等各种方式，真正调动起员工的积极性。

第五步，评价与提高。实施标杆管理不能一蹴而就，而是一个长期渐进的过程。每一轮完成之后都有一项重要的后续工作，这就是重新检查和审视标杆研究的假设、标杆管理的目标和实际达到的效果，分析差距，找出原因，为下一轮改进打下基础。

标杆管理在企业发展中的重要作用已经渐渐被企业所认同，其使用范围也从最初衡量制造部门的绩效发展到不同的业务职能部门，包括客户满意度、后勤和产品配送等方面。标杆管理也被应用于一些战略目的，如衡量一个企业在创造长期股东价值方面同产业内其他公司的差距等。标杆管理已成为改善企业经营绩效、提高全球竞争优势最有用的管理工具之一，甚至很多非营利组织也开始采用这一工具。我国企业在管理实践中也引进了标杆管理的思想，学习先进企业的最佳实践。

但是很多企业都忽略了管理情境的差异性以及企业自身的不断提高，导致标杆管理“形似而神不似”。组织的情况各不相同，在一种情境下有效的最佳实践知识在其他情境未必有同样的效果。曲解标杆管理思想实质，只模仿而不自我创新的错误做法，使得一些企业在实施标杆管理的同时，不可避免地陷入企业经营战略日渐趋同的误区。在学习先进企业的同时忽视了结合本企业经营实践进行一系列创新的重要性。

标杆管理是真正意义上的“拿来主义”，企业实施标杆管理必须抓住学习创新的关键环节，以适应企业自身特点并促进企业战略目标的实现为原则，既有组织，又有创新，才能真正发挥标杆管理的作用。片面理解标杆管理而惰于创新，不但与标杆管理的初衷背道而驰，而且也不会从根本上提高企业的核心竞争力。

七、绩效沟通

（一）绩效沟通的含义

沟通是人与人之间、人与群体之间思想与感情的传递和反馈的过程，以求思想达成一致和感情的通畅。也就是说，沟通是双方之间的信息交流过程。但如果仅仅将沟通的信息交流目的理解为沟通的本质，那么就难以理解沟通中出现的许多问题。管理者通常将沟通失败归咎于员工，而实际上，问题往往出在他们自己身上。管理者无法通过沟通影响他人的重要原因之一在于他们只是知道了沟通的目的，而误解了沟通的本质。信息交流的目的可以告诉我们在绩效沟通中，管理者与员工应该相互交流些什么内容。但是，唯有把思想的传递视为沟通的方式，才能够让对方真正领会所传递的信息。

在电子通信设备传递信息的过程中，排除由于技术原因造成的信号损失，我们从输出端得到的信息与输入的形态将完全一致。但是，人类的沟通方式与电子通信设备完全不同。人类的沟通包括语言沟通和非语言沟通，语言沟通包括口头和书面语言沟通，非语言沟通包括声音语气、肢体动作。最有效的沟通是语言沟通和非语言沟通的结合。大脑的思考速度比我们说话的速度要快上六倍。因此，甚至在大脑还没有完整地接收到所有的信号时，它就能够一边接收信息一边做出反应。因此，听者的大脑不但会吸收信息，而且还会因为听到的东西思考其他的东西，从而产生说者没能预料到的想法。所以，沟通学者告诫我们：如果你想要传达你的想法，你的言行必须引导他们的大脑产生你所希望的反应，而不仅仅是传递信息本身那么简单。因此，沟通更重要的意义在于传递想法而非传递信息本身，让你的语言与行为引导听者产生你所希望的想法才是真正有效的沟通。

绩效沟通就是指管理者和员工在共同工作过程中分享各类与绩效有关的信息的过程。这些信息包括工作进展情况、有关员工工作中存在的障碍和问题、各种可能的解决问题的措施以及管理者如何才能帮助员工等。绩效沟通的重要性在于先于困难发生前识别和指出困难。沟通不良会使管理者与员工之间产生各种各样的摩擦，使绩效管理成为员工与管理者之间不断争执的话题。因此，绩效沟通的技巧成为每一名管理者必须掌握的管理技能之一。

（二）绩效沟通的目的和内容

1. 沟通在管理中的重要地位

在20世纪60年代末期，亨利·明茨伯格提出了著名的管理者角色理论。他指出，管理者在日常管理活动中扮演着十种不同的、但却高度相关的角色：

（1）人际关系方面，包括挂名首脑、领导者、联络者。

（2）信息方面，包括信息收集者、传播者、发言人。

（3）决策方面，包括企业家、混乱驾驭者、资源分配者、谈判者。

这十种角色进一步可以组合成三个方面：愿景设计者、激励者和推动者。无论是为了实现哪类角色，沟通的重要性都是不可忽视的。明茨伯格认为管理者首先作为愿景设计者，必须把自己设定的愿景转化为下属共同的愿景。这就要求管理者具有高超的沟通技巧。其次，管理者要通过愿景激励员工的工作积极性，就要使员工的目标能够与管理者设计的愿景相容合。管理者作为激励者的角色更强化了沟通的重要性。最后. 管理者还要通过大量的沟通活动推动组织愿景的实现。因此，管理者在完成愿景设计者、激励者和推动者三方面的角色的过程中都需要充分发挥沟通的作用。

在此之后，弗雷德·卢森斯和他的助手从稍微不同的角度考察了“管理者究竟在做什么”这个问题。他们提出的问题是：在组织中提升的最快的管理者与在组织中总成绩最佳的管理者从事的工作相同吗？他们对管理工作强调的重点相同吗？卢森斯和他的助手对450多名管理者进行了研究。他们发现，这些管理者都从事以下四种活动：

（1）传统管理，即决策、计划和控制。

（2）沟通，即交流信息、处理各类书面文件等。

（3）人力资源管理，即激励、惩戒、协调冲突、人员配备和培训。

（4）网络联系，即社交活动、政治活动和外界交往。

三类不同的管理者在这四项活动的时间分配上表现出不同的特征。在这里，成功的管理者被定义为那些在组织中得到晋升的速度最快的人，而有效的管理者指的是那些工作业绩的数量最大、质量最高，下属对他（她）的满意度和承诺度最大的管理者。因此，基于组织的角度，我们最关注的就是有效的管理者在四类活动中的时间分配情况。

研究表明，有效的管理者花费了最多的时间（44%）用于沟通。就算对于一般的管理者和成功的管理者，沟通在这四类工作中也达到了占用时间第二多的位置。可见，沟通是管理者一项十分重要的管理活动。

2. 绩效沟通的重要性

员工和管理者通过沟通共同制定了绩效计划，但这并不能保证执行绩效计划的过程就是完全顺利的。管理者应该考虑：计划是否周全，是否考虑到了所有需要考虑的问题，员工是否会按照计划开展工作，是否可以高枕无忧地等待员工工作的结果。由于对这些问题都没有肯定的答案，因此在实施绩效计划的过程中，管理者需要与员工进行持续有效的绩效沟通。

首先，应该通过持续有效的绩效沟通，对绩效计划进行调整。今天，工作的性质发生了重大的变化。竞争的需要迫使企业不断地调整战略及生产和经营的模式，职位说明书的更新速度越来越快。甚至在某些行业中，人们发现为某些职位制定明确翔实的职位说明书变得几乎不再可能。企业的员工不得不面对随时会发生的变化，对他们的工作方式和工作内容进行相应的调整。在这种情况下，对于工作计划的调整、工作内容的安排等，都成为管理者与员工之间必须经常交流的问题。不论是管理者还是员工都在面临着一个不断变化的工作环境。为了适应这种变化，管理者和员工都需要通过双方之间的沟通过程解决各自面临的种种问题。要知道，沟通能够帮助我们应付各种变化。即使没有变化，我们也需要获得信息来确保在发生变化的时候能够及时应变。

其次，应该通过持续有效的绩效沟通，使员工在实施绩效计划的过程中了解到相关信息。由于工作环境的变化加剧，员工的工作也变得越来越复杂，在制定绩效计划时很难清晰地预期到所有在绩效实施过程中所能遇到的困难和障碍，因此，员工在执行绩效计划的过程中可能会遇到各种各样的困难。由于问题是层出不穷的，员工总是希望在自己处于困境中的时候能够得到相应的资源和帮助。另外，员工都希望在工作过程中能不断地得到关于自己绩效的反馈信息，以便能不断地改善自己的绩效和提高自己的能力。

最后，应该通过持续有效的绩效沟通，使管理者在实施绩效计划的过程中得到相关信息。管理者并不是与员工一起制定了绩效计划之后就可以等待收获成功的果实。他们需要在员工完成工作的过程中及时掌握工作进展情况的信息，了解员工在工作中的表现和遇到的困难，协调团队中的工作。如果经理人员不能通过有效的沟通获得必要的信息，那么也就无法在绩效评估的时候对员工做出恰当的评估了。另外，及时了解信息还可以避免发生意外的事情而措手不及，可以在事情变得棘手之前处理。

3. 绩效沟通的内容

对于管理者和员工来说，绩效沟通的最终目的都是提高员工的工作绩效。因为持续有效的绩效沟通是他们共同需要的，所以沟通的具体内容也要根据双方的需要来确定。在沟通开始之前，管理者和员工应该考虑以下问题：

（1）管理者：①我必须从员工那里得到哪些信息，以帮助他们更好地协调下属员工的工作，并在必要的时候向上级汇报？②我必须提供给员工哪些信息和资源，以帮助他们完成工作？

对管理者而言，如果不能掌握最新的情况，可能会面临许多不必要的麻烦。在一些情况下，管理者还应该有意地收集一些绩效评价和绩效反馈时需要的信息。这些信息将帮助管理者更好地履行他们在绩效评价中担负的职责。

（2）员工：①我必须从管理者那里得到什么样的信息或资源？②我必须向管理者提供哪些信息，以保证更好地完成工作目标？

员工通过与管理者之间的绩效沟通，可以了解到自己的表现获得了什么样的评价，以便保持工作积极性，并且更好地改进工作。员工还需要通过这种沟通了解管理者是否知道自己在工作中遇到的各种问题，并从中获得有关如何解决问题的信息。当工作发生变化时，员工能够通过绩效沟通了解自己下一步应该做什么，或者应该着重去做什么。

通过对以上问题的回答，管理者能够更好地明确绩效沟通的内容。这是确定绩效沟通内容的一个非常实用的思路。通过绩效沟通，管理者和员工应该能够回答以下问题：

（1）工作进展情况如何？

（2）绩效目标和计划是否需要修正？如果需要，如何进行修正？

（3）工作中有哪些方面进展顺利，为什么？

（4）工作中出现了哪些问题，为什么？

（5）员工遇到了哪些困难，应如何帮助他们克服困难？

（三）绩效沟通的方式

绩效沟通是一个充满细节的过程。管理者与员工的每一次交流（不论是书面的还是口头的）都是一次具体的沟通。沟通有各种各样的方式，每种方式都有其优点和缺点，都有其适合的情境，因此关键是在不同的情境下选用适合的沟通方式。总的来说，绩效沟通可以分为正式的绩效沟通和非正式的绩效沟通两大类。非正式的绩效沟通则是员工与管理者在工作过程中的信息交流过程。

1. 正式的绩效沟通

正式的绩效沟通是各种定期进行的、由企业管理制度规定下来的沟通。通常，正式的沟通方式主要有以下两种：正式的书面报告和管理者与员工之间的定期会面。其中，管理者与员工之间的定期会面又包括管理者与员工之间一对一的会面和有管理者参加的员工团队会谈。

(1) 正式的书面报告

书面报告是绩效管理中比较常用的一种正式沟通的方式，主要是员工使用文字或图表的形式向管理人员报告工作的进展情况。书面报告可以是定期的，也可以是不定期的。定期的书面报告主要有工作日志、月报等。除了定期的书面报告之外，管理者往往还会要求员工就某些问题准备不定期的专项书面报告。

书面报告的优点主要表现在以下几个方面：

①简单易行，能在较短的时间内收集到大量的关于员工工作状况的信息。

②培养员工理性、系统的考虑问题，提高工作的逻辑性。

③锻炼员工的书面表达能力，提供文字记录，避免进行额外的文字工作。

④当管理者和员工由于某些客观原因无法见面时，书面报告的方法非常适用。

正是由于书面报告的简单易行，它也带来了非常大的问题。书面报告的缺点主要表现为：

①由于不需要双方之间面对面的会谈，沟通成为一种单方向的信息流动，缺乏双向交流。

②大量的文字工作容易使沟通流于形式，员工也会由于书面报告浪费时间而感到厌烦。

③仅仅是单个员工和管理者之间的信息交流，没有在团队中实现信息共享。

为了弥补书面报告方法的缺点，管理者主要可以从以下几个方面着手：

第一，将书面报告的方法与面谈、会议或电话等口头沟通的方式结合在一起，将单向的信息沟通转变为双向的信息沟通。例如，当管理者通过报告中提供的信息了解到工作进程中发生的某个问题时，管理者就可以到工作现场指导员工解决这个问题，或通过面谈与员工进行交流，共同寻求解决问题的途径。

第二，简化书面报告中的文字工作，只保留必要的报告内容，避免繁琐、官僚的形式。管理者可以设计出一个统一的样表，以方便员工填写。

第三，充分利用现代化的信息交流手段，例如，网络办公，使书面报告的交流速度和效率提高，增强实时性。

第四，管理者应该让员工有机会决定他们应该在报告中写些什么，而不应由管理者一厢情愿地决定。

(2) 定期会面

如上所述，书面沟通无法提供面对面的交流机会，因此面对面的沟通就具有不可替代的作用。这种沟通可以提供更加直接的形式，可以满足团队交流的需要，而且还有助于在管理者与员工之间建立一种亲近感。这一点对于培育团队精神、鼓励团队合作是非常重要的。

最常见的形式就是管理者与员工之间一对一的会面。在每一次会面的开始，管理者应该让员工了解到这次面谈的目的和重点。由于是一对一的会谈，管理者应该将会谈的问题集中在解决员工个人面临的问题上，以使会谈更具实效。也就是说，应该将问题集中在调整员工的工作计划，解决员工个人遇到的问题上。

一对一会面进行绩效沟通的优点主要表现在：

①面谈的方式可以使主管人员与员工进行比较深入地沟通。

②面谈的信息可以保持在两个人的范围内，可以谈论比较不易公开的观点。

③通过面谈，会给员工一种受到尊重和重视的感觉，比较容易建立管理者与员工之间的融洽关系。

④管理者在面谈中可以根据员工的处境和特点，有针对性地给予帮助。

在进行一对一绩效面谈的过程中应该注意以下问题：

第一，力图通过面谈使员工了解组织的目标和方向。面谈不仅仅停留在员工个人所做的工作上的，而是要让员工知道他们个人的工作与组织目标有什么样的联系。这样有助于使员工做出与组织目标相一致的行为。

第二，在一对一绩效面谈的过程中，管理者应该更多地鼓励员工进行自我评价和报告，然后再进行评论或提出问题。如果问题是显而易见的，就应该鼓励员工尝试着自己找出解决问题的方式。另外，管理者应该在面谈的最后留出足够的时间让员工有机会说说他想说的问题。员工是最了解工作现场情况的人，从他们的口中了解情况是非常重要的。

第三，在面谈中，管理者还应该注意记录一些重要的信息，特别是在面谈中涉及一些计划性的事务时就更应如此，以防止过后被遗忘。

不论是书面报告还是一对一的双方会谈，一个共同的缺陷就是涉及信息只在两个人之间共享。如果员工所处的是一个以团队为基础的工作环境，那么这两种方式都不能够实现沟通的目的。这时，我们需要采用一种新的方式——有管理者参加的员工团队会谈。

由于员工是以团队的形式参加会谈的，选择恰当的交流内容就变得更为重要了。不恰当的内容会浪费更多人的时间，而且可能造成员工之间不必要的摩擦或矛盾。这时就要求管理者对于哪些信息需要共享做出判断。

在团队会谈中，需要把握一些必要原则：

①注意会议的主题和频率，针对不同的员工召开不同的会议。团队会谈更要注意明确会议重点，控制会议的进程，管理者可以要求每个人都介绍一下工作的进展和遇到的困难，可以使用一些结构化的问题提纲和时间表来控制进程。如果找到了问题并能够很快地解决，就应立即安排到人，以确保问题得到及时解决。如果问题的解决方法不能在规定的时间内得出，可能的解决方式是，计划开一个规模更小的小组会或要求某个人在规定时间内草拟一份方案等。不能由于个别难以解决的问题而影响整个会谈的进度。

②合理安排时间，以不影响正常工作为宜。团队形式的会议意味着更多的时间和更大的复杂性。而且，要确定出一个适合所有人的开会时间有时也不是件容易的事情。对于较小的团队，这种问题还较好解决。如果涉及的团队较大，这种会议就不能够过于频繁。有时可以采用派代表参加的方式来解决这个问题。

③在会议上讨论一些共同的问题，不针对个人。涉及个人绩效方面的严重问题不应轻易成为团队会谈的话题。任何人都有犯错的时候，这种公开的讨论是最严厉的惩罚。不同的文化背景决定了人们对于这种情况的承受能力和接受能力。在通常的情况下，这种针对个人的绩效警告应该在私下进行。

除上述三点之外，还需要运用沟通的技巧形成开放的沟通氛围，并且鼓励员工自己组织有关的会议，邀请经理人员列席会议。在团队的工作环境中，员工与员工在工作中相互关联并发生影响。每个员工都能够自然地了解和掌握其他员工的工作情况，而且每个员工都能够通过解决大家共同面对的问题提高个人的绩效乃至团队的绩效。因此，群策群力是最好的解决问题的方式之一。

2. 非正式的绩效沟通

进行持续有效的绩效沟通，除了上面介绍的正式沟通方法之外，还有大量使用的非正式沟通的方法。管理者和员工之间的绩效沟通并不仅仅只是事先计划好的或者必须采取的正式会面或书面的形式。事实上，管理者和员工在工作过程中或工作之余的各种非正式会面为他们提供了非常好的沟通机会。采用非正式沟通更容易让员工开放地表达自己的想法，沟通的气氛也更加宽松。

非正式沟通的优点主要表现在：

（1）形式丰富多样、灵活，不需要刻意准备，也不易受到时空限制。

（2）及时性。在问题发生后，马上就可以进行，从而使问题很快得到解决。

（3）更容易拉近管理者和员工之间的距离。

常见的非正式沟通方式主要有：

（1）走动式管理。这是指管理者在员工工作期间不定期地到员工的座位，与员工进行交流，或者解决员工提出的问题。这种及时的问候和关心会使员工减轻压力、受到激励和鼓舞。但是，管理者应注意不要对员工的具体工作行为过多的干预，否则会给员工一种突击检查的感觉，反而使他们产生心理压力和逆反情绪。

（2）开放式办公。这是指管理者的办公室随时向员工开放，员工可随时进入办公室与管理者讨论问题。这种方法的最大优点就是使员工处于比较主动的位置，增强了他们沟通的主动性，同时也使整个团队的气氛得到改善。

（3）工作间歇时的沟通。管理者可以在各种工作间歇时与员工进行一些较为轻松的话题的沟通，从而引入一些工作中的问题，并且尽量让员工主动提出这些问题。

（4）非正式的会议。这主要包括联欢会、生日晚会等各种形式的非正式的团队活动。管理者可以在轻松的气氛中了解员工的工作情况和需要帮助的地方。同时，这种以团队形式举行的聚会也可以发现一些团队中存在的问题。

目前，越来越多的企业开发了自己企业内部的局域网，员工可以通过在网上留言与管理者和其他员工探讨工作中的各种问题。在这种情况下，非正式绩效沟通也可以是书面形式的。但是在更普遍的情况中，非正式绩效沟通还是员工与管理者之间面对面的交流，面谈是管理者与员工之间最主要的沟通方式。

八、绩效信息

（一）绩效信息的重要性

在整个绩效管理闭环中，管理者往往会把较多的注意力放在绩效评估上。但如果我们力图做到客观、公正地评估绩效，评估的依据就来自绩效实施和管理过程中的信息收集。在绩效沟通阶段，管理者一方面持续不断地收集信息，特别是记录员工在实现绩效目标过程中的关键事件，是为了保证绩效评价时有明确的依据，避免出现传统的绩效评价中根据主观臆断或对绩效表现的回忆来评价员工绩效的现象，确保评价结果的公正及其信度；另一方面，也更重要的是，通过持续的收集信息，记录关键事件，有助于诊断员工的绩效，进而通过绩效监控、绩效评价和绩效反馈过程中的有效沟通达到改进绩效的目的。

绩效信息的重要性主要表现在以下几方面。

1. 提供绩效评价的事实依据

绩效评价结果的判定需要明确的事实依据作为支撑，尽管最初确定的工作目标或任务可以提供一些参考，但不足以证明员工完全按照计划展开工作。工作过程中收集或记录的数据，可以作为对员工绩效进行评价的依据，也可以作为晋升、加薪等人力资源相关决策依据。

2. 提供绩效改进的事实依据

绩效管理的目的是改进和提高员工的绩效和解决问题。但要解决问题必须知道两件事，即存在什么问题和是什么原因引起了这个问题。管理者需要有具体的事例来帮助员工认清他们的问题，以便更好改进。

3. 得出绩效不良与绩效优秀的原因

对绩效信息的记录和收集可以使我们积累一定的关键事件，通过这些信息或关键事件，可以得出绩效优秀原因，然后利用这些信息帮助其他员工提高绩效，或者得出绩效不良的原因，从而对症下药，改进绩效。

4. 劳动争议中的重要依据

翔实的员工绩效表现记录在发生劳动争议时为组织提供足够的事实依据，使企业和当事员工的利益同时得到保护。

（二）绩效信息的来源

到目前为止，我们一直假定员工的直接上级是主要的绩效信息来源。在大部分组织中情况确实都是如此，这是因为直接上级可以对员工进行直接观察，而且对绩效指标也很了解。然而，除了直接上级之外，还存在其他一些绩效信息来源。这样，我们可以考虑将直接上级作为绩效信息的主要来源，同时将其他绩效信息来源，其中包括同事、下属、员工本人以及客户等，作为一种补充信息来源。

1. 上级

将员工的直接上级作为绩效信息来源的一个好处是，他们常常是最能够根据组织的战略目标来对员工的绩效做出评价的人。同时，员工的直接上级通常也是根据绩效评价结果来进行报酬决策的人。因此，员工的直接上级管理者通常是最为重要的绩效信息来源，同时，他们也是负责管理员工绩效的人。

尽管员工的直接上级通常是最重要的绩效信息来源，有时甚至是唯一的绩效信息来源，但是，我们也应当考虑到其他一些绩效信息来源。例如，我们已经看到，在绩效评估和审查过程中，员工的自我评价是一个非常重要的部分。除了员工的自我评价和直接上级评价之外，我们还可以从员工的同事、客户以及下属（假如他们有直接下级的话）那里收集绩效信息。之所以通常需要考虑除直接上级之外的其他绩效信息来源，是因为对有些工作来说，如教学工作、执法工作或销售工作等，员工的直接上级管理者可能无法经常观察到自己下属的绩效表现。此外，由直接上级给出的绩效评价结果可能会存在偏见，因为直接上级在对员工进行绩效评价时的依据很可能是员工对于直接上级本人认为重要的那些目标做出贡献的程度，而不是员工对于整个组织重视的那些目标做出贡献的程度。例如，员工的直接上级可能会对那些帮助自己在公司内部取得职业发展的员工给予较高水平的绩效评价，而对于那些致力于帮助组织达成战略目标的员工却并不给予较高的绩效评价等级。

2. 同事

许多组织让同事来对员工进行绩效评估。举例来说，一家大型国际金融服务银行就实施了这样一种体系。这家银行通过一系列的兼并活动，实现了快速地成长，因此，它的战略目标就是实现各业务单位之间的团结和统一。显然，变革管理对于该银行实现这种团结和统一来说是极其重要的。而这家银行相信，团队合作对于变革管理的成功来说又是非常关键的。因此，这家银行对自己评价中高层管理人员的“团队合作”能力的方式进行了修订。新的评价方式特别规定，一个人在这种胜任能力上的得分有三分之一的部分是由他们的同事来决定的。

不过，由同事来做出绩效评估会存在两个方面的问题。第一，当员工们相信在工作中存在友情偏见时，这种绩效评价结果可能不容易被员工所接受。换言之，如果一位员工认为，他的同事对他做出的评价之所以比对另外一位同事做出的评价要差，只不过是因为被评价的另外这位同事跟作为评价者的这位同事关系更好，那么，员工将不会把绩效评价结果当回事儿。这样，员工也就不会运用所得到的反馈来进行绩效改进。采用同事评价的做法可能会存在的第二个问题是，与直接上级评价相比，同事评价往往会在被评价者的所有绩效维度上保持较高的评价一致性。换句话说，如果同事对于一位员工的某一个绩效维度评价很高，那么，他们很可能会对被评价者在所有绩效维度上的表现都给予较高评价，即使在这些需要被评价的绩效维度之间可能并不具有关联性，或者是它们要求员工具备的知识、技能和能力是很不相同的。

正是由于同事评价具有上述这两个方面的缺点，因此，将它作为唯一绩效评价信息来源的做法是很不明智的。同事评价可以作为绩效评价体系的一个组成部分，但还应该从其他信息来源去获得员工的绩效评价信息，其中包括员工的直接上级。

3. 下级

在对管理人员的绩效进行评价时，他们的下级是一种很好的信息来源。例如，管理人员的下级就非常适合对自己上级的领导能力，包括授权能力、组织能力以及沟通能力等做出评价。此外，组织通常还会要求管理人员的下级对他们上级的以下几种能力做出评价：第一，扫除员工面临的障碍的能力；第二，使员工不受政治困扰的能力；第三，提升员工胜任能力的能力。请注意，在实施这种类型的绩效评价体系时，如果下属觉得比较难堪，他们可能不愿意提供自下而上的这种反馈。然而，如果管理人员愿意花时间与下级进行沟通和接触，真诚地请他们发表自己的意见，则员工会更愿意提供诚实的反馈。

许多组织会非常认真地对待自下而上的这种反馈。我们可以看一看在全世界雇用员工的人数超过 5. 5 万人的计算机巨头戴尔公司（Dell）的例子。迈克尔·戴尔在

1984年时基于直接向顾客销售电脑系统这样一种简单的理念创立了这家公司。2004年，在《财富》杂志发布的最受尊敬的美国企业排行榜上，戴尔公司名列榜首。在戴尔公司，每隔六个月，所有的员工都要通过一种名为“告诉戴尔公司”的调查来对他们的直接上级做出评价，迈克尔·戴尔本人也要接受这种评价。迈克尔·戴尔说，“如果你是一位管理者，而你又没有重视员工的问题，那么，你将得不到薪酬。如果在这种调查中，你的评价分数一直处在最底下的那几行之中，那么，我们将会把你叫来，然后对你说‘或许这份工作不适合你’”。

由下属提供绩效评价的这种用意在于所提供的绩效信息的准确性会产生影响。总的来说，如果下级所做出的绩效评价结果是为了进行管理人员的开发，而不是用于管理方面的目的，则由管理人员的下属提供的绩效信息会更加准确。如果通过下属评价得到的信息是用于管理目的（也就是说，用来判断管理人员是否可以得到晋升），则下级员工往往会有意抬高他们所给出的绩效评价等级。而最有可能导致这种情况出现的原因是，员工们可能会担心，一旦他们对自己的直接上级给出了较低的绩效分数，则他们的上级可能会对他们进行报复。所以，如果让管理人员的直接下级作为绩效信息的来源，则保密工作是至关重要的。

4. 本人

正如我们之前讨论过的，在任何一套绩效管理体系中，员工的自我评价都是其中一个重要的组成部分。当员工有机会参与绩效管理过程的时候，他们对最终结果的接受程度可能会上升，而他们在评价面谈阶段的防御心理则会被弱化。自我评价的另外一个优点是，员工本人是在整个评价周期内追踪自己的工作活动的最佳人选，而一位管理者则可能需要同时跟踪几位员工的绩效表现。然而，在进行管理决策时，自我评价信息又不能作为唯一的绩效信息来源，这是因为，相比较其他信息来源——例如，直接上级——而言，自我评价可能会更加宽松和误差更大。正是由于这种原因，绝大部分《财富》500强企业都没有将员工的自我评价作为它们的绩效管理体系的一个组成部分。不过，幸运的是，当自我评价被运用于开发目的而不是管理目的时，评价宽松的情况就会受到削弱。此外，下列建议也有助于改善自我评价的质量：

（1）利用相对绩效衡量体系而不是绝对绩效衡量体系。例如，不是让员工运用从“很差”到“卓越”这样的评价尺度来进行自我评价，而是给他们提供一个相对尺度，让他们将自己的绩效同他人进行比较（例如，“低于平均水平”“平均水平”“高于平均水平”）。

（2）允许员工练习自我评价技能。为员工提供进行多次自我评价的机会，因为自我评价技能是可以通过不断实践来加以锻炼的。

（3）确保保密性。确保从员工个人那里收集来的绩效信息不会被泄漏出去，不会与除员工的直接上级和有关方面（比如，同一个工作小组中的成员）之外的其他人去分享这些信息。

（4）强调未来。对绩效评价表格中的开发计划部分应该给予充分的重视。员工应该指明自己的未来开发计划以及所要取得的成果。

5. 客户

客户是绩效信息的另外一个来源。从客户那里收集信息可能是一个成本很高而且费时费力的过程。尽管如此，对于那些需要与公众或与工作有关的特定群体紧密接触和互动的工作（例如，采购经理、供应商以及销售代表等）来说，由客户提供的绩效信息就非常有用。此外，还可以从一个组织的内部客户那里收集绩效信息。例如，直线管理人员可能会提供组织中的人力资源管理人员的绩效信息。虽然客户可能并不充分了解组织的战略方向，但是他们仍然可能提供有用的信息。

我们可以来看一看联邦快递公司（Federal Express）是怎样做的。联邦快递公司最近对它的绩效管理体系进行了修订，将与客户服务有关的绩效指标纳入了评价体系。目前，该公司采用了一份包含六个问项的客户满意调查问卷，在每年年底由员工所服务的客户的代表来进行评估。由于把客户的意见以及客户开发目标纳入了绩效评估过程之中，该公司的员工现在更加关注满足客户的期望了。最近的一项研究针对美国一些大型广告公司对高级客户经理进行绩效评价的表格进行了考察，结果表明，这些公司对内部客户的重视程度要远远超过对外部客户的重视程度。具体来说，在这些被调查的公司中，只有21%的公司对外部客户所做出的反馈进行了衡量。大约27%的公司根本就没有对自己的客户经理在客户关系维护以及增加客户业务方面所做出的贡献进行评价。简而言之，这些广告公司如果能够不仅仅是从内部客户的角度，同时还从外部客户的角度来对客户经理们的绩效进行评价，那么它们必将会受益。

一旦确定了针对某个特定职位需要评估的胜任能力和结果之后，组织就要决定用哪一种信息来源来对某一个绩效维度进行评价。当然，很可能会出现某些重叠的情况，对一些绩效维度可能会利用一种以上的绩效信息来源来加以评定。无论最终的决定是怎样的，在决定用哪一种绩效信息来源去衡量某一种绩效维度的时候，都应当让员工起到积极的作用。员工在这一过程中的积极参与很可能会增强他们对结果的接受程度以及对整个绩效管理体系的公平性认知。

当我们用不同的绩效信息来源来对同一个绩效维度进行评价时，我们也不一定期望各方的绩效评价结果是类似的。不同的绩效信息来源对于同一位员工在某个绩效维度上的评价结果存在分歧也不一定就是个问题。对同一位员工进行绩效评价的这些人很可能是来自组织中的不同层次上，因此，他们所观察到的可能是同一位员工的绩效的不同方面，即使他们所评价的是同一位员工的同一种胜任能力（例如，沟通能力）。事实上，不同的绩效信息来源在对同一位员工的同一种胜任能力进行评价时，所依据的行为指标可能是不同的。例如，一位员工可能能够很好地同自己的直接上级沟通，但是却无法很好地同他的下属进行沟通。需要被考虑到的一个非常重要的问题是，对于每一种绩效信息来源而言，需要被评价的这些行为和结果必须得到了清楚的界定，从而努力使评价误差降低到最低程度。从提供绩效反馈的角度来说，没有必要非要对一位员工的绩效给出一个总体性的评价。相反，真正重要的一点是，必须让员工们知道组织所使用的每一种绩效信息来源是如何对自己的绩效做出评价的，这正是360°绩效反馈体系的关键所在。当把员工所得到的绩效反馈分解到不同的绩效信息来源上时，员工们在与那些发现自己存在绩效缺陷的绩效信息来源打交道时，就可以给予特别的注意，同时拿出较大的精力去加以改善。

如果发现不同的绩效信息来源对同一项内容的评价存在分歧，就必须就每一种绩效信息来源所提供评价的相对重要性进行决策。例如，外部客户和内部客户的意见同等重要吗？与下级进行沟通的能力和与同事进行沟通的能力同等重要吗？在计算被评价者的总体绩效分数并且将这种总分运用于管理目的时，对这些问题的回答就可以为不同绩效信息来源打出的分数分别确定不同的权重。

（三）收集信息的方法

绩效评价是一项系统的工作，需要长期跟踪和收集信息资料，并对数据进行加工归类。收集信息的主要方法有：

（1）观察法。这是指管理者直接观察员工在工作中的表现，并记录员工的表现。

（2）工作记录法。这种方法在生产服务性组织中常用，主要记录如产出数量和质量、消耗原材料数目、服务的数量和质量等生产服务情况。

（3）项目评定法。采用问卷调查形式，指定专人对员工逐项评定。

（4）减分搜查法。按职位要求规定应遵守的项目，定出违反规定的减分，定期进行登记。

（5）关键事件法。这是指一些比较极端或比较有代表性的行为或具体事件，当这类事件发生时要及时做记录。记录的内容应当包括事件具体发生的时间、当时的情况、员工具体的行为以及最后的结果等，总之尽可能具体地列出当时的经过。但是，在做关键事件记录时，不应当加入任何主观的判断和修饰，应当仅仅描述当时的事件经过。

（6）文档法。这是指管理者跟踪和记录与单个员工有关的数据、观察结果、沟通结果和决策情况的过程。工作表现记录或者称为工作表现备忘录，可以帮助管理人员更好地记录员工工作的关键事件，并且可以确定需要做什么、为谁做以及什么时候做，从而帮助员工创造好的绩效。

（7）第三方反馈法。数据收集还有一种方式就是通过第三方，也就是让员工、客户等帮助收集数据。因为任何管理者都不可能了解每个工作细节，比如，管理者不可能总是盯着看电话是否是在响了十几声之后才被接起来的，也不可能总是观察员工回答电话的内容和态度，所以有必要借助第三方来收集数据。让员工收集数据同时也找到了使员工加入绩效管理过程的好方法，通过收集数据员工不再将绩效管理看成监督和检查的工具，而是把绩效管理看成是发现和解决问题的工具。

绩效管理主管也可以通过不同的信息渠道获得信息，在各种渠道当中观察一般是最可靠的，不过，由于管理者的时间和精力有限，不可能事事都观察或监控得到，所以要配合其他渠道，当然在使用其他渠道进行信息收集时，对信息的准确性要进行基本的判断，不能不加判断就完全相信并应用。

九、棘手的绩效问题

问题员工，他们的绩效或工作表现无法令人满意；他们工作时不用心，显得百无聊赖；他们对员工权利的兴趣远胜过工作目标。每次促膝谈心的结果都一样：他们答应做出改变，但就是不会贯彻始终。更糟糕的是，他们既耗尽了你的时间，又造成同事的不满。他们让你的管理能力经受考验。你有这样的下属吗？

有些下属身上的绩效问题很顽固，即使给予辅导或其他干预也无济于事。本章就是要探究管理者如何对付此类下属。本章还将考虑如何去对付“老油条”——这类人曾有良好表现，但现在却滑入了平庸者的行列。

（一）断症

要对付长期存在的低劣绩效，首先需要断症。你需要非常确定，你的忧虑有实实在在的事实依据。而且，你不能小题大做。在做诊断时，可采取我们第三章描述的确认绩效差距的步骤：

观察并收集数据。

将你观察所得与员工的绩效目标进行对比。

寻找问题产生的可能原因：岗位设计不合理，与其他员工有矛盾，等等。

为检验自己的观察结论，询问其他人员（保密进行）见到的情况。他们与你的看法一致吗？

上述步骤后，编制一个简单的存档列表，将常见问题登记下来，如下例：

萨拉在担心迈克尔的表现，后者是她的直接下级。星期二早上，她曾要求迈克尔提交一份书面报告，说明他所在销售地区主要客户账目的状况。为强调任务的紧急性，她要求迈克尔在当天下午三点前交报告。但是直到星期三，迈克尔还没有完成。

迈克尔没能及时提交报告，萨拉非常恼火。她注意到，这似乎已是迈克尔的老毛病。翻看以前的记录，她发现迈克尔的报告经常晚交或不完整。他去年的年度绩效总结中也提到了同一问题。

根据她的记录与对事件的回忆，萨拉将迈克尔最近在报告方面的表现总结成一个简单列表。稍后跟迈克尔谈这个问题时，她就会用到这个列表。

断症的目的是查明并记录问题。做到这一点，你就为下一步做好了准备。

（二）面对表现不佳的员工

下一步就是会见员工，让他面对事实。然后，就你看到的问题提供实事求是的反馈。反馈为双方提供了表达己方意见、听取对方意见的机会。以下是运用反馈手法的九个小窍门：

1. 确认工作要求和绩效目标是明确的。证实存在绩效问题的唯一途径，是阐明期望绩效水平并以此衡量员工的实际绩效水平。

2. 完成断症的步骤后，你就掌握了所有细节。让员工逐条看这些细节。要有备而来，并避免用笼统的语言描述问题。

3. 提前通知员工，并明确告知要谈的问题。例如，一个员工经常迟到，你可以说："明天我跟你谈谈工作时间的问题。做好准备，说说你每天上班的时间。"

4. 当最终面谈日期到来时，对员工的问题行为进行描述，说明它对你和其他人造成的影响。例如，"上个月你每周都有几天迟到半个小时。我看到，你确实在利用加班或午休时间来进行弥补，但这不是解决问题的办法。因为我们的工作需要团队合作，有一个人不在，三四个人的工作就会被搞乱。"

5. 谈谈问题的背景。"这个问题我们不是第一次谈了。根据我的记录，六周前及去年十二月，我们都讨论过这个问题。但问题依然存在。"

6. 积极听取员工的反馈。不要分心去想你接下来要怎么说。敞开心扉听取员工的意见。

7. 提出建议或要求，并确认员工是否理解。例如，"我的建议是，你重新安排一下自己上班前的活动，从而做到按时上班。这样一来，你在这儿的工作会轻松许多，整个团队也会感到高兴。而且我们不必再进行这样的谈话了。"然后，确认员工是否理解了你的建议："你能理解我为什么坚持要你按时上班吗？"

8. 确认员工对以后做法的认可或承诺。例如，"这么说，你同意每天早上九点到这儿开始工作，对吧？"

9. 记录谈话内容和双方达成的一致意见。检查确认员工是否恪守承诺。

着眼未来

提供反馈时，应着眼于未来绩效的改善。毕竟，你这时的目标是改善员工的绩效或工作习惯，而不是拷问对方。

还有一点，反馈不应只针对低劣绩效。反馈意见要保持公正，应是"既报喜也报忧"。批评意见是"苦药丸"，若加上一层表扬的"糖衣"，就更容易吞咽。比如，"我其实不想责备你迟到的事，因为你的工作成绩在这里堪称表率。但问题在于，你要从九点开始就发挥这种表率作用。"

不要回避正面冲突——如果冲突是必要的

大多数管理者不愿与员工发生正面冲突，直言不讳地指出员工的缺点是工作中最为难的事情，甚至去找牙医补牙都比这好受。你或许也是如此。没人喜欢发布坏消息，或直说别人的工作或绩效不合格。（有些员工的表现合乎标准，但仍对周围其他员工产生消极影响，参见“员工行为的常见问题及解决办法”所提建议。）

实际上，大多数人倾向于逃避冲突。但是，必须有人去面对冲突；否则，员工不合格的工作或行为只会继续——甚至变得更糟。

这里有些建议，当你不愿与问题员工正面冲突时可以参考：

这是我的职责。将面对问题员工看作一种考验——自己是否适合做管理工作的考验。如果你不能或不愿进行令人不快的谈话，就说明你不适合做管理工作。

不这样做会危害整个团队。问题员工会削弱士气，拖你和整个团队的后腿。不可容忍害群之马的出现。

我是在帮助那个人。问题员工可能自我感觉良好，觉得自己工作干得挺好。开诚布公的谈话能消除这种误解，给员工改进的机会，也许还能帮他保住饭碗。

这不是什么要命的事。直言不讳地谈绩效问题不太好玩。这可不是什么令人愉快的经历。但是，谈话也就是二三十分钟的事，之后生活仍将继续。而且，下次再进行这种谈话就容易多了。（如果你担心对方听到批评意见有过激反应，或许可以找一两个人陪你，比如人力资源部的人。）用这几点提醒自己，面对这种问题时，你就不会感到勉为其难了。

（三）对付平庸者

你要想提高团队整体的绩效水平，就不能只关注所谓的问题员工。还有些人虽然并非“不合格”，但却是表现平平。这些人你也应予以关注。

从最佳到中等到最差，每个组织里员工的表现都是这种分布形态。在分布形态的一端是优异者（A performers），他们的贡献异常突出。优秀者（B performers）干得很不错，往往是单位或部门的中坚力量。另一方面，平庸者（C performers）的表现只是差强人意。麦肯锡公司的贝思·阿克塞尔罗德（Beth Axelrod）、海伦·汉德菲尔德—琼斯（Helen Handfield-Jones）、埃德·迈克尔斯（Ed Michaels）曾调查两家大公司的管理人才，他们发现，优异者、优秀者、平庸者对利润增长的贡献有天壤之别。平均而言，优异的管理者在这家公司可使利润增长 80%，在另一公司可能使利润增长 130%。然而，平庸的管理者无论在哪家公司，都不能带来利润增长。这就提出了一个问题：技能培训和职业发展的资源应瞄准何人？当然，花资源大力培养优异者和优秀者确为明智之举。但是怎么对待平庸者呢？是投入资源去改变培养他们，还是直接将他们扫地出门？

员工行为的常见问题及解决办法

有些人绩效虽能达标，但某些行为却大大挫伤团队的士气。

散布流言。有些人喜欢散布流言蜚语。这让他们自我感觉有影响力，好像他们总有内幕消息。这种行为扰乱人心，破坏工作氛围。要向员工解释清楚，飞短流长对组织的伤害极大。若有可能，将飞短流长者的精力导向有积极意义的活动。

牢骚满腹。有些人觉得自己的工作、上司或公司一无是处。而且谁愿意聆听，他们都毫不隐讳地讲出自己阴暗的看法。对于这种工作不开心的人，你要表示关心。倾听并接受合情合理的抱怨。恳请对方为改善团队工作提供建议。但同时要坚定说明，总是持消极态度会危害团队的工作热情和责任感，所以你不会容忍这种错误态度。

恶意玩笑。轻松幽默的玩笑有助于减少工作压力，提升团队士气。但是，恶意或个人攻击式的玩笑所起的作用适得其反，所以不可容忍。一定要明确说明，在工作场合不允许发表涉及种族、同性恋、性别的歧视性言论，谁不遵守这一规定就要遭受处罚。

有些公司——通用电气即其中之一——定期会调整平庸管理者的级别，他们采取末位淘汰法，绩效排名在末尾 10%的管理者按惯例会被降级。还有些公司则尝试改善平庸者的表现。但是，太多公司对平庸者无动于衷。这种置之不理的做法代价巨大，因为好员工会因此跳槽，利润会因此停止增长。三位作者在他们的调查中曾写到这类管理者：

想想看，每个平庸者都占据一个位置，也就阻碍了公司内部其他有才华人员的升迁之路。同时，平庸者通常不是好的模范、辅导员或导师。在调查过程中，80%的答复者都说，在平庸者手下工作妨碍了他们的学习，阻碍了他们为公司做出更大贡献，也使他们不愿留在公司。所以，就算一家公司只有 20%的管理者表现不佳，而每名管理者下属10人，那么对公司人才和士气的打击有多大，也就可想而知了。

那么，该怎么办呢？阿克塞尔罗德和她的同事建议分三步走：

1. 找出团队中的平庸者。

2. 与每位平庸者完成明确的行动计划。若得到恰当的指导和支持，有些平庸者能够取得长足的进步。

3. 让管理者和监督者负责培养或辞退平庸者。

很多平庸者不值得保留，至少不应留在当前职位上。经过辅导和劝告后，如果他们还不能提高，就应该降级去做低水平的工作，在那些岗位他们有潜力成为优异者或优秀者。如果他们在低职位上仍表现不佳，则应予以辞退。

不过，投入资源培养平庸者也可能值得。确认这一点的唯一方法，就是估算一下若能把平庸者提高到最高水平，那么整个组织的绩效会有多大改善。

（四）有“老油条”的问题吗？

有一类人你偶尔会碰到，他们工作绩效差，但根据人力资源部的记录或你自己的印象，他们曾经是优秀员工。这类人工作时只是当一天和尚撞一天钟——得过且过。是什么原因呢？或许你碰到了“老油条”。

“老油条”指那种工作热情消失殆尽的员工。这有时是因为员工自甘堕落，但多数情况下，却是特定职场文化造成的。“老油条”的典型表现是：工作绩效和满意度低，缺乏对公司的责任感，并且有“标新立异”的强烈愿望。

之所以存在“老油条”，是因为他们长期所处的环境具有许多消极特征，如：

工作负担过重自相矛盾的工作要求（如，“要敢想敢干——但不准犯错”）

任务单调乏味

报酬（奖金、额外的休假等）太少

员工的贡献几乎得不到认可

未能获得员工心目中那种明确的成功

以上列表表明，“老油条”并不只是工作时间过长造成的。一个人可能长时间奋战仍干劲十足。然而，大部分人在工作中更多感到压力而非支持时，则容易变得疲惫不堪。而且最糟糕的是，有才干、责任感强的员工最容易感染这种“病症”。

有时候，管理者在不知不觉中助长了“老油条”问题。他们本能地把重要项目都交给手下为数不多的几员“干将”。“我不相信别人做得好，”他们辩解说。然后，当几位骨干成功完成一个项目后，另一个项目马上接踵而至。与此同时，那些懒散的员工却无所事事，每两周轻轻松松地领工资。部门骨干会因工作出色得到升迁吗？不一定。假如他们得到升职，那些重要工作就没有人做了。

要解决“老油条”的问题，可采取下列策略：

制订长期的招聘计划。计划应确保你的团队有足够人员——足够的合格人员——来做工作。

重新部署内部人员。如果不经常给室内植物换花盆，它们的根系就会受到挤压而停止生长。这一道理同样适用于人。要保持他们的干劲和责任感，就需要定期提供新挑战。

提供变化。如果你有方法变换工作和职责，则不必再对内部人员重新部署。比如，你让部门里某员工半年内负责一个团队项目；半年后，再将这项任务转给他人负责。还可以让另一个人临时负责维护你们工作区内的设备。一定要让这些职责作为员工个人的绩效目标，以使他们能够认真对待。不可走马灯般频繁转换职责，而要认真考虑可以为员工提供什么样的好机会——并强调这些机会对于职业发展的益处。

定期检查工作负荷。这种定期检查对一流员工尤为重要。美国某大型会计师事务所就这么做，他们的方法是检查旅行计划。他们如果发现某位员工在路上花费过多时间，或自愿做了过多的项目，就会找到对方并予以劝告。如果你发现这样的人，要定期与他们会面，了解他们的情况。这种行动本身就能使员工感受到一种支持。还应再进一步——在员工精疲力竭之前调整他们的计划。

重新设计岗位职责。如果一位不错的员工表现出“老油条”的症状，你应该看一下他所在岗位的职责说明。该岗位的任务或责任可能过于繁重，就连能力出众的员工也力有未逮。在这种情况下，要跟人力资源部门和员工谈谈，争取对岗位职责重新进行设计。

综上所述，你要成为敏锐的观察者和专注的倾听者。要理解一些求助信号——如“我不知该怎么保持良好状态”，“我忙得不可开交”或者“好像我周末又得加班了”。然后，采取措施来缓解这种情况。

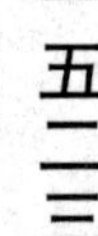

（五）无计可施时

有时候，再多的辅导、额外培训、反馈会谈、谆谆教诲都无济于事，无法将某员工的绩效提高到可接受的水平。在这种情况下，辞退成了唯一可行的方案——这是令管理者感到最棘手、最痛苦的任务之一。辞退员工不但在感情上不好过，而且如果处理不当，还可能损害公司声誉，招致法律纠纷。这种做法还可能削弱团队的信任感和士气。被辞退员工的朋友和支持者可能会愤愤不平——甚至感觉到一种威胁。但是要记住：有些人会因此大感欣慰，因为他们早已不满被辞退员工平时的糟糕表现。

1. 辞退员工的依据

除非公司在裁员，否则辞退一名员工时，必须是因为其绩效或行为问题已无药可救，或违犯了法律或公司规定（如偷盗财物或性骚扰其他员工）。

辞退员工方面的法律和公司政策非常复杂。员工不同形式的法律地位——如免责雇员或非免责雇员，工会会员或非工会会员——更加大了这种复杂性。当你要辞退一名员工时，脑子里要有根弦，要想到这些东西。然而，最重要的是严格遵循公司政策，并征求公司内部或外部法律顾问的意见。随随便便辞退员工，很可能招致耗资又耗时的“不当解雇”诉讼案，所以每一步都要获得公司法律部门的指导。

如果事态发展到那个地步，如何决定是否辞退员工？如何采取行动？大部分管理者对此心存疑惑。这很正常。以下是管理者常想到的一些典型问题：

何时解雇一个人是合法的？

何时将消息通知该员工？怎么说？

如何遵照法律和公司规定采取行动？

有些团队成员是被辞退员工的朋友，他们可能对辞退决定提出质疑，该如何保持他们的士气和信任感？

被辞退员工走后，重新调整该部门工作岗位的最佳方案何在？

2. 法律问题

何种理由可以成为辞退员工的可靠法律依据？有些时候，你可以根据明确的法律依据解雇员工。而另外一些时候，事态则模糊不清——你需要小心翼翼。在美国，员工如有下列任何行为，将其立即解雇将被视为合法：

在工作场合非法携带或藏匿武器

严重违反公司重要的规章制度，如向竞争对手公司泄露商业秘密

在重要的工作活动中弄虚作假，如故意虚报大笔出差费用

危及同事的健康与安全

对同事进行性骚扰或威胁，使之不能正常工作

参与犯罪活动

在工作时饮酒或吸毒

在工作时赌博

各国、各州的相关法律不尽相同。所以你要咨询法律顾问，以确保你能理解自己所处情况下适用的法律。（参见“何时不应辞退员工”）在美国公司，若员工经提醒劝告仍固执己见或不思悔改，下列过错可作为正当的解雇理由：

工作表现很差

拒绝接受指导

长期抱持消极或破坏性的工作态度

不听上级指挥

滥用病假和其他权利

经常迟到或缺勤

无论你辞退员工的理由为何，一定要记录下员工的行为以及你采取的纠正措施。当被辞退员工声称解雇行为不合法时，这些记录员工错误行为的员工绩效总结、个人档案、备忘录、私人笔记就有了巨大价值。因此，在对表现差的员工进行辅导和劝导时，进行正式或随机的评估会谈时，一定要做记录。当情况恶化，不得不将员工扫地出门时，这些白纸黑字的材料就会弥足珍贵。

辞退员工的事情非同小可，你需要小心谨慎，并获得人力资源专家和法律顾问的帮助。

3. 工作还要继续

辞退员工后，你需要打消其他团队成员的顾虑。你还需把被辞员工的工作分配给其他员工，并确保被辞员工的技能有人掌握。

有人被辞退后，你需要尽快通知其他员工。如果假装什么也没有发生，只会造成谣言满天飞。建议你组织整个团队开会，做出简要说明。比如你可以说，“托比被辞退了，因为好几个月过去了，他仍然无法提高工作绩效。”不必详细解释或描述你的决

定。还有，不要在会上对已被辞退的员工说三道四。然后对团队成员进行安抚，说明这次辞退事件与他们的表现或行为毫无关系。承认整个团队正面对困难时刻，并表示你理解有些人为此感到不快。然后，解释你寻找替代人选的计划，以及团队工作重点是否发生改变。

但是，你们的交流不应就此结束。上述团队会议后，还应花点时间单独听取每个人的意见，平复他们在人员变动后的情感波动。

4. 何时不应辞退员工

员工的某些行为不构成公司辞退他的合法理由。各地区的相关规定不尽相同，但基本包括以下员工行为：

员工提起赔偿诉讼

揭发检举公司的非法行为

举报或投诉公司违犯职业安全与健康法律的行为

行使加入或拒绝加入工会的权力

请假去履行公民义务，如担当陪审员或参加投票

在联邦或州法律规定的节假日休息

向法律顾问咨询相关法律法规。这类规定很复杂，不要仅凭一已之力去解读。

本章集中讨论了存在严重绩效问题的下属。对这类人和问题的处理正可显示你管理水平的高低。如能果断处理问题员工及其问题，你不但能赢得员工与高层对你的信心，而且会因这种经验变得更加有力。

十、360 度绩效评价

360 度，作为一种新的绩效评价方法，目前已为许多企业所采用，其中包括许多《财富》500 强中的著名企业。最近的一项调查显示，入选《财富》的 1000 家企业中，超过 90%的企业已经将 360 度反馈系统的某些部分运用于职业发展和绩效考核中。

（一）360 度的基本内涵

360 度绩效评价方法是由被评价人的上级、同级人员、下级和（或）内部客户、

外部客户以及被评价者本人担任评价者，从各自不同角度对被评价者进行全方位的评价，再通过反馈程序将评价结果反馈给被评价者，以达到改善被评价者工作行为、提高工作绩效的目的。因此，360 度实质上是一种多源信息反馈的评价系统。以被评价者销售经理为例，其评估者可以是市场总监、销售员、如同级同事如财务部、人力资源部等，及外部客户如销售代理等。这种评估系统也被称为多评估者评价系统或多源反馈系统。

360 度作为一种新的从西方引进的评价方法，有其优点也有其不足。

1. 360 度的优点

与传统的由被评估者主要由直接上司进行评估的方法相比，360 度主要具有以下优点：

（1）比较公平公正。被评价者可以获得来自多层面的人员对自己素质能力，工作绩效等的全面、客观的评价，弥补了单纯由直线经理对下属进行评价，可能发生主观臆断，容易出现“晕轮效应”，甚至滥用职权，打击报复“不同意见者”、拔高“溜须拍马者”的不足。从程序上看，每个被评价者不仅有同样的自述机会，而且也有同等的权利评价他人，员工站在同一个平台上参与评价，因此对评价的积极性高，避免了对评价的倦怠和马虎态度。

（2）减少了考核结果的偏差。360 度绩效评价的评价者不仅来自不同层面，而且每个层面的评价者往往有若干名，评价结果取其平均值；每个层面的评价结果又给予不同的加权，最后得到的加权平均值，从统计学的角度看，其结果更接近于客观情况，有利于误差的减少。同时评价者分别评价不同的内容，在自己最熟悉的方面对被评价者进行评价，可以较好地解决评价过程中由于信息不对称而造成的偏差。反馈给被评价者的信息更容易得到认可，与被评价者的自评结果比较，可以让其认识到存在的差距。

（3）有利于组织成员之间的沟通。360 度评价在评价过程中增进了整个企业内员工的相互了解，促进了员工在以后的工作中能换位思考，有利于组织成员之间的沟通与互动，提高了团队的凝聚力和工作效率，有利于组织的发展。

正因为以上优点，目前 360 度绩效评价技术一般应用于管理者和员工的自我评价与发展，绩效评估以及企业高层候选人的评价，组织变革与发展等领域。

2. 360 度的不足

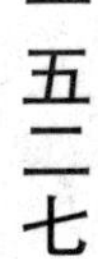

360 度的不足主要表现为以下几点：

（1）综合各方面信息增加了评价系统的复杂性。

（2）有可能产生相互冲突的评价，每个评价者的立场和看法各不相同，受到的影响或干扰因素也不同。

（3）一个包含各种身份评价者的评价系统自然会占用更多的时间，费用也较高。

由于 360 度的利弊并存，在评价系统中，参与者之间高度的信任和相关培训就变得重要和必要。

（二）360 度绩效反馈的信息来源及其特点

360 度是一种多元来源反馈，它可以来自内部和外部不同的信息来源，主要是包括直接上级、同级人员、直接下属和自我评价和外部客户等五个方面。

1. 直接上级评价反馈

直接上级的评价及其信息具有以下特点：

（1）主管对特定部门负有管理责任。主管对下属负有评价和开发的职责。对主管而言，评价作为管理手段，为他们提供一种引导和监督员工行为、对其进行奖惩以激励员工提高绩效的方法，增强了对其下属的职权或控制，在某种程度上，提高了主管的威信。

（2）主管通常处于最佳的位置来观察员工的工作绩效。员工的直接主管对于员工每天的工作表现、工作缺点和潜力会有全面的了解，能客观地提供相关的信息，并能从组织目标的角度来评价员工个人的工作绩效。

（3）关心下属的培训和发展是每个主管工作的一部分。通过评价，有助于主管跟员工之间的沟通，了解员工的培训和发展需求，有利于改进员工的工作态度和绩效。同时，也排除了同级人员互相评价的一些弊端，具有一定的公正性。

但是，对主管来说，评价经常是一个高度情感化的过程。可能会强调员工绩效的某一方面，或受到偏见的不良影响，或与员工有矛盾，或与员工有私人交情等，削弱了对员工评价的客观性和准确性，降低了主管评价下属的信度和效度。在许多情况下，主管有可能很少有时间来观察员工的工作，从而无法对员工的工作绩效做出评价。因此，需要有不同于主管的其他人员参与评价。譬如：由一名更高级主管对直接主管的评价进行检查和补充。在加薪、提升的评价过程中，也有高级主管参与，会形成对直接主管评价行为的一种制约。

2. 同级人员评价反馈

同级人员指被评价者所在部门或团队的其他人员或组织中与被评价者处于相同层次并与其有经常联系的人员。有时也被称为被评价者的内部客户。

同级人员的评价及其信息具有正面与负面特点。正面特点主要表现为以下几点：

（1）同级人员和主管是从不同的角度来看待某个人的绩效的。通常，主管们掌握着更多的有关工作要求和绩效结果的信息。而同级人员则经常以一种更现实的眼光来看待各自的工作绩效，因为人们经常在上司面前表现得与在别人面前有所不同。另外，同级人员不仅看员工与他们之间的相互关系，还看他与下属、上级之间的互相关系，对员工的工作绩效有一个综合的看法，也就比其他评价者拥有更多的相互信息。

（2）同级人员与被评价的员工有密切的工作关系和日常频繁的接触，尤其在一些团队项目中，该员工的贡献、沟通信息的能力、主动性等，同级人员最了解，因此，他们可能会做出比较准确的评价。不同同级人员评价中包括众多的观点，客观性比较强，可用作对主管评价的补充，还可以帮助消除偏见，使评价误差最小化。被评价者也比较认同和重视同级人员的诚实的评价。

（3）同级人员参与评价，会对同事形成一种压力和竞争，这是一个极为有力的激励因素，因为被评价员工认识到团队中的同事将会评价他们的工作，会表现出更高的积极性和工作效率。

与此同时，其负面作用主要有以下几点：

（1）同事坐在一起互相评价，碍于面子和各自的利益，容易出现互相吹嘘，过高评价的情形。

（2）同事之间的友情、敌意和接触的疏密等因素常常影响对被评价者的评价。如在一个竞争的环境中，在一个奖励个人的系统内，如果以同级人员的评价作为提升和奖励的依据，可能会造成同事之间关系紧张、争吵、抵触情绪，反而降低工作主动性，降低工作效率等问题，这些同级人员之间的利益冲突，处理不当，会影响评价的预期效果。

（3）有些组织在寻找合适的同级评价人员时遇到困难。为了保证评价的有效性，同级人员相互之间必须有紧密的联系，才能掌握彼此行为的第一手资料。但对于某些工种如销售人员等，比较困难。由于互相之间了解甚少，就会影响评价结果的可信度和有效性。

为此，可采用一些弥补的方式，如同级人员以匿名的方式完成评价，由主管将评价结果运用在综合意见中；同级人员的评价不与加薪，晋升等敏感活动直接联系；多组织团队活动，增进同事之间的沟通与相互了解等。

同级人员评价有三种方式可以选择。同级人员提名，同级人员评价，同级人员排名（Kane & Lawler，1978）。第一种，同级人员提名。是指让每个员工指出在工作绩效的某个特定方面（如信用管理、团体关系、存货控制等）表现得最高或最好的特定数量的同级人员。也经常会要求员工指出表现最低或最差的那些人。在提名时，通常要求员工把自己考虑进去。第二种，同级人员评价。是要求每个员工根据一系列给定的评价标准，对团队中所有的其他成员进行评价。第三种，同级人员排名。是指每个员工要根据一个或几个评价标准将团队内的所有员工由最好到最差进行排名。这种方式的区分能力最好。

3. 直接下属评价反馈

在整个组织中实行直接下属评价，有助于管理者重新审视他们的管理风格，明确一些潜在的问题，并按照对管理者的要求采取一些正确的行为。这种评价方式使管理者能听到员工的声音，对促进管理者改进工作和发展很有价值。博纳丁和贝蒂（Bernardin & Beatty，1987）例证了实行下属评价的三个原因。

（1）下属所处的位置使其能从与大多数主管，同级人员不同的优势角度对管理绩效进行观察。

（2）和同级人员评价一样，下属评价有助于减少单一评价的偏见。

（3）下属评价系统与员工“忠诚”和“参与”模型相匹配，这两种模型是管理人员和学者共同提倡的提高员工劳动生产率的模式（Lawler & Mohrman，1989）。这种评价方法赋予了下属成员以超过他们上级管理者的权利，会导致管理者更为重视员工的满意度。这种评价方式也促进了管理者的信息沟通，工作任务委派、资源配置、协调下属矛盾、公正处理与员工之间关系等能力的提高。另一个用途，可以帮助管理层发现具有管理能力、可以晋升的主管人选。

但下属的评价信息也容易受上、下级关系的影响，以及下属自身能力和道德水平的限制。因此，在采用下属评价方式时，同样可不要求评价人注明个人身份，并向评价人保证他们的评价不会向其他同事或公司中任何其他人公开。也不要将主管们的报酬或晋升与下属评价联系太紧。也可采用外部咨询人员实施下属评价，因为，下属与咨询人员会面时更不容易生气，评价会更客观具体。

4. 自我评价反馈

自我评价也即员工个人的自我评价。它的特别有魅力之处，就是自我管理的核心，而自我管理对个人劳动率的提高及降低成本所做的努力是非常重要的。从监督的角度讲，人们能够自我管理，自我调整，对监督的需要就少了。

自我评价的优点包括：

（1）它能提高员工的自尊、自重和自我意识，使员工更好地认识自己的优点和不足，从而提高员工的自我管理、自我提高的能力。

（2）它有助于主管跟员工之间的沟通。当员工和管理者独立地填写绩效评价表，在评价面谈时，就能将两者进行比较，找出和明确产生差异的原因，员工更易接受主管的意见，也会自愿地提出更多的建议，有利于改进员工的工作态度和绩效。

（3）它提高了员工对培训、开发计划的需求的理解，以及对实施这些计划的系统目标的理解，促使其在现有自我评估的基础上，对自身提出更高的要求，有利于员工职业生涯的发展。

（4）能提高自我激发的可能性，减少评价对象的心理防卫倾向（Farh，Werbel &Bedeian，1988；Lawwie，1989）。尤其是员工在相对孤立的条件下工作或拥有特别技能时，员工本人通常比任何其他人都了解自己的行为，自我评价就显得特别重要。

由于在信息不对称，许多员工并不理解自我评价的目的是什么，会出现自我评价比其他评价宽松（即对自己的评价高于事实），并且往往把对自己不利的结果要和其他评价结果归咎于外部因素的情况。因此，要告诉员工，自我评价的结果要和其他评价结果或绩效测量进行比较或加以验证，以提高自我评价的有效性。进行自我评价时要让员工按照一个相对标准（如平均以下，平均，平均以上等）来进行评价，而不是让其按照一些绝对标准（如优秀，差等）来评价；要对评定结果保密，直到自我评价结果的偏差得到纠正。

5. 客户评价反馈

对于那些与公众大量接触的服务性职务，客户的评价往往也很重要。由于服务所具有的独一无二的性质，即产品的生产和消费常常是在某一时点上发生的，所以无论上级、同事还是下属都没有机会去观察员工的行为。相反，客户作为唯一能够在工作现场观察员工绩效的人，就成了最好的绩效评价者。

管理部门可以组织一些公司的老客户对本公司的员工进行评价，评价的结果可在人事决策以及员工个体发展等方面起到积极的作用。但是，由于客户对职务的性质及组织的目标并没有充分的了解和认识。因此，评价的结果是不全面的。

在实际通过外部资源进行评价时，管理部门应慎重地挑选具体的客户作为评价人员。客户应当对员工的工作有充分的了解，并对其工作行为有最为详细的观察。管理部门在挑选客户时，应考虑两个因素：评价人员必须能够消除或者减少在评价中的个人偏见；评价人员必须有机会在一段较长的时间内，全方位地对员工的工作表现进行观察。

360 度绩效评价信息，来自上述的上级、同级人员、下属、客户及自我评价的各个方面，通常采用调查问卷表的方式，请他们各自填写评价某人的调查问卷。然后用计算机的统计系统对所有的反馈信息进行系统汇总，并加以数据分析，得出评级结果。

（三）360 度在实施中的障碍和克服建议

产生于西方文化背景中的 360 度，是与西方倡导的“个人主义”“平等”“竞争”的文化观念相适应，在中国文化背景下推行 360 度，就可能遇到阻力，尽管是以匿名形式，也难以避免。

1. 360 度在实施中的可能障碍

（1）害怕下级评估的心理

360 度让下级可以对上级进行评价，发表意见。管理者们认为他们的权威受到了挑战，在心理上一时难以承受。企业的中层害怕变革的心理会阻碍这种评价方法的推行。

（2）文化传统观念的冲突

西方的文化开放性、强调竞争、敢于冒险，鼓励创新，西方员工往往敢于自我否定，善于听取各方意见来完善自我。而中国文化强调含蓄、保守，中国员工不太愿意袒露自己真实的想法，而且也不敢面对真实的自我。中国员工对这个评价方式也会有抵触情绪。

（3）下属惧怕权威心态

员工可能惧怕权威，给上级以较高的评价。由于上级权力的无形压力，员工不敢得罪上级，怕上级会对自己施行报复，从而影响自己的前途。尤其是管理部门，上下级关系比较固定，上下级之间还要相处很久，这样员工就不倾向于表露自己真实的想法。这种评价方式还会导致另外一个极端就是，这种评价成为下级发泄不满的工具。尤其是即将离职的员工，反正不打算继续干了，就给上级一个很差的评价。

（4）情感好恶与利益冲突

在同一公司工作的员工，既是合作者，又是竞争者，考虑到各种利害关系，评价者有时还会故意歪曲对被评价者的评价。比如，可能会给跟自己关系好的被评价者以较高的评价，给跟自己关系不好的被评价者以较低的评价。

2. 360 度在实施中的障碍克服的建议

（1）必须取得公司高层领导的支持

高层领导必须有坚决变革的决心，并能在公司内部倡导一种变革、创新、竞争、开放的文化，使员工摒弃旧有的传统观念，敢于竞争、敢于发表意见，也敢于接受别人的评价，让员工能够从观念上接受这种评价方式。

（2）倡导公平、参与和开放的文化理念

如果企业文化是重视员工意见与参与，也重视员工的职业发展，则导人 360 度方法后，将可借由各种不同的角度进行评价，以帮助员工个人的成长，此外，企业如果重视以公正客观的考核及奖励制度来激励员工，那么推行的成功概率将会提高，受到员工抗拒的阻力也愈小。

（3）加强宣传与沟通

在 360 度评价方法推行之前和推行过程中，应加强宣传和沟通，向员工讲清其意义何在，了解评价目的，消除评价中的人为因素。必须对评价者进行有效的培训，以免评价结果产生很多误差。在施行过程中也应该就评价的准确性、公正性向评价者提供反馈，指出他们在评价过程中所犯的错误，以帮助他们提高评价技能。

（4）选择合适的咨询公司

如果在公司内部找不到合适的人来负责项目的运作，就需要选择咨询公司来负责。好的咨询公司可以提供一套系统作为评估工具，以及一份完整的解析报告。但是，丰富且成功导入经验才是最重要的。咨询师们会依企业不同发展现状及导入目的给予适当的建议。现象解析也是一门学问，如何从这些数字中看出端倪，其功力并非一朝一夕即可养成。数字背后所隐藏的意义，检验咨询师的功力。例如：被评者自我的评分很高，但主管及同级的给分却都很低，其原因可能是被评者有自我夸大的现象。如果主管给分较低，但自我及同级的评分都很高，可能是被评者过去曾与直属主管有嫌隙等。这些都是透过数据信息透露出个人及组织的问题，咨询师会针对问题，给予适当而中肯的建议，最后提出发展行动计划。选择能使员工充分信任的人员来执行360度评价项目，这点非常重要。员工信任执行人员，他们才会发表自己真实的看法。

（5）360度评价方法通常适用于人员发展和培训

不同于一般评价方法，360度强调多源信息反馈评价，因此，这种方法实际上是一利“360度评价反馈”，所获得的信息主要用于提高员工的能力、改进员工的绩效和培训员工的依据，而一般不作为被评价者的薪酬调整、晋升等的依据，就如章首案例中的HQ亚洲公司那样，360度评价是服务于员工的培养方案。

需要强调说明的是：绩效考核是一种人力资源管理的责任，而权力是基于责任的。如果上下左右都有评价他人的权力，而不承担对考核结果的责任，那么当这种责任失落以后，剩下的只有权力时，共同拥有的而不承担责任的权力，必然滋生不负责任的评价，这是非常可怕的。同时，如果让上下左右都有评价考核他人的权力，也是各级管理者逃避人力资源的管理责任。正确地评价下属是各级管理者义不容辞的责任、权利和义务。下属干得如何，直接主管很清楚，如果主管不能对下属的绩效做出准确的评价，是主管的失职。

十一、关键绩效指标

关键绩效指标（Key Performance Indicators，KPI）是衡量企业战略实施效果的关键指标，其目的是建立一种机制，将企业战略转化为内部过程和活动，以不断增强企业的核心竞争力和持续地取得高效益。通过KPI可以落实公司目标和业务重点，传递公司的价值导向，有效激励员工为公司战略目标共同努力。

（一）关键绩效指标的内涵与意义

1. 关键绩效指标的内涵

关键绩效指标是对企业组织运作过程中关键成功要素的提炼和归纳。它通过对组织内部某一流程的输入端、输出端的关键参数进行设置、取样、计算、分析，衡量流程绩效的一种目标式量化管理指标，把企业战略目标分解为可运作的愿景目标的工具。

关键绩效指标是用于评价被评价者绩效的可量化的或可行为化的指标体系。它必须是可量化的，如果难以量化，也必须是可以行为化的。如果可量化和可行为化这两个特征都无法满足，那就不能称之为关键绩效指标。同时，KPI 符合一个重要的管理原理——“二八原理”。在一个企业的价值创造过程中，存在着“20/80”的规律，即20%的骨干人员创造企业80%的价值。同样，80%的工作任务是由20%的关键行为完成的。因此，必须抓住20%的关键行为，对之进行分析和衡量，这样就能抓住绩效评价的重心。

KPI 可以按其评价实施主体分为企业级 KPI、部门级 KPI 和具体岗位 KPI（或个人级 KPI）。对组织绩效进行评价时要用企业级 KPI，对部门绩效进行评价要用部门级 KPI，而对个人绩效进行评价就要用具体岗位 KPI。而在实施绩效管理时，三者并非是完全独立的，因为组织绩效依赖于部门绩效，部门绩效又依赖个人绩效，反之，个人绩效、部门绩效的最终目的还是为了提高组织的总绩效。所以在对个人进行绩效评价时，既要评价其个人 KPI，又要适当评价其所在部门的 KPI，评价部门 KPI 时，要看它对于企业 KPI 的贡献，这样可以有效地将个人利益与部门利益、组织利益有效地结合起来。KPI 是以战略为导向的一个指标体系。

2. 关键绩效指标建立的意义

在企业中建立关键绩效指标体系，是对传统绩效评价理念的一种创新。它强调战略在绩效评价过程中的核心作用，员工的行为是主动地达到预先确定的、由层层分解而确定的战略目标，其意义主要体现在以下几方面：

（1）通过 KPI 体系的设计，可以将组织的战略目标有效地分解到各个企业部门和个人，使个人目标、部门目标与企业目标之间始终保持一致，从而齐心合力为共同目标努力，保持企业的持续发展。

（2）KPI 体系不仅成为企业员工行为的约束机制，同时发挥战略导向的牵引作用，能通过绩效管理过程有效地实施企业战略目标。企业在经营过程中，其战略目标，经营重点会随市场环境和内部状况而变化，可以通过 KPI 体系的变化和调整来引导员工的行为，使 KPI 体系成为企业战略实施的工具。

（3）KPI 体系的建立能为价值评价体系和价值分配体系提供客观、公正的数据，可最大限度地规避各级主管因各种人为因素造成价值评价的偏差，保证员工对立足于KPI而建立的价值评价体系的认同，从而激励与约束员工行为。

（4）设定关键绩效指标，能帮助管理者确定工作重点，明确部门的主要责任，制定绩效目标，有效地实施绩效管理，不断强化与提升企业的整体核心竞争力。

（5）通过关键绩效指标的建立达成的承诺，员工与管理人员可以进行工作期望、工作表现和未来发展等方面的沟通。关键绩效指标是进行绩效沟通的基石，是组织中关于绩效沟通的共同词典。有了这样一本词典，管理人员和员工在沟通时就可以有共同的语言。

（二）关键绩效指标建立的原则与程序

1. 建立KPI体系应遵循的原则

关键绩效指标的建立，必须遵循的一般原则就是SMART（Specific，指特定的；Measurable，指可度量的；Attainable，指可实现的；Relevant，现实相关的；T，Time-bound，指有时限的）原则，具体表现为以下几方面要求：

（1）目标导向

KPI必须依据企业目标、部门目标、职务目标等来进行确定，体现企业的发展战略与成功的关键点。

（2）注重工作质量

由于工作质量是企业竞争力的核心，但又难以衡量，因此，对工作质量建立指标进行控制特别重要。

（3）可操作性

关键绩效指标必须从技术上保证可操作性，对每一指标都必须给予明确的定义，并建立完善的信息收集渠道。

（4）强调输入和输出过程的控制

设立KPI指标，要优先考虑流程的输入和输出状况，将两者之间的过程视为一个整体，进行端点控制。

（5）三个层次责任明确

KPI体系在三个层次上的责任明确，在此基础上，强调各层次间、各部门间的连带责任，以促进相互之间的协调和沟通。

2. 设计关键绩效指标体系的程序

企业级 KPI 的产生，不是凭个别或少数管理者的想象，而应由专家、管理者和普通员工群策群力，其中专家的作用尤其重要。首先让专家充分了解本企业的战略发展目标及企业的组织结构和运行情况后，由企业的高层管理人员和专家一起，借以利用头脑风暴法和鱼骨分析法等，找出本企业的业务重点，即价值评估重点，并找出这些关键业务领域的关键绩效指标，从而建立企业级的关键绩效指标。

在确立了企业级关键绩效指标后，在专家的指导下，各部门的主管对相应部门的关键绩效指标进行分解，分解出各部门级的关键绩效指标。然后各部门的主管和管理人员一起将部门级的关键绩效指标进一步细分，分解为更细的关键绩效指标及具体岗位（即个人）的绩效衡量指标。至此，整个企业的 KPI 体系通过上述程序就可产生。

通常可采取以下具体步骤：

（1）详细描述部门和岗位的工作职责

根据组织的战略目标与部门设置情况，根据部门间工作业务流程的关系，确定每一部门的基本职责。

（2）提取工作要项

工作要项指各部门和岗位的工作中所包含的重要职责。由管理者与本管理者通过商讨共同确定哪些工作作为工作要项。

（3）建立关键绩效指标

每一个工作要项就是一个关键绩效指标。关键绩效指标必须符合数量化和行为化的标准。关键绩效指标的基本类型为数量、质量、成本和时限四种，进行绩效评价时，常从这四个方面评价。

（4）确定不同指标的权重

即确定不同方面的绩效指标在总体绩效中所占的比重。

（5）确定绩效标准

关键绩效指标体现了每一部门或岗位对组织目标有增值作用产出。标准规定了从哪些方面对工作产出进行衡量和评价；而标准则表明了在各个指标上分别应达到什么样的水平。指标解决评价“什么”的问题，标准则解决要求被考核者做得“怎样”、完成“多少”的问题。绩效标准通常是一个范围，其下限为基本标准，上限为卓越标准。基本标准是期望被评价对象达到的水平，每个被评价对象经过努力都能够达到的水平；卓越标准是指对被评价对象未做要求和期望，但是可以达到的绩效水平。

十二、绩效管理案例

绩效考核是对人及其工作状况进行评价，时人的工作结果，要通过评价体现人在组织中的相对价值或贡献程度。是有目的、有组织地对日常工作中的人进行观察、记录、分析和评价。绩效考核真正目的是要极大限度地激励每一个员工的内在潜能，促进企业的可持续发展。因此，绩效考核只是绩效管理的一个手段而非目的，其关键是执行，执行的好坏直接反映了公司的管理水平。另外一方面，绩效考核本身也可以促进绩效的提高，推动绩效管理向更离水平迈进。

（一）摩托罗拉的绩效评估案例

绩效评估就是运用科学的标准、方法和程序，对组织的业绩、成就和实际作为做尽可能准确的评价。绩效评估是绩效管理的核心，通过评估提供公共组织绩效方面的信息，鼓励和促进单位之间的竞争，有助于公众监督，还可以诊断组织中的问题并提出针对性的改进措施。从而推动工作效率和服务质量的提高。

1. 决策背景

有些人在工作中的焦点不是客户，而是怎样使他的老板满意。这种情况也导致评估的误区，出现两种不好的情况：一个是员工业绩比较一般，但是老板很信任他；另一种是后加入团队的员工，成绩很好，但是没有与老板建立信任的交情。人力资源部的细致工作就变得非常重要了。人力资源部会花很多精力在工作表现前 25 名和后 25 名人身上。有时候如果这个人很有能力，老板不重视，人力资源部会帮他找一个好老板。

为此摩托罗拉引入绩效评估来考核员工，员工绩效评估是按照一定的标准，采用科学的方法，检查和评定企业员工对职位所规定的职责的履行程度，以确定其工作成绩的管理方法。其目的主要在于通过对员工全面综合的评估，判断他们是否称职，并以此作为企业人力资源管理的基本依据，切实保证员工的报酬、晋升、调动、职业技能开发、激励、辞退等工作的科学性。同时，也可以检查企业管理各项政策，如人员配置、员工培训等方面是否有失误。

2. 决策分析

绩效评估必须有标准，作为分析和考察员工的尺度。一般可分为绝对标准和相对标准。绝对标准如出勤率、废品率、文化程度等以客观现实为依据，而不以考核者或被考核者的个人意志为转移的标准。所谓相对标准，如在评选先进时，规定10%的员工可选为各级先进，于是采取相互比较的方法，此时每个人既是被比较的对象，又是比较的尺度，因而标准在不同群体中往往就有差别，而且不能对每一个员工单独做出“行”与“不行”的评价。一般而言，评估标准采用绝对标准。绝对标准又可分为业绩标准、行为标准和任职资格标准三大类。

得出评估结果并不意味着绩效评估工作的结束。在绩效评估过程中获得的大量有用信息可以运用到企业各项管理活动中。一是利用向员工反馈评估结果，帮助员工找到问题、明确方向，这对员工改进工作，提高绩效会有促进作用。二是为人事决策如任用、晋级、加薪、奖励等提供依据。三是检查企业管理各项政策，如人员配置、员工培训等方面是否有失误，还存在哪些问题。

摩托罗拉年终评估在1月份进行，个人评估是每季度一次，部门评估是一年一次，年底对业务进行总结。根据SOORE CARD的情况，公司年底决定员工个人薪水的涨幅，也根据业绩晋升员工。摩托罗拉常年都在选拔干部，一般比较集中的时间是每年2、3月份，公司挑选管理精英，到总部去考核学习，到5、6月份会定下管理人才来。

3. 决策行动

（1）提高管理者的素质

评估的质量如何与管理者的关系很大。摩托罗拉非常注重管理者的素质，因为管理者是制度的执行者，所以选拔管理者有许多明确的条件。例如摩托罗拉对副总裁候选人的素质要求有四点：第一是个人的道德素质高；第二是在整个大环境下，能够有效管理自己的人员；第三是在执行总体业务目标时，能够执行得好，包括最好的效果、最低的成本、最快的速度；第四是需要能够创新，理解客户，大胆推动一些项目，进行创新改革。副总裁需要有这四个素质，而且还要求这几点比较平衡。总监、部门经理等都会有其就职要求。摩托罗拉有许多给领导的素质培训、职业道德培训。摩托罗拉还给他们跨国性的培训，让他们在全球做项目，让他们知道做事方法不止一种。

摩托罗拉重视管理者的素质，如果管理手段不妥，犯了严重管理过失，摩托罗拉会将管理者撤掉。如果员工对评估有不公之感，可以拒绝在评估结果上签字。每个员工的评估表会有自己的主管和主管的主管签字，所以他的上级会知道其中有问题，并会参与进来，了解其中情况，解决存在的问题。

（2）共同制定执行目标

员工制定目标的执行要求老板和下属参与。摩托罗拉每3个月会考核员工的目标执行情况。员工在工作中有一个联系紧密的合作伙伴，摩托罗拉称之为KEY WORK PARTNER，他们彼此之间能够相互推动工作。跨部门同事和同部门同事之间有紧密联系，使考核达到360度的平衡。

（3）适应变革的薪酬

在摩托罗拉，薪水的标准从职位入手，同一个职位可能会有差距，因为要看工作业绩。有些特殊能力的人，可能要从国外招聘，薪水跟国际市场挂钩。摩托罗拉的工资水平在市场中处于中间档次。摩托罗拉的薪水一大部分是基本工资，占的百分比很大，还有年终奖金。

摩托罗拉意识到固定工资也有好有坏，2000年摩托罗拉的工资结构有所变化，会增加一些可变动的工资，并将以前每年一次的奖金改为每季度发放。以前奖金与全球市场挂钩，2000年将以一个国家单元的业绩作为奖金考核依据。

（4）通过评估科学调节薪酬

如果员工对自己的薪酬不满，向人力资源部提出来，摩托罗拉会进行市场调查，如果真的比市场平均水平低，摩托罗拉会普调工资。成都的员工曾经反映说工资低，人力资源部就通过调查市场，发现情况的确如此，然后给员工涨工资。

在摩托罗拉刚刚开始工作时，学历上的差别会在工资中体现出来，例如研究生和本科生会有差别。工作后，本科生比研究生高是非常可能的。随着时间的推移，老员工可能经过几年涨工资，基数变得很大，那么应届毕业生的涨幅就会比老员工高。对有创造性的人摩托罗拉会破格调级。

4. 决策评价

摩托罗拉的评估体系让大家都有奔头。摩托罗拉的经理级别为初级经理、部门经理、区域经理（总监）、副总裁（兼总监或总经理）、资深副总裁。在摩托罗拉，员工的男女比例相当。摩托罗拉的经理数有664人，女经理人数占到经理总数的23%，而且计划要发展到40%。

在摩托罗拉，中专毕业的工人也有达到部门经理的。摩托罗拉强有力的培训给许多人提供了成长的空间。在摩托罗拉技术人员可以搞管理，管理人员也有做技术的，做管理的和做技术的在工资上有可比性。在许多企业大家都看着职业经理人的位置，因为拿钱多，在摩托罗拉做技术的和做经理的完全可以拿钱一样多。摩托罗拉对许多职能部门都有专业职称评定，例如在法律部、人力资源部可以评经济师、副教授、教授等。摩托罗拉共有1377名有摩托罗拉内部职称的专业人员，分布在8个不同的事业单位。

摩托罗拉员工的薪酬和晋升都与评估紧密挂钩，但是摩托罗拉对员工评估的目的绝不仅仅是为员工薪酬调整和晋升提供依据。摩托罗拉评估的目的是：使个人、团队业务和公司的目标密切结合；提前明确要达到的结果和需要的具体领导行为；提高对话质量；增强管理人员、团队和个人在实现持续进步方面的共同责任；在工作要求和个人能力、兴趣和工作重点之间发展最佳的契合点。

（二）连锁企业的单体考核案例

激励是影响员工绩效的因素之一。这里的激励包括两大类：一类是物质激励，一类是精神激励。物质激励主要是指公司的薪酬和福利，精神激励主要体现在口头表扬以及培训与升迁的机会等。如果公司的薪酬低于行业的平均水平，这在一定程度上就会影响员工的积极性的发挥，从而影响到员工的绩效，长期下去，员工流动率就会提高。人是经济人，同时也是社会人和自我实现的人，如果公司一直采用外部招聘的方式来填空缺的职位，公司现有员工便会感到自己所做的贡献没有得到公司的认可，长期下去也会出现绩效下降的情况。此外，无论是物质激励还是精神激励，都应该体现出及时的原则，如果激励不及时，就起不到应有的效果。

1. 决策背景

长久以来，连锁企业的店长都存在一个“前途暗淡”的心理，认为自己无论干多好，也不过是拿那些工资，并不能得到多大的实惠。在这种情况下，连锁企业如果没有有效的激励体制，就会影响店长的工作积极性。同样道理，作为普通的店员，由于本身行业的特点，既难得到不菲的收入，又很难有很高的社会地位，也往往会在日复一日的机械性工作中丧失工作的锐气和积极性。

可以说这是连锁企业里存在的普遍现象，为了消除这一不良现象，也为了在激烈的竞争中加强自己的优势，M 连锁企业决定对每个单体店实行单店考核制。

2. 决策分析

M 连锁企业的管理层认为，员工经常会就自己的所得与其他人的所得相比较。当自己的所得与付出之比的数值小于其他员工的所得与付出之比时，他就会感到明显的不公平。要么要求公司提高自己的所得，或者是自己减少对公司的付出。同时，他也会将自己现在所得与付出之比的数值与以前自己所得与付出之比的数值相比较，当前者较小时，他也会感到明显的不公平，而自动减少对公司的付出。无论是哪一种情况的发生，员工的绩效都会或多或少地降低。因此，公司一定要采取相关的措施，以消除或防止员工产生的不公平感。

每个公司都有自己的考核体系，但据有关调查显示，真正拥有适合自身发展的考核体系的公司不到总数的 20%。也就是说，大多数公司的绩效考核或流于形式，或有失公平，或起不到应有的效果。以往 M 公司存在这样一个普遍现象，企业员工 a 无论努力程度还是所取得的业绩都比同一部门员工 b 要好，但每次到年末考核时，他的得分都跟 b 一样，发给他们的工资和奖金也都是一样的。逐渐地，在 a 心中就形成了一种印象：干多和干少都一样。于是，他也变得不怎么努力，也不那么积极主动地去干工作，他的实际绩效自然就降低了。

正是在这种形式下，为有效地激励单体店员工的工作积极性，M 公司实施了适合本公司的考核体系。经过近几个月的试点，他们公司的连锁单体店推行“承包制”。

3. 决策行动

（1）公司健康理念的建立

“承包制”最大的威胁来源于公司理念贯彻的弱化，从长远来讲，对公司道德理念投入的欠缺，将最终影响到公司发展的各个方面，而且最终将体现积重难返的趋势。这一点除了公司高层，任何人没有、也根本不可能关心。

（2）管理梯队的建设

“承包制”容易对公司未来骨干团队的建设造成破坏，由于实行承包制：“公司要求店长、店长要求员工”在这种过分单纯的层级管理中，监督与考评很有可能成了个人嗜好的展示平台，不利于公司人才战略的贯彻实施。

（3）具体激励制度

由 M 连锁总部根据各个药店的地理位置、周边环境、经营状况等因素指定一个双方达成共识的任务指标，如果店长能够完成指标，将对超出部分分红，超出部分一半交由公司总部，另外一半由店长和员工按照三七分成的原则分配。同样道理，店长也会按照这种办法对各柜组长实行考核，根据各个柜组的情况制定经营指标，直到把这种考核落实到每一个店员。

（4）公司利益与个人利益

尽管“承包制”增强了公司利益与个人利益之间的纽带关系，但是从根本上讲这种纽带关系必须建立在完善的治理结构基础上，单纯的物质刺激反而会为破坏公司利益埋下祸根。这样，上到店长下到每一个店员，既是为了公司的利益而工作，也是为自己的利益而努力，大大地刺激了员工们工作的积极性，他们自然会想方设法地加强服务，提高销量。

（5）短期行为与长期发展

承包制在刺激员工积极性的同时，也在刺激员工对于个人短期利益的过分追求，特别是一线员工（包括店长）为了实现销售收入的增长，很有可能会采用不正当手段。在这种情况下，极容易造成员工注重“短期”忽视“长远”的心态，这对于建立一个强大而稳定的销售队伍是极为不利的。

（6）单一指标的不公平性

指标建立一定强调系统性，既需要强调“过程”也需要强调结果，既需要强调“激励”也需要强调“保健”。过分单一的指标，本身也缺乏自身的公平性，容易形成管理的盲区。

4. 决策评价

M 连锁公司针对一线店员激励机制的改革，应当说迎合了店面销售的总体发展趋势，事实上店面人员的促销一直是提高销售收入的重要手段，不仅是医药行业，任何一个需要终端柜台进行产品销售的企业，其终端管理都是实现销售增长的关键，而其中激励方式的到位又是终端管理的核心。因此，M 连锁公司的做法从短期来看不失为一个简单易行的方式，值得借鉴，具体讲可以有以下几点：

一是给谁干的问题得到缓解：店面的店员由于实行了“业绩指标考核”，因此将个人的利益与集体的利益紧密地结合，一方面将有效地促进公司总体目标的完成，另一方面也将个人的利益与个人创造的价值紧密地结合在一起，从而实现了“为公司干到为自己干”的转变。

这就从根本上调动起了员工的工作兴趣。兴趣是做工作的动力。如果员工对一份工作感兴趣，做起来就会事半功倍；相反，如果员工对一份工作缺乏兴趣，做起来就会事倍功半。举个例子来说，同样是做营销，员工 a 对营销非常感兴趣，那么他就会主动地去学习营销方面的知识，主动地去联系已有客户和挖掘潜在客户，在遇到挫折时也不会轻易地放弃；员工 b 对营销工作缺乏兴趣，他在开拓市场及联系客户方面的积极性与主动性就明显会低于 a，遇到挫折时可能也会轻易放弃，那么在月末或季末进行绩效考核时，谁得分高就显而易见了。

二是从“管理”到“经营”的转变：事实上所有消费品的终端促销员均采用销售指标提成的方式，这一点 M 连锁公司并没有什么创新，关键是 M 连锁公司店长的角色在这种模式下，已经从一个被动的“管理者”成了一个以“承包制”为核心的经营者，店长经营者角色的主动性得到了极大的释放，责任意识非常到位。

三是创造了公平的评价标准：M 连锁公司实行业绩指标为先导的考核方式，将进一步增强内部竞争的公平性与透明性，使员工的工作成绩得到具体的量化，同时有效地增强员工的危机意识。

综上，承包制从短期来看有诸多好处，但从以往的经验来看，承包制也存在着各种潜在的弊端，需要用系统的手段加以抑制与解决。这些必须引起公司决策层的高度重视。

（三）爱立信的绩效考核案例

绩效考核简称为考绩，是人力资源管理的核心职能之一，绩效考核是指企业组织以既定标准为依据，对其人员在工作岗位上的工作行为表现和工作结果方面的情况，进行收集、分析、评价和反馈的过程。绩效考核是企业内部管理活动，是企业在执行经营战略、进行人力资源管理过程中，根据职务要求，对员工的实际贡献进行评价的活动，强调每个人、每个岗位的特殊性。从执行结果来看，它包含对人的管理、监督、指导、教育、激励和帮助等功能。

1. 决策背景

随着知识经济的到来和市场竞争的加剧，爱立信越来越多地认识到，人力资源是企业生产的“第一资源”，是企业获取竞争优势的核心竞争力。如何提高企业中人力资源的素质，有效的绩效管理是关键的一环，企业在人力资源开发与管理中任何环节的正常运转，都与绩效管理有着千丝万缕的联系。

2. 决策分析

随着商业全球化的发展，爱立信与其他许多跨国公司一样，变过去只重生产为注重顾客与市场的需求，将其列为企业结构调整的原动力。人才管理体制也随着顾客与市场需求的变化需要不断进行评估和调整。

绩效考核成为爱立信企业人事决策的重要依据。近年来，为了寻找更科学、更有效、更客观、更公正的考核方法，由于绩效的多因、多维、动态等特点及考核者的情感等因素，绩效考核难以取得令人满意的效果。爱立信管理者也进行了诸多艰苦的探索，建立起科学的绩效管理体系，克服许多绩效考核的弊端，有力地推动了企业的发展。

比如爱立信在招聘中录用的员工是否真能适应工作要求，需要通过绩效考核来衡量；岗位轮换的实施需要员工的能力与岗位匹配程度的资料；职位升迁要考察员工的能力、态度、绩效；报酬高低需要以员工的绩效和贡献为基础；培训要以员工的现有能力、素质和潜力为依据。所有这一切都需要绩效管理活动为其提供翔实的资料和信息等。

3. 决策行动

（1）考核结果比学历更重要

爱立信公司员工的薪金一般由四部分组成：基本工资、奖金、补贴和福利。奖金分为两类：一般人员奖金和销售人员奖金，有一些关键职员还会得到一定的期股权，期股权的受益者一般为“对公司起关键性作用的人”，而不是以职务高低为依据行赏。

爱立信公司的员工薪金与其职务高低成正比，年龄、工龄、学历等等因素也有一定的影响，但不起主要作用。对于同一职务，如果由不同学历的人担任，他们之间的薪金差别可能仅仅在几百元之间。另外，与一些公司做法不同的是，爱立信在计算员工的工龄时，把他来爱立信之前的工作经历也算在内。

（2）市场确定工资

在爱立信，工资围绕着市场转，奖金与业务目标“接轨”。公司业绩与员工工资没有特别关系，但与员工的奖金有很大关系。爱立信员工的奖金与公司的业绩成一定比例，但并非成正比例。奖金一般可达到员工工资的60%，对于成绩显著的员工，还有

爱立信公司总部

其他的补偿办法。员工在爱立信得到提薪的机会一般有几个：职务提升、考核优秀或有突出贡献者。被评为公司最佳员工和有突出贡献的员工都有相应的奖金作为激励，突出贡献奖、最佳员工奖、突出改进奖的奖金额度一般不超过其年薪的20%。

（3）考核决定升迁

爱立信还有一套评估机制，被称之为“爱立信能力模式”。它是一个等边三角形，三条边分别是专业能力（技术设计、产品认知及金融知识等）、人际能力（人际合作与交流、文化知识等）与业务能力（对业务的理解能力，比如英语水平、顾客消费倾向等），其核心是个人能力。爱立信每年都要特别明确地进行绩效评估，员工队伍的工作分几个等级，共分为T、A、B、C、D五个等级。一般员工按照公司中的目标应达到良好，可能有5%到10%的员工工作不太好，通过调整还是可以接受的；还有不到5%的员工确实达不到目标。对这两组人员可能采用激励程序，经理会告诉这些员工：你的工作表现不好，要马上改进。然后再进行考核，要是考核等级为“T”，不用说，立马就得走人。

对于做得非常好或者有突出贡献的员工，如果还有潜能的话，是得到“D”级，那就是公司顶尖的人才，可能会提升他们去担任更高的职务。对大部分做得不错的人，公司会维持他们在原岗位上继续工作。爱立信对每个职务的薪金都高立一个最低标准，即下限。当然，规定下限并非为了限制上限，而是保证该职务在市场上的竞争力。据介绍，一般职务上下限的差异为80%左右，职务可能会达到100%，而比较容易招聘的职务可能只有40%的差异。

（4）明确考核指标

每个工作都有硬性指标以供考核。例如，在大部分公司，市场推广工作的成功与否，很难用具体的定量指标来考核，在爱立信却是可以的，一般使用市场分析数据来考查。比如，你花了100万元的广告费，达到了什么样的目标：如做了多少个广告、覆盖的用户数量是多少等等，都有确切的数字可以证明你的成绩，广告影响力的调查通常通过一些第三方公司来做。

（5）考核后的再培训

在过去10年内，爱立信新雇员工7.5万人。初来乍到的新员工，经过考核之后都要进行培训。先是入门培训，了解公司简况、市场行情等；再是技术培训，主要是加强专业技术知识，爱立信全球的55个培训中心，就肩负着培训员工与顾客的重要任务；三是在岗培训，它被证实是最有效的培训方法。所谓在岗培训，就是不断给员工分配限期完成的新任务。这些新任务可能与原来所受的专业教育有关，但也有可能是一个全新的课题。没有现成的老师，没有现成的方法，要想完成任务，只有靠自己想方设法查资料，或找人咨询。待你使出浑身解数，完成了工作任务之后，你也就成熟了，想要加薪、升迁，也就有了资本。据统计，许多员工80%的新认识都是在工作中学到的。

4. 决策评价

在绩效考核过程中主要的参考点是未来。我们不是为了解释过去如何，而是要将考核结果作为一种资源去规划某项工作或某个职工未来的新可能性，这就是对职工及工作的开发。这也正是有效的绩效管理的目的，也可以说考核目标的实现最终表现在组织整体效益的提高。从爱立信成功的绩效考核中，以下几点成功经验值得借鉴：

（1）绩效考核是人员任用的前提。绩效考核是“知人”的主要手段，而“知人”是“善任”的前提。经过考核，对人员的政治素质、心理素质、知识素质、业务素质等进行评价，并在此基础上对人员的能力和专长进行推断，进而分析其适合何种职位，才能做到因岗配人、人尽其才。

（2）绩效考核是确定劳动报酬的依据。企业内部的薪酬管理必须符合劳动付出与报酬相吻合的原则，而准确地衡量“劳”的数量和质量是实行按劳分配的前提。只有密切工作绩效与组织奖酬之间的关联性，才能使员工感到公平，激励员工努力工作。

(3) 绩效考核是决定人员调配的基础。通过绩效考核了解人员使用的状况、人事配合的程度，发现一些人的素质和能力已超过现职的要求，则可晋升其职位；发现另一些人的素质和能力达不到现职的要求，则应降职；发现还有一些人用非所长，或其素质和能力已发生了跨职系的变化，则可进行横向调配。

(4) 绩效考核是激励员工的手段。根据绩效考核结果决定奖罚的对象及等级，激励先进、鞭策后进，做到奖惩分明，有利于提高员工工作积极性，出色完成组织目标。按绩付酬并将绩效视为调职、晋升、降职或解雇的依据，使员工在公平的环境中良性竞争，既与别人在同一客观标准下的收入或晋升作横向比较，又同自己过去的收入或晋升作纵向比较。如果比较的结果平衡，他就会感到公平。绩效考核为员工事先设立了考核目标，并辅以具体的考核细则。当目标设置科学合理时，能使员工产生满足感和成就感，使员工能够提高各自的绩效，从而提高企业的竞争力。

(5) 绩效考核是进行人员培训的依据。人员培训应有针对性，针对人员的短处进行补充学习和训练。因此，培训的前提是准确了解各类人员的素质和能力，通过考核确定员工素质优劣及存在的问题，进行培训需求分析。同时考核也是判断培训效果的主要手段。

(四) A企业绩效考核失败分析案例

根据现代管理的思想，考核的首要目的是对管理过程的一种控制，其核心的管理目标是通过了解和检核员工的绩效以及组织的绩效，并通过结果的反馈实现员工绩效的提升和企业管理的改善；其次考核的结果还可以用于确定员工的晋升、奖惩和各种利益的分配。很多企业都将考核定位于一种确定利益分配的依据和工具，这确实会对员工带来一定的激励，但势必使得考核在员工心目中的形象是一种负面的消极的形象，从而产生心理上的压力。这是对考核形象的一种扭曲。必须将考核作为完整的绩效管理中的一个环节看待，才能对考核进行正确的定位。完整的绩效管理过程包括绩效目标的确定、绩效的产生、绩效的考核，构成了一个循环。因此，绩效考核首先是为了绩效的提升。

1. 决策背景

经过50多年的发展，可以肯定地说，在同行业内的国有企业中，A公司无论在对管理的重视程度上还是在业绩上，都是比较不错的。但现代社会的商业竞争日趋激烈，商业环境的复杂性和不确定性也不断增加，在这样的条件下，A 企业越来越认识到通过改善管理来应对挑战。

2. 决策分析

管理中的核心问题是对人的管理，这就使得人力资源管理在现代管理者心目中的地位更加重要。如何对员工的绩效进行考核，是企业管理者所面临的一个重大问题。A 企业的高层管理人员也认识到绩效考核是人力资源管理的一个核心内容，认识到考核的重要性，并且在绩效考核的工作上投入了较大的精力。

绩效考核工作是公司重点投入的一项工作。公司的高层领导非常重视，人事部具体负责绩效考核制度的制定和实施。人事部是在原有的考核制度基础上制定出了《中层干部考核办法》。在每年年底正式进行考核之前，人事部又出台当年的具体考核方案，以使考核达到可操作化程度。

但 A 企业的绩效考核的执行结果却不尽如人意。当绩效考核进行到第二年时，大家已经丧失了第一次时的热情。第三年、第四年进行考核时，员工考虑前两年考核的结果出来后，业绩差或好的领导并没有任何区别，自己还得在他手下干活，领导来找他谈话，他也只能敷衍了事。被考核者认为年年都是那套考核方式，没有新意，失去积极性，只不过是领导布置的事情，不得不应付。那么，A 企业的绩效考核措施是什么呢？

3. 决策行动

（1）建立职能考核组织

A 公司的做法通常是由公司的高层领导与相关的职能部门人员组成考核小组。考核的方式和程序通常包括被考核者填写述职报告、在自己单位内召开全体职工大会进行述职、民意测评（范围涵盖全体职工）、向科级干部甚至全体职工征求意见（访谈）、考核小组进行汇总写出评价意见并征求主管副总的意见后报公司总经理。

（2）被考核单位的经营管理情况的考核

被考核单位的经营管理情况，包括该单位的财务情况、经营情况、管理目标的实现等方面；被考核者的德、能、勤、绩及管理工作情况；下一步工作打算，重点努力的方向。具体的考核细目侧重于经营指标的完成，对于能力的定义则比较抽象。各业务部门（子公司）都在年初与总公司对于自己部门的任务指标都进行了讨价还价的过程。

(3) 对中层干部的考核

对中层干部的考核完成后，公司领导在年终总结会上进行说明，并将具体情况反馈给个人。尽管考核的方案中明确说考核与人事的升迁、工资的升降等方面挂钩，但最后的结果总是不了了之，没有任何下文。

(4) 对一般员工的考核

对于一般员工的考核则由各部门的领导掌握。子公司的领导对于下属业务人员的考核通常是从经营指标的完成情况（该公司中所有子公司的业务员均有经营指标的任务）来进行的；对于非业务人员的考核，无论是总公司还是子公司均由各部门的领导自由进行。通常的做法，都是到了年度要分奖金了，部门领导才会对自己的下属做一个笼统的排序。

4. 决策评价

A 公司的做法是相当多的国有企业在考核上的典型做法，带有一定的普遍性。这种做法在一定程度上确实发挥了其应有的作用，但是，这种做法从对考核的理解上和考核的实施上均存在许多误区。这种考核方法，使得员工的卷入程度较高。公司在第一年进行操作时，获得了比较大的成功。由于被征求了意见，一般员工觉得受到了重视，感到非常满意。领导则觉得该方案得到了大多数人的支持，也觉得满意。但是，被考核者觉得自己的部门与其他部门相比，由于历史条件和现实条件不同，年初所定的指标不同，觉得相互之间无法平衡，心里还是不服。同时，A 公司的考核制度也存在一定的误区。

一是绩效指标的确定缺乏科学性。选择和确定什么样的绩效考核指标是考核中一个重要的同时也比较难于解决的问题。像 A 公司这样的许多公司所采用的绩效指标通常一方面是经营指标的完成情况，另一方面是工作态度、思想觉悟等一系列因素。能够从这样两方面去考核是很好的，但是对于如何科学地确定绩效考核的指标体系以及考核的指标如何具有可操作性，许多企业是考虑得不很周到的。

二是对考核定位的模糊与偏差。考核的定位是绩效考核的核心问题，它直接影响到考核的其他方面特点。因此，关于考核的其他误区在很大程度上都与这个问题有关。所谓考核的定位问题其实质就是通过绩效考核要解决什么问题，绩效考核工作的管理目标是什么。考核的定位直接影响到考核的实施，定位的不同必然带来实施方法上的差异。对绩效考核定位的模糊主要表现在考核缺乏明确的目的，仅仅是为了考核而进行考核，这样做的结果通常是考核流于形式，考核结束后，考核的结果不能充分利用起来，耗费了大量的时间和人力物力，结果不了了之。考核定位的偏差主要体现在片面看待考核的管理目标，对考核目的的定位过于狭窄。例如，A公司的考核目的主要是为了年底分奖金。

三是考核关系不够合理。要想使考核有效地进行，必须确定好由谁来实施考核，也就是确定好考核者与被考核者的关系。A公司采用的方式是由考核小组来实施考核，这种方式有利于保证考核的客观、公正，但是也有一些不利的方面。

通常来说，获得不同绩效指标的信息需要从不同的主体处获得，应该让对某个绩效指标最有发言权的主体对该绩效指标进行评价。考核关系与管理关系保持一致是一种有效的方式，因为管理者对被管理者的绩效最有发言权。而考核小组可能在某种程度上并不能直接获得某些绩效指标，仅通过考核小组进行考核是片面的，当然，管理者也不可能得到关于被管理者的全部绩效指标，还需要从与被管理者有关的其他方面获得信息。

四是考核周期的设置不尽合理。所谓考核的周期，就是指多长时间进行一次考核。多数企业者像A公司这样，一年进行一次考核。这与考核的目的有关系。如果考核的目的主要是为了分奖金，那么自然就会使得考核的周期与奖金分配的周期保持一致。

事实上，从所考核的绩效指标来看，不同的绩效指标需要不同的考核周期。对于任务绩效的指标，可能需要较短的考核周期，例如一个月。这样做的好处是：一方面，在较短的时间内，考核者对被考核者在这些方面的工作产出有较清楚的记录和印象，如果都等到年底再进行考核，恐怕就只能凭借主观的感觉了；另一方面，对工作的产出及时进行评价和反馈，有利于及时地改进工作，避免将问题一起积攒到年底来处理。对于周边绩效的指标，则适合于在相对较长的时期内进行考核，例如半年或一年，因为这些关于人的表现的指标具有相对的稳定性，需较长时间才能得出结论，不过，在平时应进行一些简单的行为记录作为考核时的依据。

任何公司的绩效考核都不是十全十美的。没有最好的绩效考核方法，只有最适合你的方法。简单实用或复杂科学，严厉或宽松，非正式的考核方式或系统性的考核方式，不同规模、不同文化、不同阶段的公司要选用不同的方式。

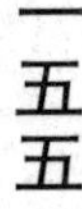

（五）市场绩效为海尔员工定工资案例

一般来说，员工的绩效中可评价的指标一部分应该是与其工作产出直接相关的，也就是直接对其工作结果的评价，国外有的管理学家将这部分绩效指标称为任务绩效；另一部分绩效指标是对工作结果造成影响的因素，但并不是以结果的形式表现出来的，一般为工作过程中的一些表现，通常被称为周边绩效。对任务绩效的评价通常可以用质量、数量、时效、成本、他人的反应等指标来进行评价，对周边绩效的评价通常采用行为性的描述来进行评价。这样就使得绩效考核的指标形成了一套体系，同时也可以操作化地评价。

1. 决策背景

海尔人从“名牌战略”到“海尔的国际化”，继而实现“国际化的海尔”，他们踏着时代的步伐，一步一个脚印地面对着国内国际市场的变幻风云，在不断深化改革中掌握着竞争的主动权。

海尔改革发展的力量源泉——完全来自海尔广大职工。从这些年海尔不断推出的各种改革方案和措施中，始终贯穿着一条红线，那就是职工是海尔真正的主人。他们以自己的自觉行动“苟日新，日日新，又日新”，从20世纪80年代的“日清日高”，到90年代的使每一个职工成为“战略业务单位”（SBU）。进入新世纪，国内国际市场竞争形势更为严峻，海尔又与时俱进地进一步把市场链延伸为“人单合一”，使每一个职工直接面对“订单”，面对市场，使人与市场结为一体，在这种“人自为战”的氛围中，真正体现了“企业兴亡，匹夫有责”。集人人的责任心、紧迫感，汇集为海尔的巨大战斗力、竞争力。

2. 决策分析

最早在1998年9月8日的某次会议上，海尔的领军人张瑞敏就提出了海尔市场链的思路。其后，海尔逐步推进这项工作，大致走了以下四步：

第一阶段：将外部市场的竞争效应内部化。具体体现为三个转化：外部指标转化为内部指标，内部指标转化为个人指标，个人指标转化为个人收入。第二阶段：体现市场链的SST机制（索酬、索赔、跳闸），内部有了市场就要建立与用户的索赔酬机制。第三阶段：搭建操作平台以推进市场链进程。第四阶段：负债经营，就是把企业的总负债表转化成3万份每个员工的小负债表，落实到每个人，使每个人得

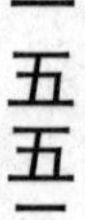

到发展。

而市场绩效工资，就是对前四项工作的深化。实行市场工资后，企业的主要目标由过去的利润最大化转向以用户为中心、以市场为中心，每个人的利益都与市场挂钩。具体做法就是通过建立市场链为服务对象做好有偿服务，从市场中取得报酬；索赔体现出市场链管理流程中部门与部门，上道工序与下道工序之间互为咬合的关系，如不能履约就要被索赔；跳闸就是发挥闸口的作用，如果既不索酬也不索赔，第三方就会跳闸，“闸”出问题。

3. 决策行动

（1）研发部的市场化工资

2000 年 2 月，洗衣机事业部开发部设计人员开发了一种双桶洗衣机，但是直到 5 月，开发人员设计的产品没有订单。原来，他的任务只是设计产品，工资也只和产量挂钩，至于在市场上好卖不好卖，他可以不闻不问。所以，他开发的产品无法换取市场订单。

自从实施市场工资以来，开发部的员工压力大了，但工作的积极性也更高了。对此，开发人员深有感触：“从市场拿钱，作为开发人员就必须深入市场、研究市场，开发出有市场潜力的产品来，这使个人、企业都受益。”

（2）商流推进部：市场目标的唯一性在实施市场工资以前，目标不明确，又抓销量，又抓回款发货，部分职能与区域经理重合。由于职能不明确，与其他部门经理产生了都负责又都不负责的相互依赖的现象，不但效率很低，而且工作较乱，导致销量上不去，且回款发货不见成效。

自从 2003 年 8 月开始实施市场工资以来，管理层专抓销量，考核目标直接与销量挂钩，由于市场目标单一明确，他有更多的精力搞一些适合当地化的推介活动，使得市场效果明显提高，发货量当月就提高了 10%。

（3）设备事业部：市场工资的合理性

以前，设备维修工按区域承包的停机时指标是“零停机”，而设备科长和设备处长的指标，却确定有“停机率”，于是造成了岗位之间的考核不平衡，也导致了工资分配的不合理性。于是，设备事业部把所有设备管理人员的停机时考核指标也同维修工一样，定为零，并设定了不降低就否决的市场增值否决线，使市场工资完善合理。

通过试点，管理人员积极性和责任心进一步提升，大家都围绕着零停机进行创新，体现了很好的市场效果。实行市场工资后，效果明显，停机时实现了整合以来的最低点，降低了 15. 9%，大部分设备实现了零停机。

（4）空调事业部：市场效果的真实性

过去商用空调检验处的工资主要由分厂效益决定，体现不出检验处的市场——最终产品质量的好坏对工资的影响。

自从检验处实施市场工资以后，就大不相同了。员工王明宽对此深有感触，他和同事的工资直接由一次下线合格率决定。而一次下线合格率，谁说了算？以前是检验员自己。工序中检出的问题少了，一次下线合格率也就提高了。但是，由于这种工资分配方法缺少一个共用的信息平台，且牵扯到检验员的切身利益，因而，这种合格率是不真实的。实行市场工资后，检验处将共用信息平台完善起来，工资不再单纯由检验员自己查出的问题说了算，而是根据信息反馈的问题和抽样室查出的问题进行判断。所以市场效果的真实性大大提高。

（5）“小三角”彰显市场化工资

海尔的改革都是从小三角开始的。所谓小三角，海尔的解释是：如果我们把企业看成一个大三角，那么，它是由无数个小三角组成的。任何单位和部门在改革时都要找到自己的小三角进行试点，形成样板力量，然后复制到其他小三角。到了 2003 年 9 月，海尔商流、洗衣机、空调、技术装备等单位已先后在本单位一些部门试点实行市场工资，试点时间虽然不长，但反响却很强烈。

4. 决策评价

从海尔的市场绩效定工资不难看出，只有做到以下几点，才能更好地搞好企业员工的绩效考核：

一是进行工作分析，要发挥绩效考核对整个管理系统的信息反馈作用，必须开展有效的工作分析，即明确岗位职责及岗位员工对素质要求，确定哪些是完成工作必需的绩效要素。只有明确了岗位职责，才能有针对性地对企业内部的各个工作团队及员工的实际工作行为进行考核，判断其行为与企业所要求的职责规范之间的拟合程度，并以此作为绩效的衡量标准与考核依据。

2000 年 5 月，海尔开发部开始实施市场工资，工资来源以市场订单为依据，订单多，则工资收入高；反之，则一分没有。开发人员许升，在 2000 年全国水资源匮乏的情况下，面对消费者对“洗得好又节水”洗衣机的迫切期望，根据市场调研情况，快速地开发了漂甩 2 合 1 洗衣机并及时地投放市场，解决了近 400 个城市被“限额供水”的消费者的燃眉之急。由于开发的产品符合了当时消费者的需求，所以产品一上市就掀起了市场的销售热浪，3 个月实际销量是目标计划的 4 倍，许升的实际收入也随之翻了 4 倍!

二是完善工作绩效标准。古人云：“没有规矩，难成方圆”。应确保向所有的考核者等考核对象提供明确的工作绩效标准。完善企业的工作绩效评价系统，把员工能力与成果的定性考察与定量考核结合起来，建立客观而明确的管理标准，定量考核，用数据说话，以理服人。改变过去员工考核中定性成分过大，评价模糊，易受主观因素影响的不足。

以海尔的空调事业部检验处为例，实行市场绩效工资后，检验处根据市场反馈建立起完善的产品信息平台，这个信息平台可以反馈出出厂产品的质量问题，然后将之与抽样室查出的问题进行判断、比较。最终的结果就是，当出厂产品的合格率高于抽样室查出的信息时，检验员的工资就会提高，反之，检验员将被降低工资，打破了检验员的工资由自己说了算的问题。

同时，也减少考核者的主观性，选用较为客观的考核者来进行工作绩效考核，是使评价客观化的一个重要组成部分；训练考核者正确地使用考核工具，指导他们在判断时如何使用绩效考核标准；尽量使用一个以上的考核者各自独立完成对同一个对象的绩效考核。

并且，还能提高绩效考核反馈信息，使考核者与被考核员工能有频繁的日常接触；及时将考核结论酌情告知员工；在适当的时候，对工作绩效较差的员工提供正确的指导。

三是使用明确的绩效要素。最好用一些描述性的语言对绩效考核要素加以界定。比如，“杰出”——在所有各方面的绩效都十分突出，并且明显比其他人的绩效优异；“很好”——工作绩效的大多数方面明显超出职位的要求，工作绩效一贯是高质量的；“好”——称职的可信赖的工作绩效水平，达到了工作绩效标准的要求。这样就会使考核者容易对评价结果进行理解。避免使用诸如“忠诚”“无私”等抽象的要素名称，除非它们能够用可观察的行为来证实。

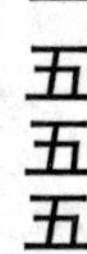

（六）蓝色巨人 IBM 的绩效组织模式案例

企业组织模式及其绩效，包括企业组织结构的设定、企业内部流程的管理和优化、部门绩效评估及激励策略等。从来没有适用于一切企业的最佳企业组织模式，企业要掌握市场的主导权，适应激烈的竞争环境，就必须根据环境的变化和自身的发展进行一系列的调整、改革创新，激发公司的活力，以符合竞争环境对企业经营管理体制的要求。

1. 决策背景

IBM 公司创建于 1911 年，是美国也是全世界最大的电子计算机制造商。它一直被认为是世界上经营和管理最为成功的公司之一，拥有资产 520 亿美元，年销售额高达 500 多亿美元，利润则达到惊人的 70 多亿美元。其中 IBM 公司在 20 世纪 70 年代初到 80 年代中期的这段时间，它的销售量以年均 13%、利润以 34. 7%的惊人增长率高速地增长着，被誉为典型的超优企业。

20 世纪 70 年代末期，由于在微电子技术领域的迅猛发展，其产品更新周期日益缩短。电子计算机市场的竞争逐渐进入了白热化的程度。国际上许多资金充足，实力雄厚的大企业为了将来的发展纷纷进入高风险但前途无量的微电子领域，IBM（国际商用机器）公司作为世界上专门制造和销售电子计算机的跨国大公司，为了能在对手如林的情况下继续占据计算机业生产和销售的头把交椅，进行了一系列人力资源管理方面的现代经营体制改革。

20 世纪 80 年代后，小型计算机和微机市场被异军突起的日本厂商和国内其他厂商所控制。因此，IBM 公司出现了新的市场危机，它每年的利润损失高达 5 亿美元以上。

在当时美国阿姆达尔公司推出了运算速度比当时世界最先进的计算机 IMB/1400 快两倍的 H/200 插接兼容机，而价格上还要便宜 5%，从而直接威胁着 IBM 市场地位。IBM 公司在不能即时推出新产品的情况下凭借雄厚资金以降价战略实施反击，从而把阿姆达尔公司逼入了困境，但阿姆达尔公司很快就同资金充足的日本计算机制造商富士通进行联合，并推出新产品 470V/7 同 IBM 抗衡。而日立、三菱、日本电气等制造电子计算机的厂商也联合起来，积极开发新产品，涌入国际市场，从而威胁到 IBM 的市场主导权。因此，IBM 公司决心进入小型机和微机领域，进行战略反攻。

2. 决策分析

IBM 公司是世界最优秀的企业，它为了应付上述不利局面，激发公司的活力，尽快开发出新一代产品，实施其战略反攻的要求，从而考虑建立一套有利于员工开发创新的领导体制，以适应激烈的竞争环境，掌握市场的主导权。它根据环境的变化和自身的发展进行的一系列的调整、改革和创新在很大程度上揭示了在新技术革命条件下竞争环境对企业经营管理体制的要求。

“要以对日战略为中心进行组织改革，集中全力对付日本富士通和日立制造所等对手。只要能够对付来自日本的挑战，那就可能战胜世界上任何国家的挑战。”IBM 当时的董事长卡里在 1982 年曾这样明确地指出。然而不久之后，美国电话电报公司通过资产重组，进入了计算机领域，而当时欧共体的计算机制造业也迅速发展起来，在西欧市场上采取统一政策与 IBM 相对抗。

同时面对着来自日本、欧共体和美国国内三方面的挑战，IBM 公司再次从整体上调整了原先的战略。并在 1983 年，提出 80 年代的新战略：在 IBM 的所有领域都能实现同行业的增长率，证明 IBM 的产品在技术方面的价值和质量方面的卓越性，并发挥领导作用；在生产、销售、服务和管理的所有环节上，实现最高的效率，确保企业成长所需要的高利润，以便在世界微电子产业中建立起牢固的地位。

IBM 公司为了实现这一新的战略目标，按照专业化、效率化、科学化、民主化和智能结构合理化的要求，进行了人力资源体制的改革。1983 年，卡里主动辞去董事长的职务，到董事会经营委员会当议长，推荐总裁奥佩尔担任董事长，艾克斯任总裁。于是，1BM 公司按照既定战略，进行了大规模的人力资源经营管理体制改革，着手建立 80 年代的“现代经营体制”。

这次体制改革从 1980 年到 1984 年，前后历时四年才完成。这次改革主要分为三个阶段：第一阶段，进行组织改革试点，在公司设立“风险组织”；第二阶段，全面调整与改革总公司的领导组织，形成新的领导体制；第三阶段，调整与改革子公司的领导体制。

3. 决策行动

（1）设立风险组织

IBM 公司的“风险组织”相当于专门从事开发小型新产品的分公司。这种组织主要有两种形式：一是独立经营单位（IBU），一是战略经营单位（SBU）。“独立经营单位是”IBM 公司的自创，有着“企业内企业”之称，直属总公司专门委员会领导，总公司除了提供必要的资金和审议其发展方向外，不干涉其任何经营活动，所以它拥有较大的自主权，能够充分激发个人的创造性和企业家精神，从而快速地开发出有竞争力，有前途的新产品。由于这种组织有小企业的灵活性，更有大公司庞大的实力作为后盾，它可以使大企业在组织上具有活动力，IBM 将这一组织运用于个人电脑开发大大缩短了新产品的研发周期，取得了巨大的收益。“战略经营单位”是美国西屋电气公司创建，被 IBM 公司于 80 年代所采用，它是一种战略组织措施，以经营为中心的组织，是公司内属关键性的经营核算单位，其地位等同于总公司的事业部。IBM 公司的“风险组织”的成功使得 IBM 懂得现代大企业必须重视分权管理，同时要加强战略指导。

（2）调整与改革总公司的领导组织

IBM 总公司的领导组织体制的改革分为最高决策组织改革、建立政策委员会和事业营运委员会、调整总管理层三方面。最高决策组织改革是为了吸收更多的人参与最高决策，从而改进决策层智力结构，加强集体决策机制；政策委员会和事业营运委员会则分别是企业管理办公室决策的战略指导核心和企业管理办公室决策机构；调整总管理层则是按专门化、效率化等原则对下属事业部进行的增减、合并或调整，IBM 公司这次调整突出了信息和通讯事业部的重要地位，强调了向个人计算机、中小型计算机等微电子产品发展的新方向。

（3）调整与改革子公司的领导体制

IBM 总公司调整与改革子公司的领导体制，把原来的地区性贸易公司由 IBM 贸易总公司统一协调，并列指挥，改建为自主经营的事业体，把各国的子公司合理集中起来，加强指导管理。在最高决策组织和决策执行组织之间，通过政策委员会、企业管理办公室和事业营运会等机构，建立了一个以战略为中心的领导体制新形式。在建立新的领导体制和改组原有地区公司的基础上，积极实行管理授权与分析，给予总公司事业部及某些事业部以较大的或完全的组织，经营自主权，分层次有秩序地扩大授权范围和推进分析管理。

4. 决策评价

从来就没有固定不变的和适用于一切企业的最佳企业组织模式和领导体制，即使 IBM 这样优秀的企业也不例外。IBM 公司通过调整、改组、改革和授权，建立起了一个新的战略领导体制，形成了集权与分权相统一的管理体制，从而使它能够运用集中决策与分散经营相结合等方式来适应市场不断地变化与发展。与此同时，IBM 还进一步完善了咨询体制，业务报告制度以及进言制度。

并重申 IBM“尊重”“服务”和“追求卓越”的公司宗旨，指出战略可以变，组织可以改，而宗旨永远不能改变。IBM 此次大规模的改革开通了它的信息渠道，提高了决策效率，从而使领导体制具有较好的应对市场竞争的适应性。

IBM 认为战略可以变，组织可以改，而追求卓越的宗旨永远不能改变。中国的许多企业往往在面临困境时还坚持运用原有的，不再适应当前市场竞争的领导组织体制而不进行相应的改革；而有的企业则在进行领导组织改革的时候，忘记了公司的宗旨，形而上学，为改革而改革，反而走向了歧途。

（七）克莱斯勒起死回生的组织模式改革案例

公司最大的资源是人力资源，组织结构的核心是激励员工，调动员工的积极性，使企业焕发巨大的活力。因此，组织模式的改革应紧密团结员工，以避免公司内部人浮于事、部门重叠、秩序混乱、缺乏沟通、效率低下等种种弊端。

1. 决策背景

克莱斯勒汽车公司是美国第三大汽车公司，公司经营涉及多个领域，以经营汽车业务为主，其汽车销售额在全世界汽车公司中名列第九。

在 20 世纪 70 年代的石油危机中，克莱斯勒公司为了应付原油价格额的上涨、不断上升的投资成本以及国际市场激烈的竞争，被迫将大部分重要的国外资产处进行了处理或改组。

克莱斯勒公司在二战以前曾有着辉煌的历史，在公司创建后的短短的十年间迅速成了美国第三大汽车公司。在 20 世纪 40 年代，公司为降低产品成本，一直不肯改进原有车型，也不进行重大技术创新，从而使公司在汽车市场迅速扩张的时期错过了绝好机会，丢掉了很大的市场份额。此后，公司购买克莱斯勒澳大利亚公司的大部分股权，开始了在北美以外的扩张。然而在公司努力进行业务拓展的同时，公司内部却不断出现人事摩擦，致使公司一度陷入濒临破产的窘境。尽管如此，这段时期公司还是进行了一系列较大规模的扩张活动，公司还兼并了许多汽车零部件制造商，用来提高公司的产品种类，并同时开展了规模不大的多样化经营活动。

克莱斯勒公司在这次石油危机中并没有吸取以往的经验教训——在石油价格飞涨

克莱斯勒汽车

下，公司应该进行省油、质高、价低的小型车的生产，由于公司缺乏对市场正确的判断力和对形势的客观估计，因此，在这重要的转型时期并没有迅速调整生产方向，而是继续保持其大型车的生产，由此导致公司的市场占有率再一次迅速下降，几乎破产。

2. 决策分析

深陷危机、濒临破产的克莱斯勒汽车公司董事长前去聘请李·艾科卡，艾科卡欣然接受，并立刻走马上任。艾科卡加盟克莱斯勒公司的当天，报端公布了克莱斯勒第三季1. 6亿美元的亏损，创下了该公司有史以来最高赤字纪录。克莱斯勒的惨状只能用“束手待毙”四个字来形容。

尽管上任伊始的艾科卡宣称：公司起死回生之前，自己的年薪为一美元。但是当艾科卡第一天上班就发现克莱斯勒是一家腐化而且混乱的企业，并且公司缺乏一套完整健全的财务管理制度，全公司里没有一个人真正明白财务计划和目标的意义，即使是最基本的财务问题也搞不清楚，甚至向公司财务部门索取每一家投资工厂的报酬率资料，也得不到任何结果。他从资产负债表上看出了公司人员士气的低落以及管理涣散的严重性，他不禁感慨地说：“像克莱斯勒这样的大公司，居然用开小杂货店的方式来管理，实在叫人不能理解。”

艾科卡凭借多年的管理经验，认为收拾这个摊子的第一步工作是选准突破口。经过调查，他很快摸清了公司的5个致命弱点：

一是纪律松弛。他到任的第一天，就遇到两件令人恼火的事。前总裁卡费罗的办公室竟成为人来人往的过道，职员们穿堂而过，连个招呼都不打，没有一点规矩。而前任总裁女秘书在工作时间随便办私事。这在福特公司是要丢饭碗的，而这里却毫无顾忌。再往下看看，基层组织像一盘散沙，士气低落到令人难以容忍的地步。

二是管理混乱。公司没有名副其实的管理体制，没有行之有效的规章制度。设计部门、制造部门与销售部门各自为政，财务管理一塌糊涂。

三是人浮于事，公司副总裁竟有35个。艾科卡形容说："每个山头都有王爷，各自占地为王，办起事来互相扯皮、踢皮球。"

四是库存积压。公司不按经销商的订单组织生产，结果导致库存货满为患，存货8万多辆。为了给汽车找销路，公司每月举行一次减价销售。结果造成经销商对减价的依赖，该买也不买，等待降价，结果造成恶性循环。

五是资金短缺。这一问题是所有问题的焦点，1978年克莱斯勒亏损2.04亿美元，1979年年初，亏损高达11亿美元，积欠多种债务达48亿美元。

3. 决策行动

（1）调整企业组织模式

1978年艾科卡担任克莱斯勒总裁后，对公司内部人浮于事、部门重叠、秩序混乱、缺乏沟通、效率低下等种种弊端进行了组织模式的改革。

1978~1980年之间，艾科卡关闭了20家工厂，裁员半数以上，并解聘了33名副总裁，对管理人员减薪10%，将职工的薪金减少了12亿美元。同时引进财务人才，建立公司内部沟通制度，聘用一流的广告公司进行宣传。

（2）与销售商进行紧密团结

一直以来，克莱斯勒与经销商的关系都不是太好。因为，所有经销商几乎都习惯于收到克莱斯勒的新车后再重装一次。艾科卡到任后，很快进行了组织与经销商们见面，与他们交流意见，告诉他们公司准备在公司的各领域树立纪律观念，并再三许诺，保证产品的质量，之后又多次为经销商提供讲习会，为他们提供商品信息，介绍汽车技术知识等等。在与经销商修复好关系后，他利用经销商们的社会影响与活动能力，克莱斯勒得到了新的贷款，获取了新的发展机会。

（3）紧密团结工人

艾科卡首先把自己的薪水减到每年一块钱，并把当前的实际情况如实告诉工会，阐明：如果大家不同心协力，那么破产，大家全部都会失业。由于是总裁带头，以身作则，经理主管人员相当敬服，工人们也做了相当大的让步。克莱斯勒让工人拥有公司股票，分享利润，把员工的个人利益与企业发展紧紧结合起来。工会对少数不认真工作的员工进行了严厉处罚，并订出赏罚规章。克莱斯勒公司还关闭一些非重要的工厂，进行了裁员，从而减少了运转成本。

艾科卡很善于应用心理学的理论调动员工的积极性，他走遍公司每个生产车间，与工人进行直接对话，在一系列职工大会上，他感谢工人在艰苦日子里与公司合作。并承诺，待情况好转，一定使工人们重新获得与福特和通用汽车公司工人相同的待遇。

艾科卡注重与员工的交流，他认为好的管理人员不仅应向董事会说明自己的想法，也要善于听取员工的意见，让员工了解管理人员的行动，让员工们了解整个策划的行动，使他们成为其中的一分子，才能调动其积极性。

艾科卡认为一个管理者如果能调动一个人的积极性，则他的成绩很大。要使公司的一个部门顺利运转，一切都要调动积极性，只有在层层激励下企业才能焕发巨大的活力。

4. 决策评价

临危受命担任克莱斯勒总裁的艾科卡向政府借款数千万美元来扭转公司破产的局面，同时也大力缩减开支，裁撤部门和员工，精兵简政，起用能人，能者上前，庸人靠边，很快就建立起了以艾科卡为首的强有力的领导系统。在这一次的临危受命中，艾科卡对人的独特管理也显露无遗，他的方法是：

（1）与属下交谈。他认为，管理就是发动他人去工作。一个企业运作得好，就是员工发动得好，而发动员工的唯一办法是与他们交谈。演说是发动一大群人的最好办法。

（2）实行季度检查制度。每三个月他就同属下共同检查过去的成就与差距，计划下一季度的工作目标。艾科卡认为季度检查制度有五项好处：不断制定自己的目标；使人更有成果，充分发挥积极性；迫使职员经常检查自己完成了什么工作，下一步怎么办，多动脑子；不埋没人才，好的职员不被忽视，不好的职员无法混日子；强制职员与其上司之间的对话，促使他们沟通思想、融洽感情、增进了解、改善关系。

（3）激发和保持下属的进取精神。当提升一名工作人员时，正是给他增加任务之时。在他成功的时候，要对他提出更高的要求；而在他不得意时，千万不要过分严厉，否则会毁灭了他的进取精神。

（4）不随便变动职员的工作，因为技能是不能互换的，一个人在一个领域里具有专长，不等于在另一个领域里也有经验和专长。

（5）谁的工作由谁做，绝不越位，作为领导，更多的只是给予鼓励。一名领导无法做好所有人的工作，只能鼓励下一级的人去干，下一级再鼓励他的下级去干，绝不越位去干本应属于下级干的事。

艾科卡成功的关键也在于他果断的决策，所谓业务决策，就是有关人员、产量和效益的决策。艾科卡担任克莱斯勒总裁后，针对公司内部人浮于事、部门重叠、秩序混乱、缺乏沟通、效率低下等种种弊端进行了组织模式的改革，他认为公司最大的资源是人力资源，为此他进行了一系列和员工紧密团结的改革措施，他认为组织结构的核心就是激励员工，调动员工的积极性，才能使企业焕发巨大的活力。

（八）通用电气多样化的组织模式案例

在市场竞争加剧的情况下，如果没有适时地对企业组织管理方面进行多样化的积极改革，企业将会面临举步维艰的生存危机。当然，这需要在制定一个比较长远的基本战略规划的前提下来进行。但如果仅仅只有一个基本的战略规划，不能随时而变的话，对于企业生存来说将是毁灭性的。

1. 决策背景

美国通用电气公司是世界上最大的电子电器设备制造公司，它占美国电工行业全部产值的1/4。通用公司的电工产品是美国所有新产品获奖最多的技术工业企业。

通用电气公司是由老摩根在1892年把爱迪生通用电气公司、汤姆逊·豪斯登国际电气公司等三家公司合并组成的。在两次世界大战中，通用电气大发战争横财，取得了迅速发展。第一次世界大战后，通用公司在新兴的无线电方面有着统治地位，并于1919年成立了一个叫美国无线电公司的子公司，几乎独占了美国的无线电工业。而第二次世界大战又使通用电气公司的销量和利润急剧增加。

现在的通用公司，是一个“统一多样化”的公司。翻开近年《财富》杂志世界500强的榜单可以发现，每一年上榜的、成功的企业绝大多数是专业化经营的公司，而上榜的多元化企业只是少数，但总是少不了“通用”。

2. 决策分析

在20世纪50年代初到60年代末，通用电气公司在市场上遇到了威斯汀豪斯电气公司的激烈竞争，公司财政也一直在赤字的边缘上摇摆不定。为了适应技术进步、经济发展和市场竞争的需要，企业管理体制强调系统性和灵活性相结合、集权和分权相结合的体制。通用公司在50年代初就完成了美国各大公司在60年代以后才建立“分权的事业部制”。面对激烈的竞争，60年代末又建立了“战略事业单位”。

在20世纪70年代中期，美国经济出现了停滞。在这种情况下，像通用电气公司这样生产的产品品种规格繁杂、经营措施是多样化的企业，如何规避美国经济停滞的风险就成了首要问题了。以新任董事长琼斯为首的领导层在经过详细周密的研讨之后认为，企业在管理体制方面需要重新集权化的趋向。这就是一种被大家称之为“超事业部制”的管理体制，即在企业最高领导之下、建立各个事业部之上的一些统辖事业部的机构。美国通用电气公司于70年代末期，开始实行它的“执行部制”，也是这种“超事业部”的管理体制的一种形式。

一个多世纪以来，通用电气公司作为一家经营措施多样化、生产的产品品种规格繁杂的企业，公司怎样才能做到有能力在变革时代保持领先位置？答案就是这些随时而变的组织模式。

3. 决策行动

（1）建立分权事业部

通用公司在企业组织管理方面进行了积极的改革。20世纪50年代初，通用公司就完全建立了“分权的事业部制”。总公司共设立了20个事业部，各个事业部分别独立经营、单独核算。

随着时间的推移，企业经营的需要，又对组织机构不断进行调整。随着公司的经营业务迅速增长，原有的组织机构已不能满足新市场对管理组织的需要，于是又将分权事业部进行扩大，并成立了由5人组成的公司董事会来监督整个公司，制定比较长远的基本战略规划。

（2）新措施——战略事业单位

20世纪60年代末，通用电气公司在市场上遇到了威斯汀豪斯电气公司的激烈竞争，公司财政也一直在赤字的边缘上摇摆不定。为了能力挽危机，1971年，公司的最高领导层在企业管理体制上采取了一种新的战略性措施，即在事业部内设立“战略事业单位”。这种“战略事业单位”是独立的组织部门，可以在事业部内有选择地对某些产品进行单独管理，以便事业部将人力物力能够机动有效地集中分配使用，对各种产品、销售、设备和组织编制出严密的有预见性的战略计划。这种“战略事业单位”可以和集团组相平；也可以相当于分部的水平，例如医疗系统、化学与冶金等等；还有些是相当于部门的水平如碳化钨工具和工程用塑料。

通用电气公司的领导层很重视建立“战略事业单位”，认为它是“十分有意义的步骤”，对公司的发展是一个“重要的途径”。这一年，通用公司在销售额和利润额方面都创出了新纪录。从公司 60 年代到 70 年代迅速发展的情况看，这项措施确实也起了很大的作用。从 1966 年到 1976 年的 11 年中，通用电气公司的销售额增长了一倍。

（3）重新集权化——执行部制

20 世纪 70 年代中期，美国经济又出现停滞，通用电气公司于 1972 年任命琼斯为新的董事长。琼斯当时很担心经济的不景气会持续到 80 年代，所以 1977 年年底，又进一步改革了公司的管理体制，第二年开始实行了“执行部制”，也就是“超事业部制”的管理体制的一种形式。这种体制就是在各个事业部上再建立一些“超事业部”，来统辖和协调各事业部的活动，也就是在事业部的上面又多了一级管理。这样做，一方面使最高领导机构可以减轻日常事务，便于集中力量掌握有关企业发展的决策性战略计划；另一方面，也增强了企业的灵活性。

在改组后的体制中，董事长琼斯和两名副董事长组成最高领导机构执行局，专管长期战略计划，负责和政府打交道，以及研究税制等问题。执行局下面设 5 个类似“超事业部”的“执行部”，包括消费类产品服务执行部、工业产品零件执行部、电力设备执行部、国际执行部、技术设备材料执行部，每个执行部由一名副总经理负责。执行部下共设有 9 个总部，50 个事业部，49 个战略事业单位。各事业部的日常事务，以至有关市场、产品、技术、顾客等方面的战略决策，以前都必须向公司最高领导机构报告，而现在则只需要分别向各执行部报告就行了。这 5 个执行部加上其他国际公司，分别由两位副董事长领导。此外，财务、人事和法律 3 个参谋部门直接由董事长领导。

（4）建立网络系统

进入网络时代之后，通用电气公司又在企业管理中广泛应用电子计算机，建立了一个庞大网络系统，大大加速了工作效率。这个网络系统把分布在49个州的65个销售部门、分布在11个州的18个产品仓库，以及分布在21个州的40个制造部门，共53个制造厂，统统连接起来。当顾客打电话来订货时，销售人员就把数据输入这个网络系统，然后系统就能自动进行下一系列的工作，如查询顾客的信用状况，查询在就近的仓库有无这种产品的存货，在这两点得到肯定的回答以后，这个网络系统会接着办理接受订货、开发票、登记仓库账目，并通知销售人员顾客所需货物已经发货。如果缺货或存货不多的话，系统也会向工厂发出补充仓库存货的生产调度命令，全部过程在不到15秒钟的时间内即可完成。显然，除了办事速度快以外，这个网络系统实际上已经把销售、存货管理、生产调度等不同的职能结合在一起了。

4. 决策评价

在市场竞争加剧的情况下，如果没有适时地对企业组织管理方面进行多样化的积极改革，企业将会面临举步维艰的生存危机。当然，这需要在制定一个比较长远的基本战略规划的前提下来进行。但如果仅仅只有一个基本的战略规划，不能随时而变的话，对于企业生存来说将是毁灭性的。

通过电气之所以一直占据着世界上最大的电子电器设备制造商的地位，得益于组织模式的随时而变。20世纪70年代末，为规避美国经济停滞的风险，实行了一种“执行部制”的管理体制，使最高领导机构可以减轻日常事务，便于集中力量掌握有关企业发展的决策性战略计划，并增强了企业的灵活性。一个多世纪以来，通用电气正是得益于这些随时而变的组织模式，而一直有能力购入或者售出一些公司，而且有能力在变革时代保持领先位置。

（九）松下电器事业部制组织管理案例

事业部制是指在总公司领导下，按产品、顾客或地区等不同标志建立事业部，实行分权管理的一种组织结构形式。总公司主要控制资金、利润、人事及价格等方面的重大问题；事业部负责产供销等一系列日常经营管理问题，并实行独立核算、自负盈亏，拥有自己的市场。

1. 决策背景

1918年松下正式创立松下电器具制作所，主要生产简单的电器插座，其间还开始涉及设计自行车灯，1927年研制成功电熨斗、电热器产品，并开始使用“NATIONAL”

商标出售。1929 年改称松下电器制作所。20 世纪 30 年代松下成为有代表性的无线电厂家，成立了松下电器贸易公司，同年 12 月建立了松下电器工业公司，将松下个人投资经营的公司转变为合资经营的股份公司。在这种背景之下，利润的更大化关键是要通过市场竞争的关系进行协作，按照市场竞争的原则来建立合同关系，使每一个子公司及其员工都能负起责任来。因此，松下于 1933 年正式实行分权形式的事业部制。

2. 决策分析

在一个集团公司下，子公司不思进取，维持现状是一个很突出的问题。因为创新的成本有时远远高于维持现状的成本，所以很难让子公司自觉地去担负起创新的责任。如何提高各个子公司和员工的积极性，让企业的每一个员工都有责任意识，尽情发表个人创意，个人才智能够得到充分发挥，使企业利润更大化，这取决于企业的组织模式。

松下幸之助在意识到这一点之后，遂在日本针对暴露出来的问题开始实行事业部制，按产品类别划分成一个个类似分公司的事业单位，实行独立核算，决不用赢利的事业部去弥补亏本的事业部，各事业部必须靠自身的力量提高利润。各事业部彼此之间通过市场竞争的关系进行协作，按照市场竞争的原则来建立合同关系。如担负装配收音机、电视机等任务的事业部使用制造元件的事业部的产品时，若对质量、价格不满意，可以向外购进其他公司产品。这当然是对制造元件的事业部的一种压力，迫使他们加速改进工作。担负为本公司作广告业务的事业部也同样是个独立核算组织。出广告的广告主，主要是各事业部。已制成的商业广告不合广告主的意，虽是同一个公司，也必须包下全部制作费。

3. 决策行动

（1）资金管理

由总公司向事业部提供“内部资金”，作为事业部的总资本。这个内部资金额根据两个标准计算。一是事业部设立工厂所需的固定资产费用，作为固定资本。二是一个月的销售额再加上生产过程中购买原料等的一切费用，作为流动资本。两项加起来作为提供给事业部的内部资金。内部资金并不是无偿提供，总公司按年率一成收取利息而且不管赢利与否，都必须支付这 10% 的“资本利息”。在此种情况下，各事业部都努力提高资金效率，随时注目于商品动态、库存状况等，保证经营状况良好。所以现金管理不仅是反映各事业部日常活动的晴雨表，而且起到推动各事业部活动的作用。

（2）利润管理

总公司每半年向各事业部公布总方针，具体来说，即给予销售额指标。各事业部根据这一销售额制定出至少赚取10%利润率（除去资本利息，上缴给总公司及营业本部的经费之后）的事业计划，获总公司承认后即需对此负全责。事业部的计划一经成立，总公司即随时监督其执行情况。首先事业部必须每月向总公司提出决算书。决算日期为每月20日止，月末送至总公司，最高领导层据此了解各事业部动态，根据不同情况提出注意事项。总公司还负责监察事业部的账簿、经营情况等。为了严格执行利润管理原则，甚至事业部向本公司设立的中央研究所提出委托研究任务时也必须自负费用。事业部所获利润60%上缴总公司，并必须将销售额的3%上交，剩余部分归事业部。但又规定有义务存入被称为“松下银行”的总公司资金部，事业部可吃利息。

松下电器在财务管理方面必须按月用现金支付、用现金收回，他们称之为一切用现金说话。

（3）兼任或派遣人员进行管理、控制

总公司一级领导人大多兼任事业部部长，这样各事业部的情况能更迅速而准确地反映到总公司，并能获得许多第一手资料。另外采取总公司直接派人到各事业部参与经营管理等多种方法。松下电器有一种称为“经理职员”的制度，主要从财务管理方面入手，为整个公司的经营管理发挥着独特而极为有效的作用。

所谓经理职员实际上是准经理级人物。他们不同于一般职工，是专门担当会计工作的老手。他们需在通称为“松下经理大学”中接受九年（大学毕业者六年）的特别训练，才能作为“经理职员”独立工作。这些训练有入门训练、基础训练、中坚训练。内容涉及经理业务、各种会计、资金管理、价格管理、税务等方面。从各种财务表格到会计学、经营管理等均要做到十分精通。这些人被派到各事业部作为各部长的助手参与核心领导。

他们按月向总公司递交结算及资金状况等报告。他们还可以拒绝事业部长提出的违反总公司经理部门规定的要求。调动时需事先得到总公司的认可。当各下层公司提出要求时也被派到关系公司中去，有些就成了那里的领导人。他们是审核松下集团这个庞然大物的健康状况并使其维持下去的“活性维他命”。

4. 决策评价

采取事业部制有几个明显的优越性：

（1）由于是按产品类别划分，有利于专心钻研某一产品技术，提高产品质量；有利于提高工人的专门技术，做到精益求精。

（2）由于采取独立核算制，各部门的经营情况一目了然，便于相互比较，相互促进。

（3）由于权力下放，分工明确，因而形成一种责任经营制。这有利于锻炼和培养出精通经营管理的人员，有利于发挥每个人的才能和创造性。

事业部的设置十分灵活。主要根据国家当时的经济形式以及本公司或各个事业部的发展与需要，有分有合，有增有减。从1933年采用事业部制时的三个事业部后逐步增多。随着生产范围与产品品种数量的增加，事业部的划分日趋专业化。如开始建立收音机事业部时包括一部分原器件；电视机事业部包括高频头等专用部件。

如果只根据上边的命令而动作的企业组织，其往往把人培养成呆板、被动的人。常常成为但求平安无事的消极主义者，不能充分发挥他们所有的宝贵的智慧。即使能成为专门人才，却变成了毫无灵活性的人，最终也不能成为出色的管理人才。

可是，在能将责任与职权都给予部下的企业中，即使是作为一个科员培养起来的人，当情况发生变化时，也能发挥其创造性，在实干中得到锻炼。这个公司的创始人松下幸之助曾说过，松下电器公司“培育了大批优秀经营管理人才”。

由于各事业部按产品类别划分，因而在销售额与规模方面彼此间有不小的差别。但从各自拥有的权限与经营形态等方面看，它们宛如一个个的中小企业，直辖于总公司松下电器。然而，它们与一般独立的中小企业有一个根本的不同点，即事业部长无权自行筹措资金。

但事业部制并不是完美无缺的，存在着诸如管理费高和综合能力差等问题，容易产生本位主义与分散倾向。20世纪70年代石油危机后这种分权管理的形式已不能适应形势的要求。为此松下于1975年1月在管理体制上又进行了一次重大改革，建立综合本部制度，把50多个事业部划分为无线电机器、电气化机器和工业机器三大综合事业本部，由三位部门副总经理领导。这样就加强了三大类产品销售业务的统一领导，促进了各事业部之间的协作。

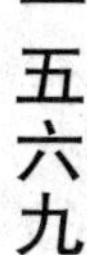

（十）某电信企业发展中的目标激励案例

目标激励是著名管理学家彼得·德鲁克40年前在他的《管理实践》一书中提出的，其核心思想是将组织的整体目标转换为组织单位和每个成员的目标，通过激励措施逐步完成目标任务。

目标管理是一种成果管理，目标管理强调公司成果，重视目标的实现，该管理方法对目标的实现和成果的评定比较客观、公正。对于成果评定的结果，不仅应该给予相应的奖励和表彰，还应把个人成果反映到人事考核上，作为晋级、提升的依据。这种把企业业绩的提高和职工个人晋升等个人利益结合起来的做法必然会激励员工积极性。

1. 决策背景

在经济全球化的时代背景下，信息占有成为人们获取财富的有力手段，信息成为比物质和能源更为重要的资源，信息技术在生产制造、金融贸易、科研教育、医疗保健、企业与政府管理以及家庭中广泛应用，从根本上改变了人们实现随时、随地、随心地开发、传递或利用信息资源为目的的经济活动迅速扩大。

1998年，面对刚刚从旧体制中走出的电信员工就要角逐激烈的市场竞争这一情况，某电信企业迅速在全市范围内展开一场“解放思想、转变观念、大干快上、勇于争先”的形势教育活动，通过对形势的认真分析，全体员工坚定了超前发展、再创辉煌的信心，形成了迎接挑战、奋勇争先的思想意识。

2. 决策分析

在新的形势下，某电信企业期望责无旁贷地成为创造信息文明的先导力量，帮助人们跨越时间和空间的阻隔，实现信息的开发、传递和利用，从而促进生产力发展，提升人们的生活品质。公司全体员工明确了增强加快发展的危机感。实现这样的使命，最重要的是要加快发展，特别是面对日趋激烈的电信市场竞争，我们要树立危机意识，为实现中国电信的全面、协调、可持续发展而更加努力地工作。

增强服务转型的紧迫感。公司要加快从提供语音业务为主的传统运营商向提供综合信息服务的新型运营商转变，从而为企业创造更大的发展空间。

增强与国际接轨的责任感。公司要按照国际资本市场的要求，以可比的世界级电信企业为标杆，加快自身的国际化和现代化进程，在全球化的电信市场竞争中立于不败之地。

某电信企业的管理者说，在此基础上，1999 年公司提出了某电信企业电信“一年打基础、二年见成效、三年居上游”的跨世纪战略目标，以及与此相配套的“建机制、占市场、抓基础、求效益、讲文明、争上游”的基本工作思路，明确了发展方向，鼓舞了员工士气，真正以竞争者的崭新姿态走向变化莫测的市场。

3. 决策行动

（1）员工收入与目标绩效挂钩

本着按劳分配、效绩优先、兼顾公平的原则，变刚性工资为弹性工资，直接从基本工资中提出 250 元，纳入奖金考核，员工收入的多少随本人效绩的高低而增减。

根据目前电信企业的实际情况，某电信企业成立了再就业服务中心，全市电信末位淘汰下来的员工集中在这里进行业务培训和素质培训，培训期间只发放基本工资，培训合格后，由用人单位进行选聘。随着某电信企业电信的不断发展壮大，务实的工作作风、创新的思维方式已经渐渐渗透到某电信企业电信的方方面面。

（2）以目标考核作为企业管理的一种手段

在市场竞争方面赢得先机之后，某电信企业又根据形势变化和企业的中长期发展规划，将企业内部管理纳入目标考核，构建以利益为核心的新型动力机制。

一是建立健全的机制。本着按劳分配、绩效工资收入的多少随本人绩效的高低而增减，使员工的物质利益与企业经营成果紧密挂钩，极大地调动了员工工作的积极性。

二是建立企业内在的动力与外在的压力之间有机联系，没有市场竞争和下岗的威胁，企业的内在动力也不可能充分发挥。

三是构建具有鲜明特色的企业文化。一个具有鲜明特色的企业文化成为现代企业凝聚人、吸引人的重要因素。

4. 决策评价

某电信企业在历经邮电分营、移动剥离、实业重组等一系列改革风浪之后，面对日益激烈的市场竞争，仍然保持高速增长的势头，2000 年十项指标在全省名列前茅。这其中一个最主要的原因就是他们实施了目标激励的管理方法。

作为一个企业管理者，公司的管理层体会最深的就是如何合理进行时间管理。他们认为专注于可支配时间管理是一个管理者成功的关键。管理者总结出了有效时间目标管理的五个步骤：确定目标（EBO），如某电信企业电信的三年争上游的战略目标：

按照重要性排出目标的次序，在某电信企业发展初期特别专注于外部市场份额的扩张，在其成长中期关注内部机制的转换，最终实现某电信企业三年居上游的总目标；列出实现目标所必需的活动，先要进行解放思想、转变观念的意识教育而后辅之以分配、用人、管理制度等企业运作机制的相应转变；分配每个目标下具体活动的优先级，这一步等于是第二组优先级的设定，确定哪些是授权给下级去做的；按照重要性和紧急性列出各项活动的优先次序，然后就是以勤奋、乐观的精神认真去做、去实践。

某电信企业在吸收和应用这种管理理论的基础上，根据自身的实际，提出了解放思想、转变观念、求实创新、奋勇争光的管理理念，构建了以效益为核心的新型动力机制，以此激励下级和团队发挥最佳竞争状态，从而推动整个公司发展。

从某电信企业成功实施目标绩效激励的成果里，我们可以看出目标激励的实施关键：

（1）把握好目标“度”是成功的基础

目标太高，大多数员工都认为无法完成，画饼充饥，他们就会望而却步，因而失去“胡萝卜”的吸引力；目标太低，无须太多努力就能轻易实现，没有挑战性，也失去了激励的意义。这两种结果都不好。目标管理的目的在于最充分地激励员工和让员工最充分地发挥才能，把握好这个“度”是成功的基础。

（2）考核周期不宜太长

这个奖励计划就如同商人给毛驴的胡萝卜，让员工看到只要他努力，在不久的将来就能得到他们想要的东西，所以，考核的周期不宜太长。

很多企业采用的是半年甚至一年考核制，想想员工是否有望穿秋水的感觉？觉得那目标只是遥不可及的事，他们会泄气，会渐渐失去动力，也会没有我们想象的那么好的耐性。建议理想的考核周期是月度或季度。

（3）考核不兑现就等于欺骗

考核除了需要遵行的“公平、公正、公开”原则外，还必须与奖惩挂钩。同时，奖惩必须兑现，这样才能保障激励的持续性。有一点要特别提醒大家，作为管理者千万不要试图去欺骗你的员工！他们的智商并不比你差，一旦你失信于民，下一次你的目标就会变得苍白无力。

（4）奖励考虑企业文化

当然，这“胡萝卜”除了金钱外，还要辅以公开表彰、奖状奖杯、授以荣誉、晋升调派、有机会参与特殊团队等等精神与物质相结合的健康激励机制，否则长久下去，就会演变成“给多少钱干多少活、谁给钱多就为谁干”的不良企业文化。

（十一）苹果电脑公司的目标绩效管理案例

目标绩效调整也就是企业战略计划的调整，如果一个企业要不断发展，没有恰当明确的战略实施计划，主管人员就没有完全投入与支持战略的实施；绩效考核的标准和目标定义也会不明确；同时，还将缺少一个有效的跟踪各层面目标绩效的绩效考核系统，员工不清楚自己应该进行什么改变。而及时地调整战略，协调组织适应变革，就会形成一个基础架构来有效地考察绩效表现，管理人员就会清晰有效地与员工沟通新的目标和战略。可以说，目标绩效调整是企业战略绩效管理，组织灵活性和企业战略执行的基础架构。

1. 决策背景

从苹果公司的发展历史上看，苹果公司曾经是以技术为重心的公司，当时其核心竞争力在于不断设计出更高性能的电脑。苹果公司的最初管理团队一贯坚持采用最先进的科学管理方法治理企业。同时他们不拘泥于传统的等级和规章制度的限制，知人善任，敢于用人。这种反传统的风险创业精神吸引了许多才华横溢的年轻人来参加创业和生产。

苹果Ⅱ问世过程里，苹果员工多是二三十岁的年轻人，他们努力工作，积极进取，同他们老板一样富有冒险精神。正是依靠全体员工的这种风险创业精神，公司才在六年里从一个车库小厂迅速发展为一个拥有4000名左右职工、年产数十万台微电脑的中型企业。

然而随着同行业公司技术的发展，要在电脑设计各方面都处于领先地位已不可能。20世纪80年代中，苹果公司推出了苹果Ⅲ型，这是公司成立以来在经营决策方面的一次重大失误。由于苹果Ⅲ的上马过于匆忙，许多关键性能的设计非常粗糙，与用户的需要相去甚远，投入市场后不但没有收到预期的效果，而且还引起了用户们的普遍不满，一时间，苹果公司的声誉急剧下降，给公司造成了巨大损失。这次的失误反映出苹果公司在市场营销、产品设计、生产管理和竞争策略等多方面存在的问题。

2. 决策分析

事发以后，苹果公司的领导者昼夜研讨，迅速找出失误的原因，并马上开始对公司的基础结构进行大刀阔斧的调整。经过这一系列的改革，苹果公司终于摆脱了困境，同时也完成了高技术企业的一次关键性转变。

苹果电脑公司为了调整长期绩效还设计了平衡记分法，使高级管理层的注意力集中到一个能使讨论范围不再局限于毛利、股权报酬率和市场份额的战略上。一个对苹果公司管理层的战略思想十分熟悉的小型指导委员会，从 6 个方面一一选择应当集中的测评类型，并在每种类型中确定若干种测评办法。

3. 决策行动

（1） 在财务方面

在财务方面，苹果公司强调股东价值。股东价值指标量化了为促进业务增长而进行的投资可能产生的负面影响，可以帮助各个单位的高级经理们分析他们的活动对公司整体价值的影响，并对新的业务活动进行评价。

（2） 在顾客满意度方面

从历史上看，苹果公司曾是以技术和产品为重心的公司，靠设计出更好的电脑进行竞争。顾客满意度指标刚开始引入时，目的是使雇员适应公司向顾客推动型的转变。但是，苹果公司意识到自己的顾客基础不是同质的，因而觉得有必要独立进行自己的

苹果公司总部

调查，以弄清全球范围内主要的细分市场。

在顾客方面，强调市场份额和顾客满意度。达到最大能力的市场份额，这不仅是

因为显而易见的销售额增长收益，而且是为了使苹果的平台能牢牢吸引和保住软件开发商。顾客满意度指标使苹果公司意识到顾客基础的差异，以弄清全球范围内主要的细分市场。

（3）在内部程度方面

在内部程度方面，强调核心能力。高级经理们希望雇员高度集中于少数几项关键能力上。如用户友好界面，强劲的软件构造，以及有效的销售系统。不过，高级经理们认识到，以这些能力为尺度测评绩效比较困难。因此，公司目前正在研究对这些难以衡量的能力如何获取量化指标。

（4）在创新和提高方面

强调员工的投入和协调程度，以要求员工能创造出与战略一致的结果。苹果公司每两年在公司的每个组织中进行一次全面的员工调查；随机抽取员工进行调查则更为频繁。调查的问题包括员工对公司战略的理解程度，以及是否要求员工能创造出与该战略一致的结果。调查结果说明了员工反映的实际水平及其总体趋势。

（5）市场份额方面

市场份额：达到最大能力的市场份额，对高级管理层十分重要。这不仅是因为显而易见的销售额增长收益，而且是为了使苹果的平台能牢牢吸引和保住软件开发商。

（6）在股东价值方面

股东价值也被视为一个业绩指标，虽然这一指标是业绩的结果，而不是驱动者。把这一指标包括在内，是为了消除以前对毛利和销售增长率的偏好，因为这两个指标忽视了为了未来取得增长今天必须进行的投资。股东价值指标量化了为促进业务增长而进行的投资可能产生的负面影响。苹果公司的多数业务是在职能分工的基础上组织的（销售、产品设计、全球范围的生产和经营），因此，只能计算公司整体的股东价值，而不能分层计算。不过，这一指标可以帮助各个单位的高级经理们分析他们的活动对公司整体价值的影响，并对新的业务活动进行评价。

4. 决策评价

虽然这 6 个绩效指标最近才开发出来，但它们已经对帮助苹果公司的高级经理集中精力于自己的战略起了很大作用，首先，苹果公司的平衡记分法主要是作为一种规划手段，而不是控制手段。换句话说，苹果公司用这些指标调整公司业绩的“长波”，而不是推动经营的变革。而且，除了股东价值之外，苹果公司的测评指标都可以横向和纵向两个方向深入到每一个职能部门。从纵向考虑，每一个测评指标都可细分为若干个组织部分，可以评价每一部分对整体的运作起了什么作用。从横向考虑，比如说，测评指标可以识别设计和制造对顾客满意度等起了什么作用。而且，苹果公司发现，目标绩效调整有助于为提出和实现规划建立一种可计量输出值的语言。

苹果电脑公司的6个绩效指标被用作基准，与行业中最优秀的组织进行比较。现在，它们还被用来制定经营计划，并被纳入了高级经理人员的报酬计划之中。

（十二）索尼在中国的目标绩效管理案例

目标管理是一种民主的管理，目标管理实际上是一种全员参与的管理，使企业管理民主化。在制定目标时，尽量尊重目标制定者的愿望，使人们增强责任感和提高工作的兴趣，而非自上而下地摊派工作任务。这种管理方法能在一定程度上缓和上、下级之间的某些矛盾，有利于调动职工的积极性和创造性。目标管理也是一种自觉的管理，通过目标管理实行自我控制，是一种“主动”的管理方式。

1. 决策背景

自从索尼的高层在中国开会，确定“把中国作为全球发展引擎”战略，要追加2亿美元的在华投资，扩大业务范围。企业规划战略时要考虑到人力资源，不能把它仅仅看作是纸张管理。竞争是残酷的。只有了解到实际战略目标以后，管理人员才能够实施。

索尼中国的人力资源管理人员表示：如果公司做战略之前就与人力资源管理人员商量的话，工作效率会更高。比如公司决定在中国追加投资的时候，让我知道能做什么的话，可能会更理想。我们现在已经发布了战略，其他公司知道后，立刻也会做同样的事情，如果人家的新产品都已经上市了，我们还没把队伍整合好，就要承担很多责任。当所有人都在讲“战略伙伴”时，“战略伙伴”不是那么简单的。你要把功夫练得很强，才能够成为伙伴。所谓伙伴，是出谋划策的，否则你连跟班都不是。

2. 决策分析

索尼在中国的人力资源主管曾经说：“当得知索尼把中国作为全球发展引擎，我的第一反应会是我要干什么？从哪里能够拿到这个业务计划？到哪里去招聘相应的人员怎样编排队伍？要考虑扩大的业务和对人员的要求与原来是否一致？新领域人事的结构有什么特点？如果我不掌握这些情况，可能就会延误战略的实施。”

而实际经营中，在管理上公司看的是业绩，股东看的是整个股票的业绩。作为个体的员工，也会对自己的业绩进行自我评估：公司有没有给我晋升？有没有给我奖金或者其他奖励？这是公司给的实际回报。回报最终的决定性因素就是——个人的业绩、部门的业绩、公司的业绩，业绩最终决定了公司最后能够拿出多少钱来发奖金。

公平一点讲，应该完全按照业绩来发放薪金和奖金。很多公司强调以人为本，我觉得人固然重要，但是归根结底业绩才是公司运作的核心。目标完成得好，业绩管理好了，人就很好管理了。人人都追求公平、公正、公开，如果说业绩管理能够做到公平、公正、公开的系统管理，每个人在公司都会感到比较舒畅。基于以上原因，索尼在中国的目标绩效管理是如何进行的呢？

3. 决策行动

（1）5P 评价体系

在索尼内部，采用的是 5P 评价体系来全面评估员工的业绩。5P 是指 person（个人）、position（职位）、past（过去）、present（现在）、potential（潜力）。

一个人在一个岗位上会有业绩，在这个位置上就要符合这个位置的要求。员工是否能得到晋升，我们要考察其业绩，业绩本身是由 3 部分构成：过去的业绩、现在的业绩、将来的业绩。将来的业绩看不到，但是可以预测他的业绩潜力。

计划在实施的过程中，肯定会发生一些变化，因此一定要去核查行动的结果；同时事前要对各种情况进行预测，这需要不断地观察。索尼的工作计划是在网上公开的，细节方面是一定在变化的；核查是每天都要做的事情，这在索尼已经形成了惯例。不断调整方案，才能保证有效地完成工作。教会员工怎么样管理，目标管理也好、时间管理也好，员工都要掌握方式、方法。

这是一个周期性的制度，索尼实行的是年度考核制。到年末每个员工首先要进行自我评估，评估考核的标准公司都在网上公布；然后员工的上司会与下属谈话。首先，公司对员工的工作内容进行分析；其次，是对方式方法进行评估，评估员工的工作态度、团队合作精神等等。

（2）索尼对员工潜力的评估

潜力实际上是一个结果，一个人有一定的连续性，公司会对员工 3 年的业绩进行综合考评。一人的评价分为几个独立因素，在这个过程中尽可能地做到几个因素互不干扰，不能因为一个员工的上司喜欢他，他就得到晋升机会。过去几年，可能员工换过好几个上司，不会因为一个上司喜欢你、另一个不喜欢你，对你的评价就有很大的改变。公司会有一个较为全面客观地评估。

（3）具体量化来评估员工工作态度

一些很难用具体标准去衡量的指标，比如员工的工作态度，索尼是怎样评估、考核的？索尼的方式是所有的东西必须量化，公司会给出很多问题，回答完问题，量化的结果也就得出了。

例如，某个员工第一次做某项工作，他缺乏必要的技能，但是态度很好。由于他没有必要的技能，所以工作做得不是很理想；或者他有必要的技能，态度也很好，但是他在管理上欠缺，不善于分工把大家调动起来；或者他管理也不错，但是控制能力比较差。对于管理者来说，最关键的还是执行能力，控制能力也很重要。

另外，在索尼的评估体系中，员工的资历在整个评估体系中是无足轻重的。资历深，公司对员工的期望越高；员工的资历浅一些，但他做出业绩，评价一样会高。公司要看的是员工的业绩，而不是员工在公司待了多少年。

在评估的过程中，就会发现员工的不足与优秀之处。明年的目标也会在评估的过程中确定下来，这样我们就能够确定明年具体到每个员工的培训方向。

（4）团队评估

做完个人的评估，要对团队进行评估。每一个分公司的总经理要陈述对下级的评估，说明打分的原因。比如，作为部长，给自己部门的人打分。作为管理者要帮助下属完成任务，帮助下属发展、提高技能，如果管理者的技能需要提高，在陈述的过程中也要给他提出目标。另外，对各部门进行评估，这样就可以掌握各个分公司、各个部门之间的平衡。

索尼整个的评估体系，就是这样周而复始的。评估完成后，实际上你明年的目标也就设定好了。做完公司的评估以后，就知道整个公司在哪些方面是需要尽快改善的。

（5）对主管级以上员工的评估

所有主管级以上的员工，索尼会要求他们写自己的素质报告，素质报告公司会考察很多方面，比如职业精神是不是专注、富有激情？是不是了解外界的知识？不同的上司对员工会做出评价，员工写完小结，公司还会有一个评估，这个评估是由不同的人匿名来进行的，其中会有非业务部门人员。而员工要获得晋升，要由目前的上司进行提名。过了这关以后，进行书面考试，对员工的常识、观点进行考核。书面考核完后，公司高层领导，对员工进行全面考核。员工要面对5个公司高层陈述自己的想法、建议，公司高层将据此评估，作为将来的领导，这名员工有没有优秀的发展思路通过这样一系列的综合评估，公司才能证明一名员工有没有潜力。

4. 决策评价

索尼的目标绩效评估从体制上保障了对一个员工不会因一时的工作业绩，或因为与上司的关系而埋没了人才。通过目标绩效评估，公司会发现员工的潜力，挖掘员工的潜力，帮助员工发挥自己的潜力。

比如，有些员工确实尽心尽力，也只能做到目前的状况，公司应该鼓励和奖励，但不能晋升。因为他可能达不到要求，如果晋升他，公司就要承担他所不能胜任的后果。

当现在的岗位对有些人来说已经发挥到了极限；对有些人而言，却只发挥了他的5%力量，还有95%没有发挥出来，公司要寻找的是那些还有发展潜力的；当然也不惩罚已经发挥到极限的人。

索尼通过目标绩效评估也是人事变动的一个有力依据。比如有时候，通过目标绩效评估，发现员工会有误解，认为过去3年业绩很好，自然就应该得到晋升；或者今年很努力，业绩比去年提高了很多，就应该得到晋升。但是我们想说的是，过去的东西只能是一方面，有些人可能是一个很好的主管，可是已经到达了他能力的极限；有些人可能有巨大的爆发力，你没有看到；有些人可能只想做好目前的工作，不想要更高的职位，因为他们不想承担更多的责任。

潜力和过去表现不一样，要把两者明确区分。过去是一方面，但是绝不等于你的发展潜力，在这方面公司要给员工做咨询、职业指导工作，要让他们学会自己对自己进行测评，了解自己，这是索尼人力资源部门的一项非常重要的工作。

（十三）通用电气公司的360度考核案例

360度绩效考核一般是在考核领导和员工为了自我发展、自我提高时使用，做考核评价的是上级、下级、同事、客户，由被考核者自己在这些人中各选择几个人来做评价，对于考核的结果由外面的专业机构来分析，这样可以保证结果的客观性与科学性（外面的机构是专门做这种分析的，同时他们完全不知道被评者是谁，可以保证更客观、更科学）。在这种考核中不用担心员工在选择考核者即评价他的人时只选择与他关系好的人，而导致考核结果的不客观、不真实，因为这种考核是为了发现员工自己的不足、找到提高完善自己的方式，员工为了自己的前途发展不会去找一片赞扬声。

1. 决策背景

美国通用电气公司是一家集团公司，曾数度名列全球500强第一位。完善的管理、辉煌的业绩，使其得到全球范围的尊敬，被评为：全球最受推崇的公司（《财富》1998，1999，2000）。通用电气公司总裁韦尔奇被评为“世纪经理人”。通用公司这艘企业界的航空母舰的管理之道，一直被人们奉为管理学的经典之作，成为产业界和学术界学习研究的对象。1981年杰克·韦尔奇接任总裁后，认为公司管理太多而领导得太少，工人们对自己的工作比老板清楚得多，经理们最好不要横加干涉。为此，它实行了“全员决策”制度，使那些平时没有机会互相交流的职工、中层管理人员都能出席决策讨论会。“全员决策”的开展，打击了公司中的官僚主义，减少了繁琐程序。

2. 决策分析

杰克·韦尔奇

通用公司的价值观在公司的重要作用，要求所有的员工不光工作要突出，而且其所作所为应该符合通用电气的价值观。通用公司的成功在于把简单的事情做好。确立每个员工的行为准则，视六个希格码为生命：管理人员、公关人员的考核不易量化，是考核中的难点；通用（中国）公司一开始就给管理人员、领导人员确立一个行为准则，这些行为准则不仅是面对领导、管理人员，而且也是面对员工的。管理人员根据这些行为准则，可以对照自己的行为，可以清楚、明白地知道自己哪些方面做得好，哪些方面有差距。同时，员工也可以根据行为准则，评价管理人员或领导。这样对管理人员和领导的考核就可以很具体、清楚，如领导必须具备的四个“E”，不管是自评还是他评，都能心中有数。能量化的尽可能用六个希格码标准量化，如公关人员的工作量化可以用接了多少个电话，回了多少个电话，用多少时间来回答，安排了多少采访等。

这样就解决了用事实来考核软性因素，价值观等软性因素的考核也是不好量化的，通用公司解决这一难题的有效方法是把工作放在事前，凡是加入通用公司的员工，首先被告知的是通用公司的价值观的内容，然后会有与价值观有关的各种培训，员工对价值观的感悟会不断地得到强化。培训不是叫员工背诵价值观的内容，而是用发生在公司的事实行为来说明价值观，在考核时也是每一个结论都必须用事实来证明，决不能凭空想象。

基于这个出发点，通用考核的目的是为了发现员工的优点与不足，激励与提高员工，有效地提高组织的效率；所以信息要及时给予反馈，员工表现好时要及时给予肯定表扬，在员工表现不好时，及时提醒。到了年终考核时，所有的评价都是根据平时的表现，不仅有说服力，而且人力资源部的工作也不繁杂，因为全年不断地积累素材，平时把工作做到位了。考核的结果与员工的个人利益、职业生涯发展密切关系：考核的结果与员工第二年的薪酬、培训、晋升、工作调动等挂钩，同时考核也是为了提高和完善员工自身的素质，公司会尽可能满足员工的一些想法和要求，鼓励员工写下自己的真实想法，并且尽最大的可能帮助员工实现。

3. 决策行动

（1）目标与计划的制定

目标与计划的制定：目标计划是全年考核的基础，目标计划必须符合五个标准“SMART”，S 是 SPECIFIC，目标必须具体、明确，M 是 MEASURERABLE，目标计划必须是可衡量的，A 是 ACTIONABLE，目标计划必须是可执行的，R 是 REALIC，目标计划必须是可行的，T 是 TIME BOUND，目标计划必须有时间表。目标计划的制定必须与公司、部门的目标一致，制定目标计划必须与员工反复沟通推敲，在执行时如发现有不妥之处，必须立即修正。

（2）明确评估指标

员工的综合考核结果在二维表中的不同区域时的处理：（1）当员工的综合考核结果是在第四区域时，即价值观和工作业绩都不好时，处理非常简单，这种员工只有走人；（2）综合考核结果在第三区域即业绩一般、但价值观考核良好时，公司会保护员工，给员工第二次机会，包括换岗、培训等，根据考核结果制定一个提高完善的计划，在三个月后再根据提高计划考核一次，在这三个月内员工必须提高完善自己、达到目标计划的要求。如果三个月后的考核不合格，员工必须走人。当然这种情况比较少，因为人力资源部在招聘时已经对员工做过测评，对员工有相当的把握与了解，能够加入通用公司的都是比较优秀的；（3）如果员工的综合考核结果在第二区域时即业绩好但价值观考核一般时，员工不再受到公司的保护，公司会请他走；（4）如果员工的综合考核结果是在第一区域，它包括“红”和“专”两部分，“专”是工作业绩，指其硬性考核部分；“红”是考核软性的东西，主要是考核价值观，即业绩考核与价值观考核都优秀，那他（她）就是公司的优秀员工，将会有晋升、加薪等发展的机会。

（3）明确考核时间

考核的时间：全年考核与年终考核结合，考核贯穿在工作的全年，对员工的表现给予及时的反馈，在员工表现好时及时给予表扬肯定，表现不好时及时与其沟通。

（4）年终考评

通用的年终目标共有四张表格。前三张是自我鉴定，其中第一张是个人学历记录；第二张是个人工作记录（包括在以前的公司的工作情况）；第三张是对照年初设立的目标自评任务的完成情况，根据一年中的表现，取得的成绩，对照通用公司的价值观、技能要求等确定自己哪方面是强项，哪些方面不足，哪些方面需要通过哪些方式来提高。需要得到公司的哪些帮助，在未来的一年或更远的将来有哪些展望等；现任总裁韦尔奇在当年刚加入通用公司时就在他的个人展望中表达了他要成为通用公司全球总裁的愿望；第四张是经理评价，经理在员工个人自评的基础上，参考前三张员工的自评，填写第四张表格，经理填写的鉴定必须与员工沟通，取得一致的意见。如果经理和员工有不同的意见，必须有足够的理由来说服对方；如果员工对经理的评价有不同的意见，员工可以与经理沟通但必须用事实来说话；如果员工能够说服经理，经理可以修正其以前的评价意见；如果双方不能取得一致，将由上一级经理来处理。在相互沟通、交流时必须用事实来证明自己的观点，不能用任何想象的理由。

（5）良好的沟通

良好的沟通：包括各部门的上一级之间，人力资源部与其他部门之间，保证一个无阻碍畅通的沟通。这样员工和经理才能得到比较全面的信息。通用公司的环境是开放的，员工可以很轻松地与经理甚至总裁交流。良好的沟通也是通用公司的价值观所要求的：乐于听取各方的意见……致力于群策群力，良好的沟通不仅包括面对面的交流，员工的自我评定也是一种沟通渠道，员工有什么想法，有什么要求，希望得到公司的哪些帮助等都可以在考核时写清楚，目的是使员工知道自己的长处、短处，明确今后的发展方向。

4. 决策评价

通用公司的评估内容分软性和硬性两大类，软性考核基本上是通用公司的价值观。

通用电气考核能够取得预定的目的，有多方面因素，在所有这些因素中，最重要的不是通用公司的考核方法、考核制度有多复杂、有多高深，而是通用公司人能够把简单的事情做好、做到位。而这正是通用公司的价值观“确立一个明确、简单和从现实出发的目标，传达给所有人员”所要求的。

通用公司的考核工作是一个系统的工程：目标与计划的制定，良好的沟通，开放的氛围，过程考核与年终考核结合，信息的及时反馈，考核与员工的利益紧密联系，强调通用公司的价值观，领导的支持，管理层与一般员工的积极参与，有一个制度来保证等。

所有的公司都有考核，但有些公司考核出结果后就被束之高阁，这样做就失去了考核的意义。通用电气的考核结果是同奖励制度、提升制度直接挂钩的。通用电气年度考核是分 A、B、C、D、E 五个等级，像员工的年终奖就会根据考核的结果发放。

这样的考核体系使经理在指明员工的优缺点时，要有说服力，要让员工心服口服。由于是自我评价和经理评价结合在一起，一些问题会在沟通中达成共识，如果遇到评估不公正的情况，上面还有一层控制。这么做就是最大限度地避免人为的因素。通用电气有明确的价值观，每个通用电气人都十分清楚，要是按照价值观的标准衡量，基本上可以消除评估中的消极现象。

（十四）W 公司如何成功实施 360 度绩效考核案例

360 度绩效考核方案因为涉及企业价值评价，直接影响企业的价值分配，所以成了一个公认的敏感话题。在绩效考核的过程中由于 360 度绩效考核方案本身存在着设计不合理和考核过程没有完全公开化等一些问题，员工对 360 度绩效考核方案存在抵触心理。而且很多企业只是将 360 度绩效考核的结果单纯地应用于奖金分配，员工对于自己的优势与劣势一无所知，无从改进，却发现自己的薪酬在变化，更加重了员工的不满情绪。而有的企业却能制定出符合企业自身需求的考核标准，使得 360 度绩效考核在企业内得以很好地推行。

1. 决策背景

1998 年年初，W 股份有限公司的管理层深感企业管理远远跟不上企业自身的发展，若不进行管理改革，目前的管理方式将成为企业发展壮大的阻碍。在咨询有关专家后，他们了解到与其他的企业管理手段相比，360 度绩效考核有以下几点突出优点：

一是加强部门之间的沟通，有助于团队建设。360 度绩效考核通过各部门之间的自评、互评，增进了整个企业内员工的相互了解，促进了员工在以后的工作中能从对方的角度出发考虑问题，化解矛盾，相互配合。不断地实施 360 度绩效考核并加强考核结果的反馈，有助于企业文化变得更富有参与性，提高彼此的信任水平以及加强管理者和身边人的沟通，从而加强团队建设。

二是增强员工特别是管理者的自我发展意识。许多管理者过去一直都没有能获得关于个人绩效的全面而诚实的反馈，很难形成对自己的准确认知。360 度考核是被考核人的上级、同级、下级和服务的客户对他进行评价，通过评论知晓各方面的意见，清楚自己的长处和短处，来达到提高自己的目的，这极有助于员工意识到并改正自己的缺点，增强自我发展意识。

三是可以弥补传统的直线型经理考核的不足，减少偏见，比较公平公正。在传统的直线型考核中，由经理对其下属进行考核，员工极有可能对完全由经理一人提供的考核信息持怀疑态度；同时，经理对于员工除任务完成外的其他方面的判断不一定准确，考核信息容易产生偏差，也不可避免地会出现过宽、过严误差、晕轮误差等。而在 360 度考核中，信息来源于企业内外不同的层面，涉及被考核者的上级、同级、下级以及服务的客户，而且每个层面的考核者都有若干名，考核结果取其平均值，从统计学角度看，其结果较客观公正，且可减少个人偏见及评分误差。

而这些正是当时 W 股份有限公司当时急需解决的问题，公司管理层在了解相关信息后，决定在公司内部推行 360 度绩效考核，以提高公司整体管理水平。

2. 决策分析

一般而言，360 度绩效考核方案共分为五个方面进行评估：

一是直属主管评估：被考核者的工作绩效可由直属主管来评分，借此让被考核者了解自己在主管眼中的表现，以及自己在组织中的定位。

二是同事评估：被考核者的工作绩效可由同一部门或者跨部门职位相似的同事来评估，由于考核者与被考核者的工作互动较为密切，因此考核者的结果具有指针性。

三是部属评估：被考核者的工作绩效可由部属来评分，由于部属常有机会可以观察到被考核者的管理行为，因此评估结果可以回馈给被考核者作为管理行为改善之参考。

四是工作对象评估：由被考核者工作对象对被考核者的工作绩效进行评估。

五是自我评估：被考核者针对自己的工作表现及绩效进行评估。

360 度绩效考核可以透过反馈的过程了解他人对于自我能力、知识、技能、特质的看法，比较两者之间的差距，可以作为是否改变行为的参考依据。

有关咨询专家在对 W 股份有限公司全面了解之后，为使公司有效推行 360 度绩效考核提出以下建议：

首先，正确定位 360 度绩效考核的目的。考核的首要目的是对管理过程的一种控制，其核心的管理目标是通过了解和检验员工的绩效以及组织的绩效，并通过结果的反馈实现员工绩效的提升和企业管理的改善；其次，考核的结果还可以用于确定员工的晋升、奖惩和各种利益的分配。360 度考核实行起来程序复杂且成本高，如果目的确切，能得到很多真实有效的信息：如果目的有偏差只会得到一些无用虚假的信息，结果得不偿失。所以要把 360 度绩效考核的目的定为开发员工，提升绩效，改善管理。

其次，科学地确定绩效衡量指标体系。一套科学有效的考核指标体系，必须在“业绩”和“素质”中有恰当的比例，企业在实行 360 度考核时必须根据自己的组织目标、价值观及各职位工作要求来合理分配二者比例，不能偏重于其中任何一方面。在制定指标时，还要注意尽量量化指标。

最后，评价前要进行有效的沟通。沟通不仅仅是信息传递，而且是参与、培养使命感，所以在绩效管理中建立沟通机制很重要。在考核之前，首先主管人员要与员工沟通，共同确认工作的目标和应达成的绩效标准，共同制定绩效指标，这样才能在整个企业内部形成一致的理念和标准；其次要通过沟通使员工对 360 度考核的含义、过程、目的充分理解，并信任 360 度绩效反馈的作用，主管最好公开申明此为匿名考核，一切都很保密，这样员工才会有动力去正确使用它，畅所欲言，无所顾忌。

同时，对评价者进行有效的培训。如果不对评价者进行有效的培训，会导致评价结果产生很多误差，即使评价者是无意歪曲评价结果的，比如会出现松紧误差、定势误差、从众心理、居中趋势误差、对比误差、晕轮误差等等。因此，企业在执行 360 度考核评价前，要对评价者进行指导和培训，教他们如何有意识地避免各种主观误差来做出正确评价。

3. 决策行动

（1）被考核人员的述职报告

首先个人述职，向考核小组提交一份个人述职报告。

民主测评

然后是民主测评，测评维度为360度，对被测评人进行上级、同级、下级全方位评议，直接上级、直接下级100%参评，具体内容包括：工作业绩占总分的50%，领导能力占25%，品行操守占13%，领导素质占12%。其中领导能力包括：计划、组织能力，开拓业务能力，正确识才用人能力，自我学习提高能力，对下属绩效管理能力，沟通协调能力，事件处理能力。

领导素质包括：法律政策水平，岗位相关知识（技能），岗位责任承担，岗位适应性。品行操守包括：敬业精神与工作作风，对公司的忠诚，廉洁自律，个人道德修养。

（2）确定考核小组的人选

考核工作小组由公司管理层和人事培训部相关人员组成。基本上，360度绩效反馈评估制度并非用来取代主管考核的方式，而是提供主管一个更多、更正确、更有效的讯息来帮助主管激励部属达成工作任务，进而达到组织的目标；另一个层面是与多位评估者（包括上司、同事、自己本身与部属等）提供被评估者的各方面表现，以防止因特定的人为的偏见而产生偏差，进而影响评估的结果，相对于单一方向考核，拥有比较高的可信度及效力。

考核小组与测评人先面谈后填表，分数打得更确切。没有面谈这个环节，效果可能会稍微差一点。测评结果张榜公布，对干部的任用也起到参考作用。一般来说，排名最后5%的干部要做出书面检查，甚至要岗位下调。

（3）测评之前的培训

测评操作之前的动员很重要，以便引起员工的重视。而且要把什么票算废票给大家说清楚，例如所打的分数全在一个档次，或者空白的栏目太多，都会造成废票。时间一般需要2天以上。与员工的谈话要2周时间，统计分析要2周时间，一共一个月时间才能把测评工作搞得比较圆满。

4. 决策评价

W股份有限公司在实行360度绩效考核前，虽然有些部门的领导很努力，但业绩始终上不去，原因就是他们没有正确看到自己的优缺点。实施360度考核以后，管理者虚心接受来自各层面的反馈结果，对自己的优缺点有了清楚的认知，自我发展意识大大加强，绩效也随之大有改善。公司自实施360度考核以来，由于考核前的面谈沟通，使企业内部人员互相达到充分了解，产生了前所未有的团结性，目前，整个企业内部团结一致，合作气氛很浓。

同时，人事部门据此比较容易开展工作。公司要求对考核排名最后5%的干部做书面检查甚至岗位下调，他们之所以能容易地做此工作，没受到什么阻力困扰，就是因为他们从360度考核结果反馈中得到的信息是全方位的，这比只有经理一个人的考核结果更有信服力，人事部据此来帮助员工也自然容易得多。

W股份有限公司连续几年采用360度考核所得的考核结果，公司从上到下都较满意，这正说明了360度绩效考核的客观公正性。

（十五）可口可乐（瑞典）饮料公司平衡记分卡应用案例

平衡记分卡打破了传统的只注重财务指标的业绩管理方法，认为传统的财务会计模式只能衡量过去发生的事情。因为在工业时代，注重财务指标的管理方法还是有效的，但在信息社会里，传统的业绩管理方法并不全面。组织必须通过在客户、供应商、员工、组织流程、技术和革新等方面的投资，获得持续发展的动力。基于这种认识，平衡记分卡方法认为，组织应从四个角度审视自身业绩：客户、业务流程、学习与成长、财务。平衡记分卡中的目标和评估指标来源于组织战略，它把组织的使命和战略转化为有形的目标和衡量指标。

1. 决策背景

可口可乐公司以前在瑞典的业务是由啤酒公司普里普斯（Pripps）公司代理的，通过许可协议，这家瑞典最具优势的啤酒公司利用自己的营销网络，为可口可乐在瑞典建立起稳定的销售渠道。该许可协议在1996年到期中止后，可口可乐公司已经在瑞典市场上建立了新的生产与分销渠道。1997年春季，新公司承担了销售责任，并从1998年年初开始全面负责生产任务。

由于可口可乐瑞典饮料公司刚刚成立，公司处于发展时期，管理层决定形成一种文化和一种连续的体系，在此范围内所有主要的参数都要进行测量。在不同的水平上，将把关注的焦点放在与战略行动有关的关键测量上。

2. 决策分析

在构造公司的平衡记分卡时，高层管理人员已经设法强调了保持各方面平衡的重要性。为了达到该目的，可口可乐瑞典饮料公司使用的是一种循序渐进的过程。

可口可乐瑞典饮料公司采纳了卡普兰和诺顿（Kaplan & Norton）的建议，从财务层面、客户和消费者层面、内部经营流程层面以及组织学习与成长四个方面来测量其战略行动。

作为推广平衡记分卡概念的第一步，可口可乐瑞典饮料公司的高层管理人员开了3天会议。把公司的综合业务计划作为讨论的基础。在此期间每一位管理人员都要履行下面的步骤。

作为推广平衡记分卡概念的第一步，可口可乐瑞典饮料公司的高层管理人员开了3天会议，把公司的综合业务计划作为讨论的基础。在此期间每一位管理人员都要履行下面的步骤：1. 定义远景；2. 设定长期目标（时间范围为3年）；3. 描述当前的形势；4. 描述将要采取的战略计划；5. 为不同的体系和测量程序定义参数。

3. 决策行动

（1）明确战略，设定目标

阐明与战略计划相关的财务措施，确认了组织为了实现长期的业绩而必须进行的对未来的投资，包括对雇员的能力、组织的信息系统等方面的衡量。然后以这些措施为基础，设定财务目标，为实现这些目标而应当采取的适当行动。并且确定组织在上述各方面的成功必须转化为财务上的最终成功。产品质量、完成订单时间、生产率、新产品开发和客户满意度方面的改进只有转化为销售额的增加、经营费用的减少和资产周转率的提高，才能为组织带来利益。

（2）扩大市场占有率

在客户和消费者方面也重复该过程，在此阶段，初步的问题是“如果我们打算完成我们的财务目标，我们的客户必须怎样看待我们?”于是，管理者们确认了组织将要参与竞争的客户和市场部分，并将目标转换成一组指标，如市场份额、客户留住率、客户获得率、顾客满意度、顾客获利水平等。

（3）关注客户满意度及相关内部过程

为吸引和留住目标市场上的客户，满足股东岁末财务回报的要求，管理者需关注对客户满意度和实现组织财务目标影响最大的那些内部过程，并为此设立衡量指标。在这一方面，平衡记分卡重视的不是单纯的现有经营过程的改善，而是以确认客户和股东的要求为起点、满足客户和股东要求为重点的全新的内部经营过程。在此基础上，可口可乐瑞典饮料公司明确了向客户和消费者转移价值所必需的内部过程。然后可口可乐瑞典饮料公司的管理层给自己提出的问题是：自己是否具备足够的创新精神、自己是否愿意为了让公司以一种合适的方式发展而变革。经过这些过程，可口可乐瑞典饮料公司能够确保各个方面达到了平衡，并且所有的参数和行动都会导致向同一个方向的变化。但是，可口可乐瑞典饮料公司认为在各方达到完全平衡之前有必要把不同的步骤再重复几次。

4. 决策评价

可口可乐瑞典饮料公司已经把平衡记分卡的概念分解到个人层面上了。在可口可乐瑞典饮料公司，很重要的一点就是，只依靠那些个人能够影响到的计量因素来评估个人业绩。这样做的目的是，通过测量与他的具体职责相关联的一系列确定目标来考察他的业绩。根据员工在几个指标上的得分而建立奖金制度，公司就控制或者聚焦于各种战略计划上。因为平衡记分卡中的目标和衡量指标是相互联系的，这种联系不仅包括因果关系，而且包括结果的衡量和引起结果的过程的衡量相结合，最终反映组织战略。

在可口可乐瑞典饮料公司强调的既不是商业计划，也不是预算安排，而且也不把平衡记分卡看成是一成不变的；相反，对所有问题的考虑都是动态的，并且每年都要不断地进行检查和修正。按照可口可乐瑞典饮料公司的说法，在推广平衡记分卡概念过程中最大的挑战是，既要寻找各层面的不同测量方法之间的适当平衡，又要确保能够获得所有将该概念推广下去所需要的信息系统。此外，要获得成功重要的一点是，每个人都要确保及时提交所有的信息。信息的提交也要考虑在业绩表现里。

（十六）沃尔沃汽车公司的平衡记分卡应用案例

平衡记分卡不仅是一种管理手段，也体现了一种管理思想，一是只有量化的指标才是可以考核的，必须将要考核的指标进行量化。二是组织远景的达成要考核多方面的指标，不仅是财务要素，还应包括客户、业务流程、学习与成长。自平衡记分卡方法提出以后，其对企业全方位的考核及关注企业长远发展的观念受到学术界与企业界的充分重视，许多企业尝试引入平衡记分卡作为企业管理的工具。

1. 决策背景

自从1993年与雷诺汽车公司的兼并计划被取消，整个沃尔沃集团经历了重大的变革。首先，公司把大量的时间与资源花在了阐明沃尔沃集团各个子公司的远景与战略上。1995年年初，沃尔沃汽车公司（VCC）提出了新远景：“成为世界上最理想、最成功的专业汽车品牌”。基于该远景，为公司的每个部门都阐明了详细的战略。通过以行动为基础的商业计划，这些战略在整个公司得以实施。

2. 决策分析

在阐明战略的过程中，公司的管理层意识到沃尔沃集团的预算和计划体系无法提供可靠的预测。管理控制体系没有正确的估计技术、产品以及成为市场上的有力的竞争者所需要的进程。公司需要一个灵活的管理控制工具，该工具能够模拟现实情况并且能够对商业环境中的变化做出快速的反应。这些因素导致公司开始引入了“新计划过程”。

新计划过程是一种报告和控制，在该过程中公司一年中至少准备 4 次长期和短期预测，同时还要把关注的焦点放在目标和当前的经营计划上。新计划过程不强调预算安排，甚至会传递这样一种信息：“不需要预算”。依照管理的要求，预算已经成为一种形式，一种对有效控制经营起阻碍作用的每年一次的仪式。

利用新计划过程，沃尔沃想把关注的焦点从细节转向目标。沃尔沃认为决策的制定应该尽可能地靠近客户。这要求有一个能够提供早期预警信号的管理控制体系；一旦现实情况开始偏离预期，应该采取积极决策行动来使公司朝着已经确定的目标调整。

3. 决策行动

（1）业绩指标的管理控制

沃尔沃的管理控制是通过测量各个部门的业绩指标来进行的，业绩指标以图形显示在记分卡上。业绩指标应该是相关的和易于测量的，并且它们应该包含有货币或者非货币的参数。而且，它们在短期和长期中应该与财务业绩或者资本使用之间有直接或者间接的联系。

（2）每一个业绩指标都对应相应的目标

每一个业绩指标都对应相应的目标。目标设定过程应该开始于对部门理想状况的清晰定义；通常情况下，在业务发展和战略阐明过程中这个步骤已经完成了。下一步是定义将引导部门朝着理想情况发展。关键的成功要素指标变成可测量的目标。目标应该是有可能实现的、便于理解的、能够分解为次要目标并能够应用于公司不同部门的。应该设定完成每个目标的最后期限，对目标实现的过程能够进行短期或长期的预测。

(3) 长期预测与短期预测结合

长期预测每季度进行一次，短期预测按月进行分解。长期预测是针对未来两年的，这样，包括过去的两年，就有5年的时间段在被关注的范围内。用这种方法，可以警告沃尔沃公司的管理层注意将要发生的变化，并采取相应的行动策略。在一年当中，绩效的评估是连续不断地对每一个绩效指标都进行经常的预测和控制。

4. 决策评价

平衡记分卡工具的好处不只在于它给公司带来的商业成果，更在于它实施的过程。平衡记分卡的实施需要公司所有中高层管理人的参与：全体经理人同心一致，共同制定公司的经营战略，从财务、客户、流程以及学习/成长四个领域全面考虑到企业经营的方方面面。

企业如果想正确地实施这一系统，需要高级管理层的决心和承诺；公司的经营战略需要清晰地传达给每个人，所有员工都应该接受平衡记分卡培训，他们需要理解实施战略管理体系的重要性，以及如何把公司和部门的平衡记分卡分解到自己个人的平衡记分卡。确实有些公司可能比其他公司需要更多的指导，因为有些公司对先进的管理工具接触得较多，而有些则较少。然而，最重要的成功因素不是公司先进与否，而是高级管理层的承诺和决心，具备了这些条件的企业，平衡记分卡都实施得非常成功。

根据一项调查说明，到2000年为止，在《财富》杂志公布的全世界前1000位公司中有40%的公司采用了平衡记分卡系统。最近有权威组织对214家公司的调查中发现，88%的公司提出平衡记分卡对员工报酬方案的设计与实施是有帮助的，并且平衡记分卡所揭示的非财务的考核方法在这些公司中被广泛运用于员工奖金计划的设计与实施中。

正因为认识到这一点，沃尔沃平衡记分卡的实施是成功的。VCC业绩报告包括VCC公司各部门提交的报告。在业绩指标的基础上通过记分卡对每一个部门进行监督（指标事先由VCC的质量管理人员确定）。除了记分卡，还要对趋势、差异以及值得关注的事件发表评论；对任何差异都要提出一个行动计划。这种报告不仅要用书面形式加以记录，而且在每月举行的会议上还要同CEO或者CFO进行口头陈述。根据VCC业绩报告，沃尔沃集团的管理层了解到许多业绩指标的完成情况，包括利润、客户的满意程度、质量、成本以及营运资本等。

通过不断比较真实业绩与预期业绩，公司总是可以保证有一套行动计划来完成确定的目标。按照沃尔沃的规定，这些特点构成了业绩报告和年度预算之间的主要区别。但是，存在一个扩展的目标设定过程，在此过程中值得注意的是短期和长期目标总是保持不变，而预期目标却经常随着实际情况的改变而进行修正。因此，也可以看到补救行动计划是如何较好地完成的。

（十七）安利（中国）成功的绩效考评案例

绩效考核反馈面谈是人力资源的深层次管理，绩效考核是对员工发展过程的“诊断”，反馈面谈则是对员工发展过程的“治疗”。通过面谈能够增进组织与员工的沟通和理解，帮助员工发现自身的不足，是员工一次学习和纠正问题，明确方向和目标的大好时机。面谈中的信息可为搞好员工培训和企业发展提供有利依据。

1. 决策背景

安利有着先进的绩效考评制度，由此产生的人才忠诚度使安利的全球化市场战略的宏伟目标得以实现，成为财富 500 强排行榜里最长盛不衰的公司之一。确实，安利是一家人力资源管理很成熟的企业，人力资源的各个方面都很有系统。安利（中国）人力资源管理者认为，如果企业文化和组织动力是一家企业前进最重要因素的话，完善的绩效考评就是杠杆。

安利（中国）的管理人员介绍说，安利在绩效考评方面没有什么秘密，让员工充分参与，广泛做主就是了。当考察它的绩效考评时，也许可以管窥这家著名国际企业的 HR 特色。

2. 决策分析

安利绩效考评机制是建立在突出员工间的伙伴关系的企业文化和明晰的才能要素上的。安利文化的独特之处在于强调诚信、个人价值、成就和个人责任的同时突出员工间的伙伴关系。真诚的伙伴关系是安利公司最重要的企业文化。在安利，创始人家族与员工之间、企业管理层与员工之间、公司与营业代表之间无一不体现着这种伙伴关系。这种伙伴关系因为中国传统的诚信待人和谐共鸣而在安利（中国）发扬光大。

安利（中国）的管理层认为，真诚的伙伴关系可以在员工之间、员工和客户之间，建立相互信赖的关系，会带动员工给客户提供更优质的服务，而客户会回报公司更大的价值；公司的业务壮大了，员工个人也就有了更好的发展机会，这些同样体现在工资和福利方面的改进，这些都是联动的关系。

正是基于企业文化这样的要求，安利员工除了要有适应其岗位工作的知识技能要求外，人力资源部门提出了员工还需要具备和企业文化相匹配的7项才能要素：负责的行动、创新的精神、坦诚的沟通、周详的决策、团队精神、持续学习的态度和有效的程序管理。这是安利公司对全球员工的总体要求，但不同地区又根据当地文化对这些才能要素进行具体定义。

3. 决策行动

（1）沟通能力是一项重要考评指标

安利的绩效考评就是围绕“创新精神”“程序管理”等7项能力和行为要求进行考核评分。当然，这七项才能要素对不同职位、不同级别的员工又有不同的具体衡量标准，如“坦诚的沟通”，普通员工只要求“做一个好听众，敞开心扉，提供反馈意见时客观”等就可以了，对主任级员工的要求是“主动征求他人的意见和评价，并能积极倾听”“能用积极态度解决工作上的冲突”等七点，经理级的要求则更高更具体，分成“鼓励开放的沟通”“影响他人”等三大方面八个项目，越是高层，要求越高。

公司对这七项要求做成标准化的明晰表格，考量每一项能力的时候还设定了细致的问题，每一个问题又分五个等级进行评估。在经理级员工的绩效考评表里，共设计了16大类48个问题。这样细致的目的是让内在素质最吻合该公司企业文化的人才脱颖而出，得到最好的激励。

（2）强调团队与再学习态度的考评指标

绩效评估表特别强调突出考核“团队精神”和“持续学习的态度”的重要性。在经理级员工的绩效考评表里，这两类问题就共有五大方面共16个问题。安利的绩效考评不会鼓励“个人英雄”，因为即使他的能力强、效率高，但如果他不善于与人合作，他在公司令周围10个人甚至更多的人效率下降了，那他对公司的价值也是有限的。而员工学习的能力就更重要了，如果员工的适应能力不强，不追求个人进步，又不能帮助他人发展，公司又谈何发展呢？

（3）客观、公平、公开的考评指标

更为独特的是，绩效考核表的第三部分要求所有主任级以上的员工在上一年度都要对下一年度工作订立 3 到 5 个目标，对一年中达成目标的情况进行考核评分，而这些评估表现的量化得分将决定加薪幅度、升职机会、浮动花红（奖金）的多少等，所有这些评估都客观、公平、公开，而不是像某些企业通过老板、上司的“主观取向”来决定奖金和机会的分配，从而达到用奖励去有效推动业绩的目标。

安利依靠这一套客观标准对每个员工进行考核，在内部保持较公平的机制，让同等学历、经验、职位和贡献的员工，收入水平相当。业内人士分析，安利的薪酬在行业内并不是最高的，大约在中等略偏上的水平，但公司这一有效的机制保证了薪酬水平对外的竞争性及对内的公平性。安利（中国）的管理人员也说：安利公司的待遇不一定是市场上最好的，优秀的企业文化，良好的工作氛围，以公平、合理的绩效考评制度为代表的人力资源策略，这就是安利能吸引并留住人才的秘密。

(4) 绩效考评的结果是培训的依据

绩效考评结果还是安排培训的最好依据，在考评表里，任何一级的员工的强项和弱项就一清二楚！依据上年的考评情况，新年中每月份的培训已全部制定安排妥当，以公司所要求的七项才能要素为核心，针对不同职级员工弱项的每一项才能要素安排相关培训课程，培训内容包括管理技巧、团队建设、业务技巧、服务技巧等等，培训范围覆盖到每一位员工，而越高级别的员工公司对他们投入的培训时间及资源就愈大。

4. 决策评价

在人力资源管理方面，安利（中国）总能走在前面，曾获得亚洲“最佳雇主”、广州市“员工信得过企业”、国内 HR“最青睐的雇主”。从这样的结果来看，安利的绩效考评无疑是成功的。

安利的绩效考评制度，是对优秀员工激励制度的完美诠释。有研究销售人员绩效考评制度的专家认为，安利针对销售人员设计的绩效考评制度帮助销售人员相信自我，挑战自我和成就自我使得安利的顾客满意度和忠诚度很高。所以，安利公司针对销售人员设计的绩效考评制度曾被美国著名的哈佛商学院收入教材。

安利（中国）曾委托市场监测机构对安利营销人员进行了一次全国范围的抽样调查，结果显示，在加入安利公司前，有 35%的人对生活缺乏信心、被别人瞧不起或自尊心受到伤害，从事安利事业后，有 26%的人增强了对生活的信心，改变了生活态度，33%的人认为丰富了自己的知识，提高了个人能力和自身素质。而这一切都应该归功于安利完善的绩效考评系统和培训体系。

但也有一些争议，对于安利的绩效考评有专家提出，每个人对绩效的理解不一样，安利的绩效考评没有统一的标准，而且问题分散，容易造成偏差。针对这种说法，安利也已经认识到这些，安利的人力资源管理者说，任何事情都不可以做到十全十美。

为此，他们采取了一些补足措施：首先是针对不同的业务部门而有不同的侧重！如财务部门注重了分析能力的考评，而对业务部门的营销人员，则注重对他们团队合作和人际沟通能力的考评；其次是人力资源部门对各个部门给出了考评指引，要求每个部门能把握有60%的员工在3分，20%~30%的员工在4到5分，10%~20%的员工在1到2分，从而对评分有效地进行了平衡；最后，对于最终结果依然失衡的部门，人力资源部会进行内部平衡和部门再沟通，在安利（中国）的管理人员看来，有效的沟通才是最终解决问题的有效途径。

第十二章　会议管理

一、会议要素、目的及作用

（一）会议基本要素

人们习惯将会议的要素概括为5W1H（英文缩写），其代表的意思是：

Why：为什么开？此要素也就是要明确会议的目的，不开糊里糊涂的会议。

What：开什么会？此要素也就是要明确开会的议题，不开没内容的会议。

Who：谁去开？此要素也就是要清楚给出参加者的名单。

When：什么时间开？此要素也就是要明确开始时间及会期长短。

Where：在哪开？此要素要明确会议地点。

How：怎么开？此要素也就是明确会议安排、会议分工、会议纪律等。

具体而言，一个完整的会议一般需要具备以下几个基本要素：

1. 会议名称

任何会议都应有一个名称。会议名称一般由会议举办单位和会议的主题构成。例如，“××有限公司2008年人事调动会议”，“××院校关于整顿校风、提高教学质量的研讨会”。

2. 会议时间

会议的时间应该包含两方面内容：

（1）到会时间：即要求与会者到达会场、出席会议的具体时间。内容要求明确到具体的年、月、日、小时和分钟，如“于×年×月×日上午8：00整召开××会议”。

（2）会期：即会议全过程预期延续的时间。这必须向与会者明确，以便于参会人提前做好相关的用品准备和工作安排。例如“×年×月×日——×日，共×天会议”。

3. 会议地点

会议地点是与会者召集议事的地方，可根据会议的实际需要进行选择。

值得关注的是，随着科技的进步，会议形式不断改良创新，可选择的会议地点也越来越多。以前的会议基本都要落实到具体的会场中进行，而今天，利用先进的科技和通信设备，可实现跨越空间限制的高科技会议，如电话会议、视频会议、国际卫星会议等。

这些新型的会议形式，不仅突破了固定会议场所的郁囿，节约了布置会场的人力和物力，同时也减少了与会者长途跋涉赴会所耗费的时间和精力。新型会议形式现在虽未普及，但它是未来会议的发展趋势。

4. 会议组织者

会议组织者通常是发起会议、召集会议、提供会议服务的人，既可以是一个单位，也可以是个人。

5. 与会人员

参加会议的人员大致可分为：出席人员、主持人员、秘书人员、服务人员四类。

较大规模的正规会议，一般都有：正式出席人员、列席人员、会议主席团及会议执行主席、会议秘书处及秘书长、会议服务人员等。

6. 会议议题和内容

会议议题是会议要集中讨论、解决的问题。它是构成会议的一个很重要的因素。每个会议都必须有明确的指导思想、具体的任务和要达到的目的。所以，不论开什么会议，都要先确定议题，否则，会议内容、会议文件、与会人员等都无从确定和落实。

7. 会议成果

会议的成果包括会议最终形成的决议或决定、与会者达成的共识、会议的选举结果等等。会议的成果能反映出会议的效率、会议主持人的水平、与会者的参与程度等多方面的情况。那些“会而不议”“议而不决”的会议，客观而言并没有实现会议目的，更没有发挥出会议的功能，自然也不会有什么会议成果了。

（二）会议目的

会议可能因特殊原因而召集。但一般而言，会议的目的可概括为以下几个方面：

1. 开展有效的沟通

通过会议进行充分交流，集思广益。实现有效沟通是会议的一个主要目的。例如，某市的科研交流会、跨企业的技术交流会等。

2. 传达资讯，资源共享

通过会议通报一些新决定、新决策，使更多的人了解来自上级或其他部门的相关资讯。也可以利用开会汇集资源，以期相互帮助，相互促进，共同进步，例如学术报告会。

3. 监督员工，实施管理

许多公司和部门召开的常规会议、工作例会等，其实是其实施管理的手段之一。通过这类会议，领导层可以及时了解、跟进工作的进度，可以及时掌握、了解员工的工作状况，可以及时调整、部署下一阶段的工作任务等。

4. 协调矛盾，达成协议

人们经常会借助会议这种“集合”的、“面对面”的形式，来协调上下级的紧张关系或员工之间的矛盾冲突，最终使大家统一思想，达成共识。例如，商务谈判会议、班级组织的班会、部门工作会议等。

5. 集思广益，开发创意

许多新点子、新方案、新产品的诞生，最初往往源于人们在一起的谈论交流。在现今的广告业、IT 行业中，人们习惯通过举行这类专题研讨会或研发会去启迪思维、开阔视野，从而去开发新的产品、开拓新的市场、捕捉新的商机。例如某些大公司下设的研发部，其部门经常召开的工作会议主要就是让大家畅所欲言、集思广，益，探讨和论证许多灵感与构思的可行性的会议。

6. 激励士气，团结一致

这种会议是为了使公司上下团结一心，朝着一个方向共同努力而召开的。一些单位的年初员工大会或年底总结会议通常都具有这一目的性。例如，××公司关于 2007 年度先进集体及个人的表彰大会、××院校关于开展迎评促建工作的动员大会等。

7. 联络感情，塑造形象

一些部门或团体为了和社会各界保持良好的关系和沟通，又或者为了塑造良好的公众形象，赢得社会对企业的信赖和支持，它们会定期召开会议或举办活动，以此向外界传播自己的企业文化，塑造良好的公众形象。例如，××××等五校联谊会、××企业的新闻发布会。

以上几个方面，是人们通常召集会议的目的所在，但必须看到，会议的目的不能等同于会议的作用。会议的目的是在会前就已经确定的，而会议的作用能否发挥体现出来则要看会议的过程和会议的效果。例如，某企业召集的新产品开发讨论会，目的是为了通过会议确定企业将要开发的新产品，会议过程中参会人员也能积极发言、给出建议，可是由于几个发言者都固执己见，大家各执一端而拒绝采纳别人的方案，最终到会议结束也未能定出所要开发的产品，会议无果而终。这就是一个典型的会议目的明确，但是没能发挥其预期作用、取得预期效果的会议。

（三）会议作用

1．会议是集思广益的渠道之一

会议是一个集合的载体。通过会议使不同的人、不同的想法汇聚一堂，相互碰撞，擦出智慧的火花，从而产生一些富有创意、切实可行的“金点子”。所谓“三个臭皮匠，赛过一个诸葛亮”说的其实就是这个意思，因为“一人计短，众人计长”，再聪明的个人，总还是有许多关注不到、考虑不周的地方，所以，不能忽视团队的力量，不能低估“会”“议”的作用。

2．会议能显示一个组织或一个部门的存在价值

会议总是在大于一人的情况下发生的。有些会议即使是只有两个人参加，但这“两个”其实不代表人数多少的意义，而是代表了一个组织和另一个组织。一个组织或部门如果不召开会议，它的存在价值就容易受到质疑。因为每一个组织或部门的存在都肩负了一定的职能和职责，而会议是它们开展相关工作、发挥相关职能的手段或途径。因此，会议能够充分显示出一个组织或部门的存在价值。

3．会议是一种群体沟通的方式

开会很少是一对一的沟通，绝大多数情况下都是一种群体沟通。随着科技的迅猛发展，人们的沟通方式越来越多，现在人们可以通过固定电话、移动电话、E-mail、多媒体等多种形式进行沟通，但是，群体沟通（即会议）这种方式，仍然是任何其他沟通方式无法替代的。因为，这种方式最直接、最直观、最符合人类原本的沟通习惯。

需要说明的是，会议可以作为一种工作的手段和方法，但它不是唯一的工作手段

和方法。我们承认会议的重要性，但绝不能把它的作用无限夸大，更不能用它去代替其他工作方法，以至于造成让人厌倦的“文山会海”现象的出现。

二、影响会议效率的因素

要举行成功的会议，从会议开始前到会议结束后都应注意各种因素的影响。因为会议是在具体的时空里举行，各种因素对其效果的影响是一个持续的过程。

为了更好地保护积极因素，排除消极因素，我们有必要对影响会议效果的各种因素加以关注和分析，从而使会议的组织者能够抓住关键所在，有意识地避免将时间、精力、金钱浪费在不重要或不必要的地方。

（一）会前影响会议效果的因素

在会前，以下一些因素会直接影响会议效果：

1）没有既定的会议目标或目标不准确

会议目标不明确的会议，无论在准备过程中还是在会议进行中必然会组织得较为散漫，严重的甚至还会天南地北、离题万里，让与会者感觉到不知所云，最终结果只能是浪费大家的时间。

2）没有具体议程

会议议程是对会议需解决的问题的概略性的安排。在议程的提示下，会议可以按部就班、有条不紊地进行，不会出现颠倒顺序、重复内容、随意插接等不良现象，所以，会议议程是否明确、是否适度，会直接影响会议质量的好坏。实例可参见“第3章会前准备工作——会议议程”。

3）会议日程安排不当或不详

未定明确的会议起止时间，或未能对每一项议题进行合理的时间分配，也会影响会议效率。试想你即将参加的某个会议，它既没明确告诉你几时几点开会，也没告诉你会期有多长，那样的会议，你能准时出席吗？当你感觉到会议遥遥无期看不到尽头时，你能专心、安心、从容地把这个会议开下去吗？

所以，具体而明确的日程表、长短适中的会期、合理的会议时间分配，这一切不仅能保证会议按部就班地进行，也有效避免了与会者的猜测、担忧和倦怠。

4）与会者人选不当或者人数不当

从会议效果上看，若会议人选落实不当，则会影响会议的进程和会议的表决结果；若会议人数落实不当，则会影响会议规模和会议表决结果是否有效。比如说会议的人数过多，那么，不仅会增加会务接待的压力，同时还会增加会议组织过程的难度，不利于达成较为一致的会议结果，容易影响会议的效率；若会议人数太少，又会导致会议无效，需择日另开。

5）会议时间、地点选择不当

开会的时间、集会的地点在确定之前一定要慎重考虑！通常在时间安排上，尽量不要在法定节假日开会，也不要在休息时间（如午休）开会，这都容易让与会者产生抵触情绪，从而影响会议的效果。

在场地的选择上，则应避免那些令人产生烦躁、不安因素的会场，如果周围环境喧闹嘈杂的会场，干扰的因素太多，让与会者难以集中精神聆听会议内容，彼此的发言也不容易听清，这同样会影响会议的成效。

6）会议设备准备不足

会议设备的准备包括会场设备准备和会议文件材料准备两方面。

会场设备应当配齐该次会议过程中所需用到的全部视听器材，如灯光、音响、屏幕、录音、电子资料等，并且要提前检测，保证所有设备都能正常使用。

会议文件材料主要包括会议议程、会议日程以及会议过程中供与会者参看、传阅、查考的基本文件资料等，把这些资料备齐并发放到与会代表手中，大家到会时才能按部就班开会，有的放矢发言，从而提高会议的效率。

如果这些设备和材料没有充分准备好，那么会场就容易出现或这或那的意外状况，让组织者措手不及。

7）发送会议通知时间不当

作为聪明的会议组织者，一定会考虑到发送会议通知的时间，既不能太早，也不能太晚。太早，与会者难以答复未来的时间能否到会；太迟，则让人没有足够的时间安排到会，勉强到会也难以全心全意把会开好。还有更重要的一点，如果有很多的代表不能到会（人数超过原定到会人数的1/3），那会议就得改期举行了！这样对会议造成的影响和损失是相当大的。

8）会议通知内容欠周详

有些会议通知，只管叫人来开会，却不告知会议内容和主题，与会者到会前一无所知，到会后当然只能临时应付了，这样的会议是很难取得好的成果的。就比如你邀请别人到会发言、到会讨论什么的，如果事先告知对方一二，让对方有备而来，那开会时才不至于冷场。所以，周详完备的会议通知，可以让与会者对会议的议题有所准备，开会时就可以节省会议时间，提高会议效率了。

那么，如何才能写出合格的会议通知呢？具体内容请参看“前准备工作——会议通知的拟写及发送”。

9）会议召开不准时

不能准时召开的会议，会给每一个与会者造成坏印象，例如，某电子公司的促销会议，由于资料准备不足，导致会议延迟 30 分钟才开始，与会者抱怨声不断。这样的会议从一开始就破坏了会议质量。如果接下来在会中能注意改正，严格遵守会议时间，那还是可以改善大家的印象和会议效果的。

（二）会议中影响会议效果的因素

在会议进行中，通常有如下一些因素会影响会议效果：

1）会场干扰因素多

在会场中，噪音接连不断、空气不流通、茶水供应不足、来访寻人不断等诸多细节，都会直接影响与会人员的情绪，降低大家对会议的参与热情和专注程度。

2）会议主持人不力、与会者发言离题

会议期间，主持人如若不能牢牢把握会议的中心和重点问题，不能很好地组织、引导大家围绕议题展开讨论和发言，就会造成会议离题，导致浪费时间，达不到会议目的。

3）会场纪律不明、秩序缺乏保障

现在许多的会议都存在着这方面的问题，那就是会议现场缺乏管理，与会者不明确或不遵守会场纪律，而组织者本身也没有制定相应的措施或制度，对会场实施有效的管理。于是我们常常看到这样的情景：领导在会上做重要严肃的讲话，台下却在交头接耳、窃窃私语；参会人员不停接打手机，随意出入会场；又或者参会人员打瞌睡、吃零食、看报纸、争抢发言、各执己见……整个会场嘈杂不堪，会议主持人都没有及时予以调节、制止，也没有其他会场管理人员或保安主动来维持秩序。这样开会，其最终结果会怎样可想而知。

4）与会者之间分歧较大

在议题讨论的时候，如果与会者观点或立场分歧较大，双方又各执己见，那往往会带来长时间的、激烈的争论，这都会严重影响会议进程、会议氛围以及与会人员的情绪，如果主持人再不善于引导大家从大局出发、求同存异的话，那矛盾还可能会升级，最后导致会议不得不强行终止。

5）会议器材发生故障

会议的视听设备、扩音设备出故障，这在众多不同的会议活动中都曾出现过。所以，作为会议的承办人应当做好充分的思想准备和技术准备。会前要认真检测调试；当发生意外情况时，组织者应当机立断采取积极有效措施，迅速抢修或者利用后备器材予以更换。此外还可以通过调整场地或者调整会议日程等方式来灵活解决问题，总之应全力确保会议的全部内容得以如期完成。

6）会间接待及服务差

有些会议会期较长，一天半天开不完，这就需要会务组向与会者提供周到细致的会间服务，比如安排茶水供应、安排工作餐、安排休息和住宿等。会务组若不提供这些服务，就意味着与会者不得不自己去奔波往返，不得不自己去找吃找喝，这容易影响会场秩序不说，还浪费与会者许多的时间和精力，最终必然会影响会议效果。

（三）会后影响会议效果的因素

当会议取得圆满成功结束后，千万不要掉以轻心，还有以下一些工作是我们切切不可疏忽的，否则也会影响会议的最终效果：

1）整理会议记录

会议记录必须及时整理出来并立卷存档，以备日后工作指导之用及查考之需。

2）宣传会议精神

必须及时就大会精神进行宣传，使大家对会议精神有充分的认识和正确的理解。有必要的还可以在会后向新闻媒体发布会议成果，让更多的人可以了解它并配合落实相关工作。

3）落实会议决议

很多会议的决议定出来了，但是落实情况却不理想。会务组有责任协助开展会议决议的落实工作，要进行必要的检查、监督、催办等工作，确保会议决议得到真正的实施。

4）及时回收会议文件

许多重要的机关或部门会议，其会议文件多属于草稿性或参考性的，并未最后定稿成文，并带有一定的保密性。因此，会后应该及时回收这些文件，以免流传出去，造成不必要的误会、矛盾或不良影响。

5）进行会议工作总结

进行会议工作总结是不断提高办会水平和办会质量的重要环节，只有认真总结经验、发现不足，才会有真正的提高。而且，通过会议工作总结，还有利于我们查漏补缺，把遗漏疏忽的工作及时补上，使会议结果趋于完满。

总之，在整个会议组织工作的前前后后，影响会议效率的因素是很多的。作为会务组织人员，应该尽量在会前充分预料各种可能出现的意外情况，尽可能防患于未然，避免意外的发生；而当意外情况真的出现时，则要保持镇定的心态和清醒的头脑，要尽快控制场面，避免情况扩大或恶化，同时要积极协助领导及相关部门，及时研究对策，做出正确决定，有效解决问题，保证会议能尽快重新回到正轨，并继续顺利进行下去。

（四）会议管理

早在1972年，美国著名的企业管理专家麦克肯斯（MacKenzie）博士在他的一份研究报告中就这样指出："要世界上任何一个企业经理人列出3项最花时间的企业活动，'开会'一定名列其中。在受调查的200多个企业中，有超过1/3的受访者认为，他们花在会议上的时间有一半是浪费掉的。而令人心惊的是，很少的人能确切说出到底时间浪费在哪里了。"美国另一权威机构的另一项统计表明，1996年美国企业因会议管理不当而导致的损失高达60亿美元！

是什么使得会议如此浪费时间、浪费金钱、浪费人们的精力？如何开会，如何开好会，如何使会议富有效率并产生效益，这对于现代企业及企业的管理人来说，越来越具有重要的意义。

提高会议效率，发挥会议功能，避免人力、物力、财力浪费，降低企业经营成本，达成人力资源效率化，这是任何领导者在推动企业发展的进程中必然要面对的问题，同时也是他们必须研讨的重要课题。

会议管理为企业的各项决策提供了“孵化”的平台。从这个意义上说，企业需要实施有效的“会议管理”，才能实施有效的企业管理。因为有效的会议管理是有用的管理工具：它能促成高效的意见沟通，集思广益做出好的决议，使执行者认同并行动，共同努力去达成企业的战略目标。它的重要性，呈现在行动管理、技术管理及目标管理之上。所以，做好会议管理工作，关系到企业决策的效率与效益，同时，会议管理也关系企业内外的沟通协调、形象塑造及战略规划。

1）会议管理的要素

根据会议组织的有序性进行会议管理，以下几个要素是会议管理中不可疏漏的。

（1）主办者。主办者是指出资举办会议的组织或个人，是任何一次会议不可缺少的要素。会议的主办者一般有四种：

一是领导机关主办。当会议为领导机关主办时，主办者同与会者之间具有上下级（或领导与从属）关系，这样的会议一般适合安排宣布决定、传达指示、通报情况、布置工作等会议内容。

二是发起人主办。会议的发起人可以是一个组织，也可以是几个组织联合发起并共同主办，此时，会议发起人同与会者之间没有领导和隶属关系而是合作关系。此类会议较适合安排一些协作性、交流性的会议内容，如中国当代小说创作及作品研讨会一类的会议和活动，通常就会由中国作家协会来发起并主办。

三是成员轮流主办。有些组织有定期召开会议（例会或年会）的制度，此时，组织内的成员都有主办会议的权利和义务。这种由组织内各成员轮流主办会议的做法，最大的优点就是体现出彼此平等、公平处事的原则，不搞歧视。如亚太地区经济合作组织会议（APEC）就是由亚太地区经济合作组织的成员国轮流主办的。

四是申请人主办。一些国际性的或大型的重要会议，如果一些有实力、有影响力的国家或组织均提出了主办会议的申请，则根据申办竞争程序，经有关机构审查并通过表决，才能最后决定会议的主办者是谁。如中国北京已经成功申办的 2008 年奥运会，就是经国际奥委会多次慎重的审查，最后由国际奥委会各成员国投票选举胜出的结果。

（2）承办者。承办人是指具体操办会议、落实各项会议任务的组织或个人。主办者和承办人可以是同一个组织或个人，也可以分开；如果分开，则承办人必须对主办者负责。比如2010年的世界经济博览会，主办者是中国政府，而具体承办人是上海市政府。

正确选择会议的承办方是把会议组织好的大前提。会议的承办人可以有很多选择，以下几类可作为重点参考对象：

一是会议（活动）承包商。专门有这样一类会议（活动）策划公司，他们为有需要的客户提供专业的会议（活动）策划方案，还有自己的办事处和团队，能替客户操办整个会议（活动）的全部（或局部）流程，提供优质的会务组织服务。这类公司现在已逐渐被社会广泛接受并为一部分人所追捧。

二是协会管理公司。所谓“物以类聚，人以群分”，许多职业都设有自己的职业团体，许多行业也设有自己的行业协会。因此如果是组织行业内的会议，对应的协会管理公司无疑是会议承办人的首选。他们对行业情况及业内人士都较为了解，操办起来会更熟悉、更方便、更快速。

三是目的地管理公司。这是指在会议举办的当地，为会议提供接站、订房、订餐、订票、租场、导游等服务项目的公司。

四是旅行社。随着现代社会的不断发展，旅行社的业务内容也在不断拓展。如今的旅行社不仅提供传统的包价旅游服务，同时还可以为有需要的客户提供专门的个性化服务，如设计专游活动线路，承办会议与活动并提供交通、住宿、会场布置、活动组织等服务。

（3）与会者。所有参加会议的人都可称之为会议成员。但根据会议管理的需要，会议成员可以分为四类，对四类不同人员，各有其不同的职责和权利。

一是正式成员。正式成员拥有会议的表决权和选举权。

二是列席成员。列席成员在会议上有发言权，但无表决权和选举权。且一般情况下，会议列席成员的人数不能超过正式成员。

三是工作人员。工作人员承担会议组织和会议筹备，以及在会议过程中从事会间事务性工作及做会议记录等。

四是嘉宾。嘉宾指因会议的需要而专门邀请的出席会议的人员。通常被邀请作为会议嘉宾的都是些社会名流或政要，所以接待会议嘉宾尤其要注重接待的礼仪。一般的做法是要安排专人联络和接送嘉宾，还要确保嘉宾的安全。

（4）会场。会场是与会代表碰头会面议事的地方。一般情况下，企事业单位的会议和行业系统内部的会议，会场都选在本单位或本系统内部的会议厅（室）举行，如公司日常工作例会、系统内部职工代表大会、单位员工座谈会等会议，其会场通常就设在办公大楼的会议室，有些甚至直接就在办公室开会，方便大家能及时、迅速地前来参加会议，有效节约了会议的时间成本。有些跨地区、跨行业、跨部门的大型或超大型的会议，为解决主会场容量不足的问题，可以设置主会场和分会场。作为会务组织人员，既要直接对主会场实施管理，也要对分会场的管理负责。

一般情况下，会议的主要环节如开幕典礼、闭幕式等都应安排在主会场进行。

（5）议题。对会议议题的管理主要体现在：一、会前严格审核议题，把没有讨论价值、没有讨论必要的议题剔除；二、会前把议题传达至各与会代表，便于他们提前就相关问题做好准备，以提高会议效率；三、会议期间注意紧紧围绕议题引导讨论及发言，以确保各项议题都能得到充分的探讨和论证。

2）会议成本的管理

会议管理中还有一个专项的内容就是——会议成本管理。以一个年度为单位计算，会议成本是一笔非常可观的数目，它影响到公司的整体利润的得与失。

会议的成本分为时间成本、直接会议成本和效率损失成本 3 种。

三、会议策划

（一）会议策划的内容

会议策划的内容，包括主题择定、模式定位、议程安排、组织协调、公共关系、媒体报道等。

1. 确定合适的主题

1）确定会议主题的意义

人们在从事文学创作时，总是喜欢把主题看成是作品的灵魂、统帅，把标题当成点睛。写文章是这样，开会也是这样。确定会议主题，使之有号召力、有时代感、引人注目，这是会议策划的一项重要任务。

例如，我们要举办2008年北京奥运会，主题是“绿色奥运、科技奥运、人文奥运”，这就突出体现了中国人民建设和谐社会、实现和谐发展的梦想和追求。“天人合一”，“和为贵”是中国人民自古以来对人与自然、人与人和谐关系的理想与追求。我们相信，和平进步、和谐发展、和睦相处、合作共赢、和美生活是全世界的共同理想。

但是确定主题之后，一般来说，会议还将策划出响亮的口号，以利于扩大宣传，提高知名度。2005年1月1日，北京奥组委面向社会，公开征集第29届奥运会主题口号，此次征集活动历时31天，共收到应征作品21万余件，经工作人员逐一审阅，在英文和中文应征作品中，未选出满意的作品。北京奥组委邀请国内的著名专家和在华的外国友人代表举行多次研讨会，广泛听取意见和建议。国际上许多奥林匹克专家也向北京奥组委贡献自己的创意。在认真研究和反复论证的基础上，最终形成了“One World One Dream”（“同一个世界、同一个梦想”）的主题口号。可见确定一个会议主题有时很费周折，需要集思广益。

有时，在主题外还另加副题。副题用以进一步补充和说明主题。例如，第十一次中韩日三国佛教交流会议确定这次友好交流会的主题是：佛教徒为环境保护所承担的责任，而副题则由各国围绕主题自行确定。

2）确定主题的方法技巧

（1）围绕会议目标确定会议主题，能够引起与会者的注意和共鸣。

（2）切合公关，提炼主题。如某公司的商业推广会，经过集体讨论，确定该次会议的性质为综合性，集年终答谢和促销推广于一体，避免单一性质的商业推广会所带来的不利因素。在会议主题上，根据会议性质确立“浓情××冬日送暖”的会议主题。

（3）根据会议类型明确会议名称。会议名称要拟得妥当，名实相符。会议名称一般由“单位+内容+会议种类”构成，如“中国共产党第十五次全国代表大会”，其中“中国共产党”即组织名称，也可称单位；“第十五次全国”即会议内容，“代表大会”是会议种类。

有的会议名称由单位、年度、内容构成，如“广东××市人民政府办公厅+1997年+总结表彰+大会”。有的会议名称由时间、会议内容和会议类型构成。如“2002年浙江省公路春运票价听证会”。会议名称要用确切、规范的文字表达。

有些会议的名称是固定的，如董事会等；有些会议名称是不固定的，应根据会议的议题或主题来确定，会议主题可确定为主题加副题的方式。

A公司是一家区域性的医药公司，年营业规模达5亿元人民币，在当地具有一定的影响力。该企业每年都要召开数次商业推广会，进行促销等活动，但会议的效果却越来越差。年底，同样的命题又一次摆在A公司的面前。

为了保证会议的整体效果，公司进行了详细的分析与研究后，决定从细节和创意两个方面入手。

一、成立专门的会务组，全权指挥和运作

经过与领导沟通，专门成立由营销总监牵头的会务组，保证高效的会议执行团队。

二、确定会议主题和性质

经过大家集体讨论，确定本次会议的性质为综合性，集年终答谢和促销推广于一体。在会议主题上，根据会议性质确立“浓情×× 冬日送暖”的会议主题。

三、确定会议答谢和促销的形式

围绕会议性质和会议主题，确定了“五连环环环惊喜答谢情情深意长”的答谢和促销形式，共设计了五大促销主题连环进行。尤其是神秘大奖的设计，充分调动了参与者的积极性。

四、确定会议推广方式

根据参会人员的特点，制定了立体式的推广手段。手机短信、电话沟通、宣传单派发、当地无线一套的游动字幕等四种推广手段相结合。

五、制定会议沟通策略

围绕会议性质、会议主题、促销形式和推广方式，制定了一套核心的沟通策略内容，同时根据推广方式的不同制定了四种沟通策略和诉求语言，并且形成标准用语，让相关人员掌握和使用。

六、现场布置营造氛围

为了营造突出醒目让人记忆深刻的现场氛围，从礼品的摆放，现场条幅的悬挂，彩拱门的布置，产品的展示，主席台的布置等都精心安排，制定布置标准和要求。尤其值得一提的是，神秘现金大奖的布置，很费了一番脑筋，最后通过精心构思，使之成为全场最为集中和瞩目的焦点所在，充分调动现场的氛围。

七、制定整体的会议流程和执行标准

为了更为有效的保证会议效果，专门从内部选拔了两名员工作为主持人，并为此制定了整体的会议流程和各个流程的相关主持要求。

八、确定整体工作推进表和详细到位的人员安排

根据整体工作内容，进行详细的细节分工，几乎每一个细节都分配到人，责任到人，并与每一个相关人员进行详细的讨论，使之明白工作内容和工作执行标准相关要求等。

九、创意体现在每一个环节

创意作为体现会议效果的最为主要的保证，A公司把每一项工作都最大限度地体现创意内容。如前面所提到的神秘大奖的布置摆放，还包括会议主题的确定，促销形式的制定等等很多的方面，甚至宣传单的制作，都尽可能地体现创意的内涵所在。

十、会议工作的检查落实

在会议的准备过程中，随时对各个工作环节进行检查，发现问题及时纠正与处理。在会议的前一天，会务组全体人员进行集中检查，认真核对，保证会议准备的充分执行。

经过以上各项工作的一一落实与执行，整体上本次会议成为A公司组建以来所有会议之中效果最好的一次，客户也纷纷反映会议组织的好又很有新意。

分析：细节无价，创意为大。案例中，体会最大的就是细节和创意。作为会议策划人每天的主要工作就应该是研究细节、研究创意，那种粗放式、传统式思维必须退居二线，才能保证会议活动的实施成功。

2. 会议模式定位

传统的会议模式通常会出现“材料一发、领导一念、全体听命”的方式，这种高消耗，低效益，死板被动的会议模式造成会议人、财、物极大的浪费。想要精心策划会议，提高会议效率，会议模式的策划必不可少。

1）传统会议模式

会议模式本身无所谓好与不好，关键在使用是否恰当。

（1）报告式。这是较为传统的一人讲、大家听模式，适用于严肃会议。适用于各类法定会议、全体会议，如人大会议等。

（2）研讨式。研讨会具有较强的科研性质。与会者通常都已经或正在研究一个项目、实验一个产品或制造某件东西，大家就共同的专业兴趣进行交流探讨。适用于专业性较强的会议人群。

（3）座谈式。座谈会是每位发言人轮流就中心议题发表自己的见解，发言者之间

可以交流，与听众之间也可以交流，是一种较为灵活，便于互动的会议。适用于上下级或部门间的沟通交流。

（4）现场式。现场办公，现场处理。适用于高层领导下基层或突发事件的处理。

（5）联谊式。联谊式特点为互动互补，多部门、多人群联合召开，形式活泼。一般机关、企事业合作单位常用。召开联谊会的单位或人群通常有互补性，如城乡联谊，军民联谊等。

（6）庆典式。庆祝性或商务性活动会。适用于特殊时间（节日等）或具有商务、公关目的的会议。

（7）远程式。顾名思义，远程会议是与会者相隔一定距离，不在一起。早期远程会议只能听声音，不能见人，即电话会议；随着科技日益进步，远程会议的模式有所改变，由普通电话会议进步为卫星电话，而后又有视频会议。这种会议方式正在逐步兴起。

（8）讲座。常由一位或几位专家进行个别讲演，讲座的规模可大可小。观众在讲座后可以提问，有时主办方也可以不安排观众提问。

（9）论坛（沙龙）。论坛式也可以称为沙龙，模式较为灵活，通常由有共同兴趣爱好的人聚集在一起进行。也可以有许多的听众参与，并可由专门小组成员与听众就问题的各方面发表意见和看法。听众和发言人之间、发言人与发言人之间都可以自由交流。主持人主持讨论会并总结双方观点，允许听众提问。

2）现代新型会议模式

（1）头脑风暴（brain storming）。由美国创造学家 A. F. 奥斯本于 1939 年首次提出，1953 年正式发表的一种激发性思维的方法。

组织形式。参加人数一般为 5~10 人，最好由不同专业或不同岗位者组成；会议时间控制在 1 小时左右；设主持人一名，主持人只主持会议，对设想不做评论。设记录员 1~2 人，要求认真将与会者每一设想不论好坏都完整地记录下来。

会议类型。①设想开发型：要求参与者要善于想象，语言表达能力要强。②设想论证型：要求与会者善于归纳、善于分析判断。

会前准备工作。①会议要明确主题。会议主题提前通报给与会人员，让与会者有一定的准备。②选好主持人。主持人要熟悉并掌握该技法的要点和操作要素，摸清主题现状和发展趋势。③参与者要有一定的训练基础，懂得该会议提倡的原则和方法。

④会前可进行柔化训练，即对缺乏创新思维者进行打破常规思考、转变思维角度的训练活动，以减少思维惯性，从单调紧张的工作环境中解放出来，以饱满的创造热情投入激励设想活动。

A. F. 奥斯本

会议原则。①禁止批评和评论他人，也不要自谦。②目标集中，追求设想数量，越多越好。③鼓励巧妙地利用和改善他人的设想。④与会人员一律平等，各种设想全部记录下来。⑤主张独立思考，不允许私下交谈，以免干扰别人的思维。⑥提倡自由发言，畅所欲言，任意思考。⑦不强调个人的成绩，应以小组的整体利益为重。

会议实施步骤。①会前准备：参与人、主持人和课题任务三落实，必要时可进行柔性训练。②设想开发：由主持人公布会议主题并介绍与主题相关的参考情况；突破思维惯性，大胆进行联想；主持人控制好时间，力争在有限的时间内获得尽可能多的创意性设想。③设想的分类与整理：一般分为实用型和幻想型两类。前者是指目前技术工艺可以实现的设想，后者指目前的技术工艺还不能完成的设想。④完善实用型设想：对实用型设想，再用脑力激荡法去进行论证、进行二次开发，进一步扩大设想的实现范围。⑤幻想型设想再开发：对幻想型设想，再用脑力激荡法进行开发，通过进一步开发，就有可能将创意的萌芽转化为成熟的实用型设想。这是脑力激荡法的一个关键步骤，也是该方法质量高低的明显标志。

主持人技巧。①主持人应懂得各种创造思维和技法，会前要向与会者重申会议应严守的原则和纪律，善于激发成员思考，使场面轻松活跃而又不失脑力激荡的规则。②可轮流发言，每轮每人简明扼要地说清楚创意设想一个，避免形成辩论会和发言不均。③要以赏识激励的词句语气和微笑点头的行为语言，鼓励与会者多出设想。④禁止使用下面的话语：“这点别人已说过了！”“实际情况会怎样呢？”“请解释一下你的意思。”“就这一点有用。”“我不赞赏那种观点。”等。⑤经常强调设想的数量，比如平均 3 分钟内要发表 10 个设想。⑥遇到人人皆才穷计短出现暂时停滞时，可采取一些措施，如休息几分钟，自选休息方法，散步、唱歌、喝水等，再进行几轮脑力激荡。

或发给每人一张与问题无关的图画，要求讲出从图画中所获得的灵感。⑦根据课题和实际情况需要，引导大家掀起一次又一次脑力激荡的“激波”。如课题是某产品的进一步开发，可以从产品改进配方思考作为第一激波、从降低成本思考作为第二激波、从扩大销售思考作为第三激波等。又如，对某一问题解决方案的讨论，引导大家掀起“设想开发”的激波，及时抓住“拐点”，适时引导进入“设想论证”的激波。⑧要掌握好时间，会议持续1小时左右，形成的设想应不少于100种。但最好的设想往往是会议要结束时提出的，因此，预定结束的时间到了可以根据情况再延长5分钟，这是人们容易提出好的设想的时候。在1分钟时间里再没有新主意，新观点出现时，智力激励会议可宣布结束或告一段落。

（2）玻璃鱼缸式会议。玻璃鱼缸式会议是一种非常独特的讨论会议类型。通常由6到8名与会者在台上或房间中心围成一圈，圈子中间留有一个空座。其他与会者只能作为观众坐在周围旁听，不能发言，只有那些坐在圈子里的人才可以发言。如果有观众想发言，他必须走到圈子里，坐在中间的那个空座上，发言完毕再回到原座位。玻璃鱼缸式会议通常有主持人参加，他可以参加“玻璃鱼缸”的讨论，也可以只负责维持会议按正常程序进行。由于在会议进行中大部分观众只是在外围观看那些位于圈子中的与会者演讲或讨论，就像在观看鱼缸或鱼箱里的鱼活动一样，所以人们给其取名为“玻璃鱼缸”会议。

（3）休闲式会议。会议通常令人疲倦。为使现代人从忙碌紧张的工作中释放更多热情，现在流行一种边休闲边开会的模式。这种会议模式允许与会者不看文件，不听令人昏昏欲睡的报告，不必应酬饭局酒宴；而是亲近自然，放松情绪，然后在轻松自然的情形下商议工作。

（4）网络会议。随着现代科技的发展和广泛运用，网络会议逐渐成为一种新的会议形式。网络会议就是预先用录像带把某个事件或活动现场录制下来，然后转换成数字化的视频信号通过电脑接收后送入网络服务器。进入服务器后，人们就可以直接观看或下载下来供以后观看。由于是通过网络传递，所以不存在什么时间上的障碍。网络会议对公司召开培训会议非常有利，它不必再让有关人员乘坐飞机去往目的地，可以节省飞行、住宿、伙食、地面交通等许多费用。

3. 会议议程安排的技巧要求

安排会议议程有以下几点技巧要求：

（1）保证会议目的。围绕会议目的安排议程，确保议程符合会议中心议题。

（2）重点优先。保证关键人物的时间，保证重要人物能够出席会议。

（3）原则上每个单元时间的会议都要有议程，每个议题时间不宜过长，应控制在一个半小时左右，避免出现会议给人们带来的疲劳。

（4）如遇几个议题，应按其重要程度排序，最重要的排列在最前面。

（5）科学合理，保证最佳开会时间。上午8：00~11：30，下午15：00~17：30是人们精力最旺盛、思维能力及记忆力最佳的时机。所以，安排会议议程和日程要注意将全体会议安排在上午，分组讨论可安排在下午，晚上则安排一些文娱活动。

4. 会议策划中组织协调

1）组织协调概述

组织协调是指组织者根据工作任务，对资源进行分配，同时控制、激励和协调群体活动过程，使之相互融合，从而实现组织目标。

对会议策划来说，组织协调是必须的，而且是能否顺利开展工作的前提条件。只有具备了较强的组织协调能力，才能有效地安排各项工作，使每个岗位都有人承担相应的工作。

2）会议策划中的组织协调

组织能力是指组织人们去完成组织目标的能力，它是领导者成功有效地完成工作的必备能力。协调，是一种行为状态，字面上的解释就是同心协力、配合适当的意思。这里可以指通过组织工作达到和谐的状态。

会议策划的组织协调，主要指以下方面：

（1）充分运用各种资源，使之合理搭配，达到最佳效果。如资金的运用，人员的统筹安排，场地的选择等。

（2）区别轻重缓急，保证会议工作有序进行。

（3）激励下属。优秀的领导及管理者都善于将团体目标和个人目标统一起来，将团体目标的实现与满足员工的需要统一起来，提高部下对团体目标的感受性，让部下充分体验到团体目标中包含着的个人利益。只有将这两者有机地统一起来，部下才能产生积极性，各项工作才能落实到位。

（4）处理冲突。会议策划及实施过程中，各种冲突必然出现，如果没有策划好解决冲突的办法，就必定将影响会议的进行。

5. 会议公共关系策划

1）会议公共关系策划的含义

会议公共关系策划就是公关人员根据组织形象的现状和目标要求，分析现有条件，谋划、设计公关战略、专题活动和具体公关活动最佳行动方案的过程。为会议方案而构想、设计、制定传播沟通方案的智力活动。

2）会议公共关系策划的内容

会议公共关系策划要围绕会议主题进行。内容包括：活动名称、标语和宣传品、会议形象设计、危机处理预案、媒介策略。

公共关系活动过程也就是组织向公众传播信息、双向沟通的过程，因此正确选择传播媒介是使活动取得成功的重要一环。

3）会议公共关系策划的要求

创意、新颖、富有独特性和个性，有意境感和吸引力。

（二）会议策划工作流程

按会议策划工作进程来分，会议策划工作可分为四个阶段，即确定目标、设计方案、评价选优、实施反馈。

1. 确定目标，进行调研

1）明确会议目标

会议的目标是会议所要完成的具体任务。自从有会议出现以来，人类就是为了达成目标或完成工作任务才举行会议。正确的会议目标至少应该具备以下条件：

（1）目标内容明确不含糊，可以解决实际工作中的问题；不能图形式，走过场。

（2）确定实现目标的责任者。任何会议要想完成目标，都必须落实到确定的个人或组织，并且该个人或组织必须具备相应的能力和条件。

（3）有完成目标所需的条件，不好高骛远。

2）调查研究，收集信息

（1）收集与会议有关的政策、法规、规章制度，使会议符合法律要求。

（2）收集组织内外相关信息资料，使会议策划尽量利用资源，达到最大效益。

（3）收集组织内外相关方面的参谋建议，集思广益，使策划民主科学。

2. 分析材料，做出方案

1）分析材料

利用各种可靠渠道收集会议策划所需要的材料和信息，并根据主客观的实际情况整理和分析所收集到的信息。具体可参见以下步骤：

（1）分析可利用的资源、有利的条件，找出优势。

（2）分析欠缺的条件，看清劣势，找出风险系数。

（3）预测可能出现的情况。

2）设计方案

策划方案至少要有2种以上，以便进行综合比较，择优选用。一份合格的策划方案至少应该包括以下内容：

（1）制订方案的依据。

（2）要达到的目标。

（3）现有的主客观条件。

（4）实现目标的途径、方法。

（5）可能出现的问题及解决方法。

3. 比较论证，选择方案

运用合理的标准和科学的方法选择方案。

1）合理标准三原则

（1）全局性。这是选择方案的根本原则，也是首要标准。

（2）可行性。运用这项原则进行方案选优，能够处理好整体与具体的关系，既不耽于不切实际的幻想，又能突破创新。

（3）效益性。离开了效益，策划就毫无价值。所以这一点也是不可忽视的重要标准。

2）科学的方法

策划方案的优化选择过程中，比较法和推演法是较为科学的方法。为了保证选择方案的正确与合理，需要注意几点：一是要对所拟定的方案进行客观的、科学的评估；二是要认真对待评估意见；三是要有明确的选择标准，一般用决策目标为标准；四是要走民主决策之路。

4. 实施反馈

1）编制实施计划

针对策划方案的各个部分编制的实施计划，应包含方案具体的实施步骤、实施时间和期限、人员与经费安排、实施的监督措施等等。

2）根据反馈，追踪决策

（1）修正方案。任何方案在正式实施前，不可避免带有一定的主观性和局限性，这种特性使策划方案有可能出现偏离目标或失误，为了保证方案的实施，应随时追踪反馈信息。当出现负面的反馈信息时，可对策划方案进行一定的修正。

（2）局部调整。根据反馈信息，及时调整方案，以便达成目标。

（三）拟写会议策划方案

1. 会议策划方案的内容包括：

（1）确定会议的主题与议题。

（2）确定会议的名称。

（3）确定会议的时间、会期。

（4）确定会议所需的设备和工具。

（5）确定会议所需的文件范围，并安排印制工作。

（6）确定与会代表的组成。

（7）确定宣传机构和模式。

（8）确定会议经费预算。

（9）确定会议餐饮安排。

（10）确定筹备机构与人员分工（大型会议）。

2. 会议策划方案写作程序

会议策划方案写作的具体步骤是：

（1）根据要求，收集信息。

（2）分析材料，写出提纲。

（3）集思广益，写成初稿。

（4）收集反馈，写出定稿。

四、决策型会议

——塞缪尔·约翰逊（Samuel Johnson）

决策型会议是比较难把握的一种会议类型，所以如果由你来负责组织召开这种类型的会议，你就要在会前做好充分的准备工作。

（一）为决策型会议做好充分准备

如果你能在会前花一些时间对以下这些会议步骤进行仔细研究，会议就会进行得更加顺利，或者至少会使会上发生的一切都在意料之中。

务必保证每个与会者都知道会议的目的是为了做决策。

明确告诉大家要采用什么样的决策方法。

为了使会上所做的决策更加有据可依，更加令人信服，要尽量收集所有专家的观点和相关的背景信息，并把它们分发给所有与会者。

通过谈话或是电子邮件的形式与所有与会者进行沟通，并鼓励他们仔细阅读会前的相关信息。这样一来，大家在会议一开始就会有很强的目标感，并为会议的最终决策贡献自己的力量。或者你至少要向那些可能不会为会议做任何准备的与会者发出事先警告。

也许会前准备工作中最重要的一部分就是确定决策方法。你要在会议一开始就反复重申会议将会采用哪种决策方法。你可以从以下三种决策方法中选择一种，每一种方法都有其各自的优缺点。

（二）多数票决策法

多数票决策法是被大家广泛认可的一种方法，同时也是经常被用来做决策的一种方法。

优点：

一般情况下，多数票可以使你在相对较短的时间内做出决策。

这种方法被普遍认为是一种较为公平的决策方法。

缺点：

在公开投票的过程中，大家有时会受形势所迫而随波逐流。这样做的结果势必会使他们面临或赢或输的局面，而除此之外他们别无选择。

失利的一方往往会觉得自己的声音没有被倾听。

对于所做出的决策也许不可能得到所有与会者的认同。

（三）全体一致通过决策法

在决策过程中应尽量避免采用全体一致通过决策法，因为这种方法容易使与会者之间产生争执。

全体一致通过就意味着所做出的决策必须让每一个人都理解、都支持，甚至都愿意去执行。也许个别与会者认为还有其他更好的方案，但是真正意义上的“共识”是指全体与会者聚集在一起来共同确定一个行动方案。

例如：你如何才能知道你是否取得了真正意义上的“共识”？下面的这几种说法也许能给你提供一些线索。

“我对 A 方案持保留意见，但是我认为它是到目前为止最好的一个方案。”

“虽然 A 方案不是我的首选，但是我确实认为它体现了所有人的需求。”

“我认为 A 方案并没有百分之百地符合我们的标准，但是我会全力以赴地去执行它。”

建议在下列情况下采用全体一致通过决策法：

当改革需要征得所有成员的完全同意和认同时。

当需要运用整个团队的专业知识来设计并执行决策时。

当团队本身很熟悉全体一致同意决策法时。

优点：

一般情况下，此方法能使所有与会者完全理解决策本身的含义及其实际应用情况。

征得所有各方认同的概率会大大提高。

缺点：

通常情况下很难达到全体一致同意，尤其是在团队成员对该决策方法不熟悉的情况下。

全体一致同意决策法与其他决策法相比会需要更多的时间。

有时，如果全体一致同意决策法无法达到预期的目标，那么就要有效地调整决策方法。

注：通过全体一致同意决策法所做出的决策很容易得到大家的支持，但有的时候这种方法也不管用，即如果在时间有限的情况下，就不可能采用这种决策方法。因此，在面对紧急状况的时候最好不要采用全体一致通过决策法。另外，当需要领导一个人对结果负责时也不宜采用这种决策方法。

（四）领导决策法

在某些方面，领导决策法有点类似于多数票决策法，因为领导需要倾听与会者的所思所想，然后他就很有可能会同意多数人的意见。

优点：

这是最快的一种决策方法，尤其是在时间紧迫或者是出现危机的情况下，这也许是最好的一种方法。

如果所有与会者都明白是领导在做决策并知道他为什么会做出这样的决策，那么从某种程度上来说，他们就很有可能接受这种决策而不是拒绝，当然前提是，如果他们尊重这位领导的话。

缺点：

与会者会有种他们的观点被忽视的感觉，尤其是当他们还没有机会陈述他们观点的时候。

这种方法不像其他决策方法那样更容易使与会者真心实意地接受所做出的决策。

例如：一个领导在倾听了各方的声音之后，宣布了他的决定：因为最近发布了一条有关产品污染的通知，所以他准备关闭一条产品生产线。在这种情况下，领导就要对所做决策的结果负责。

（五）引导决策的过程

无论采用哪种决策方法，都会有一些总的指导原则，这些指导原则会使你们的决策型团队会议开得更加富有成效。

即便是在时间非常有限的情况下，也要让所有与会者都陈述一下他们的观点，这样会使大家觉得他们的声音也得到了倾听。

大家陈述完他们的观点之后，你要把每一个观点都重申一下。你总结的时候应该这样开始："如果我没理解错的话，你的意思是……"要尽量准确地总结每一个观点，避免使用一些批评性的词语。

努力找出大家达成共识的基础，努力发现大家观点之间的内在联系。

做出决策后，要为下一步的执行工作打好基础。通过确立行为步骤和明确各自的职责，可以让与会者更加愿意去接受并执行该决策。

五、会议的主持

成功的会议离不开成功的主持。主持会议的技能既源于主持人的领导能力和主持经验，也来自主持人的综合素养。会风、会议效率均与会议的主持密切相关。

（一）会议主持人的角色要求

1. 会议主持人的角色

有人说："会议的主持人有如乐队的指挥。"这句话只说对一半。会议的主持人固然有如乐队的指挥那样具有举足轻重的作用，但是担当会议的主持人却比担当乐队的指挥更加困难，因为前者在主持会议过程中需要扮演多种角色，而后者在主持演奏过程中则始终扮演同一角色。现将主持人在各种会议中所扮演的角色阐释如下：

（1）提供信息。在这一类会议中，主持人所扮演的角色是信息的提供者。主持人不但要令与会者了解信息的内容，而且要避免使他们对信息产生误解或曲解。为了达到这个目的，主持人应尽量避免以单向说教的方式垄断整个会议，而最好是能留出一些时间（比方说10%的时间）解答与会者的疑问。在这种情况下，主持人又扮演了解说者的角色。

（2）培育训练。在这一类会议中，主持人所扮演的角色是传道、授业、解惑的教师。主持人的参与程度要视课程的性质以及与会者对课程的熟悉程度而定。例如课程本身颇为深奥，而且与会者对该课程相当陌生，则主持人的参与程度要高达会议总时间的75%~90%。但若课程本身很适合采取专案讨论或角色扮演等方式进行，那么即使与会者对该课程不甚了解，主持人的参与程度大概可以降低到会议总体时间的50%左右。再如与会者对课程相当熟悉，而且课程本身又适合广泛的讨论，则主持人的参与程度甚至可以减至会议总时间的20%。

（3）宣传政策。在这一类会议中，主持人为使与会者接受新政策，他首先必须扮演提供者的角色，将他所要宣传的政策做一番叙述。其次，他必须扮演媒介的角色，鼓励与会者对他所提供的政策发生兴趣。再次，他必须扮演解说者的角色，对与会者的任何疑问提供解答。最后，他必须扮演说服者的角色，设法使与会者心悦诚服地接受方针政策。在这一类会议中，主持人的参与程度大致以占会议总时间的50%~70%较为恰当。

（4）解决问题。在这一类会议中，主持人最重要的任务在于领导与会者探索问题最佳解决途径。他通常需要做到下列五件事：阐释问题的内涵、问题发生的背景以及解决问题的重要性。以解说者角色，鼓励所有与会者参与问题解决；以控制者角色，将会议导入实现目标途径，以避免时间浪费以及无谓的意见冲突；以与会者角色（即脱离主持人身份而成为与会者之一），提出自己的见解；回复主持人身份，归结会议的成果及指明未来方向。在这一类会议中，主持人的参与程度大概介于会议总时间的40%~60%较为理想。

（5）收集信息。在这一类会议中，主持人除了扮演陈述者与媒介两种角色，以阐明会议目标及鼓励与会者提供信息外，最重要的便是扮演聆听者角色，以便收集与会者所提供的信息。因此，主持人的参与程度应以不超过会议总时间的20%较为理想。

由以上阐释可知，主持人在不同的会议中需要扮演不同的角色，甚至在同一个会议中，也要扮演多种不同的角色。

因此，除非主持人能够恰如其分地扮演各种角色以及适当地从事角色转换，否则他将难以实现会议目标。任何一种会议极少为单一目标而召开，它通常是为实现多种目标而召开的。在这种情况下，主持人所需扮演的角色将要更多，角色转换自然更加频繁。

2. 会议主持人素质

在任何一场会议中，主持人均要扮演多种角色以及从事多次的角色转换。由此可知，要成为优秀的会议主持人并不是一件容易的事。现在，看看一位卓越的主持人所应具备的素质：

（1）思考清晰敏锐。尽管主持人没有必要成为参加会议的人群中思考最清晰敏锐的人，但若想获得与会者的尊敬，他的思考至少应比大多数的与会者更加清晰敏锐。只要主持人能在会议之前多做准备，则他的思考能力一定可以大大提高。

（2）善于言辞表达。主持人对语言应具有高度的掌握能力，以便将自己的思想观念准确、无误地表达出来。他必须能够以语言推动讨论、疏导与会者的思维方向以及在会议的各个阶段总结所取得的成果。

（3）良好的分析能力。主持人必须懂得如何澄清问题，透视问题的每一个层面，指出每一种见解的利弊得失以及分辨事情的轻重缓急。

（4）抱着对事不对人的态度。主持人必须使每一位与会者的意见都能得到其他与会者的关注。即使主持人本人对某些与会者的某些观点有所偏爱或厌恶，他都不应以自己的个人好恶影响他对事情的判断。当他想提出个人观点时，他必须告诉与会者他是站在个人立场发言，而并非以主持人的身份说话。

（5）公正。主持人在会议中绝对不应有袒护的行为，因为他的这种行为不但阻碍进一步的讨论，而且将使与会者（甚至包括被袒护者在内）对他失去信心。

（6）耐性。有些与会者在发表意见时往往词不达意，另一些与会者则可能在群众面前因感到胆怯而回避发言。面对这一类的与会者，主持人应主动提供协助与鼓励，要做到这一点，主持人需要具有高度的耐性。

（7）能灵活地应付“挑刺”人物。与会者之中，难免会有少数“挑刺”人物，诸如有高度偏见者、喜爱垄断发言者、火气特别大者等。主持人必须能够在不冒犯他们的前提下，有效地应付他们。

（8）沉着并自我约束。为了激励与会者信心，主持人除了应表现热诚与果敢的态度之外，还必须保持沉着坚定并自我约束。他应避免在幕前过度地暴露自己。比如不应放荡不羁地发表自己的意见、垄断发言或理论说教等。

（9）具有幽默感。幽默感对消除紧张气氛以及令会议顺利进行具有很大的作用。主持人在运用时应特别注意避免轻浮或浅薄的话语。

（二）主持人如何打破会场的僵局

如果说成功的会议有什么秘诀的话，那就是自由而公开的讨论。训斥或指令对现代的员工都是没用的。几乎每个下属人员都希望有机会自由提问和讨论组织内部的重大事件的决策内容，相互交流切磋彼此的思想。

有成效的小组讨论和“漫谈”的区别，可以归结为会议主持人的统驭能力的大小。圆桌会议的成功或失败完全取决于会议主持人本身。

1. 提问有利于打破会议僵局

在会议中，发问的最主要目的是在于启开话匣，以利沟通进行。一旦沟通网络被开启，主持人便可借发问来实现下列八种目的：

（1）收集资料。“你可否概要地谈一谈此次你在东南亚考察市场的所见所闻？”

（2）透视对话者动机意向。“哪些因素促使你决定放弃此次的晋升机会？”

（3）提供资料。“你晓不晓得公司对所有编制内的员工均提供子女教育津贴？”

（4）鼓励意见参与。“你对构想中的作息时间变动持什么样的看法？”

（5）确定自己对对话者的话语及感受的理解程度。“让我总结一下你对这个问题的看法……我这个总结是否与你的看法一致？”

（6）鼓动对话者对某一问题进行思考。“你认为扩大行销网在当前是不是一种明智的举措？”

（7）测定意见是否趋于一致。“这次加工资的幅度与你期待中的幅度有无差距？”

（8）言归正传。“由于加班费的调整带出了许多有关问题的讨论，不知各位对我先前所提及的加班费调整幅度还有什么意见？”

2. 对领导人的提示

一般都认为：领导人的工作就是在会议中组织、激发和引导会议的思考和进程。在某些方面，非正式的圆桌讨论把最大的责任放在了会议主持人肩上。由于讨论的质量取决于与会者态度的相互影响，所以会议领导人必须既敏感又灵活。他必须能适应讨论问题多变的要求以及每个人的性格。虽然没有可以作为模式的实际做法，但领导讨论的能力一般可以应用以下原则和技巧得到改进：

（1）做好准备，会议主持人应对讨论主题的背景有充分的了解。

（2）事先思考，以便发现常见的可能出现的问题和反对者可能采取的论点。

（3）通过事先计划来防止干扰。假如打到办公室的电话必须接，就要考虑在另外的地方开会；要检查材料和视听设备，以保证一切顺利。

（4）评估你的听众，不可低估他们的才智，也不可高估他们知识的丰富程度。

（5）了解与会者中的每一个人，充分考虑与每个具有特殊个性的与会者的交流方式。

（6）为了让与会者感觉轻松，你应表现为小组的一员，而不是做有威胁性的局外人。幽默和插话能起作用，但当这种情况达到一定程度时，会议领导人应向小组及时提醒会议的目的。

（7）和听众一起平等合作，避免操纵人们。

（8）用通俗的语言讲话，不要总想表现得高人一等。

（9）明确会议的目的。假如会议的宗旨是解决问题，则应用简洁而精确的话陈述问题，以使与会者确切了解会议内容。要正视和处理争论的焦点，避免争论白热化，个个面红耳赤。

（10）引导会议按规定的议程进行，始终要围绕中心议题展开。

（11）要遏制操纵会议的任何倾向。实际经验表明，任何人谈话超过时间的20%，就意味着失效。

（12）避免材料不足，如果缺少的资料对讨论本身确实是必不可少的，在紧急情况下，可以考虑暂时休会。

（13）不断核对回馈的信息，要问一下："这些有道理吗？"要确知与会者正以和你相同的目的行动。

（14）既讲述又表演，选用直观器材。用黑板记录小组成员的论点。这样可以避免离题，也可以帮助你归纳和做出结论。

（15）鼓励小组的全体成员参加讨论。

（16）鼓励在友好协作的基础上进行生机勃勃的讨论。

（17）扮演公平的调解人来缓和激烈的争论，或引导其他与会者加入讨论，以使争论主角冷静下来，或者宣布一段极短暂的休息，要创造性地利用不同意见。

（18）在还有其他观点需要聆听时，要限制某一个观点的发表时间。

（19）随时提防注意力的分散，保持会议活跃。假如与会者开始烦躁不安，要设法让他们参加行动。

（20）要有节制地使用直接问句，这种问句会产生一种学校教室的气氛，而阻碍自由表达的气氛。直接问句可以介绍一个特殊观点，中止离开正题的讨论，使漫不经心或腼腆的人介入讨论，缩短冗长独白。领导人意识到有某些意见与已经发表的观点相反的时候，应设法激发辩论。

（21）要有耐心，要记住交流意见是需要时间的，当想法新奇或是有许多言外之意有待探索时，尤为如此。

（22）要预先考虑到对与会者可能提出的意见的抵制。

（23）在任何会议闭幕以前，要做出总结，归纳会议成果或着手行动。

3. 应该避免的一些问题

当会议不能实现与会者的期望时，指责通常会指向会议的领导。常见的情况是领导方式有毛病即领导人垄断会议或其他原因。领导人如果能学会如下的避免事项，则可以更有效地领导：

（1）避免使与会者为难。你也许想责备某一个人，但是这种行动会使得所有的与会者产生自卫态度。

（2）避免代替小组思考。有些领导人往往想走在小组的前头，做总结或回答问题，而不是鼓励讨论。

（3）避免以错误的方式叙述事情。领导人粗心大意或添加色彩的陈述容易造成小组的对立。平淡地陈述意见容易抑制讨论。

（4）避免透露领导人认为能接受的答案或解决办法。

（5）避免把讨论从中心目的引发离题议论。要委婉地要求小组成员井井有条地走向会议的目的。当人们从事于细节性讨论时，最好用提问把他们引回到正题。

（6）避免傲慢地对待关键问题或与会者。不同的人以不同的形式吸收信息，要核查回馈的信息，以确定会议的成效。

（7）避免尚未得出结论或者尚未开始积极行动就休会。要使结论为大家共同理解并且即将付诸行动。

（三）会场控制

最好的控制便是避免丧失控制。主持人控制会议的最佳举措，便是预防各种问题的发生。一旦无法避免问题的发生，则主持人应讲求正确的对付办法。

1. 与会者发难

（1）原因。

对会议目标或讨论主题不清楚。

过度关心某些问题或基于某些迫切地需要而在无意中离题。

（2）预防。

澄清会议的目标与讨论的主题。

（3）补救。

主持人应具高度的敏感性以分辨离题的发言。

主持人以未能澄清会议目标或讨论主题而当众致歉。举例来说，主持人应宣称："你的发言有点偏离主题，那一定是因为我没有将会议目标或讨论主题诉说清楚。容许我再把会议目标及目前的讨论主题复诵一次……"

主持人可以技巧地问发言离题者，他的发言究竟与讨论主题或会议目标有何关系。运用这种技巧的时候，主持人在态度、措辞、语气及面部表情上，均应刻意避免令离题的与会者感到主持人是在讽刺他或挖苦他。主持人可以技巧地将离题者的言述挡在一边。譬如主持人可这么说："刚刚你提到的这个问题显然非常重要，但是它跟我们的会议目标及讨论主题似乎并没有太大关系。假如你不介意，我希望将它留待会后再详谈。"

2. 与会者分心

（1）原因。

对会议目标及讨论主题不清楚。

感到沉闷无聊。

会议中所涉及的某些问题或意见触发他们交谈。

外界环境干扰。

对会议内容缺乏兴趣。

（2）预防。

澄清会议的目标与讨论的主题。

令与会者感到会议有益及有趣。

慎选会议时间及地点。

（3）补救。

尽管主持人能够确定与会者的交谈与讨论中的主题毫无关系，但主持人都应先假定他们的交谈与讨论中的主题有关，然后问交谈者愿不愿意说出他们的看法，以便令其他与会者也能分享他们的看法。

作短暂的停顿，甚或稍做休息。

如多数的与会者都分心，则暂停会议，等造成分心的原因消失了再续会。

如少数的与会者分心，则主持人可不予理会，亦可就本身的发言作短暂的停顿。

3. 与会者争议

（1）原因。

对会议目标或讨论主题不清楚。

对会议过程中的某些问题具有不同的看法或感受。

凭借会议互相发泄相互间的不满，甚至借会议相互挑衅。

（2）预防。

澄清会议的目标与讨论的主题，以避免离题的争论。

事先强调这样的观念："真正重要的是：什么是对的，而非谁是对的。"这个观念有助于避免题内的争论。

（3）补救。

倘若争论是离题的，则立刻制止，并复述会议的目标与讨论的主题。

倘若争论是题内的，则：①先强调"什么是对的"远比"谁是对的"更加重要，然后将注意力集中在论点本身，不再理会人物本身。②征求沉默的与会者的意见。③主持人显示自己的个人观点或个人立场。

4. 与会者拒绝参与

（1）原因。

怯场。

感到气氛不对。

不喜欢主持人对待某些与会者的态度——如令某些与会者感到难堪。

会议不具实效。

（2）预防。

创造和谐的气氛。

切莫令参与意见的人感到难堪。

令会议具实效。

（3）补救。

倘若与会者因感到沉闷而拒绝参与，则主持人应鼓动其兴趣。

倘若与会者因怯场而拒绝参与，则主持人应设法排除该种心理障碍。

倘若与会者人数众多，则采取分组讨论方式进行。主持人可将与会者分成若干组，每组以不超过六人为原则。每组选定一位组长主持议案的讨论，每组另选定一位成员负责讨论结果的记录工作。分组讨论结束之后，由各组指派一位成员，代表该组向全体与会者报告讨论成果。按此种方式进行，与会者拒绝参与讨论的现象将一扫而空。因为：

①分组讨论时人数较少，与会者怯场的程度可大幅降低。

②各组要轮流向全体报告讨论成果，这含有竞争的成分在内。因此在荣誉感的鼓动下，各组成员将会比较认真地进行议案的讨论。

③代表各组发言的人的心理负担可以大大减轻，因为他所发表的意见无论是好还是坏，是成熟还是不成熟，都不是他本人的意见，而是整组人的意见。

5. 与会者情绪变化

（1）原因。

会议逾时。

与会者有其他事要办。

会议不具实效。

（2）预防。

设定会议的结束时间，并准时结束。

如会议可能无法按预定时间结束，则事先言明。

选择符合与会者希望的会议时间。

让会议具有实效。

（3）补救。

稳定与会者的情绪。

（四）会议主持的几点技巧

商务会议主持人在会议上开始讲话时是否受到与会者欢迎，第一步将取决于与会者对主持人的初步印象。这个印象取决于很多因素，如：会议主持人是否做好充分准备，眼睛是否闪亮而活泼，声音是否悦耳动听，脸部表情是否生动，对周围的反应是否机智灵活，是否能用简明扼要的语言陈述自己的观点。下列秘诀有助于主持人建立一个受人欢迎的形象：

1. 商务会议主持人要果断而自信

在会议开始前，会议主持人可以先用几秒钟的时间面带微笑地审视一下会场的与会者，表情友好真诚，这样做可以起到两个作用：第一是当主持人望着与会者时，台下的无数双眼睛也会同时聚集到主持人身上，他们也都在观察着要演讲的主持人。在即将开始演讲的一刹那，与会者将会对主持人的精神、热情、知识、学识、声音、目光接触以及身体语言等各方面做出评价，最后形成对主持人的初步印象。第二是可以给自己留一点空间。在扫视会场时，可以让自己在瞬间中调节情绪，更好地发挥自己的主持才能。

2. 准时宣布会议开始

会议是否准时开始是与会者最为关注的问题，很多主持人不能准时开会，令与会者不满。有的主持人认为推迟会议，责任不在自己，他们的理由是："责任不在我，因为还有人没准备好，要等他们。"这种自我开脱并不是理由。要真的面临这种情况时，比如，临时出现了某人的演讲稿需要改或是演讲的人迟到了等问题时，主持人可以向与会者微笑数秒钟，表示自己和他们一样，也在期待着早点把信息传递给他们。如果能由主持人来指出演说后会有答疑时间，可以利用开会前的这段时间声明，请与会者在那时提问。

3. 开场出奇制胜

会议气氛是否轻松愉快决定于支持人的开场白。在会议开始的时候，主持人为了同与会者拉近距离，可以先介绍一下自己的情况，也可以让与会者互相介绍，以便于他们能互相认识。有时，为了缓和会议的严肃气氛，让与会者轻松一下，最好能有个简洁、贴切而幽默的开场白。

（1）如果当前的会议与以前的会议内容有关，主持人可以简要地概述一下上次会议的结论。但是别忘记这次会议的重点，不要让自己的谈话离题万里。

（2）要明确地说明这次会议所要讨论的主题或要解决的问题。

（3）在指出此次会议的目的时，应该声明已安排了紧凑的会议事项。

4. 集中精力解决问题和提出行动计划

当主持人告诉与会者应该采取什么措施时，应使用合理的方法，启发他们思考解决的办法以及应采取的行动。也可以在提出问题的解决办法后向与会者做出解释，向他们提供一些解决问题所必需的信息。

5. 注意自己的语速

语速影响表达效果。主持人在主持会议时，要不时地变换说话的速度，保持适度的停顿。因为一个人无论准备多么充分，都会有想不起自己所要强调的重点，或者一时想不起所要说的问题的时候。这种情况下，主持人就可以停顿片刻，整理思绪，认真回忆。主持人不要忘记让自己的讲话充满乐观情绪，并且详细地阐述自己的观点或计划。

6. 让与会者具有参与意识

主持人为了使自己的主持更成功，不妨让与会者多说自己的观点，增强他们的参与意识。一次成功的主持意味着让与会者也能参与到所讨论的问题中来。主持人要明白，与听众沟通得越少，自己得到的支持也就越少，对与会者的了解就越少，取得的成功也就越小。

六、会议突发事件处理

要做好相关的会中突发事件的处理工作，首先，要弄清会议的内容、性质以及与会代表的人数，了解会议突发事件的种类；其次，要掌握会中突发事件的处理方案的内容和具体措施。会中突发事件的处理工作事关重大，稍有不慎就会影响到整个会场的秩序和会议的效果。

会中突发事件的处理工作是会议中期重要的工作，会议工作人员办事是否果断，直接影响到单位的整体形象，对整个会场的秩序和会议的效果都会产生严重的影响。所以，组织会议的秘书人员必须重视会中突发事件的处理工作，尤其是一些重大的会议，更是要注重会中突发事件的处理工作。

（一）会中突发事件的种类

常见的会议突发事件有以下六类：

（1）人员问题，会中常见的人员问题是发言人、参加者或关键代表的缺席或无法按时到会，致使登记参会的代表数量不足，从而影响会议的规模、财务收支和公共关系等。

（2）健康与安全问题，会议中有时会出现意想不到的情况，如突发性的火灾、地震等各种灾害的发生，安全通道和消防通道不畅通，或某位与会代表患有严重或高度传染的疾病，或由于天气等原因导致某位与会代表休克、突发心脏病、脑溢血等病，或因某种原因导致与会人员出现食物中毒等。

（3）行为问题，会议中偶尔会出现发言人行为不当或某些与会人员行为不当等情况。

（4）设备问题，会中常见的设备问题是会场的扩音设备、灯光、投影机或录音录像设备等缺少或出现故障。

（5）场地问题，会中常见的场地问题是会场的制冷、取暖设备或通风系统出现故障，有时会议场所会因某种原因不可使用，这就需要临时找替代的场所。

（6）资料问题，有的会议由于与会人员超出既定人数，或是由于会议资料印刷质量欠佳可能造成会议资料不足的问题，有时由于各种原因，可能致使会议资料无法按时送到会议地点。

（二）处理会中突发事件的方法

（1）处理人员问题。如果会中某位发言人不能按时到会，可以考虑替代者，如果会中某位发言人实在无法替代，可以临时修改会议议程。会议主持人可以临时额外给每位发言人 10 分钟自由提问时间，以弥补发言人的缺席。

（2）处理健康与安全问题。要加强会前的检查，必要时要组织应对突发性的火灾、地震等各种灾害的演习，要派专门人员负责把守安全通道，有条件的单位应充分利用会场的监控摄像系统，以便随时掌握会场的方方面面和各种突发情况。此外，各种大中型会议事先应安排好医术一流的医护人员在会场应急，同时还要加强会议的值班工作。

（3）处理行为问题。要防止会议中偶尔会出现的发言人行为不当或某些与会人员行为不当等问题，首先，要审核发言人以往的情况，并在发言前加强与发言人的沟通与交流。其次，会议组织者提前要做好多方面的准备以避免这种情况出现，比如请某些行为不当的与会人员暂时离开会场等。

（4）处理设备问题。要防止会场设备出现问题，应加强会前检查与调试。在一些对外的大中型会议中，要想及时处理会中常见的会场的扩音设备、灯光、投影机或录音录像设备等出现的故障，最好备有紧急维修师的姓名、电话和地址，并及时与之联系。同时，还应详细了解本地可以租到或购买相应设备的公司的名称、电话和具体地址。

（5）处理场地问题。若会场的制冷、取暖设备或通风系统出现故障，最好备有紧急维修师的姓名、电话和地址，并及时与之联系。如果会议场所因某种原因不可使用，这就需要临时找附近的大礼堂、电影院、剧院和报告厅等。

（6）处理资料问题。如果会议中出现会议资料不够或印刷质量欠佳等问题，就需要秘书随身带着一份会议活动安排及会议需要使用文件的原稿，以便在会场附近随时复印。若会议资料无法按时送到会议地点，需秘书及时通知并催促相应的工作人员。

（三）会议应急方案的内容和应对措施

由于一些重大的会议会前准备事项繁杂，涉及的会议工作人员众多，因此，出现会中突发事件的情况在所难免。这就需要启用会议的应急方案，会议应急方案的内容和应对措施如下表所示：

会议应急方案的内容和应对措施

预测情况	应对措施	负责人	联系方式	备注
人员问题	若会中某位发言人不能按时到会，可以替代，甚至临时修改会议议程，还可临时额外给每位发言人10分钟自由提问时间，以弥补发言人的缺席。			
健康与安全问题	加强会前检查，组织应对各种灾害的演习，派专人把守安全和消防通道，安排医护人员在会场应急，同时加强会议值班工作			
行为问题	审核发言人以往的情况，并在发言前加强与其沟通与交流，必要时请某些行为不当者暂时离开会场			
设备问题	加强会前检查与调试，备有紧急维修师的姓名、电话和地址，还应详细了解本地可以租到或购买相应设备的公司的名称、电话和具体地址			
场地问题	若会场的制冷、取暖设备或通风系统出现故障，最好及时联系紧急维修师。有时需要临时找附近的大礼堂、电影院、剧院和报告厅			
资料问题	秘书要随身带一份会议活动安排及会议需要使用文件的原稿，以便在会场附近随时复印，若会议资料无法按时送到会场，秘书应及时通知并催促相应的工作人员			

预测情况	应对措施	负责人	联系方式	备注
应急组织和人员的到位情况	会前和会中提醒应急组织和人员随时做好工作准备，并备有其联系方式			
应急车辆准备情况	加强会前检查，备有足够的应急车辆，提醒司机随时做好准备，并备有其联系方式			
会议指挥沟通系统是否灵敏	会前进行适当的突发事件演练和模拟，检验会议指挥沟通系统的灵敏性			

（四）会议突发事件处理方案的内容和具体措施

1. 会议突发事件处理方案的内容

（1）会议进行过程中可能出现的突发事件

①人员问题

②场地问题

③设备问题

④资料问题

⑤健康与安全问题

⑥行为问题

（2）出现问题时负责解决的会议工作人员

在会议突发事件处理方案中，应明确指出会议各小组的成员组成情况，同时注明各个工作人员的职责，如果出现各种紧急或意外情况，会前准备阶段就应落实责任到具体哪些人负责。

2. 会议突发事件处理方案的具体措施

（1）及时报告

上述突发性事件发生之后，会场有关的工作人员要马上将事件发生的时间、地点、经过、危害程度等情况及时向单位的领导报告，涉及某些部门的事件先向其部门领导报告，然后再向单位的主管领导汇报。

（2）先期处理

发生突发性事件后，除了向领导报告外，先期可采取下列措施予以处置：

①迅速组织人员急救。会场有关的工作人员得到某位与会代表突发疾病的消息后，必须火速赶到现场，并组织有关人员负责先期处理，阻止事态的进一步扩大。医护人员应在第一时间赶到现场。

②组织保护现场。如到火灾现场后，应采取应急措施，迅速划定现场保护范围。除抢险救灾人员外，严格禁止无关人员贸然闯入现场，为现场勘察和事件调查提供良好的条件。

③积极抢险救灾。火灾、地震等突发性事件如遇到事件现场有人员受伤，在保护现场的同时应迅速组织人员抢救伤员将伤员送医院急救。

④抓紧调查取证。在保护火灾现场、抢救伤员的同时，应抓紧进行现场取证，了解事件的真实情况，为查清突发事件的成因与经过提供第一手材料。

（3）善后工作

①先期处理之后，应将整个突发性事件的经过、应急处理措施及需要帮助解决的问题向领导汇报。听取领导指示之后，再做好善后工作。

②对重大突发性事件迟报、漏报、瞒报、虚报的，对突发性事件发生接到通知而不及时到位处理的，单位将追究有关人员的责任。

七、会议收尾

“会议从来不会产生任何伟大的思想，倒有许多愚蠢的主意葬身其中。”

——F. 斯科特·菲茨杰拉德（F. Scott Fitzgerald）

知道什么时候结束会议、怎样结束会议，以及会后应该怎么做可以帮助你鼓励团队成员去努力实施大家一致同意的那些行动计划。

（一）按时结束会议

按既定的时间按时结束会议有助于树立起你在大家心目中的威信，与会者也会因此而感到非常高兴。如果你总是因为无法按时结束会议而感到苦恼，那就试试下面这些技巧：

让一个团队成员来做计时员。

每隔一段时间提醒大家一下还剩下多少时间，还有几个议题没有讨论。

如果时间不够了，就优先或者推迟讨论某些议题。

如果需要延长会议时间，应先征得大家的同意，或者也可以另行安排一次会议来处理剩下的那些没有解决的问题。

（二）如果可能的话，最好提前结束会议

如果你可以提前结束会议，没有人会反对。事实上，有几种场合可以提前结束会议：

如果该解决的问题都解决完了，那么大家就不必继续待在会议室里直到会议结束的时间到了才散会。在这样一个时间就是金钱的社会里，这么做有些让人觉得不可思议，也会让大家觉得很生气。所以开完了就散会，让大家各自回到自己的工作岗位上去。

如果大家始终无法对会议的最后一个议题达成一致意见，那就说明大家有些累了，注意力已经无法完全集中了。如果是那样的话，最好另行安排时间来解决这个问题。

如果大家不停地在动，那就说明他们的精力和注意力已经完全不能集中了。你最好是尊重大家的这种肢体语言，尽量缩短会议时间，因为在这种情况下，你不可能解决更多的问题，就更别谈什么高效地解决问题了。

如果讨论过于激烈，最好的选择就是赶紧结束会议，让大家都冷静一下。

（三）收尾

好，现在会议结束的时间到了。你需要怎么做呢？一般情况下，你只需传递给大家一种会议即将结束的感觉就可以了。

1. 简单重申或总结一下大家在会上所达成的一致意见。

2. 明确接下来的任务，比如具体实施哪些行动方案，每个行动方案由谁来负责，有什么样的沟通计划，相关时间安排等等。

3. 如果有必要的话，确定下一次会议的时间安排。

4. 如果时间还有剩余，就让与会者简单发表一下他们对这次会议的看法。如果没有时间了，就告诉他们会后你会通过电子邮件或者书面的形式询问大家的意见。如果

会议规模很小，就可以私下单独聊。

5. 最后，要对大家的出席表示感谢。

所有这一切你都做到了吗？

如果差不多都做到了，接下来就让我们看看如何做好会后跟进工作。

八、会后跟进工作

“有时候随着情况不断发生变化，只有处于半疯狂状态的人才能真正超脱。”

——弗朗索瓦·德德拉罗什富科（Francois，duc de La Rochefoucauld）

会议开得成功与否关键在于会后跟进工作做得好坏与否。而高质量的会后跟进工作恰恰是最容易被忽视的一个环节。所以说，若要会议取得真正意义上的成功，唯一的也是最重要的一件事情就是积极做好会后跟进工作。结束了但却没有沟通和行动计划的会议是出了会议室就会失去生命力的会议。因为毕竟，问题的关键并不在于会议本身，而是经过会上讨论所要进一步采取的行动。

（一）确保会后跟进工作的成功

你如何做才能保证会后跟进工作取得成功？首先，要通过电子邮件或是备忘录的形式与所有与会者或利益相关者保持沟通，其内容不但要包括对会议的总结，而且还要包括接下来所要采取的关键措施（不是让你写会议纪要，因为几乎不会有人愿意去看这个）。然后，找时间与那些对会议有些不满地与会者谈一谈。知道你很在乎他们的感受，他们会非常感激。最后，确保向所有与会者提供完成他们各自会后任务所需的资源。最重要的一点是要采取行动，要一鼓作气，不要茫然。按照会上所做的决策采取行动，保持大家昂扬的斗志。

建议：只有把沟通和行动计划看作是一种责任、一种义务，或是一份契约时，它们才更有可能被付诸实践。

（二）制订沟通和行动计划

沟通和行动计划既可以给会议画上一个圆满的句号，又可以让大家有一种成就感。

同时，它还可以提醒所有利益相关者哪些是重要决策，并可以确保所有人都获得了同样的信息。沟通和行动计划应该包括三方面因素，即什么、谁和什么时候：

会上做出了哪些具体决策，产生了什么结果，以及会后应该完成什么样的任务？

由谁来负责执行这些任务？那些在会上主动要求承担具体任务的与会者将很有可能顺利地完成这些任务。

什么时候完成这些任务？让与会者更加客观、理性地看待他们所主动要求承担的任务并制订一个较为现实的工作计划，因为只有这样才能保证他们真正完成这些任务。

沟通和行动计划中应该包括哪些内容？根据会议期间在活动挂图或白板上记录的要点以及你或会议记录员所做的笔记，你可以针对会上所发生的事情写一份详细的书面材料，其内容越详细越好，详细到让那些即便是没有出席会议的人在看过这份材料之后也能知道会上发生了什么事情。该计划包括：

与会者。

会议目标。

所讨论的重要议题。

所做出的重大决策。

下一步措施或者行动计划。

下次会议或者后续会议的时间安排。

对与会者表示感谢。

对于具体类型的会议，沟通和行动计划需要再包括一些更加具体的内容。比如，对于一个以解决问题为目的的沟通和行动计划来说，它还应该包括一些更为具体的信息：

对问题的界定。

分析方法。

所讨论的可供选择的方案。

决策标准。

所做决策。

什么时候由谁来负责会后的跟进工作。

预期达到的结果。

（三）倾听不满的声音

不要忘记在会后和那些似乎对会议的结果表示不满的人进行非正式的交流。也许你已经注意到有些与会者对于会议的结果表现出了不满情绪，或者他们并没有像其他人那样积极参与讨论。继续密切关注这些人的反应，也许你会从他们那里得到一些更有价值的信息，比如一些关于会议进程、会议议题、会议目的、会议目标以及行动计划等问题的有价值的反馈信息。也许你会因此而给那些心有不悦的人带来一些精神上的安慰，并以此来改善整个团队的协作关系。

（四）对会议进行评价

最后我再问一个关键问题：你如何才能知道你的会议开得是否真正富有成效？

通过其结果来判断。你实现会议目标了吗？应该出席会议的人都出席了吗？大多数人都参与讨论了吗？与会者之间配合得好吗？大家对会议做出正面评价了吗？

如果会议开得确实富有成效，那么你会对其中绝大多. 数问题回答“是”。如果事实果真如此，你就可以悄悄地庆祝一下，因为毕竟成功地管理会议并不是一件容易的事情。

九、远程会议

传统的会议多采用面对面的形式进行信息传递和沟通。随着科学技术的发展，现代商务会议的手段日新月异，出现了电话会议、电视会议、计算机网络会议、电子邮件会议，这些给会议赋予了更多的活力，使会议的举办更加方便快捷，大大提高了会议效率。现代商务会议可以充分利用现代化的信息技术和通信设备，跨越时间和空间的限制，实现信息的交流。

（一）电话会议

电话会议是利用程控电话的“会议电话”功能召集不同地点的人员举行会议。任何电话用户只要申请并开通了“会议电话”的服务功能，就可以随时召开电话会议。电话会议适用于规模不大、办公地点相对集中的企业。

1. 电话会议交流信息的特点

电话会议方便灵活，准备时间短，回复迅速，是电子通信会议中花费最少的一种形式。电话会议的进行中没有直接的面晤，与会者很少受到会议主席或其他主要参加者的直接影响，因而更能激发创造性思维，也更容易修正自己的观点，这对开展商务交易活动和协调活动是极为有利的。但是，电话会议缺少身体语言，难以进行互动交流，而且缺少文本，难以传递大量细节信息。

为了提高电话会议的效率，可以搭配使用其他通信方式，如传真、电子邮件，以增进信息的传输与交流。若能使用视频电话，会议效果就更佳。适用于分公司不远，规模不大的企业。

2. 电话会议信息工作的要求

电话会议要按照一定的工作程序和工作要点来进行。

（1）准确发出开会信息。会议的内容和时间确定后，应及时向参加单位发出通知，传递会议的有关信息。要特别说明是否需要设分会场。如要求一个单位的若干人员参加会议，就要设分会场，而且要明确分会场的召集人。要强调准时到会。电话会议是一种实时交谈的会议，任何一方都应当在同一时间参加会议。否则，必将影响信息的交流和获取。

（2）认真分发会议书面信息材料。电话会议是一种以语言交流为手段的会议形式，无法实现文字的同步传输，因而需要做好会议书面信息的分发工作。对于要在电话会议中进行讨论的文件，应在文件上标明讨论的顺序编号和标题，事先通过传真发送给与会者。会议进行中还可补充传递有关的文件信息。

（3）合理安排会场信息传输设备。电话会议分为主会场和分会场。召集方设主会场，其他参加会议的单位设分会场。为了使分会场的每位与会者都能清楚地听到从其他会场传送来的话音，并能方便地表达自己的意见，各会场应装有扩音设备和话筒，并与电话机连接良好。人数较少或单个人参加会议，可直接使用带有免提扬声器的电话机。在会议开始之前，要认真调试会议设备，确保性能良好。

（4）按时接通电话。所有参加会议的人员应至少提前5分钟进入会场，做好充分的准备。会议时间一到，由召集方以主叫的方式接通与会各方。

（5）互相通报出席情况。电话全部接通后，会议主席宣布会议开始，要求各方相互通报姓名、职务。

（6）做好会议记录。用录音电话系统记录会议信息，会后整理成书面记录材料。电话会议的录音带和书面记录整理稿都要归档保存。

如何准备电话会议上的讲话？

电话会议中与会者用语言交流信息，没有直接的面晤，这就使得做好讲话的准备工作变得尤为重要。讲话内容要集中、准确地体现会议的主题；尽可能进行讲话演练并做好时间估算，保证讲话能按照规定的时间进行和结束；为保证与会者能够清楚、准确地接受讲话人所讲述的内容，讲话内容要简明易懂，尽量不使用方言、拗口和容易产生歧义的字词语句，以免与会者理解有误。

（二）电视会议

电视会议是利用通信网络传递图像文字和声音信号的一种现代化会议方式。它适用于布置重要工作、宣布重大决定、商量紧急措施等特殊紧急的情况。

1. 电视会议的特点

电视会议属于同步会议，利用电视设备，通过微波线路或卫星线路，播送主会场和各个分会场的活动景象，使与会者在不同的地理位置上，在同一时间内参加会议。电视会议的特点是：

（1）实现了声音和图像的同时传送。与会者虽然远隔千里，但能听到其他与会者发言的声音，看到对方发言时的表情以及发言时所展现的文字、图表、图像。

（2）打破了空间的限制。分散在各处的与会者不受地域的限制，能够通过现代化的通信技术，围绕共同的议题参加会议。

（3）节省时间、费用。与会者在不同的地方、同一个时间进行交流。大量节省了旅途时间和交通、食宿、印刷会议文件的各项费用，有利于更多的人员参加会议。

（4）交流效果较好。高质量的声音和清晰的画面，使每一位与会者都有身临其境之感，更有利于双向交流，收到良好的会议交流效果。

（5）初始准备时间较长，初始投入成本较高。

（6）没有面对面会议形成的互动效果。

（7）交流不够深入、广泛。

2. 电视会议信息工作的要求

电视会议效率高，投入也大，因而必须高标准、严要求，踏踏实实做好会务工作。

（1）发出开会信息。向与会者发出开会通知，提醒有关注意事项。

（2）分发文件信息资料。会议上要审议的文件和有关信息，应在会前通过传真或电子邮件发送给与会者。

（3）布置会场。会场的环境要安静、清洁。主会场和分会场要悬挂会标，突出会议的主题，同时便于电视宣传报道。

（4）设置与检查会场信息传输设备。电视会议对设备要求较高。要保证既能将主会场的画面和声音传给各分会场，又能把各分会场的信息反馈给主会场。会场内可以配备高速传真机，以便同时传送文件。场内会议设备要落实专业技术人员进行调试、检测的工作。会议期间要有值班维修制度，及时解决技术上的故障，确保会议顺利进行。

（5）做好会议信息准备。与面对面的会议相比，电视会议时间紧，能够发言的人数少，发言的时间相对较长。因此，为了提高会议的成效，对会议讨论的事项一定要在会前通过其他方式进行有效沟通，成熟之后再在电视会议上通过。

（6）先集中、后分散。为了减少租用通信线路的时间，在议程安排上，应先集中开大会，然后由分会场各自举行会议。

（7）汇总情况信息。会后，各分会场要将本会场的情况整理成书面报告呈交主办单位备案。

（三）网络会议

即利用计算机和通信网络来召集的远程会议。与会者通过计算机网络，在各自计算机终端上发送和接收会议信息，从而实现信息交流。无论是跨国企业还是中小型企业，都可以采用网络会议的形式交流信息。

1. 网络会议的特点

召开网络会议前，会议主持人要将事先拟好的议程发给与会者传阅，确定主要的讨论题目，并要求会议参加者准备好各自的发言。开会时，当所有的发言输入计算机后，便可通过终端显示屏幕显示出来，与会者就此发表看法、提出问题或补充新的信息，并可进行表决、投票。网络会议的特点是：

（1）获得的会议信息全面。在网络会议中，与会者可以同时在各自独立的电脑屏幕上表达自己的意见、观点，提出方案。

（2）获得的信息更客观。允许匿名发表意见，这样可能会出现更多的坦率和真实的信息反馈。

（3）信息交流广泛。不同地位的与会者在网络会议形式中都是平等的，这样能提高不同行政层级人员的参与度，能够在更大的范围内交流信息，提高探讨问题的深度。

（4）信息交流充分。每位与会者都在同一时刻“发言”，即使是性格内向的与会者也可不受干扰地充分陈述自己的观点。会议不会产生“冷场”的情况，与会者可以在不受影响的情况下各抒己见。

（5）实现了会议的无纸化。会议的所有文件不需要纸张作为载体，报告、讲话、议程、观点、意见都可以通过会议系统直接传递沟通、记录存储。

2. 网络会议信息工作的要求

网络会议突破了时空限制，能够实现会议信息的共享，但是信息的交流不易被控制，缺乏面对面会议的互动和情感交流。因此，要遵循一定的要求，才能确保网络会议的效果。

（1）建立网络联系。网络会议必须依赖一定的网络资源，与会各方都要建立自己的网站和网页。有条件的单位，还可以建立局域网，实现内部会议信息资源共享。

（2）限时反馈信息。对于网上召开的专题工作会议、临时布置工作的会议，与会方收到主办方发出的会议信息后，必须在规定的时间内反馈信息，超过期限则表示放弃权利，如是下属，则予以警告。

（3）遵守网络例会制度。与会方（一般为下属）要定期从网上浏览主办方的会议信息，并按规定的时间交流信息。

（4）妥善保存会议信息。计算机能自动记载会议信息，但如果遇到计算机病毒或不小心删除，会议信息就会毁于一旦，造成不可估量的损失。因此，要随时将会议信息备份，甚至打印出纸质书面信息材料，做到万无一失。

会议是组织活动中沟通协调的重要手段，是输入信息、加工信息、输出信息的一种方式。会议组织与活动的过程就是信息工作的过程。

会议形成各种类型的信息，可以按照其作用、保密性与传递方式划分类别。

会议信息工作包括收集、加工、传递、利用四个环节。要通过各种渠道，采取召集开会、个别约见、会议结束统一收集、催退、清退的方法，齐全、及时、准确、有效地收集会议形成的文件信息。对收集的信息要进行鉴别，挑选出有价值的信息，按照会议类型、时间、内容、范围进行分类，做到分类科学、系统、实用。然后根据文件间的联系，进行信息排列，存入相应的文件夹中保存。为提高会议信息的使用价值，要进行信息综合、整理会议记录、编写信息材料、加工提炼信息。可以通过口头、书面、声像、传真、电子邮件、邮寄的方式传递信息，运用检索、加工服务、定题查询、咨询和网络的形式利用信息，实现会议信息资源的共享。

随着科技的发展，各种电子通信系统的开发和使用丰富了会议形式，电话会议、电视会议、网络会议、电子邮件会议以其独有的优势实现了会议的新飞跃。

第十三章　质量管理

一、质量决定一切

（一）全面质量管理

这是哈佛管理课教授的一堂加强质量管理的课堂记录，教授认为，全面质量管理（TQM）是一种基于如下观念的管理哲学：质量管理是提高企业竞争力的先决条件，而不是只有某些企业才能承担得起的成本包袱。这是一套大多在 TQM 还没产生前就有的管理工具。

怀疑全面质量管理的人认为 TQM 是来自管理地狱的狂魔。拥护者则认为它是来自管理天堂的甘霖。双方都有充足的论据。

举例来说，佛罗里达电力照明公司和联邦快递，一个获得了德明奖、一个获得鲍德里奇奖。1989 年 11 月，佛罗里达电力照明公司作为佛罗里达电力照明集团公司 46 亿美元资产的子公司，是头一家荣获日本质量大奖德明奖的美国公司。

获奖后不久，公司领导层更换。1990 年 2 月 20 日，该控股公司的主席詹姆士悄悄接替了佛罗里达电力照明公司质量项目的急先锋约翰，担任公司的主席兼行政总监。

詹姆士上任伊始，立即着手倾听员工意见，并在随后的几个月里接见了 500 多名员工。1990 年 6 月，他将调查结果公诸于众，即进行一个经过大刀阔斧砍削和简化的所谓 QIP 质量改进流程。他宣布关闭三个质量流程部门，并取消了很多质量程序。另外一些变革包括：大量削减要跟踪的内部指标数量（以清除许多无益于实现公司目标的测量标准）、重新设计公司的培训计划（不再把质量作为几乎是至高无上的中心，而是转向侧重更广泛的技能）。

我们再来看看联邦快递的情况。该公司 1990 年获得美国鲍德里奇质量奖。是第一

佛罗里达电力照明公司

家获此殊荣的服务型企业，它很有成效地运用全面质量管理的原则及工具来加快实现既定目标的速度。

一个很好的例子是，联邦快递长期以来雄心勃勃，“对所处理的每一个邮件实现100%的满意服务。”以前，它用这一目标来衡量业绩的办法是，检查邮件准时送达的数量占全部邮件的百分率。1988 年 6 月开始推行的新方法，采用一种“服务质量指数”（SQI），通过找出邮寄失误的具体类型并分别对每一项予以加权。

到 1994 年，联邦快递的包裹邮寄数量增长了 82%，平均每晚就有 180 万件。尽管数量增加了，SQI 的绝对点数却降低了 4%。随着业绩的不断改进和成本的下降，联邦快递在“全面质量管理”上的投入更加注重“绝对有把握地”按时发送，同时还能赢利。

更有显著效果的是福特汽车公司。要不是它在 70 年代末就接受了 TOM 原则的话，也不可能作为赢利企业生存至今。同样，日本的小松公司倘若不是在早几年采取同样的原则，现在也不会成为美国推土机设备业的一大威胁。

长期以来，热心于 TQM 者断言，必须不容置疑地实行 TQM；而反对者则称，应把 TOM 看作只不过是又一种管理时尚，加以摒弃。现在掌握了前面提到的那些资料，人们便会看到，这两者之间其实都有很大的缺陷。更为有效的方法是，承认 TQM：是一种强有力、能带来突破性的管理流程，其本身还可以不断改进。

TQM 运动中叫得最响的一句名言是“从一开始就做对”，不过采用 TQM 方法就像在尚未探明的水域中探险一样，根本无法在一开始就能做对。所以也许 TQM 的第一新原则应是首先“只管做”，然后不断去想如何做得更好。

（二）建立公司的质量改进计划

哈佛的老师在讲到关于建立公司的质量改进计划时，很善于用事实说话，他们曾讲到这样一个例子：

MONSANT 化学工业公司培训了 1. 5 万名职员. 使之学会了一些质量管理技术。于是，公司放手让他们大胆革新，改进生产工艺，同时给他们必要的支配权，提供必要的资料和灵活处理问题的权力。在拉塞尔加工基地的员工，大大提高了生产积极性，产品质量也大大提高，存货合格率由低于 75%跃升为 99%，在两年时间内的毛利收入为 300 万美元。

有教授说，像美国的福特、摩托罗拉等大公司都很重视提高产品质量，提高企业效益。任何一家公司，只要不重视质量管理，就必定经不起竞争的考验，最终必将走向失败。任何一家公司，只要采用了质量管理的办法就要持之以恒，坚持下去，否则并不能真正改进产品质量。

教授总结说，要实施某个质量改进计划，需要付出极大的代价，但是一旦计划获得成功，你获得的收益也是巨大的。建立质量改进计划的模式是多如星斗的。因此在正式实施管理改进计划之前，就要有一个明确的计划和操作步骤。为了帮助你建立公司的质量改进计划，我们提供以下几点建议。

1. 获得公司高层的支持。由于质量管理活动使得职员们有权提出一些改进措施. 这些改进措施经常涉及多个部门，就使得一些老板担心自己的权力受到削弱。因此要使一个质量改进计划取得长期成功，就要想办法让公司大老板积极支持，热情参与进来。

2. 从公司的不同部门，不同层面选出员工组成质量管理指导委员会，由它制定一些体系和操作步骤，倾听各方人员的改进意见并做出适当的分析，并予以评述，特别注意要保证质量管理指导委员会能直接与公司高层管理人员沟通。

3. 制定行动指南和操作规程。要注意认真听取员工关于改进质量管理、提高质量水平的建议，鼓励员工直接参与进来。由质量管理指导委员会对员工所提改进意见进行评述，然后一一拿出解决方案。委员会应定期总结所收集到的众多建议，将总结报告每隔一段时间下发全体员工一次。

4. 让员工了解，老板已放权给他们，让他们为公司的质量改进献计献策。

5. 定期评估质量改进计划所取得的阶段性成果也很重要。

（三）全员参与质量管理

下面是商学院老师所讲的关于全员质量管理的授课内容：

（美国）著名经济理论家托马斯·J·彼得斯提出了所谓的“最佳管理法的两把利刃”的观点。他指出：“无论是在私营还是公营部门，也无论是在大企业还是在小企业。如果从长远的观点看，只有两个途径可以创造和维持企业优异的经营情况：

第一，通过优质服务和优质产品来特别关心你的主顾；

第二，不断地进行创新。”他把质量问题摆到了第一位，应当说是极有见地的。

经营管理的竞争归结到产品上，从某种意义上说就是产品质量的竞争。在美国管理界流行这样一句话：“靠质量推销，而不是以价格取胜。”它可以说道出了今天人们对质量问题的新认识。

正如托马斯·J·彼得斯所说的：“任何保持质量的方法——质量小组，统计疗面的质量控制——都可能有价值。但是，只有各级经理人员在工作中时时记住质量问题，注意质量，在质量问题上花时间，一切方法才有价值。而且，各级经理人员必须懂得，质量要靠那些关心质量和专心致志于质量的人来保持。”

由此可见，质量问题首先就是一个管理问题。质量问题在当代经营管理中变得越来越突出和重要，是和当代消费的趋势倾向联结在一起的。

在西方消费市场上，有这样一个时髦的口号：“贵，但是值得。”美国质量管理权威菲力普·克洛维斯在佛罗里达州奥兰多市近郊的冬季公园中开设的质量管理培训班，掀起了一股热潮。许多经理人员在那里学习后，感到得益匪浅。

克洛维斯早在20世纪20年代就提出“无缺点理论”（QC理论），日本电气公司最早将它引入日本，形成了日本的全面质量管理系统，大大提高了产品的竞争能力。克洛维斯认为。不仅应该提出理论，而且应该推广他的理论，让它为广大经理人员所接受。于是他成立了一个咨询公司——菲力普’克洛维斯协会，以训练班的形式来宣传他的理论。最先登门求教的是国际商用机器公司的管理人员，以后通用汽车公司的管理人员也来轮流听讲，从那里接受教益。

按照克洛维斯的理论，产品完全达到合格是可能的，而原先所流行的观念则认为出次品是不可避免的。以前，生产100万块集成电路，次品总不下1万块，而今则已下降到一两千块，个别厂家已达到100块以内，克洛维斯认为，只要继续做出努力，接受“零”的状态是完全可能的。

以前在美国，企业对产品的质量管理，完全由质量管理部门来管。克洛维斯却完全改变了这种做法。他认为上至公司总裁，下至普通的职工，每一个人都对产品的质量负有责任，要消灭不合格产品，就得动员全体职工参加。

克洛维斯的训练班都是短期的，每天上课达8小时，两天半为一个单元。这一个单元的听讲费高达1650美元，外地的学员另外还得付住宿费。尽管收费高昂，听讲者仍络绎不绝，因为它能带来更多的效益。如国际商用机器公司根据他的理论改变质量管理方法后，其收益高达20亿美元。在这股追求卓越的热潮中，美国著名管理学家戴明的见解又一次受到了人们的重视。

戴明曾在20世纪50年代向日本人讲授他的极其严格的产品质量管理方法，为日本的振兴做出了贡献。当时日本天皇曾授予他一枚奖章，并设立了以他命名的奖金。

戴明对质量问题的一个独特看法是：“94%的质量问题不是工人造成的，而是制度——也就是管理造成的。”应当说，他恰如其分地抓住了质量问题的要害。戴明坚持认为，鼓励工人提高质量用处不大，关键在于改进控制和改进工作程序，一个程序中把好关，为达此目的，企业应在以下几方面有所改进：

1. 把新的科学思想和科学理论迅速转化为应用知识、技术和工艺，并应用于生产。根据企业选择的发展方向，加强基础研究和应用开发，为及时掌握和发展最新科技成果提供科学依据。

2. 根据最新科技成果改造原有的工艺和设备，力求做到定期更新产品，淘汰在技术上过时的产品。把引进的专利用于解决产品质量和工艺问题，使产品的质量标准在技术数据可靠性及外观设计、成本、价格、竞争能力相适应国内外消费者的需求方面能领先一步。

老师最后说，落实各环节的经济责任制，用经济方法而不是用行政方法明确划分所有者和经营者的责权利，对于根本改进质量问题具有重要意义。

二、抓好质量是个良心事

（一）用高质量长久占有市场份额

对质量的保持就是对企业最好的回报。没有产品质量保证的企业必然死亡。哈佛管理学院的专家认为，全世界没有一个质量差、光靠价格便宜的产品能够长久地存活下来。通用电气前总裁杰克·韦尔奇更是鲜明地指出："质量是维护客户满意和忠诚的最好保证，是企业对付竞争对手的有力武器。"质量对营销的影响力是无法预计的。

1993 年，荷兰海内肯啤酒公司在啤酒的生产过程中，检测出了个别混有玻璃残渣的产品。他们并没有隐瞒这个消息，而是火速回收了已经投放在澳大利亚、瑞士、英国、中国香港地区等八个国家和地区的瓶装啤酒，并大力进行了宣传，请上述市场的消费者不要购买其产品。

这种做法对于很多缺乏诚信的企业来说，简直不可思议，他们往往在遇到这种问题时隐瞒都来不及，怎么还这样大张旗鼓地外扬家丑呢？正因做法不同，他们的结局也是完全不同的。我们要知道纸是包不住火的，一旦东窗事发就很有可能会使整个企业垮掉。

但是，海内肯啤酒公司这一冒着极大市场风险的举动，向消费者传达了企业高度的责任心。这样不仅使消费者从今往后对它绝对放心，而且赢得了顾客对其产品的绝对忠诚。等到回收完以后，当新的海内肯啤酒重新在市场上出现时，消费者掏腰包再次购买肯定是因为毫不怀疑它的啤酒质量，而海内肯的市场占有率也随之得到扩展。

美国营销专家瑞查得和赛斯在研究中发现，顾客的满意与忠诚已经成为决定企业利润的主要因素。有的企业在市场份额扩张的同时利润反而萎缩，而有着高忠诚度的企业往往获得了大量利润。据调查，多次光顾的顾客可以比新顾客多为企业带来 20%~85%的利润。因此，顾客的满意与忠诚已经成为决定企业利润的主要因素。特别是在我国现在的市场环境下，市场份额和利润的相关度已经大大降低，顾客的忠诚度成了影响企业利润高低的决定性因素。

另据美国一家咨询机构的研究表明，消费者对行业内的产品质量排序，关系到了企业的投资回报率。当一个企业的产品质量排在 15 位以上时，其税前投资回报率平均在32%；当一个企业的产品质量排在15位以下时，其税前投资回报率平均仅在14%。

美国盖洛普商业调查公司曾做过一项民意测验，题目是《你愿意为质量额外支付多少钱?》其结果甚至使那些委托该公司进行调查的人都感到吃惊："大多数用户只要产品质量满意，就愿意多花钱。"较高的质量直接带来了顾客的忠诚度，同时也支撑了较高的价格和较低的成本，并能减少顾客的流失，吸引到更多的新顾客。如果说20世纪是生产率的世纪，那么21世纪就是质量的世纪，质量是和平地占领市场最有效的武器。

（二）零缺陷管理打造优质产品

被誉为"全球质量管理大师""零缺陷之父"和"伟大的管理思想家"的菲利浦·克劳士比（Philip B. Crosby）在20世纪60年代初提出"零缺陷"思想，并在美国推行零缺陷运动。后来，零缺陷的思想传至日本，在日本制造业中得到了全面推广，日本制造业的产品质量因此得到迅速提高，并且领先于世界水平，继而进一步扩大到工商业所有领域。

有经验的管理者都明白，只进行"超级检验"是远远不够的，那是一种既昂贵又不切实际的做法，必须用超乎寻常的检查水准才能维持它。所以，我们要注意的是：如何防患于未然。零缺陷通过向员工揭示管理阶层的期望，使领导者的心愿一清二楚地表达出来，员工再按照主管们的心愿去做事，从而达到提高质量的目的。

美国通用动力公司实施零缺陷计划后获得的经济效益是每花费1美元，可降低成本170美元。日本电气股份公司由于开展零缺陷运动，仅1965年5月至12月间，成本就降低了1亿日元以上，而直接用于零缺陷运动的费用为60万日元，表扬费用为120万日元，两项合计仅180万日元。开展零缺陷运动的效益还表现在：提高产品的可取性，减少废次品和返修、检验等费用，降低产品成本；提高员工的工作技能和无误地进行工作的动机；保证交货日期，增强用户信用，从而增强企业的竞争能力，等等。

零缺陷质量管理的背后透露的是企业管理者对顾客的承诺：不要让顾客对企业或产品有一丝一毫的怨言。企业要想兑现承诺，唯一的选择就是要保证产品零缺陷。

零缺陷管理能够确保企业产品质量的稳定性。管理者若想把零缺陷管理的观念贯彻到企业中，使每一个员工都能掌握它的实质，树立"不犯错误"的决心，并积极地向上级提出建议，就必须有准备、有计划地付诸实施。实施零缺陷管理可采用以下步骤：

1. 建立推行零缺陷管理的组织。

事情的推行都需要组织的保证，通过建立组织，可以动员和组织全体职工积极地投入零缺陷管理，提高他们参与管理的自觉性；也可以对每一个人的合理化建议进行统计分析，不断进行经验的交流等。公司的最高管理者要亲自参加，表明决心，做出表率；要任命相应的领导人、建立相应的制度；要教育和训练员工。

2. 确定零缺陷管理的目标。

确定零缺陷小组（或个人）在一定时期内所要达到的具体要求，包括确定目标项目、评价标准和目标值。在实施过程中，采用各种形式。将小组完成任务的进展情况及时公布，并注意心理影响。

3. 进行绩效评价。

检测小组确定的目标是否达到，由小组自己评议，为此应明确小组的职责与权限。

4. 建立相应的提案制度。

直接工作人员对于不属于自己主观因素造成的错误原因，如设备、工具、图纸等问题，可向组长指出错误的原因，提出建议，也可附上与此有关的改进方案。组长要同提案人一起进行研究和处理。

5. 建立表彰制度。

零缺陷管理不是斥责错误者，而是表彰零缺陷者；不是指出人们有多少缺陷，而是告诉人们向零缺陷的目标奋进。这就增强了职工消除缺陷的信心和责任感。

（三）要善于发现产品的不足

企业管理者要善于发现产品的不足。贺曼公司针对欧洲市场实行的贺卡策略就是一个典型案例。

就美国市场的贺卡而言，很多商家早已在贺卡上印好了各种贺词。贺曼公司早期进入欧洲市场时，也如同在美国市场一样，在贺卡上印好各种贺词，结果这种贺卡却很不受欢迎，销量很低。

这让贺曼老总感到十分不解。于是他决定把自己当作一个店员在商店里近距离地接触顾客。很快他就发现，欧洲人喜欢自己在贺卡上亲手写下祝贺的话语，以表示对别人的尊重和亲近。因此，贺曼公司特意在贺卡上留下一片空白之处，以便消费者自己填写祝福之词。此举极为迎合欧洲人在特定节假日和场合互送贺卡的习俗。

发现自己产品的不足，从而调整自己的产品策略，完善产品，使其与市场需求高度契合，因此贺曼公司成功地打开了欧洲市场。

在善于发现产品不足，改进产品方面，微软公司可谓是佼佼者。1999 年，为了改进自己产品的安全性能，微软在自己的防火墙外增设了安全性能更高的互联网信息服务器（IIS）和一台运行最新 β 版 Windows 2000 操作系统。微软公开向电脑黑客们发起了挑战，邀请他们前来设法取得微软放置在这台服务器中的用户账号和目标文件。微软表示，这样做是希望通过公开测试帮助自己制定出最安全的操作系统。

2007 年，微软又宣称将改变对 Vista 内嵌的运行方式和搜索产品。这些改变将随着 Vista 的第一个升级包发布。微软之所以这么做，在很大程度上是受到了 2002 年 Google 控告微软违反《反托拉斯法》的影响。对更改后的 Vista，用户可以像选择自己喜欢的多媒体播放软件、Web 浏览器及安全程序一样选择自己喜欢的搜索程序。

改变后的 Vista 保留了微软的 Vista 对控制面板及开始菜单的搜索能力，而且微软的搜索将是 Vista 的默认搜索产品，不过用户可以按照不同需要来把它换成第三方的产品。微软还会为开发人员提供一些有用的信息，以方便他们去优化第三方的搜索产品。有人评价微软的这种做法：表面上看是为了规避法律风险，其实是使 Vista 具有更大的自由度和灵活性而日趋完美，从而赢得用户的选择、信赖和好评。

发现产品质量问题是企业成长的第一步，未雨绸缪才是成就百年品牌的成功之道。假如企业发现不了问题，那么它的发展就永远只能原地踏步，不会有任何提高。很多企业经营不善而形成巨大的亏损，最后走向破产就是因为不能及时地发现产品本身的问题。

所以，作为一个企业的管理者，首先要做好榜样，及时地发现产品生产过程中存在的质量等问题。不管你的企业过去有多么优秀，倘若一个企业的管理者做不到这点，就很可能要品尝疏忽大意带来的恶果。

（四）提升服务质量的特效途径

美国诺顿百货公司，可谓百货业的服务典范。诺顿的员工都是零售超人，他们会不时地找机会协助顾客。他们会给要参加重要会议的顾客熨平衬衫；他们会为试衣间忙着试穿各式各样衣服的顾客安排餐店；他们甚至会为把车子停在店外的顾客付罚款单。

其实，诺顿的成功没有独特的诀窍，只是提供了很多别人想到的，而诺顿却真正做到了的服务。服务是具有无形特征却可以给人带来某种利益或满足感的可供有偿转让的一种或一系列活动。服务是一方能够向另一方提供的行为或绩效，并且不导致任何所有权的产生。形象地说，服务很亲切，让你无时无刻不感受到它的关怀；它很自然，你会感到它不妨碍你的活动，却在你需要时提供帮助。

服务是企业与众不同的基础，也是获取竞争优势的基本条件。因而企业树立服务导向观念是非常重要的。管理者树立服务为先的导向后，就会认真思考服务特有的本质属性，会在管理中采用新的营销方式和服务方式。服务质量可通过下列途径得以提升：

1. 倾听、理解消费者。

要想有效地倾听、理解消费者必须做到以下几点：

（1）坦诚相对以征求消费者的意见。

（2）进行正规调查。企业通常请可以做出客观评价的第三方——调查公司来进行该项工作，以免被自己的主观感受所误导。

（3）深入消费者群体之中，通过派本企业的员工去竞争对手那里直接观察他们服务顾客的方法，或者通过技术人员直接与消费者接触等方式，了解消费者建议，并来发现提高服务质量的途径。

（4）设立消费者热线，该热线可以回答消费者的提问：接收订单，解决投诉，派遣维修人员，提供最新资讯。

（5）分析消费者的建议及投诉，完善并继续沿用消费者反应良好的服务方式。

（6）定期召开消费者座谈会，征求他们的意见，以改进服务。邀请消费者参观企业，由产品的设计制造人员介绍产品工艺流程，同时听取消费者对此的意见。

2. 制定有效的服务策略。

有效的服务策略应具备以下四个特点：

（1）对企业意图的精确概括。

（2）明显区别于其他企业。

（3）在消费者眼里是有价值的。

（4）切实可行。

总之，制定有效的服务策略，需要将企业自身的价值与消费者对企业产品和服务的期望有效地结合起来。除此之外，还要结合对企业优劣势的分析，对在市场中所面临的威胁与机会进行分析，这样制定出的策略才能被企业员工和消费者认同。

3. 订立服务标准。

服务标准的订立需要注意以下三方面的问题：

要解决好两个标准之间的冲突，即企业以专业技术角度而订立的由内而外的标准，与充分考虑到消费者需要与期望之后而订立的由外而内的标准的冲突。

要注意，无论是企业还是消费者都是不允许在标准中规定错误率的。

高质量的服务意味着完全迎合消费者的口味，而不是去执行企业与消费者讨价还价之后的折中结果。

4. 选拔、培训员工。

这里介绍成功的企业在员工培训方面的一些做法。

（1）员工工作时间的1%~5%被用作参加各种培训。

（2）新员工在没有完成一定培训之前是不单独为顾客服务的。

（3）培训内容的部分集中在对企业产品知识的了解上。很多消费者是由于该企业员工的产品知识不够丰富，才改用竞争对手的产品的。另一部分的内容则是与消费者有关。

5. 认可员工的成绩并给予奖励。

奖励的方式有两种：一种是物质上的，如增加工资或奖金；另一种则是精神上的，使员工感到他们的重要性，并且感到企业所从事的事业很了不起。可以说，对于一线服务人员来说，最重要的原则莫过于让他们觉得自己是某些重要事情的一部分。

（五）以全面的质量管理向顾客致敬

越来越多的企业开展了全面质量管理（Total Quality Management，TQM），并将其作为达到顾客满意的重要途径之一。所谓全面质量管理就是指围绕着整个组织的、从供应商到顾客对质量的重视。它强调的是，在全公司范围内进行全面化的质量管理活动，持续追求顾客所重视的在产品与服务的各方面的卓越品质的承诺。

如果一个企业为了持续不断地改进其质量工作，而对它所有的生产过程、产品和服务进行一种广泛的、有组织的管理的话，那么就可以说它实行的是一种全面质量管理。

全面质量管理代表了质量管理发展的最新阶段。它起源于美国，后来在其他一些发达国家推行、发展。20 世纪 80 年代后期，全面质量管理得到进一步的扩展和深化，逐渐由早期的 TQC（Total Quality comtrol）演化成为 TQM。它已不仅仅是一种一般意义上的质量管理的领域，而成为一种综合的、全面的经营管理方式和理念。下面我们以凯特皮勒公司为例来进一步说明这个问题。

凯特皮勒公司的目标就是生产出最好的、全世界最高效的拖拉机。一位《商业周刊》的分析家深表赞同地说："凯特皮勒公司上下员工都把'质量至上'当作教义来奉行。"《财富》杂志的一篇文章简明扼要地指出："该公司营运的原则，就像童子军法则一样，分别是质量过硬，可靠耐用，以及经销商之间诚恳的内部关系。"当两位高级农艺师谈及凯特皮勒公司时，他俩都表现出尊敬的神情。类似地，有位曾一直为驻越南的海军订购建筑设备的人员也如此看待凯特皮勒公司，他说："我们总是不遗余力地将指标用到极限，以便能够将本已很昂贵的凯特皮勒公司的设备列入采购单。我们必须这样做，因为我们知道那些野战军指挥官们对凯特皮勒公司的产品情有独钟。如果我们不能设法弄来这些设备的话，他们非绞死我们不可。因为他们在将推土机运到敌方领土以便在敌后建设简易机场时，始终需要性能良好的机械。"

凯特皮勒公司的前任董事长威廉·瑙曼描述了该公司从成立至今始终坚持的一项基本政策，即"不论内外，凡是凯特皮勒制造的产品或零件，都必须保证相同的质量和性能"。这样，不论在哪儿，顾客都不必担心换不到该公司的零件。

瑙曼同时指出，凯特皮勒公司这种对产品的质量、可靠性和标准化的决策已经成为公司发展过程中一股强大的动力。"一个厂家生产出的机器应该可以替代另一厂家生产出的同类产品，并且有些部分应是全世界通用的。"

另外，全面质量管理是创造价值和顾客满意的关键。全面质量管理中的"全面"包括两方面的含义：一是表示质量管理的内容涉及企业的方方面面，从设计、生产、储运到企业内部人员的工作态度和协作精神，以及企业整体和个人对外的形象辐射等内容；二是表示质量管理涉及的人是"全面"的、"整体"的，不存在独立于质量管理之外的"特殊观众"。它不是企业某一个或少数几个人的事情，而是包括总经理和一般雇员在内的全体职员的事情。

全面质量管理是通过尊重顾客来赢得顾客满意的。顾客的购买过程是一个在消费过程中寻求尊重的过程。企业的一切活动都应体现其对顾客的有形或无形的尊重，而提供优质的产品和服务质量，就是对顾客消费行为和动机的最大尊重。

（六）品牌是质量最有力的保证书

企业需要品牌，品牌也可以为企业带来诸多好处，它也是质量的一个保证，所以在企业管理的过程中要重视品牌管理。

顶级企业早已认识到，品牌远不止是产品的一个名称。成功的品牌事实上包括整个业务流程：从原材料的选择到最终的品牌服务。而消费者购买的也正是这个流程，而不仅仅是单项产品。如果品牌是整个业务流程的话，品牌管理就变得相当重要。它涉及各个功能步骤，需要在整个业务流程的每个环节做出决策和行动。

这种全新的品牌管理是多维的、立体的、动态的、多层次的，是企业整体商业战略的核心。这就是全程品牌管理。全程品牌管理是一个复杂的、科学的系统工程。它不仅包括产品本身，而且涉及品牌经营的整个辅助支持系统和业务流程的各个层面，如品牌定位、质量管理、品牌服务和品牌广告等。

实行全程品牌管理，单靠源源不断的资本投入是难以在品牌战中获胜的。企业应该集中力量从事以下具有杠杆效应的竞争活动。

1. 增强各品牌的相关性。

创建强势品牌需要分散品牌系列的投资，以及开拓各种定价及营销渠道组合的战略性投资。因此，全程品牌管理必须注重同一系列品牌之间的相互关联及影响，而不能将精力集中在某一个或几个品牌上。

企业的品牌系列必须存在相关性。如果只把一些毫无关联的品牌拼凑起来进行管理，不但于事无补，反而会增加管理的成本，打乱业务流程，甚至会造成资源的浪费。在选择能够提高企业品牌系列价值的品牌时，品牌管理人员必须从两个方面衡量现有品牌是否与企业的品牌核心优势相吻合，以及是否具有品牌价值增值的潜力。然后按照从优势吻合、创造价值高，到优势不吻合、创造价值低的方式把品牌进行等级划分。

2. 利用创新加强品牌组合。

品牌创新日趋重要，而且在各种收购、品牌扩张等发展形势中占据主导地位。品牌营销花在零售商和消费者方面的费用已令企业不堪重负，而且消费者变化多端的消费心理并不容易把握，传统的品牌管理已不适应品牌竞争的需要。但是，真正的创新也并非简单的加大投资就可以实现的，胡乱创新品牌除了增加成本外，不会给企业带来任何好处。品牌的再创新可以通过品牌定位创新、品牌形象创新和品牌技术创新三种方式进行。

3. 改善和巩固与消费者、经销商的关系。

消费者越来越关注品牌的长期服务所带来的保证和稳定性，这种要求迫使企业重新审视自己为消费者创造的品牌价值及提供的特殊产品或服务。对于很多品牌而言，最重要的客户其实还是零售商。为了抵挡零售商自有品牌增长的攻势，品牌管理者必须设法为零售商创造价值，而不能采取消极让价的措施以加大零售商的利润。

以上是全程品牌管理的关键活动，这意味着建立、巩固和发展一个品牌需要付出比以前更高的代价。但是，品牌是质量的一种体现，它潜在的回报也会更加丰厚。而只有真正致力于创新战略的品牌才能获得长期的效益，才能使品牌持续、健康地发展。

三、造就一个强势的企业品牌

（一）三种最赚钱的品牌策略

品牌策略是企业达成营销目标的一种方法与手段，是企业获得成功的基本策略之一。

可口可乐已故 CEO 罗伯托·郭思达曾这样说过："我们所有的工厂和设备可能明天会被全部烧光，但是你永远无法动摇公司的品牌价值；所有这些实际上来源于我们品牌特许的良好商誉和公司内的集体智慧。"

正如各行各业对营销的需求越来越迫切一样，许多企业越来越需要正确的品牌策略。

下面就是哈佛人总结的三种最赚钱的品牌策略：

1. 借用品牌策略

借用品牌，或称商标许可，一般是指生产者经特许或被要求使用销售商或者同类产品制造商的品牌。

对小企业来说，借用品牌也不失为一种好的策略，这主要是基于小企业产品没有自己的品牌，并且不足以承担建立品牌要付出的成本——包装费、标签费和法律保护费等费用。为了本企业的产品能较快地打开市场，企业可以"借鸡生蛋"，借用具有较高声誉的中间商或者生产同类产品的其他制造商的品牌。

罗伯托·郭思达

2. 自创品牌策略

企业从创业之日起就在创造自己的品牌，当实力壮大到一定程度时，采取自创品牌的策略，也即产品品牌化的决策。企业自创品牌有很多好处：可以使销售者比较容易处理订单并能够及时发现问题；品牌名称或商标可以受到法律保护，减少被竞争者仿制的风险；可以为企业吸引更多的忠实的顾客，便于顾客辨认和选购商品，有助于顾客建立品牌偏好；有助于本企业细分市场；卓越品牌还有助于建立良好的企业形象。

3. 无品牌策略

对于大部分产品而言，企业固然需要采取借用品牌策略或自创品牌策略。但有些中间产品和简易产品，企业也可以采取无品牌策略。

不需要品牌的产品主要有：

（1）大多数未经加工的原料产品，例如棉花、石油、大豆、矿石等产品，大多是作为原料使用的，并不需要品牌。

（2）产品不因为生产商的不同而形成明显差异的情况，如钢材、煤炭等，虽然因产地与生产商的不同可能造成产品质地的高低差异，但产品的功用、性能、用途不会有明显差别。

（3）消费者已习惯不用品牌的商品，特别是一些不太发达的地区，消费者对大米、蔬菜、食油等产品的性能看得非常重要而不太在意彼此差异，且选择面不广。生产企业不创立品牌，可以减少产品成本，降低价格，从而使产品更易被这些消费者接受。

（4）企业规模小，无力支付因创立品牌而花费的大笔营销费用，因而在短期内以给销售商制造产品为主，不考虑建立品牌。

（5）生产简单、包装简易、不太昂贵的商品，如纸巾、信封等小商品的生产企业，它们提供标准质量或质量要求较低的产品；消费者对品牌的差异并不在意，很难形成对某一品牌的忠诚度与偏好。

（6）临时性或一次出售的商品，往往因时间短而不需要有品牌。

实施无品牌策略必须切记的一点是，无品牌并不意味着无质量、无信誉。产品质量要能让消费者接受，企业在市场上要讲究信誉，否则只能是一锤子买卖，企业永远无法发展。

在物质过剩和信息爆炸的年代，品牌策略是企业参与竞争的基础和前提条件，品牌策略不但适用于消费品行业，同样适用于零售、批发、金融、文化、娱乐等行业，甚至同样适用于学校、医院、城市、政府等非营利组织。这些行业和组织推行品牌策略，都能起到锦上添花的作用。

（二）打造品牌的一个窍门——包装

一份漂亮独特的包装往往会成为打造品牌的点睛之笔。

我们中国人有句俗语说“人靠衣服马靠鞍”，说的是一个人无论长相体形如何，会不会打扮，在其他人眼中会有完全不一样的感受。如果能穿上得体的服装，乔装打扮，就能衬托出体形美，展示出自身特有的魅力，人们当会刮目相看，反之，如果衣不得体，蓬头垢面，纵然美若天仙、气度非凡，也难给人以美感。

哈佛人认为，品牌管理亦是如此，要想激起消费者对其品牌的认可和强烈的购买欲望，就需要首先在包装上给消费者以美的外观形象，刺激消费者的视觉感官，方能让消费者爱不释手。因此，包装也是品牌管理中一个不可忽视的重要手段。

1. 包装的基本原则

包装并不是对商品的外形进行简单的“浓妆艳抹”，而是既要符合包装功能的要求，又要映衬出商品的品质，还要给人以美感。因此，如何搞好商品的包装，还是很有讲究的。

第一，包装是指商品盛放在容器或包扎物内，以便于陈列、销售与消费的行为。包装的功能在于保护商品在从生产到消费的整个流转过程中不至于损坏、散失或变质，能安全送达到消费者手中。因此，包装要有利于保证商品的完整性，还要便于运输、储存与检查。

第二，包装要便于使用，大小适当，便于携带，易开启。

第三，包装物上对商品的文字说明也是包装的基本要素之一。它用以介绍商品的规格、数量、成分、产地、用途、功效、使用方法等。包装文字说明对消费者认识商品、科学合理地使用商品指导是必不可少的。

第四，包装物的色彩、造型设计要讲究艺术性。虽然“买椟还珠”只是一则古代笑话，但它之所以能流传千百年，实则是揭示了人们一种较为普遍的购买心理——爱上商品之前首先是爱上包装，同时也表明“包装是沉默的推销员”。

2. 包装的基本策略

（1）统一包装策略。企业生产的所有产品一律采用相同的包装图案、标志、色彩和款式，便于消费者辨认。其优点是节省包装设计费用，消减用户对新产品的疑虑，有助于壮大企业声势，为迅速打开销路创造条件。这种策略强调企业各类产品质量大体相当，如果差异过大则可能对优质高档产品造成不利影响。

（2）差异性包装策略。企业生产的每一种产品的包装都各不相同，造成丰富多彩、品种繁多的印象。这种策略的优点是品种间独立、互不影响，但需要花费较多的包装设计、开发与促销费用，这在新产品开发时尤其明显。

（3）相关性包装策略。将多种同一用途的相关商品包装在同一容器内销售，方便消费者购买使用，同时又可带动多种产品，尤其是新产品的推广销售。如化妆品盒、针线盒、小五金工具盒等。这种策略局限性在于只有相关的小商品才能采用。

（4）包装物复用性策略。选用有复用价值的物体作为包装物，使消费者在用完包装物内的商品之后，还可以将包装物做其他用途。如包装饮料、药品的器皿，在用完后可当水杯或食品盒等。这样，在产品性能、价格相近的情况下，能对商品的短期促销起到刺激作用。

（5）不同规格包装策略。消费者的使用习惯各有差异，每次购买的数量、重量也不相同，按照这些需求分别设计不同规格容量的包装，可以使消费者选择余地增大，从而带动商品的销售量。

（6）等级包装策略。对不同档次的产品分别采用精装和简装，做到表里一致；对同一种产品也可采用不同档次包装以适应不同的需求，例如，在送礼时，人们愿意选用高档包装；自用时，一般选用普通包装甚至散装。这种策略适应不同购买力水平或不同购买心理的消费者，灵活性较强。

以上几种包装策略要因时、因地、因人、因物而灵活采用，切不可生搬硬套。

在现代市场营销中，包装已成为整体产品概念的重要组成部分，成为促进和扩大商品销售的重要手段之一，管理者切不可轻视之。

（三）品牌命名应注意的事项

一个能够表明产品的特征和使用方法、性能的名字，往往能够左右该商品是否畅销的大局。

众所周知，企业及企业产品的“牌子”对消费者的选购是有直接影响的，企业产品命名的好坏，与产品的销售之间有极大关系。命名恰当，可以扩大影响，增加销售；命名不当，则可能减少销量。日本著名管理学者山上定就曾指出：“现在销售商品的条件是什么？一是命名，二是宣传，三是经营，四是技术。”他把命名列为畅销商品的第一条件。

哈佛人认为，管理者在对企业的产品进行命名时，必须注意以下事项：

（1）产品的命名要适应时代经济生活的明快节奏，提高响亮度。

（2）产品的命名要易于传播，不致被混淆。产品命名的目的，就在于使这一产品与其他产品区别开来，使消费者容易认准名字购买。如某产品的命名易于同别的产品混淆，就会给消费者认购造成困难，势必影响产品的销量。

（3）产品的命名要新颖。新颖，才能给人留下深刻的印象。目前命名常采用比喻法、双关法、夸张法、直陈法、形容法、借光法、反映法、创词法等，无论采取哪一种，都应务求新颖，不落入俗套，不与人雷同。

（4）产品的命名要能给人以艺术的美感，让人在欣赏的愉悦中，达到记住的目的。

（5）产品的命名要能告诉或暗示消费者产品的特征和给消费者所能带来的好处。

（6）产品的命名要有伸缩性，可适用于任何新产品。日本有一个产品叫“味王”，开始是用于味精，后来又用于酱油、食品罐头等，以产品种类来看，“味王”二字极适合于食品类。

（7）产品的命名要字音和谐，韵味悠长。

（8）产品的命名要研究消费者的喜好和禁忌，尤其是在出口商品上必须了解消费者所在国家和地区的习俗，切勿犯忌。例如我国的“山羊”牌闹钟，“山羊”在英国是被喻为“不正经的男子”，“山羊”牌产品如果出口英国，即使这种闹钟价廉物美，仍会无人问津。

管理者也应该认识到，名字只是个称号，起宣传作用，只是品牌管理的次要部分，公司始终还是靠产品生存的，它因能向社会提供必需的产品而存在，这才是品牌管理的主要部分。对公司来说一切宣传都围绕产品销售，使产品能销得出去，就为社会所接受。只有公司自身的劳动最终转化为社会劳动，才能取得效益。一家公司综合素质的优劣，只有最终凝结在产品上，才能显示出来。所谓“文如其人”，产品也可以说是公司向社会推销自己的名片。公司的产品是否具有较强的竞争能力，在市场上是否具有真正优势，决定着公司的兴衰存亡。

一种产品要打开销路、占领市场，不仅要求质量高，而且不能忽视名字的作用。一个既符合产品性能特征，又符合消费者心理需求的名字，无疑会提高产品的知名度和竞争力。

（四）塑造良好的公司形象

良好的公司形象等于公司无形的财富，是一种无形的长期企业保险。

一般而言，公司形象主要包括产品形象、人的形象、环境形象、服务形象。

产品形象即公司产品的质量、性能、商标、造型、包装、名称等在顾客和社会民众心目中的形象，它是公司形象的基础。产品形象的好坏直接关系到公司的形象乃至整个公司的命运。人是公司的主体，人的形象包括了管理者形象和员工形象。环境形象则指公司组织机构的工作、生产和生活留给职工和民众的印象。服务形象是公司的服务给顾客的印象。

公司的经营活动以及这些形象构成一个系统，并用传播手段来树立良好的公司形象，以赢得顾客的信任和认同，从而扩大销售。这是推动公司长期发展的一种动力。

“形象”与“信用”尽管属于无形资产。但也是构成经营成功的基本因素之一，应该引起足够的重视。

管理者应该明白，只有取信于顾客，才有生意成功的希望，但若要取信于顾客，必须在顾客心目中为本公司树立起一个与之相应的形象。

但要注意，这里所说的形象，是顾客心目中的，而并非是自己心目中的有关本公司的形象。换言之，管理者不能单凭自己的感觉去想象本公司是多么可信可靠，必须核对一下顾客的感觉是否与你相同。如果并不相同，那么，你的感觉便是毫无价值的。顾客的感觉才是头等重要的，才是直接影响产品销售的重要因素。

假如你现时只是个小摊贩，在街边一个角落摆摊零售，却想要在广大顾客心目中塑造起一个“可信可靠”的形象那无疑是难上加难。要在顾客心目中塑造一个可信可靠的形象，起码要有一家店铺，要能够较为有效地满足顾客的多种需要，要有行之有效的促销措施才行，离开这些基础条件，就不可能在顾客心目中树立起一个可信可靠的形象。

公司有了良好的形象，公司产品才能更好地取得消费者的信赖，得到社会公众的信任。公司只有卖出产品才可能赢利，而要卖出产品就要让顾客心甘情愿地掏腰包来买。良好的公司形象，可以为公司的商品和服务创造出一种消费心理，使推销人员更容易地售出产品，使消费者在内心里更加认同，从而购买你的产品。公司的形象良好，可以使顾客感觉到自己受到尊重，感到自己参与其中的重要性。这样，顾客就会喜欢你的产品。

管理企业品牌好比做人，形象不容忽视，有了好的形象，才能吸引更多的顾客。在竞争异常激烈的今天，顾客面对诸多同类产品，究竟选择哪一家，在很大程度上取决于公司的形象。

（五）不要为了一时的利益而砸自己的牌子

没有品牌的竞争是无力的竞争，没有品牌的市场是脆弱的市场，没有品牌的企业是危险的企业。

几年前，某建筑施工单位刚走向市场时，在自己家门口接到一项公路铺建工程，由于管理不善等原因，工期拖延、质量差，最后虽然勉强交付，但企业的牌子却因此“砸”了。在此后的几年里，尽管这个单位的管理水平、职工技术素质和机械施工能力都有很大提高，但先前留给公路建设单位的印象却抹不去，不仅使这个单位在自己家门口失去了公路建筑市场，就是到外地参与公路工程投标，资格审查也被排除在外。相比之下，有的建筑企业无论在哪个施工领域，总是千方百计创牌子，从而占据一方市场，这种做法是值得学习和借鉴的。

所谓牌子，即公司或经营者的信誉。创牌子，就是树信誉。牌子越硬，公司或经营者的信誉就越好，也就能占据更多的市场。公司或经营者的信誉是无形的，更是无价的。目前的市场竞争机制虽不够健全，但优胜劣汰的法则对每个经营者来说都是公平的，市场机遇总是垂青那些牌子硬、信誉好的企业。所以，管理者应该把消费者当作“上帝”，做到做一样生意，创一方信誉，树一块牌子，占一方市场。

创品牌，树信誉，这是当今市场竞争形势下必要的生存手段，是企业求生存、求发展的最佳途径。创品牌不易，保住品牌和信誉就更难。有家馒头店，馒头又大又白，口感很好，吸引了远近不少居民去购买，经常供不应求。可开业几个月之后，人们发现，馒头变小了，顾客也因此渐渐少了，馒头店受到了冷落。原因何在呢？很显然。馒头店的老板取得信誉后就降低了馒头的质量，他满以为消费者会依然如故。其实不然，这种把戏犹如窗户纸一样一捅就破，消费者心中有杆秤，能称出它的轻与重。老板没有把顾客当作“上帝”来对待，而“上帝”岂能容他戏弄？事实上，不是消费者疏远他，砸他的牌子，恰恰是他自己毁了自己的牌子和信誉。

人吃亏大凡有两种因素：一是因小失大，顾此失彼；二是虽有前车之鉴，足以为戒，但没有接受教训，存有侥幸心理。这两种因素乃经营之大忌。管理者切记，千万不要自己砸了自己的“牌子”。

（六）品牌品牌，先有品质再有牌子

连产品质量都不能保证，谈何品牌？

品牌管理的先决条件是先有质量，有了质量再去打牌子。下面就是哈佛人总结的提高产品质量的四个途径：

1. 按照市场需要进行产品设计

按照“适用性标准”，产品只有符合顾客的需求和能够让顾客满意，其质量才算合格。而产品能否满足消费者和用户的需求，则在很大程度上取决于产品的设计。

国外企业在进行产品设计时，极其重视市场调查工作，并根据顾客的意见反复修改设计方案。从而使设计出的产品极其符合顾客的需求。因而有助于创出名牌。

一般来说，名牌产品的设计必须符合以下四个方面：

（1）轻、薄、短、小。《日本经济流通新闻》在列举20世纪热门商品时发现，轻、薄、短、小的商品总是最流行的。如，个人计算机、手机、汽车、携带式电子键盘乐器、小型音响组合、小口红等。这些热门畅销商品的共同特征是，重量轻、厚度薄、长度短、体积小。

（2）舒适、方便、协调。舒适是指产品的结构要能够符合人体生理结构和适应使用的要求。例如，组合家具的高度，不仅要考虑居室空间的利用，而且要考虑使用者的身高和手臂长度等。洗衣机从手摇发展到电动、由半自动发展到全自动，方便省力程度不断提高，从而越来越受到了消费者的欢迎。协调是指产品与消费者的生活环境相适应、相配合。方便是指产品在使用中便利、简单。又如，家具、家电等产品要同消费者的居室环境相协调等。

（3）富有情感。随着人们生活节奏的加快，人们都希望在自己的生活中多一些带情感的东西，以缓解心理上的压力，从而对日常生活用品的需求也情感化了。这就要求企业在进行产品设计时，不能仅仅局限于产品本身的功能，而且还必须注重产品的非功能性因素。比如，服装的设计就不能仅仅考虑御寒和遮羞，还要美观和富有情趣，这样才能受到现代消费者的欢迎。

（4）风格独特。独特是指与众不同，标新立异。在现代社会，消费者的购买和消费越来越注重个性，要求产品能够表现自我。这就要求企业在进行产品设计时，必须注重创新，如果步人后尘，是很难创出名牌的。

2. 严把原材料和零部件的入库关

产品是否耐用，是否安全、可靠，在很大程度上取决于生产产品所用的原材料和装配产品所用的零部件，特别是以农副产品为主要原料的轻纺工业和需要大量外购零部件、元配件的装配类行业。其产品质量特色在很大程度上取决于原材料、零部件和元配件供应的好坏。

3. 严格按照标准和程序进行产品加工

要生产出高质量的产品，一是必须制定出科学、严格的标准，并且要求每个车间、每道工序都必须严格执行标准，不得随意改动标准，不得在标准上有半点违规；二是操作人员必须按照规范和程序进行操作，哪道工序在前哪道工序在后. 都是有科学依据的。不得随意变动操作程序。

4. 按照规定要求进行产品储存和运输

公司千辛万苦生产出了高质量的产品后，能否保证到了消费者手中也保持高质量，则取决于产品的储存和运输。一般来说，为了保证产品的使用价值不丧失、不减少，在产品的储存和运输过程中应坚持文明装卸，及时运输，保证仓库通风、通气、通阳光等。

质量是品牌的生命，成功的商业品牌都有坚不可摧的质量作后盾，质量的好坏决定着品牌的生存和发展。良好的质量和过硬的产品是品牌常胜不衰的决定性因素。成功的企业在占有了一定的市场后，一定要提升质量意识，切不可图小利而丧失大原则。

（七）品牌管理的六个重点

好的品牌是一流公司的象征。

现代商业社会，由于产品的同质性不断增强，品牌成为人们挑选商品的因素。广告之父大卫·奥格威就说过. 随便哪个傻瓜都能达成一笔交易，但创造一个品牌却需要天才、信仰和毅力。

品牌是公司的无形资产。品牌是术语、符号、名称、标记或设计，其目的是借以辨认销售者的产品或服务，并同竞争者的产品或服务区分开来，从品牌上可辨别出销售者和制造者。商标法规定，销售者对品牌获有专用权，这与专利权和著作权等不同，后者有一定的时间限制。

品牌的要点是向购买者提供特定的特点、服务和利益，品牌是对质量的保证。品牌具有六个重点，我们以名品汽车别克来证释：

1. 价值

品牌体现了制造商的价值感。如别克车体现了安全、高性能等。其品牌营销策略就要推测出这些价值的汽车购买群。

2. 个性

品牌代表了个性。如果品牌是人或标志物，你的脑子里会出现什么？如别克就会让人想起一位企业家、一座大宫殿或一只老虎。

3. 属性

品牌给人带来特定的属性。如别克车表现昂贵、耐用、快捷等。别克公司就利用其属性做广告，其宣传语是：工程质量世界一流。这显示该汽车属性是精心设计的。

4. 文化

品牌象征了某种文化。别克的文化意味着——汽车的高效率及身份。

5. 利益

品牌并不局限于属性，顾客购买的是利益。属性转换成情感体现了制造商的价值感。如别克车的一句广告：“这车充分体现了安全性，要是出现了意外，我也安全得很。”由此可见，属性可转化为情感利益和功能。

6. 使用者

品牌的价值、个性和文化，都反映在使用者身上。品牌能被看出所有的含义，我

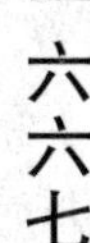

们称为深意品牌。别克车是深意品牌，因为使用者都了解它全部的含义。

产品可以被竞争者模仿，但品牌则是独一无二的；产品极易迅速过时落伍，但成功的品牌却能持久不衰。

（八）品牌管理的三大策略

成功的品牌无不依靠管理而创立、发展、创新，管理是品牌得以健康成长的基础。

哈佛管理大师菲利普·科特勒说：真正的挑战不在于制作一则广告，而在于让媒体讨论你的品牌。

下面，我们就来了解一下哈佛人所总结的品牌管理的三大主要策略：

1. 视质量如生命

位于美国加州斯坦福大学附近的惠普公司，以其卓越的经营业绩跨入全球100家最大公司的行列。惠普公司成功的要诀就在于以质量为本，视质量如生命，围绕质量来进行品牌经营。

有位评论家这样说过："在惠普，处处都以质量为中心，因为员工们看来是不可能把他们所干的任何工作与质量分得开的。要是你向他们问起人事工作，他们会讲到质量；问起现场销售，也会讲到质量；你要问起目标管理法，他们会跟你大谈目标质量控制法"。

这段评论是对惠普公司形象的准确描述。在惠普看来，追求数量、规模上的世界第一是次要的，最重要的是要在质量上保持世界第一。

惠普公司处处都有质量管理目标和考核指标，任何部门都不能置身于质量控制之外。为了搞好质量控制，公司各生产部门都成立了质量控制小组或质量监察小组，全面加强质量管理，惠普始终坚持"产品质量第一"的宗旨，使其品牌永远立于不败之地。

2. "不变"的魅力

德国的史斯登啤酒厂，至今仍遵守1516年巴伐利亚公爵威廉四世颁布的啤酒纯度命令，只用麦芽、酵酶、啤酒花和水四种原料制酒，不添加任何其他成分，连原料的运送也仍用马车。如此的"不变"，在多变的国际啤酒品牌中，反而独具魅力。

美国的可口可乐饮料公司，一直沿用1886年研制成的配方，产品畅销55个国家和地区。1985年5月，该公司试图更换配方，竟遭消费者反对，不得不放弃。

3. 有个性的商品

在商业战争中，富有个性的独特产品才能树立品牌，大范围占领市场。

我国的丝绸业、中草药业，在国际市场上很有个性。江苏工艺进出口公司开发的“扬州柳器”，逐渐形成自己的个性，实用而典雅，产品远销欧、亚、美40多个国家和地区。

丹麦新兴的风车制造业，是古代文明与现代科技相结合的产物，并以节省能源、防止污染等优点，在国际动力市场上独树一帜。日本马自达公司研制的MX-40型小轿车，变化出带篷、敞篷、无门以及全袒露的汽车外观和不同颜色搭配，在国际汽车品牌中也属别具一格。

产品个性化，是当今国际市场竞争中的新潮流，缺少个性的品牌是很难生存的。

经营一个优秀的品牌，绝非一朝一夕即可完成。在建立品牌之初，需要准确的定位；而在发展过程中，则需要用心地呵护，不计人力、财力、精力；经营品牌还需要有极大的开创精神，不能抱残守缺。只有这样，才能得到消费者的认可，才能在激烈的竞争中保持不败。

（九）明星代言品牌时需要注意的事项

形象代言人只是品牌营销中的一个“战术”，而不是品牌竞争最终能否取胜的唯一成功之道。

一般来说，利用明星代言品牌，主要有三个关键阶段：第一阶段是找出产品所需要的社会文化价值，可以反映在那些明星代言人身上；第二阶段是如何使这些明星代言人将其代表的意义加注在其所代言的产品上；第三阶段是产品如何被消费者所购买。企业必须围绕这三个阶段，让代言人为企业的品牌发挥作用，只有这样，你所聘请的代言人才会给你的品牌带来收益。

那么，企业在选择明星做代言人时，有哪些要注意的事项呢？

（1）你的产品是否需要明星做代言？不是所有产品都要找明星代言人。

（2）你的广告预算是否容许你找明星代言？如果你每个月的广告预算只有几十万，根本没有能力找一位明星代言人，就最好量力而行。

（3）你要找谁代言？不必轻信那些只想赚钱的广告公司的随便推荐，你要认真考虑和证实，否则，这个代言人一旦请得不好，就会糟蹋你的品牌。另外，有些厂商找了明星代言，但是该明星的形象实在跟厂商要卖的产品没有什么关联，甚至相反，这也是行不通的。

（4）代言人的光芒是否超越了产品本身？代言人太红，往往会造成消费者记得代言人，却不记得产品的本身。

（5）你的代言人要帮你做产品代言多久？这牵涉到你的产品生命周期以及代言人本身的宣传周期。

（6）你心目中的明星愿意帮你做代言吗？也许企业的形象不够好，明星不愿意帮你做代言，也许你付的钱太少，人家不屑帮你做代言。

（7）你找的代言人是否也帮其他厂商代言？一位明星如果太红，找他代言的厂家就不可能只是一个，这样，消费者对这个明星所代言的产品就可能产生混淆，而你的产品形象就可能迷失在这种混淆中。

（8）你是否已为明星代言人出纰漏做好准备？《007》电影中Q先生有句名言，那就是“不要显露出你的弱点，并且永远要找到逃生的出路”。这句话很适合用在聘请代言人的行销企划上，因为备用方案的准备，可能是决战的关键。

（9）当心不要被明星代言人利用。明星做代言，对明星来说，除了可以好好地赚一笔钱外，好的产品其实是可以提升明星本身的形象的。因此，在合约签订之时，必须注意代言人是否会利用代言机会接触其他业务，把此次代言变成宣传跳板。

明星代言品牌能带来巨大的效应，但也并非全无风险，对此一定要多加注意。

（十）为公司取名的十项原则

名不正则言不顺，言不顺则实不行。公司之名称，确实重要非凡。

名字是很具有个体属性特点的东西，下面所列的是哈佛人对公司命名的一些普通的建议：

（1）你必须喜欢这个名字。你可以完全相信可口可乐公司的创始人对可口可乐的名字是非常珍爱的。记住，你公司的名字以后要经常和你个人紧密联系在一起，喜欢它对你很重要。

（2）公司的名字要给人以正确的印象。注意你的公司的名字即便并不能明确表达公司的业务范围，但至少不应对外界产生误导作用。

（3）公司的名字不应有消极的影响。公司的命名应本着乐观向上、积极进取的原则。名称的立意和所借喻的事物更应如此，如“阿里巴巴”“巨人”等；还必须避免使用一些消极阴暗的字词和表征。尤其不要为了哗众取宠而把公司的名字与恐怖、绝望、悔恨、痛苦等情绪联系在一起。一个故作深沉的人在现实生活中是不会为众人所欢迎的。从现代心理学的角度讲，情绪个体化的人必然是更注重个人利益的人。因此，公司的名字千万不要陷入“玩深沉”的误区。

（4）公司的名字应为员工所喜欢和接受。确保你的员工会很骄傲地向他们的家人和朋友提到公司的名字。对于外界来说，每个员工都会是企业的代表。一个不喜欢自己的人根本不可能被别人喜欢，一个不尊重自己的人不可能被别人尊重，公司命名就是如此。

（5）公司的名字中尽量避免使用字母和数字。记住，你的公司初创，要想尽一切办法加深别人的印象和联想。公众对数字或字母是不敏感的。像“CNN”“301”之类的名字只会在公司已经成名的情况下给人深刻的印象。

（6）公司名字的字数不应太多。这里主要是指公司名称中的表征部分。如“飞熊药业股份有限公司”，我们主要指的是“飞熊”二字为表征部分，即乏公司可被别人传称为“飞熊公司”。表征部分应控制在二到三个字，不可过长，因为公司的名字要被经常应用，过长就易产生不便，更主要的是要方便公众的记忆。

（7）公司名字应易读易写。注意你的公司名字的用词不可晦涩、生僻、令人费解，必须是易识易写。公司的名字应朗朗上口，令大众喜闻乐见，这有助于提高公司的知名度。比如同样的条件下，“骖虬”公司和“乘龙”公司，这两个名称的流传度后者会远远大于前者。美国的工商管理教材上举了一个这样不成功的公司名：维斯科兹斯，该公司的名字读起来相当拗口，以至雇员和客户都感到相当别扭，最终不得不更换。

（8）公司的名字奠要“鹦鹉学舌”。公司的命名要独树一帜，而非人云亦云。“八喜”和“七喜”同时存在还是可以理解的，如果再有一些“六喜”“五喜”之类的出现，则未免无趣得很了。这容易为外界所混淆，并且，如果给公众留下拾人牙慧的印象，将极大损害公司的独立形象，不利于公司的日后发展。

（9）公司的名字不要过于专业化。公司一般在成立几年后都要对最初的计划有所修正或改动，所以千万不要在命名时把公司的名字过于专业化细化，应保持合理的弹性和余地。

（10）公司的名字要适合目标公众的口味。饭菜的好坏，关键在于是否适合食者的口味，公司命名也应如此。

生活中，常常可见听到一些父母为孩子取名的趣事。为什么取名字会那么煞费天下父母心呢？原因就在于名字会伴随孩子的一生。公司的名字也是很值得推敲一番的，因为公司日后如若改换名称，将会付出很大的代价。

四、质量管理的疑问

（一）日本质量管理最高奖以谁的名字命名？——戴明质量管理法

质量是一种以最经济的手段，制造出市场上最有用的产品。

——戴明

爱德华·戴明博士是世界著名的质量管理专家，他对世界质量管理发展做出的卓越贡献享誉全球，以戴明命名的“戴明质量奖”，至今仍是日本质量管理的最高荣誉。作为质量管理的先驱者，戴明学说对国际质量管理理论和方法始终产生着异常重要的影响。

戴明学说简洁明了，其主要观点“十四要点”成为20世纪全面质量管理的重要理论基础。

戴明的“十四要点”如下。

1. 创造产品与服务改善的恒久目的

最高管理层必须从短期目标的迷途中归返，转回到长远建设的正确方向，也就是把改进产品和服务作为恒久的目的，坚持经营，这需要在所有领域加以改革和创新。

2. 采纳新的哲学

必须绝对不容忍粗劣的原料、不良的操作、有瑕疵的产品和松散的服务。

3. 停止依靠大批量的检验来达到质量标准

检验其实是等于准备有次品，等检验出来已经太迟，且成本高、效益低。正确的做法，是改良生产过程。

4. 废除“价低者得”的做法

价格本身并无意义，只是相对于质量才有意义。因此，只有管理当局重新界定原则，采购工作才会改变。公司一定要与供应商建立长远的关系，并减少供应商的数目。采购部门必须采用统计工具来判断供应商及其产品的质量。

5. 不断地及永不间断地改进生产及服务系统

在每一活动中，必须降低浪费和提高质量，包括采购、运输、工程、方法、维修、销售、分销、会计、人事、顾客服务及生产制造等活动。

6. 建立现代的岗位培训方法

培训必须是有计划的，且必须是建立于可接受的工作标准上，必须使用统计方法来衡量培训工作是否奏效。

7. 建立现代的督导方法

督导人员必须要让高层管理知道需要改善的地方，当知道之后，管理当局必须采取行动。

8. 驱走恐惧心理

所有同事必须有胆量去发问，提出问题，或表达意见。

9. 打破部门之间的围墙

每一部门都不应只顾独善其身，而需要发挥团队精神，跨部门的质量圈活动有助于改善设计、服务、质量及成本。

10. 取消对员工发出计量化的目标

激发员工提高生产率的指标、口号、图像、海报都必须废除，很多配合的改变往往是在一般员工控制范围之外，因此这些宣传品只会导致反感。虽然无须为员工定下可计量的目标，但公司本身却要有这样的一个目标：永不间歇地改进。

11. 取消工作标准及数量化的定额

定额把焦点放在数量上，而非质量上。计件工作制更不好，因为它鼓励制造次品。

12. 消除妨碍基层员工工作顺畅的因素

任何导致员工失去工作尊严的因素必须消除，包括不明何为好的工作表现。

13. 建立严谨的教育及培训计划

由于质量和生产力的改善会导致部分工作岗位数目的改变，因此所有员工都要不断接受训练及再培训。一切训练都应包括基本统计技巧的运用。

14. 创造一个每天都推动以上 13 项的高层管理结构。

（二）什么是“戴明环”？——PDCA 循环

戴明博士还最早提出了 PDCA 循环的概念，所以又称其为“戴明环”，前面所讲的

“质量圈”一般也是这个含义，需要注意的是，“质量圈”有时也指朱兰的“质量环”。PDCA 循环是能使任何一项活动有效进行的一种合乎逻辑的工作程序，特别是在质量管理中得到了广泛的应用，P、D、C、A 四个字母所代表的意义如下：

（1）P（Plan）计划。包括方针和目标的确定以及活动计划的制订。

（2）D（Do）执行。执行就是具体运作，实现计划中的内容。

（3）C（Check）检查。就是要总结执行计划的结果，分清哪些对了，哪些错了，明确效果，找出问题。

（4）A（Action）行动（或处理）。对总结检查的结果进行处理，成功的经验加以肯定，并予以标准化，或制定作业指导书，便于以后工作时遵循；对于失败的教训也要总结，以免重现。对于没有解决的问题，应交给下一个 PDCA 循环中去解决。

PDCA 循环有以下四个明显特点。

1. 周而复始

PDCA 循环的四个过程不是运行一次就完结，而是周而复始地进行。一个循环结束了，解决了一部分问题，可能还有问题没有得到解决，或者又出现了新的问题，再进行下一个 PDCA 循环，以此类推。

2. 大环带小环

类似行星轮系，一个公司或组织的整体运行的体系与其内部各子体系的关系，是大环带小环的有机逻辑组合体。

3. 阶梯式上升

PDCA 循环不是停留在一个水平上的循环，不断解决问题的过程就是水平逐步上升的过程。

4. 统计的工具

PDCA 循环应用了科学的统计观念和处理方法。作为推动工作、发现问题和解决问题的有效工具，典型的模式被称为“四个阶段”“八个步骤”和“七种工具”。四个阶段就是 P、D、C、A；八个步骤是：

第一步：分析现状，发现问题。

第二步：分析质量问题中各种影响因素。

第三步：分析影响质量问题的主要原因。

第四步：针对主要原因，采取解决的措施。

为什么要制定这个措施？

达到什么目标？

在何处执行？

由谁负责完成？

什么时间完成？

怎样执行？

第五步：执行，按措施计划的要求去做。

第六步：检查，把执行结果与要求达到的目标进行对比。

第七步：标准化，把成功的经验总结出来，制定相应的标准。

第八步：把没有解决或新出现的问题转入下一个 PDCA 循环中去解决。

通常，七种工具是指在质量管理中被广泛应用的直方图、控制图、因果图、排列图、相关图、分层法和统计分析表。

戴明学说反映了全面质量管理的全面性，说明了质量管理与改善并不是个别部门的事，而是需要由最高管理层领导和推动才可奏效的。戴明学说的核心可以概括为：

（1）高层管理的决心及参与。

（2）群策群力的团队精神。

（3）通过教育来增强质量意识。

（4）质量改良的技术训练。

（5）制定衡量质量的尺度标准。

（6）对质量成本的分析表认识；不断改进运动。

（7）各级员工的参与。

（三）如何实现管理的突破？——朱兰的质量管理论

质量是一种合用性，而“合用性”是指使产品在使用期间能满足使用者的需求。事实证明，TQM 带给企业一个强烈的呼声，一个新的工作动力，一种新的管理方法。为此，我们对 TQM 必须全力以赴，再接再厉。因为 TQM 给我们的企业经营提供了一种新的管理方法和体系。

朱兰博士是世界著名的质量管理专家，他所倡导的质量管理理念和方法始终深刻影响着世界企业界以及世界质量管理的发展。他的“质量计划、质量控制和质量改进”被称为“朱兰三部曲”。他最早把帕累特原理引入质量管理。《管理突破》是他的经典之著。由朱兰博士主编的《质量控制手册》被称为当今世界质量控制科学的名著，为奠定全面质量管理的理论基础和基本方法做出了卓越的贡献。

朱兰博士所提出的“管理突破历程”，综合了他的基本学说，以下是此历程的七个环节。

1. 突破的势态

管理层必须证明突破的急切性，然后创造环境使这个突破能实现。要去证明此需要，必须搜集资料说明问题的严重性，而其中最具说服力的就是质量成本。为了获得充足的资源去推行改革，必须把预期的效果用货币形式表达出来，以投资回报率的方式来展示。

2. 突出关键的少数项目

在众多的问题中，找出关键性的少数。利用帕累特法分析，突出关键的少数，再集中力量优先处理。

3. 寻找知识上的突破

成立两个不同的组织去领导和推动变革——其一可称之为“策导委员会”，另一个可称为“论断小组”。策导委员会由来自不同部门的高层人员组成，负责制定变革计划、指出问题原因所在、授权作试点改革、协助克服抗拒的阻力及贯彻执行解决方法。诊断小组则由质量管理专业人士及部门经理组成，负责寻根究底。

4. 进行分析

诊断小组研究问题的表征、提出假设以及通过试验来找出真正原因。另一个重要任务是决定不良产品的出现是操作人员的责任还是管理人员的责任（若说是操作人员的责任，必须是同时满足以下两项条件：操作人员清楚知道他们要做的是什么，有足够的资料数据表明他们所做的效果以及有能力改变他们的工作表现）。

5. 决定如何克服变革的抗拒

变革中的关键任务必须明确变革对他们的重要性。单是靠逻辑性的论据是绝对不够的，必须让他们参与决策及制定变革的内容。

6. 进行变革

所有进行变革的部门必须要通力合作，这是需要说服功夫的。每一个部门都要清楚知道问题的严重性、不同的解决方案、变革的成本、预期的效果以及估计变革对员工的冲击及影响。管理者必须给予员工足够时间去酝酿及反省，并提供适当的训练。

7. 建立监督系统

变革推行过程中，必须有适当的监督系统定期反映进度及有关的突发情况。正规的跟进工作异常重要，足以监督整个过程及解决突发问题。

（四）质量是怎样螺旋式提高的？——质量环

朱兰博士提出“质量环”的概念，是指为了获得产品的合用性，需要进行一系列的工作活动。也就是说，产品质量是在市场调查、开发、设计、计划、采购、生产、控制、检验、销售、服务、反馈等全过程中形成的，同时又在这个全过程的不断循环中螺旋式提高，所以也称为质量进展螺旋。

国际标准 ISO8402 已经为“质量环”定义：从识别需要到评价这些需要是否得到满足的各个阶段中，影响质量的相互作用活动的概念模式。

朱兰博士还尖锐地提出了质量责任的权重比例问题。他依据大量的实际调查和统计分析认为，在所发生的质量问题中，追究其原因，只有 20%来自基层操作人员，而有 80%的质量问题是由于领导责任所引起的。在国际标准 ISO9000 中，与领导责任相关的要素所占的重要地位，在客观上证实了朱兰博士的“8020”原则所反映的普遍规律。

朱兰博士还认为，现代科学技术、环境与质量密切相关。他说：“社会工业化引起了一系列环境问题的出现，影响着人们的生活质量。”随着全球社会经济和科学技术的高速发展，质量的概念必然拓展到全社会的各个领域，包括人们赖以生存的环境质量、卫生保健质量以及人们在社会生活中的精神需求和满意程度等。朱兰博士的生活质量观反映人类经济活动的共同要求：经济发展的最终目的，是为了不断地满足人们日益增长的物质文化生活的需要。

（五）如何实现质量 99. 9997%的合格率？————六西格玛管理

六西格玛（Six Sigma）管理作为一种全新的管理模式，充分体现着量化科学管理的思想理念。在中国推广六西格玛，对众多企业来说，传统的经验式管理与现代量化管理形成明显的观念冲突。所以，企业管理的现代化首先是思想观念的现代化。

六西格玛质量策略是建立在测量、试验和统计学基础上的现代质量管理方法。由摩托罗拉公司于 1986 年首创，作为全面满足客户需求的关键经营战略，经过十多年的发展，逐渐被众多一流公司采用。

20 世纪 80 年代到 90 年代初期，摩托罗拉是众多市场不断被日本竞争对手吞食的西方公司之一。当时摩托罗拉的领导人承认其产品质量低劣。1986 年，摩托罗拉公司的比尔·史密斯提出了一种质量管理新方法，就是六西格玛方法。在公司主席鲍伯·高尔文的支持下，六西格玛方法在公司范围内得到推广。

实施六西格玛方法仅仅两年，摩托罗拉就获得了马可姆·波里奇国家质量奖。1986—1997 年，实施六西格玛方法使销售额增长 5 倍，利润平均每年增长 20%；带来的节约额累计达 140 亿美元；股票价格平均每年上涨 21. 3%。

希腊字母 σ（音 Sigma，大写为∑）是统计学里的一个单位，表示与平均值的标准偏差。六西格玛质量水平表示在生产或服务过程中有百万次出现缺陷的机会仅出现 3. 4 个缺陷，即达到 99. 9997%的合格率。实行六西格玛质量计划要求管理层全面介入，并由经过特殊培训的内部六西格玛质量计划的专职人员以及项目负责人组织实施，以实现减少偏差、提高过程能力的短期目标和达到六西格玛的世界一流水平的长期目标。

六西格玛是企业走向精细化科学管理的一个质量目标，这个质量目标是企业内各个部门共同努力才能够整体实现的。摩托罗拉、通用电气等公司推行六西格玛的成就，也是业务部门内部成百上千个影响产品设计、生产、服务的一个个改进努力的结果。六西格玛方法影响了几十个管理流程和交易流程。例如，在顾客支持和产品派送上，对顾客需求的更好理解和对评估体系的改进，使公司能够迈出更大的步伐来追求服务的改进和产品的及时派送。

人们把六西格玛管理最核心的内涵概括为以下六个方面：

（1）以顾客为关注重心是六西格玛的灵魂。

（2）基于事实和数据驱动的管理方法。基于事实和数据，也就是注重统计方法和工具的运用，而不是基于经验和个人的主观臆断，这可以说是六西格玛核心战斗力的源泉。

（3）聚焦于流程改进。流程不是具体的工作任务或目标而是六西格玛的关键，这一点确保了六西格玛的持续性。

（4）有预见的积极管理。

（5）无边界合作。这是对传统组织成本的否定，它能够使得六西格玛能够以项目制的方式在一个传统的组织结构内突破式地前进，以点带面地创造一种新文化。

（6）追求完美，容忍失误。这不仅是六西格玛能够成功实施的外部保障，更是六西格玛能够创造的一种新文化，正是这种新的文化内涵使得六西格玛超越了一种单纯的管理技术，它代表的是一种人们对新秩序的渴望。

六西格玛管理法有不少成功的案例。

摩托罗拉：摩托罗拉首先发明了六西格玛这个综合管理系统的概念。比尔·史密斯发明的六西格玛管理法是一种革新性的改进方法，是一种对顾客需求满足情况简单而持续地进行追踪和比较（六西格玛管理法评估）的方法，以及对产品实际使用质量所期望目标（六西格玛管理法目标）的不懈追求。1986—1997 年，在实施六西格玛管理法的十年中，摩托罗拉的销售额增长 5 倍，利润平均每年增加 20%。实施六西格玛管理法带来的节约额累计达 140 亿美元，摩托罗拉的股票价格平均每年上涨 21. 3%。

通用电气：实施六西格玛管理法后，收益的增长速度不断加快。1998 年年底的收益是 7. 5 亿美元，1999 年年底达到 15 亿美元。预计 21 世纪前十年中，通用电气的收益将会达到 50 亿美元。这种扩张就是六西格玛管理法对公司财务贡献的证明。

福特公司：除了将六西格玛用在制造流程外，福特公司对于一般行政管理、商业交易及服务等也运用六西格玛管理法来管理。他们把顾客的意见变成规格，用 V 的数量把服务的品质具体化，利用六西格玛的工具解决每个问题。福特公司实施六西格玛管理法一年多后，已陆续完成十多个项目，包括涂装厂的品质改善、提升服务客户效率以及增加顾客贷款满意度等，节省下的金额已经超过 100 万美元。

六西格玛管理法的与众不同之处在于：它不是一种商业时尚系统，而是一个能提高业务领导能力和绩效的灵活系统。要想在企业内部成功实施六西格玛管理法，必须注意以下几点：

（1）辨别核心流程和关键顾客，以便对企业中最为关键的一些跨部门活动及其与外部顾客之间的界面有一个清晰的、全面的整体了解。

（2）定义顾客需求，以便根据实际顾客数据设立绩效评估标准，从而精确评估流程的效率和能力，并预测顾客的满意度。

（3）评估企业当前绩效，以便根据可定义的顾客需求，精确评估每个工作流程的绩效，并建立起专门评估关键产出或服务特征的评估体系。

（4）辨别优先次序、分析和实施改进，以便区分高潜力的改进机会，找到基于流程的、为事实分析和创造性思维所支持的解决方法。

（5）扩展并整合六西格玛管理法系统，以便实施持续的业务活动，促进绩效的改善，确保对产品、服务流程和工作程序的持续评估、再检查和更新。

（六）如何更敏捷地完成单？——供应链管理

所谓供应链，其实就是由供应商、制造商、仓库、配送中心和渠道商等构成的物流网络。同一企业可能构成这个网络的不同组成节点，但更多的情况下是由不同的企业构成这个网络中的不同节点。例如，在某个供应链中，同一企业可能既在制造商、仓库节点，又在配送中心节点等占有位置。在分工愈细，专业要求愈高的供应链中，不同节点基本上由不同的企业组成。在供应链各成员单位间流动的原材料、在制品库存和产成品等就构成了供应链上的货物流。

所谓供应链管理，就是指在满足一定的客户服务水平的条件下，为了使整个供应链系统成本达到最小而把供应商、制造商、仓库、配送中心和渠道商等有效地组织在一起来进行产品制造、转运、分销及销售的管理方法。

供应链管理包含着丰富内涵：

（1）供应链管理把产品在满足客户需求的过程中对成本有影响的各个成员单位都考虑在内，包括从原材料供应商和制造商到仓库再经过配送中心到渠道商。不过，实际上在供应链分析中，有必要考虑供应商的供应商以及顾客的顾客，因为他们对供应链的业绩也是有影响的。

（2）供应链管理的目的在于追求整个供应链的整体效率和整个系统费用的有效性，总是力图使系统总成本降至最低。因此，供应链管理的重点不在于简单地使某个供应链成员的运输成本达到最小或减少库存，而在于通过采用系统方法来协调供应链成员以使整个供应链总成本最低，使整个供应链系统处于最流畅的运作中。

（3）供应链管理是围绕把供应商、制造商、仓库、配送中心和渠道商有机结合成一体来展开的，因此它包括企业许多层次上的活动，如战略层次、战术层次和作业层次等。

尽管在实际的物流管理中，只有通过供应链的有机整合，企业才能显著地降低成本和提高服务水平，但是在实践中供应链的整合是非常困难的，这是因为：首先，供应链中的不同成员存在着不同的且相互冲突的目标。例如，供应商一般希望制造商进行数量稳定的大量采购，而交货期可以灵活变动；与供应商愿望相反，尽管大多数制造商愿意实施长期生产运转，但他们必须顾及顾客的需求及其变化并做出积极响应，这就要求制造商灵活地选择采购策略。因此，供应商的目标与制造商追求灵活性的目标就不可避免地存在矛盾。

（4）供应链是一个动态的系统，随时间而不断地变化。事实上，不仅顾客需求和供应商能力随时间而变化，而且供应链成员之间的关系也会随时间而变化。例如，随着顾客购买力的提高，供应商和制造商均面临着更大的压力来生产更多品种且更具个性化的高质量产品，进而最终生产定制化的产品。

研究表明，有效的供应链管理总是能够使供应链上的企业获得并保持稳定持久的竞争优势，进而提高供应链的整体竞争力。统计数据显示，供应链管理的有效实施可以使企业总成本下降20%左右，供应链上的节点企业按时交货率提高15%以上，订货到生产的周期时间缩短20%~30%，供应链上的节点企业生产率增值提高15%以上。已经有越来越多的企业认识到实施供应链管理所带来的巨大好处。

我们可以来看一下戴尔的直线订购模式。直线模式是根据客户的具体需求，而不是根据市场的预测制订生产计划的。直线模式并不等于直销，直线模式的真正核心在于直销背后的一系列包括采购、生产、配送等环节在内的快速反应，利用一切先进的通讯方法和自己的顾客保持联系，了解每一位顾客的独特需求，细分产品。许多公司的生产过程都是优先于销售，在接到订单前早已经生产好了产品，等着顾客来购买，这样很容易造成产品的库存积压，而戴尔的方式则是先了解顾客的需求，然后再生产。

在戴尔直线模式的背后，是其出色的供应链管理，它能在收到顾客个人化需求的订单后，立即向不同的供应商采购材料，迅速转入生产，再交给快递公司分发送货。在整个过程中，戴尔能保证公司的实际材料库存量始终保持在最低水平，从而使产品的价格更具有竞争力。整条供应链管理的关键：一是客户服务，二是物料配送。戴尔充分利用了互联网，通过互联网能够和每一位客户都维持一对一的详尽对话，尽可能多地搜集到客户信息和客户要求；客户也能通过互联网发送各自的订单，提出自己的服务要求。在戴尔的公司内部，有一个专门处理客户信息的系统，它能对不同的客户信息进行分类，对客户的订单进行处理并且自动传递到采购和生产部门。通过电子网络，戴尔和上游配件制造商组成了一个虚拟企业，在这个虚拟企业中，供应商变成了戴尔的一个零件提供部门，互相之间联系紧密。当戴尔接到客户从网上发出的购买电脑的电子订单以后，公司的配置中心会把整张订单分解成一张张的零件采购订单，通过网络发给配件供应商，各个供应商在收到订单以后，马上会组织生产，在指定的期限内发货给戴尔，收到零件以后，戴尔公司只需在生产车间进行组装，就可以把成品包装发送了。

从戴尔的做法中，我们看到现代供应链管理相比传统供应链管理，它的内容发生了很大变化，这个变化首先是理念和关注点的变化。传统的供应链管理，强调的是它的效能，即强调怎样节约成本；而新的供应链管理强调它的敏捷性，关注怎样提高响应客户的速度。传统的供应链管理强调大规模生产；新的供应链管理则强调大规模定制，即为客户定制产品或服务，还包括为客户提供各种信息。传统的供应链管理强调的是企业内部的协调；新的供应链管理则更强调与上下游企业的整合（外部协调）。

（七）如何使人达成目标共识并有效完成复杂项目？——IBM 的过程质量管理

IBM 利用过程质量管理方法解决许多公司的经理都曾经遇到的问题：如何使一个工作组就目标达成共识并有效地完成一个复杂项目。在企业内部团队活动日益增多的情况下，这种方法无疑可以帮助一个项目小组确定工作目标，统一意见并制定具体的行动计划，而且可以使小组所有成员统一目标，集中精力于对公司或小组具有重要意义的工作上。当然，这种方法也可以为面临困难任务、缺乏共识或在主次工作确定及方向上有分歧的工作组提供冲破疑难的方法和动力。

IBM 的过程质量管理的基础是一个为期两天的会议，所有小组成员都在会议上参与确定项目任务及主次分配。具体的步骤如下：

第一步：建立一个工作小组。工作小组应至少由与项目有关的 12 人组成。该组成员可包括副总裁、部门经理及其手下高层经理，也可包括与项目有关的其他人员。工作小组的组长负责挑选组员，并设定一个讨论会主持人。主持人应持中立立场，其利益不受小组讨论结果的影响。

第二步：召开一个为期两天的会。每一个组员以及会议主持人必须到会，但非核心成员或旁听者不允许参加。最好避免在办公室开会，以免别人打扰。

第三步：写一份关于任务的说明。写一份简洁且征得每个人同意的任务说明。如果工作小组仅有“为欧洲市场制定经营战略计划”这样的开放性指示，写任务说明就比较困难。如果指示具体一些，如在所有车间引进 JIT 存货控制，那么写任务说明就较简单，但仍需小组事先讨论；而在会议中，应由会议主持人而不是组长来掌握进程。

第四步：进行头脑风暴式的讨论，组员将所有可能影响工作小组完成任务的因素列出来。主持人将所提到的因素分别用一个重点词记录下来。每个人都要贡献自己的想法，在讨论过程中不允许批评和争论。

第五步：找出重要成功要素，这些因素是工作小组要完成的具体任务。主持人将每一重要因素记录下来，通常可以是“我们需要……”或“我们必须……”。列举重要成功因素时有四个要求：

（1）每一项因素都得到所有组员的赞同。

（2）每一项因素确实是完成工作小组任务所必需的。

（3）所有因素集中起来，足以完成该项任务。

（4）每一项因素都是独立的——不用“和”来表述。

第六步：为每一个重要成功因素确定业务活动过程。针对每一个重要成功因素，列出实现它所必需的工作。工作说明应当具体，应能指导行动。例如，对顾客进行调查，找出需要改进的产品特色。把对各项工作的说明分派给每位组员，但每人所得不要超过四项。

第七步：填写项目图。按业务活动过程对项目成功的重要程度，在项目图上列出每一业务活动过程。首先，针对每个重要成功因素，确定哪些业务活动过程最为重要。同时，要确保找出的业务活动过程不仅必要足以达到相应的重要成功因素。其次，为每一重要成功因素所需的业务活动过程求出总数。最后，用下列标准评估本企业在现阶段执行每一业务活动过程的情况：

A=优秀；B=好；C=一般；D=差；E=尚未执行。

第八步：填写优先工作图。先将业务活动过程按重要性排序，再按其目前在本企业的执行情况排列。以执行情况为横轴，以优先程度（以每一业务活动相关的重要成功因素的数目为标准，涉及的数目越多，越优先）为纵轴，在优先工作图上标出各业务活动过程。然后在图上划出第一、第二、第三位优先区域。应由工作小组决定何处是处于首要地位的区域。但一般来说，首要优先工作区域是能影响许多重要成功因素且目前执行不佳的区域。但是，如果把第一位优先区域划得太大，囊括了太多业务活动，就不可能迅速解决任何一个过程了。

第九步：后续工作。工作小组会议制定了业务过程，并列出了要优先进行的工作，组长则应做好后续工作，检查组员是否改进了被分配的业务过程，看企业或其工作环境中的变化是否要求再开过程质量管理会议来修改任务、重要成功因素或业务活动过程表的内容。

IBM 的过程质量管理可以应用于企业管理的很多方面，尤其在近两年，过程管理成为许多优秀企业改进绩效、不断进步的重要改革举措，它使整个企业的管理更具有系统性和全局性。在总的环境变化趋势下，IBM 的过程质量管理的确对中国企业的现代管理具有重要的指导意义和实用价值。

（八）怎样提升功能、降低成本？——价值分析

价值分析又称为价值工程，是一门新兴的管理技术，是降低成本、提高经济效益的有效方法。它是 20 世纪 40 年代起源于美国的，麦尔斯是它的创始人。

第二次世界大战之后，由于原材料供应短缺，采购工作常常碰到难题。经过实际工作中孜孜不倦地探索，麦尔斯发现有一些相对不太短缺的材料可以很好地替代短缺材料的功能。后来，麦尔斯逐渐总结出一套对解决采购问题有效的方法，并且把这种方法的思想及应用推广到其他领域。1955 年，这一方法传入日本后，与全面质量管理相结合，得到进一步发扬光大，成为一套更加成熟的价值分析方法。

所谓价值工程，指的都是通过集体智慧和有组织的活动对产品或服务进行功能分析，使组织以最低的总成本，可靠地实现产品或服务的必要功能，从而提高产品或服务的价值。价值工程的主要思想是通过对选定研究对象的功能及费用分析，提高对象的价值。这里的价值，指的是反映费用支出与收益之间的比例，用数学比例式表达如下：

价值=功能/成本

提高价值的基本途径有以下五种：

（1）提高功能，降低成本，大幅度提高价值。

（2）功能不变，降低成本，提高价值。

（3）功能有所提高，成本不变，提高价值。

（4）功能略有下降，成本大幅度降低，提高价值。

（5）提高功能，适当提高成本，大幅度提高功能，从而提高价值。

麦尔斯在长期实践过程中，总结了一套开展价值工作的原则，用于指导价值工程活动的各步骤的工作。这些原则是：

（1）分析问题要避免一般化、概念化，故要做具体分析。

（2）收集一切可用的成本资料。

（3）使用最好的、最可靠的情报。

（4）打破现有框框，进行创新和提高。

（5）发挥真正的独创性。

（6）找出障碍，克服障碍。

（7）充分利用有关专家，扩大专业知识面。

（8）对于重要的公差，要换算成加工费用来认真考虑。

（9）尽量采用专业化工厂的现成产品。

（10）利用和购买专业化工厂的生产技术。

（11）采用专门生产工艺。

（12）尽量采用标准。

（13）以“我是否这样花自己的钱”作为判断标准。

这13条原则中，第1条至第5条是属于思想方法和精神状态的要求，提出要实事求是，要有创新精神；第6条至第12条是组织方法和技术方法的要求，提出要重专家、重专业化、重标准化；第13条则提出了价值分析的判断标准。

遵循上述原则，价值分析通过以下五个阶段开展工作：

第一阶段：选定价值分析的对象。进行一项价值分析，首先需要选定价值分析的对象。一般来说，价值工程的对象是要考虑社会生产经营的需要以及对象价值本身被提高的潜力。

例如，可以选择占成本比例大的原材料部分作为价值分析的对象。如果能够通过价值分析降低费用、提高价值，那么这次价值分析对降低产品总成本的影响也会很大。

当面临多个方面都需要价值分析的情况时，如生产经营中的产品功能、原材料成本都需要改进时，可以采取ABC分析法确定最关键的分析对象，以确定价值分析的优先顺序。

第二阶段：收集情报资料。选定价值分析的对象后，需要收集分析对象的相关情报，包括用户需求、销售市场、技术进步状况、经济分析以及本企业的实际能力等。价值分析中能够确定的方案的多少以及实施成果的大小与情报的准确程度、及时程度、全面程度密切相关。

第三阶段：功能分析。有了较为全面的情报之后就可以进入价值工程的核心阶段——功能分析。在这一阶段要进行功能的定义、分类、整理、评价等步骤。

第四阶段：提出改进方案，分析、评价和实施方案。经过分析和评价，分析人员可以提出多种方案，从中筛选出最优方案加以实施。在决定实施方案后应该制定具体的实施计划，提出工作的内容、进度、质量、标准、责任等方面的内容，确保方案的实施质量。

第五阶段：评价活动成果。为了掌握价值工程实施的成果，还要组织成果评价。成果的评价和鉴定一般以产生的经济效益、社会效益为主。

上述五阶段的工作，实际上是发现矛盾、分析矛盾和解决矛盾的过程，通常是围绕以下七个合乎逻辑程序的问题展开的：

（1）这是什么？

（2）这是干什么用的？

（3）它的成本是多少？

（4）它的价值是多少？

（5）有其他方法能实现这个功能吗？

（6）新的方案成本是多少？功能如何？

（7）新的方案能满足要求吗？

按顺序回答和解决这七个问题的过程，就是价值工程的工作程序和步骤，即：选定对象，收集情报资料，进行功能分析，提出改进方案，分析和评价方案，实施方案，评价活动成果。

价值工程虽然起源于材料和代用品的研究，但这一原理很快就扩散到各个领域，具体做法有：工程价值分析、产品价值分析、技术价值分析、设备价值分析、原材料价值分析、工艺价值分析、零件价值分析和工序价值分析、经营品种价值分析、施工方案的价值分析、质量价值分析、产品价值分析、管理方法价值分析、作业组织价值分析等。

在实践过程中，当我们将价值工程的概念应用于人力资源的领域时，人自然而然地成为价值研究的对象。我们可以将人的功能加以分析，然后与具体工作岗位的要求相对应，应用价值系数评价来确定人员价值和群众价值，然后确定实施方案或者对实际方案进行改进，从而达到提高组织人员绩效的目的。

第十四章　项目管理

一、项目管理概述

项目管理对企业来说非常重要。无论企业经济效益好坏，企业规模大小，都要加强项目管理。如果没有项目，必须设法去找项目，必须通过创新思维、不断的市场需求分析和市场开发来发现新的项目。对于目前的项目，就要把它管理好，使每个项目都走向成功，这是使企业获得持续发展的必要途径。因此，只有重视加强项目管理，企业才能走上成功之路。

（一）项目管理的定义

项目管理是将知识、技能、工具和技术应用于项目活动，以满足项目的要求。项目管理是通过诸如启动、规划、实施、控制与收尾等过程进行的。在项目实施过程中，项目经理不但要使项目满足其在范围、时间、费用和质量方面的目标，还要努力满足项目相关人员和受项目影响的人员的要求。

（二）项目管理的基本特性

现代项目管理认为，项目管理的基本特性主要包括以下几个方面。

1. 普遍性

项目作为一种创新活动普遍存在于我们的工作和生活中，项目的普遍性导致项目管理也具有普遍性。在日常生活中，小到个人的婚礼，大到神舟七号飞船的发射都是项目，都需要项目管理。

2. 目的性

项目管理具有目的性，它的根本目的是满足或超越项目利益相关者对项目的需求与期望。项目利益相关者是指一个项目的所有相关者，包括一个项目的业主和用户、项目的承包商或实施者、项目的供应商、项目的设计者或研制者、项目所在的社区、项目的政府管辖部门等。

3. 独特性

项目管理与一般的生产、服务的运营管理不同，也和常规的行政管理不同，虽然会使用某些一般管理的原理和方法，但是具有自己独特的管理对象、管理活动和管理方法与工具，是一种完全不同的管理活动。

4. 集成性

集成性是项目管理的另一个特性，是相对于一般运营管理的专门性而言的。在一般运营管理之中，分别有生产管理、质量管理、成本管理、供应管理、市场营销管理等各种各样的专业管理，它们是针对一个企业或组织的不同生产、经营活动所开展的管理。这种专业管理是由一般运营的重复性和相对确定性、运营管理的详细分工而形成的。但是，项目管理的主要要求是管理的集成性。虽然项目管理也有一定的分工要求，但是项目管理要求充分强调管理的集成性。

5. 创新性

项目管理的创新性不仅指项目管理是对创新的管理，还指任何一个项目的管理都没有一成不变的模式和方法，都要通过管理创新去实现对项目的有效管理。

（三）项目管理的知识领域

项目管理的知识领域是指作为项目经理必须具备与掌握的重要知识与关键能力，用来帮助项目经理与项目团队成员完成项目的管理。按照美国项目管理协会提出的现代项目管理知识体系的划分方法，项目管理中有九大知识领域，分别从不同的管理职能和领域描述了现代项目管理所需要的知识、方法、工具和技能。其中，四个是核心的项目管理知识领域，包括：项目范围管理、时间管理、成本管理和质量管理。

1. 项目范围管理

项目范围管理是为了成功完成项目，对项目的工作内容进行控制的管理过程。它包括启动过程、范围计划、范围界定、范围核实和范围变更控制等。

2. 项目时间管理

项目时间管理是为了确保项目最终按时完成所实施的一系列管理过程。它包括具体活动界定、活动排序、时间估计、进度安排及时间控制等工作。

3. 项目成本管理

项目成本管理是为了保证完成项目的实际成本，使费用不超过预算成本所实施的管理过程。它包括资源的配置、成本和费用的预算和费用的控制等工作。

4. 项目质量管理

项目质量管理是为了确保项目达到客户所规定的质量要求所实施的一系列管理过程。它包括质量规划、控制和保证等工作。

5. 项目人力资源管理

项目人力资源管理是为了保证所有项目利益相关者的能力和积极性都得到最有效的发挥和利用所实施的一系列管理措施。它包括组织的规划、团队的建设、人员的选聘和项目的班子建设等工作。

6. 项目沟通管理

项目沟通管理是为了确保项目信息的合理收集和传输所实施的一系列措施。它包括沟通规划、信息传输和进度报告等工作。

7. 项目风险管理

项目风险管理涉及项目可能遇到的各种不确定因素。它包括风险的识别、量化、控制和制定对策等工作。

8. 项目采购管理

项目采购管理是为了从项目实施组织之外获得所需资源或服务所实施的一系列管理措施。它包括采购计划、采购与征购、资源的选择和合同的管理等工作。

9. 项目综合管理

综合管理是指为确保项目的各项工作能够有机地协调和配合所展开的综合性和全局性的项目管理工作和过程。它包括项目集成计划的制定、项目集成计划的实施和项目变动的总体控制等工作。

在项目管理过程中，首先要严格控制项目的进度，保证项目在规定的时间内完成；其次要合理利用资源，并将项目的费用尽量控制在计划的预算之内；同时，要跟踪项目执行的情况，保证项目按照规定的质量标准执行。

二、项目管理过程

（一）项目的工作阶段

现代项目管理将整个项目的全部工作看成由一系列项目阶段构成的一个完整的项目生命周期。一般项目划分为四个主要工作阶段。

1. 项目的定义与决策阶段

在这一阶段中，人们提出一个项目的提案，并对项目提案进行必要的机遇与需求分析和识别，然后提出具体的项目建议书。在项目建议书或项目提案获得通过以后，要进一步开展不同程度的项目可行性分析，最终做出项目方案的抉择和项目的决策。

2. 项目的计划与设计阶段

在这一阶段中，人们首先要为已经决策要实施的项目编制各种各样的计划，包括针对整个项目的工期计划、成本计划、质量计划、资源计划和集成计划等。同时，要进行必要的项目设计工作，以全面设计和界定项目，以及项目各阶段所要开展的工作，提出有关项目交付物的全面要求和规定。

3. 项目的实施与控制阶段

在这一阶段中，人们开始项目的实施。在项目实施的同时，人们要开展各种各样的控制工作，以保证项目实施的结果与项目设计、计划的要求和目标相一致。

4. 项目的完工与交付阶段

在这一阶段中，人们要对照项目定义与决策阶段提出的项目目标和项目计划与设计阶段所提出的各种项目要求，首先由项目团队全面检验项目的整个工作和项目的交付物，然后由项目团队向项目的业主或用户进行验收和移交工作，直至项目的业主或用户最终接受了项目的整个工作和工作结果，项目才算最终结束。

（二）项目管理的基本过程

项目的实现过程是由一系列的项目阶段或项目工作过程构成的，任何项目都可以划分为多个不同的项目阶段或项目工作过程。但是，一个项目的全过程或项目的工作过程都要有一个相对应的项目管理过程。对一般性项目而言，项目管理过程是由五大基本项目过程构成的，如果将项目划分为若干阶段，各基本过程会在每个阶段内相互作用。五大基本项目过程包括启动过程、规划过程、执行过程、监控过程和收尾过程，它们构成了一个项目管理过程的循环。任何项目的实施都离不开这五个过程，这是一个完整的流程，相互之间通过阶段的结果进行连接：一个阶段的结果或输出是另一个阶段的输入。在核心阶段间，各阶段又相互交叉、循环，直至达到满意的结果。

1. 启动过程

启动过程包含获得授权，定义一个新项目或现有项目的一个新阶段，正式开始该项目或阶段。在启动过程中需要做的工作包括：定义一个项目阶段的工作与活动，决策一个项目或项目阶段的起始与否，以及决定是否将一个项目或项目阶段继续进行下去等。

2. 规划过程

规划过程包含明确项目总范围，定义和优化目标，以及为实现上述目标而制定行动方案。在规划过程中要做的工作包括：拟订、编制和修订一个项目或项目阶段的工作目标、工作计划方案、资源供应计划、成本预算、计划应急措施等。

3. 执行过程

执行过程包含完成项目管理计划中确定的工作以实现项目目标的一组过程。在执行过程中要做的工作包括：组织和协调人力资源与其他资源，组织和协调各项任务与工作，激励项目团队完成既定的工作计划、生成项目交付物等方面的工作。

4. 监控过程

监控过程包含跟踪、审查和调整项目进展与绩效，识别必要的计划变更并启动相应变更。在监控过程中要做的工作包括：制定标准，监督和测量项目工作的实际情况，分析差异和问题，采取纠偏措施等管理工作和活动。这些都是保障项目目标得以实现、防止偏差积累而造成项目失败的管理工作与活动。

5. 收尾过程

收尾过程包含为完结所有项目管理过程组的所有活动，以正式结束项目或阶段或合同责任而实施。在收尾过程中要做的工作包括：制定一个项目或项目阶段的移交与接受条件，项目或项目阶段成果的移交，从而使项目顺利结束的管理工作和活动。

另外，项目各过程不是相互分立的、一次性的事件。在整个项目的每个过程它们都会不同程度地相互交叠。在项目执行过程中，执行所占的比例最大，需要付出的人力、物力、财力最多，关系到项目的成败，而监控则贯穿项目始终，保证执行不偏离既定目标，同时根据内外部环境变化，适时调整计划，保证计划的有效性。

三、项目生命周期

项目生命周期是通常按顺序排列而有时又相互交叉的各项目阶段的集合。阶段的名称和数量取决于参与项目的一个或多个组织的管理与控制需要、项目本身的特征及其所在的应用领域。生命周期可以用某种方法加以确定和记录。例如，根据所在组织或行业的特性，或者所用技术的特性，来确定或调整项目生命周期。虽然每个项目都有明确的起点和终点，但其具体的可交付成果以及项目期间的活动会因项目的不同而有很大差异。无论项目涉及什么具体工作，生命周期都能为管理项目提供基本框架。

（一）项目生命周期的特征

项目的规模和复杂性各不相同，但不论其大小繁简，所有项目都呈现下列生命周期结构：

（1）启动项目。

（2）组织与准备。

（3）执行项目工作。

（4）结束项目。

这个通用的生命周期结构常被用来与高级管理层或其他不太熟悉项目细节的人员进行沟通。它从宏观视角为项目间的比较提供了通用参照系，即使项目的性质完全不同。

通用的生命周期结构通常具有以下特征：

（1）成本与人力投入在开始时较低，在工作执行期间达到最高，并在项目快要结束时迅速回落。

（2）项目利益相关者的影响力、项目的风险与不确定性在项目开始时最大，并在项目的整个生命周期中随时间推移而递减。

（3）在不显著影响成本的前提下，改变项目产品最终特性的能力在项目开始时最大，并随项目进展而减弱。变更和纠正错误的代价在项目接近完成时通常会显著增大。

在通用的生命周期结构的指导下，项目经理可以决定对某些可交付成果施加更有力的控制。大型复杂项目尤其需要这种特别的控制。在这种情况下，最好能把项目工作正式分解为若干阶段。

（二）项目生命周期与产品生命周期的关系

产品生命周期包含通常顺序排列且不相互交叉的一系列产品阶段。产品阶段由组织的制造和控制要求决定。产品生命周期的最后阶段通常是产品的退出。一般而言，项目生命周期包含在一个或多个产品生命周期中。要注意区分项目生命周期与产品生命周期。任何项目都有自己的目的或目标。如果项目的目标是创造一项服务或成果，则其生命周期应为服务或成果的生命周期，而非产品生命周期。

如果项目产出的是一种产品，产品与项目之间就有许多种可能的关系。例如，新产品开发就可以是一个项目：或者现有产品可能得益于某个为之增添新功能或新特性的项目；或者可以通过某个项目来开发产品的新型号。产品生命周期中的很多活动都可以作为项目来实施，如进行可行性研究、开展市场调研、开展广告宣传、安装产品、召集焦点小组会议、试销产品等。在这些例子中，项目生命周期都不同于产品生命周期。

由于一个产品可能包含多个相关项目，所以可通过对这些项目的统一管理来提高效率。例如，新车的开发可能涉及许多单独项目。虽然每个项目都是不同的，但最终都是为了将这款新车推向市场。由一位高级负责人监管所有项目，能显著提高成功的可能性。

四、项目计划

项目计划是项目管理过程的基本组成部分，它是项目团队在预算的范围内，为完成项目的预定目标，科学预测并确定未来行动方案的过程。也可以认为，项目计划工作是针对项目的预定目标而安排任务的一系列过程。

项目的独特性和一次性使得项目计划的正确编制尤为重要。项目计划是项目管理过程的不可或缺的部分。项目计划仿佛就是一张导游图，引导着游客如何抵达目的地，缺少项目计划或没有一个有效和可行的计划，项目经理可能会无从下手，也可能无法实现项目的目标。项目计划是决定项目成败的关键，许多项目之所以延误了工期或者超出了预算，都是由于在项目执行前没有制定出完善的项目计划所致。

项目计划按计划制定的过程，可分为概念性计划、详细计划、滚动计划三种形式。

（1）概念性计划，也称为自上而下的计划。概念性计划是根据初步确定的工作分解结构图从最高层开始，逐步分解到更为细节性的层面。概念性计划主要规定了项目的战略导向和战略重点。

（2）详细计划，也称为自下而上的计划。详细计划的任务是制定详细的工作分解结构图，详细计划提供了项目的详细范围。

（3）滚动计划，即用滚动的方法对可预见的将来逐步制定详细计划，随着项目的推进，分阶段地重估自上而下计划所制定的进度和预算。滚动计划的制定是在已编计划的基础上，每经过一阶段（如一个月、一个季度等，这个时期叫滚动期），根据变化的项目环境和计划实际执行情况，从确保实现项目目标出发，对原项目计划进行滚动调整。滚动计划有助于提高计划的质量，增强准确性；能及时地调节由于项目环境变化而引起的偏差；增大计划的灵活性，提高项目组织的应变能力。

项目基准计划（也称初始拟定计划）是项目在启动时所制定的，并且经过上级批准的计划。项目基准计划一经确认是不能随意更改的，如果需要更改，必须按照规定的程序进行。

需要说明的是，此处所指的计划是广义的概念，它涵盖着单项计划和整体管理计划。

（一）项目单项计划文件清单

在计划编制过程中，主要的单项计划文件有：

（1）范围计划。它也称项目范围说明书，它的主要目的是：确定项目所有必要的工作和活动的范围，在明确项目的制约因素和假设条件的基础上，进一步明确项目目标和主要可交付成果。项目的范围计划是将来项目执行的重要基础文件。

（2）范围管理计划。它主要描述了对项目范围如何管理，项目范围如何变更等问题。

（3）人员配备计划。它说明项目团队成员应该承担的各项工作任务以及各项工作之间的关系，同时制定项目成员工作绩效的考核指标和方法及人员激励机制。人员配备计划通常是由上自下地进行编制，然后再自下而上地进行修改，由项目经理与项目团队成员商讨并确定。

（4）资源需求计划。它明确项目实施所需要的各种机器设备、能源燃料、原材料的供应及采购安排。此计划要确定所需物资的名称、质量技术标准和数量；确定物资的投入时间和设计、制造、验收时间；确定项目组织需要从外部采购的设备和物资的信息，包括所需设备和物资的名称和数量的清单，设备的设计、制造和验收时间，设备的进货来源等。

（5）进度计划。它主要说明项目中各项工作的开展顺序、开始及完成时间以及相互关系。它需要先明确项目工作分解结构图中各项工作和活动的依赖关系后，再对每项工作和活动的延时做出合理估计，并安排项目执行日程，确定项目执行进度的衡量标准和调整措施。

（6）进度管理计划。它主要说明项目团队应该如何应对项目进度的变动，它可以是正式的，也可以是非正式的，它是项目进度计划的补充部分。

（7）成本基准计划。它确定了完成项目所需要的成本和费用，并结合进度安排，获得描述成本一时间关系的项目费用基准，以费用基准作为度量和监控项目执行过程费用支出的主要依据和标准，从而以最低的成本达到项目目标。

（8）成本管理计划。它主要说明了如何管理实际成本与计划成本之间发生的差异。根据项目的需要，成本管理计划可以是高度详细的或粗略的，同时既可以是正规的，也可以是非正规的。

（9）质量计划。它是为了达到客户的期望而确定的项目质量目标、质量标准和质量方针，以及实现该目标的实施和管理过程。

（10）采购管理计划。它主要确定了如何从项目组织地外部获取资源才能更好地满足项目需求，说明了如何管理项目采购过程，明确项目需求资源类型、资源地的预计采购价格、如何管理供应商、如何与项目管理其他方面协调等。采购管理计划可以是正式的或非正式的，也可以是详细的或粗略的，具体采用什么形式需要根据项目需求而定。

（11）合同管理计划。它主要说明了为保证合同双方严格地按照所签订合同规定的各项要求，履行各自义务，维护各自权益的管理过程。

（12）沟通计划。它主要是针对项目干系人的沟通需求进行分析，从而确定谁需要什么信息、什么时候需要这些信息，以及采取何种方式为不同的项目干系人提供信息等。

（13）风险管理计划。它主要是对项目中可能发生的各种不确定因素进行充分的估计，并为某些意外情况制定应急的行动方案。

（二）项目整体管理计划的编制

1. 项目整体管理计划的编制思路

项目整体管理计划编制是一项需要反复优化和整体考虑的复杂活动，尤其对于大型的项目，由于要将成百上千的项目活动进行整体管理，其过程无疑是非常复杂的。对于小型的项目，在充分考虑项目的各个要素及其各个方面后，整体管理项目的各项活动可能会相对比较简单，只靠手工计算、分析就可以实现；对于大中型项目，编制项目整体管理计划需要处理和加工大量的信息，仅靠手工几乎是不可能完成的，这就需要借助一些数学方法、模型以及项目管理信息系统。项目管理信息系统（PMIS）通过运用计算机来收集、加工和处理项目的信息资料，从而可以快捷、有效地制定出项目整体计划。

在此，我们以项目整体管理中需重点协调的项目进度、成本和质量三要素为例介绍整体管理计划编制的思路。

项目的进度、成本和质量三者之间的关系是对立统一的。一般来说，加快项目的进度就需要增加成本，但项目的提前完工又可能会提高项目的收益；高标准的质量控制可能会增加项目的成本，并影响到项目的进度，但是高标准的质量控制还可以避免和减少项目返工的发生，从而防止因项目进度计划的拖延所引起的成本增加。因此，不能只片面强调项目的某一个方面（如进度）的管理，而是要从这三个方面（进度、成本和质量）相互协调和综合管理。

（1）项目质量和成本管理计划。由于质量和成本两者之间存在着正向化的关系，即要提高项目的质量，就必须增加项目的成本，在此我们借助于价值工程原理对其进行分析。

价值工程是一种识别和消除不必要成本（在不牺牲质量和可靠性的前提下）的有组织的活动，它所提出的具有创造性的方法，同样可以适用于项目的整体管理计划。

价值工程中的价值是指产品或劳务的功能与成本的比值，其表达式为

$$价值=\frac{功能}{成本}$$

式中，功能是用户所要求的必要功能；成本是产品的寿命周期成本；价值是用户对商品的功能与成本之间的关系所做的评价。

用户选择商品时的依据所考虑的就是这个比值，对商品是否物美价廉做出综合评价，即以最小的成本获取最大的功能。

在编制项目整体管理计划时可借鉴上述原理，在满足项目成本和质量要求的前提下，以提高项目的价值比值为目的，综合地考虑项目质量和成本之间的关系。整体管理计划的价值比值的表达式为

$$价值比值=\frac{质量}{成本}$$

下表说明了提高项目价值比值的四种途径。

提高项目价值比值的途径表

途径	质量	成本	价值系数
1	↑	→	↑
2	→	↓	↑
3	↑↑	↑	↑
4	↓	↓↓	↑

注：→表示不变，↑表示增加，↑↑表示大幅度地增加，↓表示降低，↓↓表示大幅度地降低。

（2）项目成本和进度管理计划。一般来说，项目的成本会随着项目进度的缩短而增加，但是，如果项目的进度延迟，项目的成本也会因此而增加。项目的成本与进度关系。

所以，在整体管理成本和进度时，应该在满足项目要求的成本和进度范围内选择最佳进度。

在项目的执行过程中，也可能会存在着多种成本与进度的函数关系式。

在这种情况下，可以根据项目的实际情况来选择不同的处理方案。例如，在项目的进度落后计划很多已成为主要矛盾、且企业能承受成本追加时，可采取 A 方案。

（3）项目的进度、质量和成本管理计划。在完成上面的只对两个要素的整体管理以后，如果这两种计划的成本指标不相符，甚至存在着冲突时，就需要进一步协调项目的成本、进度和质量三者之间的关系。在这种情况下，首先要固定其中一个要素的计划指标值，然后逐步优化另外两个要素，以达到最优化的配置，从而实现项目这三个重要因素的整体管理。

2. 项目整体管理计划的编制过程。

项目整体管理计划的编制过程如图所示。

（1）信息资料的收集阶段。该阶段的工作主要是收集项目各单项的目标、计划和数据等信息资料。

（2）项目整体管理计划编制阶段。该阶段的工作主要是以项目各单项计划为基础，结合收集到的信息资料，运用各种定性、定量的分析方法和相关的项目管理知识，对项目各单项计划进行整体协调等。

（3）项目整体管理计划发放阶段。项目整体计划编制完成后，根据不同使用者的不同需要，向其发放详细程度不同的项目整体计划。

项目整体管理计划编制的主要工作如表所示。

项目整体管理计划编制的主要工作

依据	工具和方法	结果
项目初步范围说明书	工作分解结构	项目整体管理计划
项目相关计划	责任矩阵	
历史资料	行动计划表	
组织政策	网络图	
制约因素		
假设条件		

3. 项目整体管理计划的编制依据

在项目整体管理计划编制过程中，需要输入的相关性文件很多，主要有：①项目初步范围说明书，它规定了项目范围，即需要完成的项目活动文件；②项目相关的计划，如工作分解结构图；③历史资料，如估算数据库、过去项目绩效的记录；④组织政策，即与项目相关的正式的和非正式的组织政策；⑤制约因素，即影响项目绩效的限制因素；⑥假设条件，即因项目存在着未知因素而建立的假设。

4. 项目整体管理计划编制的工具和方法

项目整体管理计划编制的工具和方法很多，基本的工具和方法有三种，即工作分解结构、责任矩阵及行动计划表，其他的还有网络图等。本书后面的相应章节将对这些工具和方法展开详细讨论。

5. 项目整体管理计划编制的结果

经过上述的编制过程，项目整体管理计划得到的结果就是综合两个或多个分计划及其他相关文件的项目整体管理计划。

（三）项目整体管理计划的执行

当项目整体管理计划以及其他的文件资料发放到项目的相关成员手中后，就进入了项目整体管理计划的执行阶段。我们要将项目整体管理计划的执行与项目各单项计划的执行融为一体，使它们共同贯穿于项目执行的全过程。

项目整体管理计划执行的主要工作如表所示。

项目整体管理计划执行的主要工作

依据	工具和方法	结果
项目计划	工作授权系统	项目变更申请
项目组织的政策和规定		项目执行的结果
纠偏行动信息		

1. 项目整体管理计划执行的依据

在项目整体管理计划执行的过程中，项目组织需要借助获得的一些依据，才能保证高效、准确地执行项目整体管理计划。项目整体管理计划执行的依据有：

（1）项目计划。它主要是指项目计划阶段所产生的各种计划文件，包括项目整体管理计划、各种单项计划以及项目计划文件的补充说明。

（2）项目组织的政策和规定。任何一个项目组织都会有自己的政策和规定，才能保证项目整体计划的顺利实施。良好的项目组织的政策和规定可以激励项目团队人员更加努力地工作，而拙劣的项目组织的政策和规定则会阻碍项目的顺利进展。

（3）纠偏行动信息。纠偏行动信息是指将项目的执行情况与项目计划比较后所得到的偏差信息及相应的纠偏行动信息。如果在项目整体计划的执行过程中，项目团队不了解纠偏行动信息，就会按照以前的计划来执行项目，必然导致更大的错误。

2. 项目整体管理计划执行的工作内容

在项目整体管理计划的执行过程中，项目团队需要做好如下工作：

（1）编制项目工作计划和项目任务书。项目整体管理计划是项目执行前编制的整体的、综合的管理计划，它是指导整个项目实施的主要计划，但项目整体管理计划并不是面面俱到的，所以要根据项目的整体管理计划、项目单项计划和项目的执行情况来编制项目工作计划和项目任务书，来具体地指导项目各个方面的执行。

（2）记录项目的执行情况。在项目的执行过程中，要详细记录项目的执行情况并及时报告，这样才能更好地掌握项目执行的实际情况，才能更好地为项目整体管理计划执行过程中的检查、分析、控制、协调提供信息。

（3）做好协调、控制和纠偏工作。该工作主要包括两个方面：一是协调项目各项工作，对项目执行过程中出现的问题采取相应的解决措施，尽量实现项目执行中的动态平衡；二是保证项目按照既定的项目计划执行，当项目实际进展情况与计划出现偏差时，要采取一定的措施来纠正偏差。

（4）做好项目整体管理计划的修订工作。当项目的内部或者外部出现了较大的变化时，就需要根据变化后的情况，对项目的整体管理计划进行修订。

（5）将新的项目整体管理计划及时通知相关的需求者。如果修订的项目整体管理计划没有及时通知相关的需求者，就等于没有修订项目整体管理计划，所以，只有及时通知了才能保证按照正确的方向执行项目。

项目整体管理计划执行所采用的工具和方法仍是工作授权系统，在此不再加以说明。

3. 项目整体管理计划执行的结果

项目整体管理计划执行结果包括如下两个方面：

（1）项目执行的结果。随着项目整体管理计划的不断落实，及根据项目执行的实际情况对项目整体管理计划不断地修改和完善，由此产生了项目执行的结果。项目执行结果具体包括：哪些项目工作已经完成，哪些没有完成，未完成的工作目前达到什么程度，项目工作的成本和进度情况如何，等等。

（2）项目变更申请。项目执行过程中，出现一些难以应付的情况时，需要对项目的整体管理计划提出变更申请，如扩大项目整体管理计划的工作范围等。

（四）项目整体运行监控

由于项目的一次性和独特性，在项目生命期的管理全过程中有效地实施项目监控，是实现过程目标和最终目标的前提和关键。在项目监控过程中，针对项目单项计划通常开展两方面活动，即项目跟踪和项目控制；而对于项目整体管理计划，则需要对项目整体进行监控。

1. 项目跟踪概述

（1）项目跟踪的含义

项目跟踪形象地说就是追踪项目行驶的轨迹，即项目各级管理人员根据项目的规划和目标等，在项目实施的整个过程中对项目状态以及影响项目进展的内外部因素进行及时的、连续的、系统的记录和报告的过程。

项目跟踪的工作内容主要有两方面：一是对项目计划的执行情况进行监督，二是对影响项目进展的内外部因素的发展情况和变化趋势进行分析和预测。

外部因素是指来自项目外部、不为项目所控制的影响因素，如政府政策、市场价格、利率、自然状况等。对于这类因素，跟踪的主要目的是大量收集资料，尽早做出预测，采取有效的预防措施来应对不利因素。

内部因素是指来自项目内部、在大多数情况下项目可以控制的影响因素，如人力资源、资金筹集与运用、材料投入、质量、进度等。对于这类因素，跟踪的主要目的是大量收集信息，寻找项目实际进展情况与计划之间的偏差，并分析其原因，为项目的控制打好基础，这其中最为关键的是进度、成本、质量三大因素。

项目跟踪体现的是过程管理的理念，它以收集信息为基础，最大的优点是可以提高项目的透明度和降低风险。

（2）构建项目跟踪系统需考虑的问题

对项目建立执行跟踪系统时，要考虑的问题有很多，主要有如下几个方面：

①项目跟踪对象。它主要包括范围、变更、资源供给、关键假设、进度、项目团队工作时间及任务完成情况等。

②收集信息的范围。项目跟踪所要收集的信息主要有投入活动的信息、采购活动的信息、实施活动的信息和项目产出的信息等。

③项目跟踪的过程。项目跟踪包括四个基本过程：观察、测量、分析和报告。

2. 项目控制概述

（1）项目控制的含义

对于任何项目，即使事先经过周密的计划，在实施过程中仍难免会出现一些意想不到的情况和各种困难，这就需要对项目进行适当的控制，以保证项目预期目标的实现。

项目控制（Project Control）是以事先制定的计划和标准为依据，定期或不定期地对项目实施的所有环节进行调查、分析、建议和咨询，发现项目活动与标准之间的偏差，提出切实可行的方案，供项目的管理层决策的过程。一般认为，项目控制是为了保证项目计划的实施以及项目总目标的实现而采取的一系列管理活动。

项目控制包括进度控制、成本控制、质量控制和风险控制等方面。具体的控制措施包括：会议、里程碑报告、风险跟踪、偏差分析报告等。上述的内容将在本书后面的项目进度管理、项目成本管理、项目质量管理和项目风险管理等章节详细介绍。

（2）项目控制工作的准则

为了对项目有效地进行控制，必须遵循以下准则：

①项目的执行自始至终必须以项目计划为依据。项目计划是项目管理的核心和基准，是项目执行和控制的依据。

②定期和及时测量实际进展情况，并与计划进度相比较。这是有效的项目控制的关键，因为这样我们才能尽快地发现问题；如有必要，就应立即采取措施及时地解决问题，因为进度越慢对项目的危害就越大。在进行项目控制时，应当确定固定的报告期，以便将实际进展情况与计划进展情况相比较。报告期根据项目整个期限的长短和复杂性而定，如果项目的周期为 1 个月，报告期可能为 1 天；如果项目预期要运行 3 年，则报告期可能为 1 个月。

③随时监测和调整项目计划。在项目的实施过程中，项目团队成员可能会发现更有效的执行任务方法，或者客户会改变项目要求，或者项目环境（竞争、规则等）发生变化等，应该根据项目变更的信息对项目计划进行适当地调整，使项目计划始终是切实可行的。

④充分的、及时的信息沟通。通过充分的、及时的信息沟通，项目管理人员可以及时准确地了解项目进展的状况，项目的实施人员也能了解有关项目的更为详细和准确的信息。

⑤详细准确地记录项目的进展和变化。详细准确的项目记录是控制和调整项目计划的实现依据，而且也是项目团队进行研究、讨论和寻求适当解决方案的基础。

（3）项目控制工作的步骤

要实现项目的有效控制，必须建立一套规范的项目控制程序。

①建立项目的基准计划。项目的基准计划是项目控制的基础，项目基准计划应该回答如下问题：

（A）项目必须完成哪些工作或任务。

（B）每项工作或任务必须在何时完成。

（C）每项工作或任务由谁负责。

（D）每项工作或任务的花费是多少。

（E）最终项目完成时期望提交何种可交付成果。

②收集有关项目进展情况的信息。控制离不开信息，收集有关项目进展情况的信息是项目控制的关键。为了获得积极效果，有必要建立一种信息收集的机制，特别要关注项目的变更信息，确保信息的全面性和准确性。信息的主要收集渠道有以下几种：

（A）项目经理面谈。项目经理与项目团队的具体任务负责人面谈，项目团队的具体任务负责人将其所负责活动的最新进展情况汇报给项目经理，这样项目经理就可以了解各任务负责人所承担的任务状况。

（B）项目进展情况会议。项目团队全体成员向项目经理通报各自目前已开始的任务、完成的任务、进度落后的任务及一切潜在的问题。

③各种记录资料。如工时记录、工时报告、情况简报等。

识别偏差。偏差是指实际成本、进度和质量指标相对于项目计划 的偏离。在识别偏差时，需要收集有关项目进展情况信息，即有关项目范围、进度计划和预算等方面的信息。通过将实际结果与基准计划相比较，然后据此判断项目实际进度比预定进度是超前了还是落后了、项目花费是超出了预算还是低于预算、按现有状况项目是否已取得了预期的成果等。这些内容将在本书以后的项目成本管理、项目进度管理和项目质量管理等章节中详细讨论。

偏差值是项目控制分析中的一个关键参数，对于不同的项目、同一项目的不同阶段以及不同的管理层次，其对偏差控制的程度有所不同，制定的偏差允许值范围也不尽相同。随着项目生命期的推进，项目的风险逐渐降低，偏差允许值的范围也随之缩小。另外，偏差的允许值与项目估算的方式、估算的精确度也有关系。

④偏差的原因和趋势分析。当发现偏差的确存在时，要仔细查找其原因。原因分析一般可由如下步骤完成：

（A）明确所存在的问题现状，如项目的花费超支和进度拖延的情况。

（B）查找产生该偏差的原因。一般来讲，典型的原因有：目标制定的不明确、计划不周全、执行效果差、判断失误、范围变化等。

（C）确定各原因对偏差的影响程度。

趋势分析法是管理者根据实际情况与基准计划的比较来判断未来偏差程度走向的一种分析方法。它的分析思路是基于这样一个假设，即对已出现的偏差不采取任何措施的情况下，分析和判断项目能否达到预期的目标，如果不能就必须采取纠正偏差的措施；如果发现可以如期达到目标且进展情况正常，则不需要采取进一步行动。

⑤采取管理行动纠正偏差。总体来说，采取管理行动纠正偏差有如下三种形式：

（A）不采取行动。如果问题不大，对项目的冲击很小，就没有必要采取措施；或者是因为问题尚未明朗，还无法采取可行的措施。

（B）修改计划。查验各项计划，对估计的进度、人员、成本等进行适当修改。

（C）调整计划。探讨计划变动的可能性，如是否可以增加进度表的时间，或者增加人员、增加经费等。

⑥通知有关的部门。当对偏差进行纠正时，必然会对项目的其他部分产生影响，所以要通知有关部门，让他们了解项目计划的变更，这样才能更好地执行项目。

3. 项目整体运行监控的主要工作

项目整体运行监控的主要工作如表所示。

项目整体运行监控的主要工作

依据	工具和方法	结果
项目整体管理计划 项目相关情况报告 否决的变更申请	项目管理方法系 项目管理信息系统 专家判断法	项目纠正措施 项目风险预防措施 项目缺陷补救措施 项目变更申请

（1）项目整体运行监控的依据

①项目整体管理计划。它是整合所有单项管理计划所形成的文件。整体管理计划是项目总体运行监控的主线。

②项目的相关情况报告。相关情况报告提供了项目各项活动的进展情况，项目管理者可以根据相关的报告对项目进行监控。这些报告包括项目进度情况、已经完成和尚未完成的可交付成果等。

③否决的变更申请。否决的变更申请包括变更申请本身、相关的辅助文件，以及表明否决的变更申请倾向的变更审查报告。

（2）项目整体运行监控的工具和方法

①项目管理方法系。项目管理方法系确定了协助项目管理团队按照项目整体管理计划监控项目工作的过程。

②项目管理信息系统。项目管理团队利用项目管理信息系统这样一个自动化系统来监控项目整体管理计划的执行。

③专家判断法。项目管理团队利用相关专家的丰富经验来监控项目总体运行状况。

（3）项目整体运行监控的结果

①项目纠正措施。纠正措施是为了保证项目未来的结果符合项目整体管理计划而提出并形成文件的建议。

②项目风险预防措施。预防措施是为了降低项目风险而提出并形成文件的建议。

③项目缺陷补救措施。补救措施是对某些在检查过程中发现的缺陷提出的纠正建议。

④项目变更申请。在项目总体运行过程中，会出现一些难以预料的情况，需要对项目的整体管理计划提出变更申请。

（五）项目整体变更控制

1. 项目变更控制概述

（1）项目变更控制的含义

项目变更的前提是项目变化。由于项目是一个系统，项目的某一部分改变，自然会引起项目其他部分发生相应的改变。这种改变即为项目变化。项目变化是指项目的实际情况与项目的基准计划发生偏离的状况。项目变化是客观的现实改变。项目变化并不意味着项目一定要发生变更。项目经理需时刻关注项目的变化，并考虑是否进行项目变更。

项目变更是指针对项目发生的变化所采取的一系列必要的应对措施。这里需要强调的是，项目变更必须遵循一定的程序，不能随意进行。而且若要进行项目变更，就应在项目生命期前期尽快实行，项目变更实施地越迟，完成项目变更的难度就越大，且造成的损失可能也越大。

导致项目变更的原因有：①项目的外部环境发生变化，如政府的有关规定发生变化；②项目计划出现错误或遗漏；③项目团队提出了新的技术、手段或方案；④项目实施的组织本身发生了变化；⑤客户对项目或项目产品的需求发生变化。

一般来说，项目很难能够按照项目基准计划原封不动地进行，项目变更是正常的、不可避免的，因此进行有效的项目变更控制不仅必不可少而且非常重要。项目变更控制是指建立一套规范的、能够有效地进行项目变更控制的系统的管理活动。

（2）项目变更控制的原则

为了对项目的变更有效地控制，成功地完成项目的目标，项目变更应遵循以下原则：

①将项目变更融入项目计划之中。项目计划是项目控制的基准，当项目变更时，将要以原来的计划为基础，对项目计划进行更新。通过对新、老计划的比较可以把握项目变更对项目的影响。

②选择对项目影响最小的方案。在进行项目变更决策时，应该选择对项目的目标、预算、成本、质量和团队等项目要素影响最小的变更方案。如果这些要素发生了较大的变化，将可能使已经完成的工作前功尽弃。

③在准备项目变更申请和评估之前，务必征求项目经理的意见。因为项目经理是项目实施的具体负责人，他们对项目最了解，他们的观点和看法最具有说服力。

④及时地发布项目的变更信息。当项目变更申请被批准后，应该及时地将项目变更的信息通知所有项目团队成员，使他们了解项目变更的内容，按照项目的变更要求调整自己的工作方案。

（3）项目变更控制程序

项目变更控制程序如下：

①明确项目变更的具体目标。

②分析和找出客观的项目变化和主观的项目变更请求，对所有提出的项目变更申请进行审查。

③分析项目变更对项目绩效造成的影响。

④分析产出（可交付成果）相同的各替代方案的差异。

⑤由变更控制委员会（CCB，Change Control Board）决定批准或否定项目变更请求。

⑥对项目变更的原因进行说明，解释项目变更已选方案的内容。

⑦与所有相关项目干系人就项目变更的具体方案进行交流，统一和协调项目干系人提出的变更请求。

⑧确保项目变更方案合理实施。

2. 项目整体变更控制的含义

项目整体变更控制（Project Integrated Change Control）是针对项目单项变更控制而言的。在项目实施过程中可能会发生诸如：项目目标、项目要求、项目范围、项目时间、项目成本、项目质量、项目风险、项目合同等要素的变更。由于任何上述单一的要素变更都会对其他项目要素产生影响，所以在任何单一项目要素变更后都需进行项目整体变更控制。在进行项目变更时应尽可能保持原有项目绩效度量基线的完整性。项目整体变更控制可以借助变更控制系统来实现。项目变更的整体控制就是协调和管理项目各个方面的变更要求，以达到项目的预定目标。项目整体变更控制的核心内容是对项目各个要素的变更控制、项目变更的风险控制、项目变更合同修订等综合控制进行整合，它比各单项项目变更控制更具有全局性和系统性。

3. 项目整体变更控制的原则

为了使项目整体的变更控制能够顺利地进行，必须遵循如下原则：

（1）连续性原则，即尽量不改变项目业绩衡量的指标体系。项目业绩衡量的指标体系是一种行业化、标准化的体系，如果发生了改变，评价的标准就不连续，失去了客观性和科学性，所以尽量不要改变项目业绩衡量的指标体系。

（2）一致性原则，即确保项目的工作结果与项目的计划相一致。一旦项目的工作结果发生变化，就必须反映到项目的计划中来，要根据项目工作结果的变化来更新项目的计划，使项目的计划和项目的工作成果保持一致。

（3）整体性原则，即注重协调好项目各个方面的变化。由于项目某一个方面发生变化，必然会影响到项目的其他方面发生变化，因此要协调好项目发生变化的部分，以便顺利实现项目变更的整体控制。

4. 项目整体变更控制的依据

项目进行整体的变更控制时，需要如下的一些相关信息：

（1）项目计划。项目计划包括项目整体管理计划和各种单项管理计划，其中项目整体管理计划是项目变更整体控制的主线。

（2）项目执行情况报告。项目执行情况报告提供了项目的实际进展情况，项目管理者可据以进行项目的变更。项目执行情况报告包括：项目的进度情况、项目的花费情况、定期检查记录和典型事件记录等。

（3）项目变更申请。项目变更申请可以由项目团队提出，也可以由项目业主提出，或者由其他项目干系人提出。提出的形式可以是口头的，也可以是书面的；可以是直接的，也可以是间接的。在此必须注意的是，项目变更的申请是项目变更整体控制最重要的依据。

5. 项目整体变更控制的工具和方法

项目整体变更控制的工具和方法主要有：项目整体变更控制系统、关键比值分析法和偏差分析法。

（1）项目整体变更控制系统

项目变更控制可以借助于项目变更控制系统来实现。项目变更控制系统是指涵盖项目变更的书面审批程序，跟踪控制体制、审批变更的权限层级规定等文件、具有改变或修订项目内容功能的一种控制管理系统。此外，项目变更控制系统中，必须采用正式文件明确规定和说明项目变更控制委员会的权利和义务，还必须包括能够处理各种项目突发事件的应急处理程序，同时还需要具有项目文档化管理规章、项目变更分类、分级管理权限与控制方法以及所有项目变更的正式文件和记录等。

（2）关键比值分析法

关键比值分析法的基本思路是，首先选择若干相关指标（计划与实际）的比值，然后计算这些比值的乘积（即关键比值），最后以此数值（关键比值）来进行项目状态的监控分析。因为仅用一些有关指标的绝对值进行比较有时无法深入揭示事物的内在矛盾，采用相对值数据的对比则可能会理想些。

下面选取成本比值和进度比值来说明关键比值法的具体应用步骤。

首先，可以分别定义“预算成本/实际成本”为成本比值，定义“实际进度/计划进度”为进度比值。然后，计算成本比值与进度比值二者的乘积，即得到关键比值，最后，分析判断在项目进程中成本与进度要素的计划与实际偏离的状况和原因。

在此需要注意的是：①关键比值计算中的指标比值可以根据项目进程中所需控制的指标自行设定；②指标比值的分子与分母排列应按“愈大愈好”的原则排列，即遵循指标比值含义的同向性原则。如成本比值中的“预算成本/实际成本”，就是按“愈大愈好”（预算成本应大于实际成本）的原则来设计的。

关键比值的计算公式：关键比值=（预算成本/实际成本）×（实际进度/计划进度）

对单个指标比值而言，我们很容易判断出项目实施状态的好坏。但是，在项目实施过程中，影响项目成败的因素不止一个，如果有若干个指标比值，而且它们的指标比值有的大于1，有的小于1，这时对项目实施的状态又如何分析呢？在此我们以表为进行讨论。

表关键比值计算表

任务	预算成本	实际成本	实际进度	计划进度	关键比值
1	4	4	8	8	1. 00
2	8	6	4	5	1. 07
3	6	6	4	3	1. 33
4	6	8	4	4	0. 75
5	6	8	3	4	0. 56
6	8	6	4	3	1. 78

从上述的关键比值数据，可以得出如下分析结论：

（1）任务1，成本和进度都与计划指标相符，项目此时执行情况良好。

（2）任务2，成本比值大于1，进度比值小于1，项目此时尽管成本节约了，但项目进度延迟，最终的成本仍有超出计划指标的可能。

（3）任务3，成本比值等于1，进度比值大于1，说明尽管进度提前，但是并没有因此而增加成本，项目此刻执行情况仍然良好。

（4）任务4，成本比值小于1，进度比值等于1，说明项目进度与计划指标相符，但是成本已经超支，项目此时执行情况比较差。

（5）任务5，成本比值小于1，进度比值小于1，说明项目成本超支，进度又延迟，项目此时执行情况非常不好。

（6）任务6，成本比值大于1，进度比值大于1，说明即节约了成本，又提前进度，项目此时执行情况非常好。

一般来说，关键比值在1附近，不需要采取任何控制活动。如第1、2项任务关键比值等于1或者在1附近，就不需要采取控制行动；第3、6项任务关键比值远大于1，也不需采取控制行动，但是在项目团队有余力的情况下需要调查其原因；第4、5项任务关键比值都小于1，不但要调查原因而且应采取控制措施。另外，任务5和任务6实际执行情况与计划差距很大，也有可能是计划制定得不合理所致。

关键比值的控制范围可视具体的项目而定。例如，某个项目的关键比值的控制范围是这样设定的：当关键比值在0. 9~1. 1范围之内可以忽略；在0. 7~0. 9范围之内让项目的技术人员仔细关注；对关键比值小于0. 7的情况应立即进行调查，找出执行与计划差距的原因。在1. 1~1. 3范围之内可在项目团队有余力的情况下进行调查；当大于1. 3时则应立即进行调查，可着重分析计划指标制定的是否合理等原因。一般来说，关键比值控制的重点应是关键比值小于1时的情况。

6. 项目整体变更控制的结果

项目整体变更控制的结果是形成书面文件，主要包括：

（1）更新后的项目计划。项目变更整体控制的主要结果是项目计划。它是对项目整体管理计划、项目各种单项计划和其他的支持性细节内容所做的修改和更新的结果。

（2）项目变更的行动方案。项目变更的行动方案是下一步项目变更整体控制所要采取的行动方案。

（3）吸取经验和教训。项目变更整体控制的最后结果就是吸取经验教训，找出项目变更的原因，作为下一个项目的参考和借鉴。

五、组织项目

“如果你在没有对项目进行详细规划，或者忽略了某些方位性线索的情况下就贸然采取行动，你就极有可能会忽视项目计划的一些重要特征。因此，一定要高度重视重要里程碑事件。”

——马丁·内姆佐（Martin Nemzow），高科技顾问及作家

有了计划之后，就要开始采取行动了。在项目的组织阶段，你就要把你所设计的高水平的计划付诸实践了。在这一阶段，你的时间预测变成了日程安排，你的活动方案变成了关键路径，你的成本估算变成了项目预算，你把项目组紧密地团结在一起，你需要收集所有相关资源，你需要大家和你一样具有奉献精神。

由此可见，组织阶段主要包括以下几个关键步骤：

1. 组建项目组。

2. 制订日程安排。

3. 制订预算。

（一）组建项目组

估计项目所需技能是组织阶段的开始。这个估计直接源自计划阶段工作分解结构的工作。在计划阶段，你已经对所要完成的任务和活动进行了最佳判断。根据这个估计，你目前的团队也许并不具备项目所需要的某些技能，因此你需要吸收一些具备这

些技能的相关人员，他们可以是临时工作人员还可以是公司内部员工，只要他们具备项目所需技能就可以考虑聘用他们。

"选择一个优秀的团队就等于是选择一些愿意参与团队协作的合格人选。我愿意给他们提供尝试全新工作的机会。我能发现他们的潜能，而且我愿意帮助他们晋升。有很多和我处在同样位置的人也能够发现别人身上的潜能，可他们不愿意冒这个险，但我愿意。"

——詹尼弗·萨金特

一般情况下，部分甚至是全部项目组成员都要由项目经理来确定，当然有时也会安排一个项目经理去领导一个项目组。如果安排你去领导一个项目组，那么作为项目经理，你应该首先了解一下这个项目组成员分别具备哪些不同的技能，然后再根据技能与任务的最佳搭配关系进行任务分配，并对那些有必要为完成项目而掌握一些额外技能的人提供相关培训。而事实上，你和你的项目组成员都需要参加一些培训来弥补技能上的不足，但千万不要忘记对所要花费的时间和金钱进行预算。

"过去，也许你只需要在部门内部的属下中就能挑选出足够的项目组成员来共同完成一些较大的项目。但现在，你必须要走出自己的部门，并在整个公司范围内选择那些有着相关知识的人。你必须得运用你的影响力。如果公司无法向你提供你所需要的知识库，那么你就必须去一些咨询机构来寻找那些你想要的项目组成员。"

——蒂莫西·奥米拉

（二）制订日程安排

"基于我们现有的资源，我们的项目大概需要这么长时间"，如果能这样说当然最好。而现实的情况却是，大多数项目都有固定的开始和结束日期，但却完全不考虑现有的资源。比如，虽然你希望马上就开始做项目，但你至少还需要两周的时间才能配齐所需的人员或材料。制订日程安排事关全局，因此，每个项目都要有日程安排，且每个项目经理都必须要知道该如何制订日程安排。

"完成项目实际花费的时间往往要比你预计的时间长。"

——肯·贝尔（Ken BeII），制片人

建议：团队协作

虽然你对项目的各个部分都非常了解，但也许某些项目组成员比你更加频繁地关

注项目的进展情况。因此，你要虚心听取那些有着特殊经验、知识和技能的项目组成员的意见。如果你对大家的意见充耳不闻，依然我行我素，那么你必将会失去一些重要的知识和经验，你的项目也会因此而受到影响。

和项目组成员共同分享关于项目的“全局性”信息。如果他们能够真正了解项目的意图和所要达到的目标，那么他们对项目的贡献度与参与度将会大大提高。

如何制订项目日程安排。一开始就仔细看完成项目的最后期限（drop-dead date），即那个无论如何都不能变动的日期。这个日期可能是一次商品展销会的日期，也可能是向监管部门提交审查报告的日期。然后从这个最后期限开始往前推算项目的交付期。如果要在股东大会上通过年度报告，而且你清楚地知道这些报告的印刷工作要花费两周的时间才能完成，那么你就得在会议召开的前两周把报告的最终版本交给印刷工人。往前推算，或者叫作“向后链”（back-Chaining）的工作方式可以帮助你制订一个更为实际的日程安排。

建议：制订项目日程安排

要知道哪些最后期限是固定的、不容变通的，哪些是相对比较灵活的。

任务最好不要超过 4~6 周。当任务完成的时间接近这个时间框架时，你需要对这些任务进行进一步细分。

日程安排中的细节不能多到连你自己都顾及不到的程度。

要尽量使日程安排有很强的逻辑性。稍后再进行资源分配。

用同样的时间增量（increments）来记录所有的时间片断（time segments），比如，用天或者周来计算。

在制订项目日程安排时，不要为了达到既定目标而超时，否则可能会影响后续问题的解决。

制订项目日程安排的步骤

1. 运用工作分解结构或者类似的框架列一个清单，写下具体的任务和所要采取的行动。

2. 每采取的一个行动都要有一个交付成果，比如，“一份调查问卷的草案”“一个市场原型测试”或者“一套第二版测试软件”。

3. 以交付成果为基础，制订一个项目日程安排，该日程安排中一定要包括那些现实的里程碑事件和最后期限。

4. 分清哪些是可能干扰日程安排的瓶颈问题。

5. 确定解决这些瓶颈问题的方法，或者是留出一些富余的时间来想办法绕开这些瓶颈问题。

6. 建立控制和沟通体系来对日程安排进行更新和修改。

7. 要让每一个人，即所有的利益相关者都参与到项目发展的过程中来，让他们知道项目的进展情况和日程变动方面的信息。

设计关键路径的步骤

1. 列出所有将要完成的活动，并对每一个活动做以简要描述。

2. 确定完成每一个活动大致所需的时间。

3. 在每个活动开始之前，把那些必须要完成的活动列出来。

4. 画一个关键路径图。

5. 计算每一个活动的最早开始时间。

6. 计算每一个活动的最早结束时间。

7. 确定关键路径。

8. 初步估计一下完成整个项目大致需要多少时间。

关键路径法。关键路径法（CPM）是用来制订项目活动日程安排的一个工具。你可以先利用工作分解结构对项目活动进行分解，然后再把分解后的各个独立的活动视为一个有时间属性的结点，从项目起点到终点进行排列。有些活动可以同时进行，但有些活动则必须在下一项活动开始前结束。关键路径法会帮助你策划这一过程。

所谓关键活动，就是指那些决定整个项目工期的活动，即如果想要按时完成项目，就必须得首先按时完成这些关键活动。分辨出哪些是关键活动能够帮助你最有效地进行资源分配。

运用计划评审技术图对项目进行监督。另外还有两种被广泛用来制订并监督项目进度计划的工具：流程图，比如计划评审技术图（PERT）。

计划评审技术图有点类似于关键路径图。建立关键路径图的主要目的是为了在项目一开始就建立起关键路径，即找到最关键的活动，以使项目经理能够高度重视这些活动，并提前做好准备工作。而计划评审技术图则可以显示每一个活动，甚至是整个项目的进展情况，因此，它更多地被用来作为项目监督工具。

流程图，比如计划评审技术图，可以显示出以下几方面的内容：

处在每个阶段的每一个任务应该什么时候开始。

计划完成每一个任务所需要的时间（以及什么时候完成）。

在特定的时间内，所有任务的进展情况。

结果、任务和具体事件之间的依赖关系。

从甘特图中我们可以看出完成任务或活动的顺序和完成每个任务所需的时间。然而甘特图与流程图不同，它并不能显示任务与任务之间的相互依赖关系，也就是说，从甘特图中你看不出来应该先完成哪个任务，后完成哪个任务。

条形图，比如甘特图，可以显示出以下几方面的内容：

项目进展情况。

预计整个项目的工期。

预计每个子项目的工期。

完成任务的先后顺序。

“甘特图可以使整个项目一目了然。它可以让来自其他部门，甚至是公司以外的人也能真正地看清楚项目的进展情况。我也会用甘特图来告诉我的客户具有重大里程碑意义的事件，这样一来当我们谈论项目的进展情况时，甘特图上的信息会一目了然。虽然它是一个非常有用的工具，但你不能完全依赖它，因为有些突发状况是无法在甘特图上得以体现的，这一点不容忽视。”

——贝丝·查普曼

设计甘特图的步骤

用“设计”这个词来表示画一个甘特图，再准确不过地描述了项目的进展过程。事实上，你相当于在建立一个可视的项目框架。具体步骤如下：

1. 把项目从开始到结束的每一个阶段都列出来，写在纸的左下角。

2. 把项目从开始到结束的时间范围加在纸的上端或端。

3. 用一个空白长方形来表示第一阶段的子项目。长方形的左侧为该子项目的起始日期，右侧为结束日期。

4. 其余每个阶段的子项目都用一个长方形来表示，并保证让相互之间依存度较高的阶段在其前一个阶段的活动结束之日起或结束之后再开始。

5. 对于那些相对比较独立的子项目而言，要根据该子项目负责人或监督者的个人喜好来画长方形，并用该长方形来表示预计完成该子项目所需的时间。

6. 根据需要调整每个阶段子项目预计花费的时间，这样做的目的是确保整个项目能够按时完成，或者是提前完成。

7. 如果可能的话，为重要事件加上图标。

8. 用图形标出哪一个利益集团负责完成哪一个特殊活动。

9. 把做好的甘特图拿给利益相关者和项目组成员，听听他们的反馈信息。

10. 根据大家的反馈意见对图表进行必要的调整。

选择最适合你和你项目的排程系统。为了成功实现目标，你十有八九要在不同时期同时选择条形图和流程图。这两种排程法可以把你要完成哪些任务、每个任务大概需要花费多少时间、每个任务发生的先后顺序如何安排，以及每个任务分别由谁来负责等问题变得更加一目了然。

条形图可以使利益相关者和终端用户随时了解项目的进展情况。而流程图则可以帮助你密切管理关于项目进展的细节信息，并可以把这些细节传递给项目的监督者和实施者。在如今这个网络时代，这是个非常强大的工具，因为一旦日程安排发生变化，大家就可以立刻通过网络得知这一变化。

注：比较下面两种排程法

流程图（关键路径图和计划评审技术图）：

优点：所有子项目的透明度和相互依存度都很高。

缺点：比较复杂，不易快速掌握。

条形图（甘特图）：

优点：容易画，容易懂，可以有效地和利益相关者沟通在特定的时间框架内需要完成哪些任务。

缺点：很难估计某一方面的变化会对项目其他方面造成什么样的影响；当项目进行得如火如荼时，很难对其进行频繁更新。

然而，项目排程的最佳方法就是那种你觉得用起来最得心应手、对你来说最有效的办法。不要因为“别人都在使用”，或者因为“它是目前最权威的一种方法”而随波逐流。

要想知道哪一种方法最适合你，首先要凭借你的经验，看看你是否对一直用来对项目进展情况进行跟踪的这个系统感到满意。这样一来，你就会知道是继续使用现在这个系统还是尝试着用其他一些新系统。

利用软件来制订项目计划。对于相对较为复杂的项目，大多数项目经理都会运用软件程序来进行项目计划和项目管理。为了弄清楚哪一个软件最适合你，你首先应尽可能多地收集关于软件的相关信息。你可以从互联网上收集这些信息，也可以听取别人的意见，并把他们的工作习惯与你的进行比较，看看到底适不适合你。除非你已经对某个软件非常熟悉了，否则你就必须想办法得到有关该软件的可靠培训和技术支持。

注：记住，软件并不是十全十美的，它无法查出日程安排中的逻辑错误。在最后确定日程安排之前，要与另外一名团队成员或者利益相关者仔细审核整个日程安排。

（三）制订预算

所谓预算就是指一个项目的财务计划或者行动计划，也就是把计划变成一些可测量的量的过程，这些可测量的量是指在特定时间内所需资源的成本和预计得到的回报。但并不是所有的预算都是一样的。

多数项目经理在做预算时都会给自己留有余地。然而在有些行业（比如非营利性的资金赞助行业），其预算就不如其他行业那样灵活。在这种情况下，预算就是一纸契约，如果没有事先征得同意，用于一个项目的资金是不可以被挪用到另外一个项目上的。

建议：选择项目管理软件

任何一个项目计划软件都应该能够：

处理甘特图和流程图的制作和改动，其中包括计划评

审技术图和关键路径的计算。

提供打印前的屏幕信息浏览。

生成计划表和预算表。

考虑周末及假日的因素，使项目计划与日历相匹配。

制作不同的应急计划和修正方案。

对个人或者团队超出日程安排的行为提出警告。

“一旦我制订了预算并设定了开销的上限，我就会把这个预算分成几类。我会尽量把每一类都控制在其预算范围内。如果我在某一类上超出了预算，只要把另外一类控制在预算以下就可以了，即只要整个项目的开销低于最初的预算就没问题。”

——詹尼弗·萨金特

确定项目。预算不仅要列出实施项目所需的全部成本，而且还要判断项目的收益是否值得花费这些成本。

在制订预算时，应该问的第一个问题是：“在这个项目的实际执行过程中需要哪些资源？”

为了确定项目的成本，应将其细分成以下几类：

人员。一般情况下，人员费用总是在你的预算中占有最大的比重。你有没有把现有员工和中途有可能增加的临时员工都计算在内？

差旅。每一个人都在现场还是需要把大家从四面八方集中到一个地点？

培训。每个人都知道如何使用完成项目所需的所有设备吗？他们都具备完成项目所需的全部技能吗？是进行现场培训还是需要出差接受培训？

办公用品。除了常用的电脑、笔、纸和软件外，还需要什么特殊或不常用的设备吗？

住宿。需要对人员进行重新安置吗？需要多少空间？费用大概是多少？

调研。你需要购买与课题有关的资料吗？你们团队需要进行多少次调研？需要多少费用？

资本支出。完成这项工作还需要购买哪些昂贵的设备，或是需要哪些技术升级？需要哪些资本支出？如何支出？

管理。你计划的管理费是多少？要使它与你们公司的管理费标准保持一致。

即便是你的预算中包括了上述这些标准类别中提到的所有数字，你还是要问一问你自己是否遗漏了什么。

你有没有忽略……

使项目组成员了解项目的培训成本？

教用户如何执行你的项目所花费的后期培训成本？

持续的人员成本？

对新住处的持续维护成本？

保险成本？

执照成本？

来自外部支持的成本，比如法律方面或者会计方面的成本？

“要为项目准备好充足的资金，否则就不要开始。”

——诺曼·R. 奥古斯丁（Norman R. Augustine），洛克希德-马丁（Lockheed

Martin）航空公司的前任主席兼首席执行官

预算，无论你计划得多么精心，它终究还是一个最大限度的估计。你要随时做好心理上的准备，因为在实际操作的过程中，实际发生的费用会与你最初的估计有些偏差。这时，要尽量在所规定的时间、所要求达到的质量和全部可支配的资金所允许的范围内灵活处理。

“比如，销售部有一个市场营销的项目。他们从财务部和技术部的相关人员那里得到了一些详细信息。他们回答了一些尖锐的财务问题，例如，资金问题、开销问题、职员的总数以及收益问题。虽说这些跨部门型团队把项目计划得非常好，但我们能因此而断言我们一定会成功吗？虽然大家都很努力，但还是有失败的可能，当然也有取得更大成功的可能。将来的事情谁也说不准。”

——蒂莫西·奥米拉

建议：如果你在一家咨询公司或者服务公司任职，比如一家建筑公司或者广告公司，那么你和客户对于可以在多大程度上对预算进行灵活处理这一问题也许有着不同的看法。为了避免彼此之间产生误会，你一定要在一开始就明确说出你对预算的真实想法。

六、成本控制

（一）成本控制的基本程序和方法

生产过程中的成本控制是在产品的制造过程中，对成本形成的各种因素，按照事先拟定的标准严格加以监督，发现偏差就及时采取措施加以纠正，从而使生产过程中的各项资源的消耗和费用开支限在标准规定的范围之内。成本控制的基本工作程序如下所述。

1. 制定成本标准

成本标准是成本控制的准绳。成本标准首先包括成本计划中规定的各项指标。但成本计划中的一些指标都比较综合，还不能满足具体控制的要求，这就必须规定一系列具体的标准。确定这些标准的方法，大致有三种：

（1）计划指标分解法。即将大指标分解为小指标。分解时，可以按部门、单位分解，也可以按不同产品和各种产品的工艺阶段或零部件进行分解。若更细致一点，还可以按工序进行分解。

（2）预算法。即用制定预算的办法来制定控制标准。有的企业基本上根据季度的生产销售计划来制定较短期的（如月份）的费用开支预算，并把它作为成本控制的标准。采用这种方法特别要注意从实际出发来制定预算。

（3）定额法。即建立定额和费用开支限额，并将这些定额和限额作为控制标准来进行控制。在企业里，凡是能建立定额的地方，都应把定额建立起来，如材料消耗定额、工时定额等。实行定额控制的办法有利于成本控制的具体化和经常化。

在采用上述方法确定成本控制标准时，一定要进行充分的调查研究和科学计算，还要正确处理成本指标与其他技术经济指标的关系（如和质量、生产效率等关系），从完成企业的总体目标出发，经过综合平衡，防止片面性。必要时，还应搞多种方案的择优选用。

2. 监督成本的形成

根据控制标准，对成本形成的各个项目经常进行检查、评比和监督。不仅要检查指标本身的执行情况，而且要检查和监督影响指标的各项条件，如设备、工艺、工具、工人技术水平、工作环境等。所以，成本日常控制要与生产作业控制等结合起来进行。成本日常控制的主要方面有：

（1）材料费用的日常控制。车间施工员和技术检查员要监督按图纸、工艺、工装要求进行操作，实行首件检查，防止成批报废。车间设备员要按工艺规程规定的要求监督设备维修和使用情况，不合要求不能开工生产。供应部门材料员要按规定的品种、规格、材质实行限额发料，监督领料、补料、退料等制度的执行。生产调度员要控制生产批量，合理下料，合理投料，监督期量标准的执行。车间材料费的日常控制一般由车间材料核算员负责，它要经常收集材料，分析对比，追踪原因，并会同有关部门和人员提出改进措施。

（2）工资费用的日常控制。即车间劳资员对生产现场的工时定额、出勤率、工时利用率、劳动组织的调整、奖金、津贴等的监督和控制。此外，生产调度员要监督车间内部作业计划的合理安排，要合理投产、合理派工，控制窝工、停工、加班、加点等。车间劳资员（或定额员）对上述有关指标负责控制和核算，分析偏差，寻找原因。

（3）间接费用的日常控制。车间经费、企业管理费的项目很多，发生的情况各异。有定额的按定额控制，没有定额的按各项费用预算进行控制，如采用费用开支手册、企业内费用券（又叫本票、企业内流通券）等形式来实行控制。各个部门、车间、班组分别由有关人员负责控制和监督，并提出改进意见。

上述各生产费用的日常控制，不仅要有专人负责和监督，而且要使费用发生的执行者实行自我控制，还应当在责任制中加以规定，这样才能调动全体职工的积极性，使成本的日常控制有群众基础。

3. 及时纠正偏差

针对成本差异发生的原因，查明责任者，分别情况，分别轻重缓急，提出改进措施，加以贯彻执行。对于重大差异项目的纠正，一般采用下列程序：

（1）提出课题。从各种成本超支的原因中提出降低成本的课题。这些课题首先应当是那些成本降低潜力大、各方关心、可能实行的项目。提出课题的要求，包括课题的目的、内容、理由、根据和预期达到的经济效益。

（2）讨论和决策。课题选定以后，应发动有关部门和人员进行广泛的研究和讨论。对重大课题，可能要提出多种解决方案，然后进行各种方案的对比分析，从中选出最优方案。

（3）确定方案实施的方法步骤及负责执行的部门和人员。

（4）贯彻执行确定的方案。在执行过程中也要及时监督检查。方案实现以后，还要检查方案实现后的经济效益，衡量是否达到了预期目标。

（二）项目费用控制的技术和方法

项目费用控制的技术和方法主要有费用变更控制系统和挣得值法。

1. 费用变更控制系统

费用变更控制系统包括书面文件、跟踪系统和变更审批制度。项目变更是正常的、不可避免的。变更控制程序如下：

（1）明确项目费用变更的目标。

（2）对提出的所有费用变更要求进行审查。

（3）分析项目费用变更对项目绩效所造成的影响。

（4）明确产出相同的各替代方案的变化。

（5）接受或否定费用变更要求。

（6）对项目费用变更的原因进行说明，对所选择的变更方案给予解释。

(7) 与所有相关团体就费用变更进行交流。

(8) 确保费用变更合理实施。

2. 挣得值法

挣得值法也是非常重要的费用控制技术。挣值分析法是从费用的角度分析项目执行情况与项目计划之间的差异方法。挣值分析通过测量和计算完成工作的预算费用(BCWP)与完成工作的实际费用(ACWP),以及在当期计划工作的预算费用(BCWS),得到有关项目的进度偏差(SV)和费用偏差(CV),以考核项目的执行情况。其最大特点就是引入了BCWP,以费用来衡量进度。项目管理者可借助BCWP来分析项目成本和进度的执行情况与计划的偏离程度,并可根据这些信息对项目成本和进度的发展趋势做出合理的预测。

挣得值法用三个指标来控制衡量费用的使用。

(1) 计划值(PV):在规定的时间内在工作上将要花费的获得批准的成本估算部分;

(2) 实际成本(AC):在规定时间内完成工作所花费的实际成本(直接和间接成本的总额);

(3) 挣值(EV):实际完成工作的价值。

(三)工程项目成本管理的措施

工程项目降低项目成本的方法有多种,概括起来,可以从组织、技术、经济、合同管理等几个方面采取措施进行控制。

1. 采取组织措施控制工程成本

(1) 要明确项目、一级建造师、经理部的机构设置与人员配备,明确处、项目经理部、公司或施工队之间职权关系的划分。项目经理部是作业管理班子,是企业法人指定项目经理做他的代表人管理项目的工作班子,项目建成后即行解体,所以它不是一个经济实体,应该对项目整体利益负起责任,同理应协调好公司与公司之间的责、权、利关系。

(2) 要明确成本控制者及任务,从而使成本控制有人负责,避免成本大了、费用超了、项目亏了责任却不明的问题。

2. 采取技术措施控制工程成本

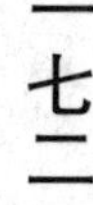

采取技术措施是在施工阶段充分发挥技术人员的一级建造师主观能动性，对标书中主要技术方案做必要的技术经济论证，以寻求较为经济可靠的方案，从而降低工程成本，包括采用新材料、新技术、新工艺节约能耗，提高机械化操作等。

3. 加强质量管理，控制返工率

在施工过程中，要严把工程质量关，始终贯彻质量方针，各级质量自检人员定点、定岗、定责，加强施工工序的质量自检和管理工作，并采取防范措施，消除质理通病，做到工程一次成型、一次合格，杜绝返工现象的发生，避免造成因不必要的人、财、物等大量的投入而加大工程成本。

4. 采取经济措施控制工程成本

采取经济措施控制工程成本包括：

（1）人工费控制。人工费占全部工程费用的比例较大，一般都在10%左右，所以要严格控制人工费。要从用工数量控制，有针对性地减少或缩短某些工序的工日消耗量，从而达到降低工日消耗、控制工程成本的目的。

（2）材料费控制。材料费一般占全部工程费的65%~75%，直接影响工程成本和经济效益。一般做法是要按量、价分离的原则，主要做好两个方面的工作。

①对材料用量的控制。首先，坚持按定额确定材料消耗量，实行限额领料制度；其次，改进施工技术，推广使用降低料耗的各种新技术、新工艺、新材料；最后，对工程进行功能分析，对材料进行性能分析，力求用低价材料代替高价材料，加强周转料管理，延长周转次数等。

②对材料价格的控制。主要是由采购部门在采购中加以控制。一级建造师首先对市场行情进行调查，在保质保量的前提下，货比三家，择优购料；其次是合理组织运输，就近购料，选用最经济的运输方式，以降低运输成本：最后是考虑现金的时间价值，减少资金占用，合理确定进货批量与批次，尽可能降低材料储备。

（3）机械费控制。尽量减少施工中所消耗的机械台班量，通过合理施工组织、机械调配，提高机械设备的利用率和完好率，同时，加强现场设备的维修、保养工作，降低大修、经常性修理等各项费用的开支，避免不正当使用造成机械设备的闲置；加强租赁设备计划的管理，充分利用社会闲置机械资源，从不同角度降低机械台班价格。从经济的角度管制工程成本还包括对参与成本控制的部门和个人给予奖励的措施。

5. 加强合同管理，控制工程成本

合同管理是施工企业管理的重要内容，也是降低工程成本、提高经济效益的有效途径。项目施工合同管理的时间范围应从合同谈判开始，至保修日结束，尤其加强施工过程中的合同管理，抓好合同管理的攻与守。总之，成本预测为成本确立行为目标，成本控制才有针对性；不进行成本控制，成本预测也就失去了存在的意义，也就无从谈成本管理，两者相辅相成。所以，应从理论上深入研究，实践上全面展开，扎实有效地把这些工作开展好。

七、管理项目

"项目经理需要具备乐观者的动机和悲观者的谨慎。"

——安妮·布里格斯（Anne Briggs），产品经理

把计划付诸实施是项目实施阶段的开始。对于大多数项目经理而言，这一阶段是整个项目中最令人愉快的一个阶段，因为这就意味着工作真正开始了，项目的进展情况是显而易见的。但是这个阶段也是最令人泄气的一个阶段，因为这一阶段充满了让人感到乏味的细节，甚至有时这些细节会让人觉得无法忍受。但高效地处理这些细节问题是非常重要的，因为只有处理好细节问题，接下来的项目才能进行得更加顺利，你才能更加享受整个过程。

（一）不要偏离要径

项目从一开始就一步一步走向结束。在这一过程中，一定不要偏离要径，虽然有时，它似乎并不是那条最直接的路。

"我所说的要径就是指从项目开始到结束之间的最短距离。但遗憾的是，许多已经走在要径上的人，比如项目经理和开发小组，都把这条路看作是唯一的路。但事实上，从项目开始到结束之间有许多条路可以选择，你既可以选择一条捷径，也可以选择在丛林中砍出一条新路。"

——马丁·内姆佐

（二）做好授权的准备

"盖教学楼预算的15%用在视听设备和配线上。我在这方面一窍不通，而且这一领

域的发展速度也相当快。于是，我把这个任务授权给项目组的另外一个人，同时我们又雇了一个从事音频和视频方面的专家。我必须把任务分派下去，否则我根本无法开展工作。”

——维克托·奥泰尔

高效的项目经理会提前花上一定的时间来计划分派工作任务并组织分配资源，只有这样他们才能以最高的效率来实现其商业目标。当你开始组队，并为每一个项目组成员分派任务时，这个过程就已经开始了。

然而，随着项目的向前推进，也许你会发现你需要分派的任务比最初想象的还要多。要灵活对待授权的问题，即什么时候应该授权，而什么时候不应该授权。

但是要记住，作为项目经理，你要对整个项目负责，项目的最终责任也是由你来负。因此，只有你能做的工作就不要授权给别人去做。

确定哪些任务可以授权，哪些不可以。首先，确定哪些任务需要授权，以及成功完成每个任务需要具备什么样的技能和能力。然后，再把任务授权给最适合承担该任务的那个成员。

授权之后要给你的项目组成员以足够的信任。一旦你已经决定如何给项目组成员授权，你就要给每个人提供他们成功完成任务所需要的信息和资源。然后，你就退居幕后，让他们去独立完成各自的工作。

（三）监控项目实施过程

“每一个项目在沿着要经向前发展的过程中都会有一些里程碑事件。所谓里程碑事件，简单讲就是指一些非常关键的任务，这些任务在某一点之前就应该完成，如果没有完成，就会造成非常可怕的后果。也许成功完成这些里程碑事件是别人的责任，但如果最终没能成功完成将会严重影响到你或者你们团队。作为项目经理，你对项目实施过程中出现的任何一次失败都负有不可推卸的责任，虽然失败并不是由你直接造成的。”

—马丁·内姆佐

也许你已经有了一个正规的项目控制系统，也许你会在项目进行的过程中对其进行定期的审查。无论是哪种情况，你都要着眼于全局，因为只有这样你才不至于被那些无足轻重的琐事和麻烦事搞得焦头烂额。

为你和你的项目选择合适的监测系统。没有任何一个监测系统能够适用于所有的项目。适用于一个大型项目的监测系统可以满足任何一个小型项目的全部要求，而适用于小型项目的监测系统却无法满足大型项目的要求。

根据你所负责项目的规模和复杂程度的不同，也许你想要使用一个你从经验中总结出来的、让你用起来感觉得心应手的系统。但是对于一个相对比较大型的项目来说，你也许需要安装一个项目监测的软件系统。而事实上有许多种不同类型的软件程序可供选择，所以在你选择之前一定要做一些调查研究工作。

把注意力集中在关键事情上。当你发现你已经陷入项目的一些细节问题中不能自拔时，你就很容易偏离要径而步入侧道，这会浪费很多宝贵的时间。你要不停地问你自己以下几个问题：

什么对项目的成功起着关键的作用？

我们打算怎么做？

最应该对项目的哪些关键部分进行跟踪监督和控制？

什么时候进行控制最为关键？

重点关注及时信息。你需要以相当快的速度来收集信息并迅速对这些信息做出反应。最好的情况就是得到实时的信息。然而多数情况下，每周更新一次信息就可以了。

采取纠正措施。要对数据或信息的变化迅速做出反应，要对出现问题的迹象保持高度的警惕。随时准备采取纠正措施，否则，你就是在对项目进行监测，而不是监控。但千万不要事事都想插手，一定要给项目组成员一些独立解决小问题的机会。

（四）监控项目预算

项目经理最重要的任务之一就是要监控项目预算。你已经对整个项目进行了精心的策划，而现在你需要密切关注数字的变化以确保使实际花费与预算相符。通常情况下，你很难对将来的花费做出十分精确的预测，但你要尽可能把项目的花费控制在预算范围之内，否则你就要对那些超出预算以外的花费做出解释。

当你把实际花费与预算进行对比时，你要注意以下这些常见的意外情况，它们很有可能会使你的项目超出预算：

在一个耗时较长的项目进行过程中意外地发生了通货膨胀。

没有把汇率计算在内或者是没有考虑到汇率的意外浮动问题。

没有从供应商和分包商那里得到确定的价格。

所做的预算是基于不同的项目成本计算方法，比如是按小时数来计算还是按美元数来计算。

为了使项目能够按原计划进行所需的计划外的人员花费，其中包括项目超过原定时间期限所需的额外花费。

计划外的场地费。

计划外的培训费。

解决一些未预见到的问题所需的咨询费。

其中大多数意外情况都是在项目开始之前所无法预见的，正因为如此你才需要对实际的数字变化保持高度的警觉。要密切关注那些超出预算的重大偏差，然后找出造成这种偏差的真正原因。

建议：如何进行选择性授权

衡量一下你自己的工作量，然后确定哪些任务需要用到你的特殊技能和你的权力。

确定可以把哪些日常事务、具体活动等轻松地交由其他项目组成员或外部资源去做。

确定哪些任务需要你或你的同事对项目组成员进行一些培训或指导，他们就能独立完成。

确定哪些任务需要你们部门或者公司以外的专业知识或技能。

并不是所有有关预算的消息都是坏消息。当你在监控预算并把它与实际发生的费用进行对比时，你可能会发现一些令人振奋的信息。以下这些意外情况可以使你的花费控制在预算之内：

计划外的资本支出。

汇率比预计的要低。

没有像计划那样分配人员。

建议：有效地授权

明确项目组的实力。

要相信你的项目组有能力完成任务。

要更多地关注结果，不要过多地干涉达到结果的过程。

把授权看作是提高项目组成员技能的一种方法。

把任务逐级向下授权，直到不能再继续授权为止。只有这样才能最充分地利用人力资源。

把任务解释清楚并给大家提供成功完成任务所需的相关资源。

不要错误地理解授权的含义，即不要自行解决所出现的问题，也不要替你的项目组成员做决策。大家要共同商讨来产生方案。

“在影视制作方面总是有很多意外发生，因此你要学会灵活处理。曾经有很长的一段时间，我总想让一切都在我的掌控之中，但事实证明这并不是件容易的事，而且你越是想掌控一切，结果就越是令人感到沮丧。但当我意识到总会有一些事情是我无法控制的这一点时，我反而变得更加从容了。我无法控制天气的好坏，我无法不让演员长粉刺。现在如果发生什么事情，我不会再持一种‘抱怨’的态度，而会持一种‘解决问题’的态度。我会问自己这样一个问题：‘我们该如何解决这个问题?’因为对于我来说最重要的是我在做一个价值百万美元的音乐录像制品，无论通过什么方法，总是要把它做出来的。生气也好，难过也罢，都于事无补。愤怒也好，情绪低落也好，都无济于事。”

——詹尼弗·萨金特

（五）保证质量管理

质量保证对于任何一个项目的成功来说都起着十分重要的作用。项目经理需要做的最后一件事情就是如何面对那些对项目所取得的最终结果感到不满的客户、顾客、监督者或者其他利益相关者。

以下几个基本原则可以帮助你交付出高质量的产品：

不要为了按时交付成果而忽视了质量检查。通常情况下，事后采取补救措施所需的费用往往要比在问题彻底失控之前去正视并解决它所需的费用多得多。

在计划阶段就制定质量标准。要考虑到以下几方面的问题：组织的质量方针、利益相关者的要求、项目的范围，以及外部规章制度。

用最合适的工具来检查交付成果，比如，详细检查、质量保证检查表或者统计抽样。

用之前所制定的标准来接受或者拒绝交付成果。被拒绝的交付成果是被退回还是重做要视费用的多少而定。

（六）向利益相关者报告项目进展情况

项目经理的另外一个非常重要的职责就是向利益相关者报告项目进展情况。在计划阶段你就应该和他们就通过什么形式以及什么时候向他们报告这些问题达成一致意见。

“最危险的情况就是没有和你的客户进行清晰有效的沟通。对于有些客户来说，你必须得打电话告诉他们注意查收电子邮件。而且你最好是养成做记录的好习惯，甚至是当你打电话闲聊时也最好做记录，这样你就可以知道大家在哪一点上达成了共识、哪些问题还没有解决，以及由谁来对这些悬而未决的问题负责。只有这样你才能安排好后面的工作。”

——贝丝·查普曼

建立一个合理的利益相关者沟通体制。一般的利益相关者都想要得到连续的更新信息、项目进展情况和工作进展报告。你要知道他们想要什么，并随时向他们报告。在项目进行的过程中，要随时征求利益相关者的意见，问问他们你所提供的信息量是否够用、所提供的信息形式是否有用。如果没有任何一个利益相关者因为你所提供的信息量不足而感到不满，那么你沿要经前行的道路就会变得无比平坦。

要实事求是。当问题出现时，不要企图掩盖或者不予以重视，否则你就很可能把一个简单的问题变成一个危机，而这个危机所造成的影响也许会比你在问题一出现时就告知利益相关者所造成的影响大两倍。如果你在问题一出现时就向他们报告实情，也许他们会给你提供一些资源，使得问题能够及时得以解决。

“一旦项目开始了，它就变成了一个有机的整体。如果你认为一切都可以写入计划之中，那你就错了。对于所发生的事情和发生的变化，你要时刻保持高度的警惕和敏感。你必须要意识到发生了哪些变化，这样你就可以利用这些变化，因为变化中蕴藏着机遇。你也必须要对所发生的变化进行监督，只有这样你才能避免走下坡路。”

——蒂莫西·奥米拉

八、风险监控

（一）风险监控的概念

风险监控由两部分组成，即风险监视和风险控制。项目风险监控是指在整个项目过程中，根据项目风险管理计划和项目实际发生的风险与变化所开展的各种项目风险监控活动。项目风险监控是建立在项目风险的阶段性、渐进性和可控性基础之上的一种项目风险管理工作。

对于一切事物来说，当人们认识了事物的存在、发生和发展的根本原因，以及风险发展的全部进程以后，这一事物就基本上是可控的了；而当人们认识了事物的主要原因及其发展进程的主要特性以后，那么它就是相对可控的了；只有当人们对事物一无所知时，人们对事物才会是无能为力的。对于项目的风险而言，通过项目风险的识别与量化，人们已识别出项目的绝大多数风险，这些风险多数是相对可控的。这些项目风险的可控程度取决于人们在项目风险识别和量化阶段给出的有关项目风险信息的多少。所以，只要人们能够通过项目风险识别和量化得到足够有关项目风险的信息，就可以采取正确的项目风险应对措施从而实现对项目风险的有效控制。

项目的风险是发展和变化的，在人们对其进行控制的过程中，这种发展与变化会随着人们的控制活动而改变。因为对于项目风险的控制过程实际是一种人们发挥其主观能动性去改造客观世界（事物）的过程，而与此同时，在这一过程中所产生的信息也会进一步改变人们对项目风险的认识和把握程度，使人们对项目风险的认识更为深入，对项目风险的控制更加符合客观规律。实际上，人们对项目风险的控制过程也是一个不断认识项目风险的特性、不断修订项目风险控制决策与行为的过程。这一过程是一个通过人们的活动使项目风险逐步从相对可控向绝对可控转化的过程。

项目风险监控的内容主要包括持续开展项目风险的识别与量化、监控项目潜在风险的发展、追踪项目风险发生的征兆、采取各种风险防范措施应对和处理发生的风险事件、消除和缩小项目风险事件的后果、管理和使用项目不可预见费、实施项目风险管理计划等。

（二）项目风险监控的目标和依据

1. 项目风险监控的目标

（1）努力及早识别项目风险。项目风险控制的首要目标是，通过开展持续的项目风险识别和量化工作及早发现项目所存在的各种风险以及项目风险的各方面的特性，这是开展项目风险控制的前提。

（2）努力避免项目风险事件的发生。项目风险控制的第二个目标是，在识别出项目风险后，通过采取各种风险应对措施，积极避免项目风险的实际发生，从而确保不给项目造成不必要的损失。

（3）积极消除项目风险事件的消极后果。项目风险并不都是可以避免的，有许多项目风险会由于各种原因而最终发生。对这种情况，项目风险控制的目标是要积极采取行动，努力消减这些风险事件的消极后果。

（4）充分吸取项目风险管理中的经验与教训。项目风险控制的第四个目标是，对于各种已经发生并形成最终结果的项目风险，一定要从中吸取经验和教训，从而避免同样风险事件的再次发生。

2. 项目风险监控的依据

（1）项目风险管理计划。这是项目风险监控最根本的依据。通常项目风险监控活动都是依据这一计划开展的，只有新发现或识别的项目风险监控例外。但是，在识别出新的项目风险以后就要立即更新项目风险管理计划，因此所有的项目风险监控工作都是依据项目风险管理计划开展的。

（2）实际项目风险发展变化情况。一些项目风险最终要发生，而其他一些项目风险最终不会发生。这些发生或不发生的项目风险的发展变化情况也是项目风险监控工作的依据之一。

（3）项目评审。风险评审者检测和记录风险应对计划的有效性，以防止、转移或缓和风险的发生。

（三）项目风险监控的步骤

项目风险监控的步骤如下所述。

1. 建立项目风险事件监控体制

在项目开始之前要根据项目风险识别和量化报告所给出的项目风险信息，制定出整个项目风险监控的大政方针、项目风险监控的程序以及项目风险监控的管理体制。这包括项目风险责任制、项目风险信息报告制、项目风险监控决策制、项目风险监控的沟通程序等。

2. 确定要监控的具体项目风险

根据项目风险识别与度量报告所列出的各种具体项目风险确定出对哪些项目风险进行监控，而对哪些风险容忍并放弃对它们的监控。通常，这要按照项目具体风险后果严重程度和风险发生概率以及项目组织的风险监控资源等情况确定。

3. 确定项目风险的监控责任

分配和落实项目具体风险监控责任的工作。所有需要监控的项目风险都必须落实具体负责监控的人员，同时要规定他们所负的具体责任。对于项目风险监控工作，必须要由专人去负责，不能分担，也不能由不合适的人去担负风险事件监控的责任，因为这些都会造成大量的时间与资金的浪费。

4. 确定项目风险监控的行动时间

对项目风险的监控要制定相应的时间计划和安排，计划和规定解决项目风险问题的时间表与时间限制。因为没有时间安排与限制，多数项目风险问题是不能有效地加以监控的。许多由于项目风险失控所造成的损失都是因为错过了风险监控的时机造成的，所以必须制定严格的项目风险监控时间计划。

5. 制定各具体项目风险的监控方案

由负责具体项目风险监控的人员，根据项目风险的特性和时间计划制定各具体项目风险的监控方案。在这一步中，要找出能够监控项目风险的各种备选方案，然后对方案做必要的可行性分析，以验证各项目风险监控备选方案的效果，最终选定要采用的风险监控方案或备用方案。另外，要针对风险的不同阶段制定不同阶段使用的风险监控方案。

6. 实施具体项目风险的监控方案

按照确定出的具体项目风险监控方案开展项目风险监控的活动。必须这一步根据项目风险的发展与变化不断地修订项目风险监控方案与办法。对于某些项目风险而言，风险监控方案的制定与实施几乎是同时的。例如，设计制定一条新的关键路径并计划安排各种资源去防止和解决项目拖期问题的方案就是如此。

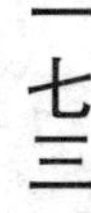

7. 跟踪具体项目风险的监控结果

跟踪具体项目风险的监控结果的目的是要收集风险事件监控工作的信息并给出反馈，即利用跟踪去确认所采取的项目风险监控活动是否有效，项目风险的发展是否有新的变化等。这样就可以不断地提供反馈信息，从而指导项目风险监控方案的具体实施。这一步是与实施具体项目风险监控方案同步进行的。通过跟踪而给出项目风险监控工作信息，再根据这些信息去改进具体项目风险监控方案及其实施工作，直到对风险事件的监控完结为止。

8. 判断项目风险是否已经消除

如果认定某个项目风险已经解除，则该具体项目风险的监控作业就已经完成了。如果判断该项目风险仍未解除，就要重新进行项目风险识别。这需要重新使用项目风险识别的方法对项目具体活动的风险进行新一轮的识别，然后重新按本方法的全过程开展下一步的项目风险监控作业。

（四）风险监控成果

风险监控成果表现在以下两个方面：

（1）随机应变措施，就是消除风险事件时所采取的未事先计划到的应对措施。这些措施有效地进行记录，并融入项目的风险应对计划中。

（2）纠正行动，实施已计划的风险应对措施，包括实施应急计划和附加计划。

九、问题管理

“要关注问题本身，而不要吹毛求疵。”

——匿名

项目管理最刺激的一个方面就是应对意外事件。大多数意外事件都可以迅速而有效地得到解决。然而，对于项目经理来说，他们常常会遇到一些有可能会威胁到项目成功的问题。

（一）“使命枝蔓”问题管理

除了无法预测的变化之外，项目经理还经常要面对一个内部压力，即变更项目范围。当利益相关者要求变更项目范围时，你应该清楚地告诉他们这些变更会对项目的成本、时间和质量造成哪些影响。

对于有些项目来说，“使命枝蔓”是项目经理一直都很难克服的一个障碍。（在软件行业里，这种现象有时被叫作“功能蔓延”。）当大家就具体的里程碑事件和预算问题达成一致意见之后，他们就开始想看到取得越来越大的成绩。千万不要绞尽脑汁去解决那些超出项目范围之外的问题，即便是目前你们公司亟待解决的问题也不例外。

“当你的客户提出一些不太合理的要求时，你必须要保持你一贯的幽默感。你要给他们讲清楚这样做可能带来的后果，而且还要把可供选择的方案表述清楚。在会上我常常这样说：‘这么做到底有没有意义？’”

——维克托·奥泰尔

（二）时间延误问题管理

在项目管理过程中，最常见的一个问题就是项目开始落后于计划。某种程度上的时间延误是不可避免的，但一般情况下，你可以采取一些补救措施，或者至少你可以使情况有所改善。首先你要认清问题。如果你一直在细心地监督整个项目的进展情况，那么你很快就会知道什么时候对日程安排进行调整才不至于造成时间延误，或者说才不至于让意外的瓶颈问题阻碍项目的正常进行。

（三）人员问题管理

有些项目经理在项目计划阶段总是容易忽略潜在的人员问题，甚至当这些问题变成现实而且非常显而易见时，他们还仍然对此持否定或者回避的态度。不幸的是，人员问题常常是项目经理必须要面对的一个最棘手的问题。因此，不要企图忽视、否定甚至是回避这个问题，要随时准备处理人员问题，并立刻采取行动，千万不能耽搁。

记住，并不是所有的人员问题都是一样的，或者都是可以用同一种办法解决的。以下为你提供一些办法，教你如何意识到并解决你可能遭遇的不同困境。

（四）项目沟通管理

1. 沟通的含义

沟通（Communication）就是信息的交流。具体来说，沟通是信息的发出者将信息传递给接收者，并期望接收者做出响应的过程。管理学家西蒙认为："沟通可视为这样一种程序，组织中的每一成员可以借此程序将其所决定的意见传送给其他有关成员。"组织行为学家斯蒂芬 P·罗宾斯认为："沟通是信息的传递和理解。"

2. 沟通的过程

（1）沟通主体，即信息的发出者或来源。

（2）编码，是指沟通主体采取一定的形式来传递信息的内容。

（3）渠道，即媒体。

（4）译码，是指沟通客体对接收到的信息做出的解释、理解。

（5）沟通客体，即信息的接收者。

（6）反馈，即沟通客体的反应。

沟通是一个双向、互动的反馈和理解过程。沟通主体将所要发送的信息进行编码后，使信息沿沟通渠道传递，并经过信息译码，然后为沟通客体接收。同时，沟通客体还要将信息理解的情况返回到沟通主体。需要注意的是，任何一个沟通过程都会存在干扰，消除干扰也是保证有效沟通的重要环节。

3. 沟通方式的种类

根据角度的不同，沟通方式可做如下两种划分：

（1）正式沟通和非正式沟通。

正式沟通是指通过项目组织内部规定的沟通方式进行的信息传递与交流，如组织之间的公函来往、组织内部的文件传达、召开会议、组织规定的汇报制度等。正式沟通的优点是：沟通效果好，约束力较强，易于保密，可以使沟通保持权威性；其缺点是：依靠组织系统层层传递，比较刻板，沟通的速度较慢。

正式沟通中通常包括上行沟通、下行沟通和平行沟通。上行沟通是将下级的意见向上级反映，即自下而上的沟通。如向上级反映情况、意见、要求和建议等。上行沟通有两种形式：一是层层传递，即根据一定的组织原则和程序逐级向上级反映；二是越级反映，是指一般员工直接向最高决策者反映意见，减少了中间环节。下行沟通是上级向下级发布命令和指示的过程，即自上而下的沟通。如上级将政策、目标、制度、方法等告诉下级。平行沟通是指组织中各同级部门之间的信息交流。

非正式沟通是指在正式沟通渠道之外进行的信息传递和交流，如项目团队成员之间的私下交流，小道消息等。非正式沟通的优点是：灵活、方便，直接明了，速度快，能够了解到一些正式沟通中难以获得的信息；其缺点是：难于控制，传递的信息不准确，容易造成信息失真。

（2）言语沟通和体语沟通。

言语沟通是利用语言、文字、图画、表格等形式进行的沟通。其优点是简单明了，通俗易懂。

言语沟通通常包括书面沟通和口头沟通两种形式。书面沟通是指以合同、规定、协议、通知、布告等书面形式进行的信息传递和交流。它的优点是正式、准确、具有权威性，可以作为资料长期保存、反复查阅。口头沟通是指以谈话、报告、讨论、讲课、电话等口头表达的形式进行的信息交流活动。它的优点是比较亲切、灵活、速度快，双方可以自由交换意见，沟通效果好。其缺点是事后难以进行准确查证。

体语沟通是利用动作、表情、姿势等非语言方式进行的沟通。

4. 项目沟通管理的含义

在项目的整个生命期中，项目的沟通起着至关重要的作用。项目沟通包括项目团队与客户的沟通、项目团队与供应商的沟通、项目团队内部的沟通等，这些沟通贯穿了项目生命期的始终。项目沟通是项目管理的一个重要组成部分，是联系其他各方面管理的纽带，也是影响项目成败的重要因素。

项目沟通管理（Project Communications Management）是指为了确保项目信息的合理收集和传递，对项目信息的内容、信息传递的方式、信息传递的过程等进行的全面的管理活动。项目沟通管理的对象是项目进展中的全部沟通活动。

项目沟通管理的工作过程包括：项目沟通规划、项目信息发布、项目执行报告和项目干系人管理。

5. 项目沟通规划

项目沟通规划（Project Communication Planning）是针对项目干系人的沟通需求进行分析，从而确定谁需要什么信息、什么时候需要这些信息以及采取何种方式将信息提供给他们等。虽然所有的项目都需要信息沟通，但是信息需求和信息传递的方式可能存在很大差别。因此，确定项目干系人的信息需求和传递信息需求的方式，是项目成功的关键。

（1）项目沟通规划的依据

①沟通需求。沟通需求是通过对项目干系人所需信息的类型、内容、形式加以分类，并对这些信息的价值进行分析，从而确定项目干系人对信息的需求。项目沟通需求的信息一般包括：

（A）项目组织和项目干系人的责任关系。

（B）项目涉及的技术领域、部门和行业。

（C）项目所需的配备人员。

（D）项目组织与外部的关系。

（E）外部信息需求（如媒体）。

②沟通方式。信息沟通的方式很多，采用何种沟通方式，主要取决于下列因素：

（A）对信息需求的紧迫程度。如果项目要求不断更新信息，可以采取一些沟通速度较快的沟通方式，如口头沟通或非正式沟通；如果项目对信息的需求不是很紧迫，只要求定期提交书面报告，那么就可以采用书面沟通或正式沟通的方式。

（B）沟通方式的可行性。某些沟通方式在特定的情况下可能是不适用的。

（C）项目团队成员的能力。应根据项目团队成员的经验和能力来选择不同的沟通方式。

③项目的制约因素。项目沟通计划的编制必须考虑到项目的一些制约因素，不能超出它的限制。

④项目的假设条件。在编制沟通计划时，需要假设一些条件来代替未来的、不可预测的情况，从而保证沟通计划的合理性。

（2）项目沟通规划的方法

进行项目沟通规划的常用方法就是项目干系人分析。知道什么信息发给哪位项目干系人是十分重要的。项目经理和团队应对不同项目干系人的信息需求进行分析，同时还要考虑到他们所需信息的来源和渠道，以及如何有效地满足他们的信息需求。在进行项目干系人信息需求时，需明确如下三点：①谁需要什么样的信息；②谁什么时候需要信息；③如何将信息发送给不同的干系人。通过项目干系人分析，可以避免不必要的信息传递，减少资源浪费。

（3）项目沟通规划的结果

沟通规划的结果是生成一份项目沟通计划文件，其主要内容包括：

①信息收集的渠道，即采用何种方法，从何处收集项目干系人所需的信息。

②信息发布的渠道和时间，即应该在何时、以何种方式将信息传递给项目干系人。

③信息发布的形式，包括信息发布的格式、内容、详细程度以及采用的符号规定等。

④项目沟通日程表，说明项目信息的创建、收集和发送工作的时间安排。

⑤更新和细化沟通计划的方法，主要包括信息更新的依据和修改程序以及在信息发布之前查找现时信息的各种方法。

6. 项目信息发布

项目信息发布（Project Informatiori Distribution）是指将项目干系人所需要的项目信息及时传递给他们的过程，既包括对沟通计划规定的信息进行发布，还包括对临时索取的信息进行发布。

（1）项目信息发布的依据

①工作成果。工作成果是为完成项目而进行的具体活动的结果。它确定项目哪些活动已经完成或还没完成，项目质量所达到的标准，项目发生的实际成本等，据此可以确定哪些信息可供发布。

②项目沟通计划。沟通计划明确了何时应向哪些项目干系人发布何种信息。

③项目计划。项目计划是用于管理和控制项目实施的文件。项目组织应该及时、分阶段地把有关项目计划的信息分发给项目干系人。

（2）项目信息发布的工具

①沟通技能。在项目沟通中使用的沟通技能非常宽泛。它包括：项目正式河通（报告、报表等）和非正式沟通（聊天、备忘录等）的技巧和方法，项目纵向沟通（上、下级之间沟通）和横向沟通（同级同事之间的沟通）的技巧和方法，等等。

②项目管理信息系统。项目管理信息系统通常被用于搜索、综合、发布信息，它能快速检索和处理复杂的事件，项目干系人可以通过各种方法共享该系统的信息。项目管理信息系统包括信息检索和信息发布两个子系统。信息检索系统包括手工档案系统、电子文档数据库、项目管理软件等。信息发布系统包括项目会议、书面文档复印件、共享网络电子数据库、传真、电子邮件、语音邮件和电视会议等。

（3）项目信息发布的结果

项目信息发布的结果就是项目记录，它包括各种项目活动的原始记录、项目的来往函件、备忘录和各种会议记录文档等。项目团队要将这些文件以各种方式收集起来，并完整地保存和管理，以备今后复查。

7. 项目执行报告

项目执行报告（Project Performance Reporting）是指收集和发布项目执行情况信息的活动。一般来说，项目执行情况报告中应提供范围、进度、成本、质量、风险和采购等信息，它一般包括：

(1) 项目状态报告(Project Status Reporting),用来描述项目当前的进展情况。

(2) 项目进度报告(Project Progress Reporting),用来描述项目团队已经完成的进度。

(3) 项目预测报告(Project Forcasting Reponing),用来预测项目未来的进展情况。

(1) 项目执行报告的依据

①项目计划。项目计划提供了有关衡量项目执行情况的标准。

②工作成果。工作成果提供的信息是编制项目执行情况报告的重要依据。

③其他项目文件。其他项目文件中通常会包括有关项目的具体信息,在衡量项目的执行情况时也应考虑到这些信息。

(2) 项目执行报告的工具和方法

①执行情况审查。执行情况审查就是对项目的状况或进度进行评价,通常与其他方法一起使用。

②偏差分析技术。偏差分析又称为挣值分析,是指将项目的实际进展情况和计划数据进行对比。

③趋势分析。趋势分析是指随时检查项目的执行情况并据此预测项目未来的进展情况。

④项目信息发布的工具和方法。项目执行情况报告借助信息发布的工具和方法进行发送,这些工具和方法主要包括沟通技能和项目管理信息系统等。

(3) 项目执行报告的结果

①项目执行情况报告。项目执行情况报告对有关项目执行情况的信息进行总结,提出分析结果,并按照项目沟通计划的规定向项目干系人提供所需要的信息。执行情况报告的通用格式包括甘特图、S 曲线图、矩形图和表格等。

②变更申请。项目团队通过对项目的实际执行情况进行分析,常常会对项目的某些方面提出变更申请。

8. 项目干系人管理

项目干系人管理(Project Stakeholder Management)是指为满足项目干系人的需求而对其相互间的沟通进行的管理。对项目干系人进行有效的管理,可促使项目沿预期轨道行进,同时可以提高团队成员协同工作的能力。通常,由项目经理负责干系人管理。

(1) 项目干系人管理的依据

项目干系人管理的依据是项目沟通计划。沟通管理计划包含在项目管理计划中或作为项目管理计划的从属计划，包括的内容有：项目干系人的沟通要求；对所要发布信息的描述；信息接收者的情况；信息传达所需的技术或方法；沟通频率；随着项目绩效评估的进行对沟通管理计划进行更新或细化的方法；通用词语表等。

（2）项目干系人管理的工具和方法

①沟通方法。在项目干系人管理中，应使用项目沟通计划中为每个干系人确定的沟通方法。召开会议是与项目干系人讨论和解决问题的最有效的方法。

②问题记录单。问题记录单可用来记录并监控问题的解决情况。以特定的方式对问题进行澄清和陈述，有助于问题的解决。同时，需要针对每项问题分派负责人，并规定解决问题的截止日期。如果问题未得到解决，则可能导致冲突甚至项目延期。

（3）项目干系人管理的结果

①已经解决的问题记录。随着项目干系人沟通要求的识别和解决，问题记录单内将就已经提交和解决的问题进行记录。示例如下：

（A）为项目增添人员，使有关项目缺乏某种技能和资源的问题得以解决。

（B）与组织内的职能经理就匮乏的人力资源问题进行谈判，并达成令双方都满意的结果，因而未对项目造成延迟。

（C）解答董事会成员就项目经济可行性提出的问题，使项目按原计划开展。

②更新的项目管理计划。即对项目管理计划进行更新，以反映沟通管理计划的修改。

（五）项目冲突管理

1. 冲突概述

冲突（Conflict）是两个或两个以上的个人、团体或组织在某个争端上所产生的纠纷。对于冲突的看法，存在着两种观念。传统的观念认为冲突是无益的，会影响正常的群体活动和组织的秩序与效率。20 世纪 30 至 40 年代以前，研究团体行为理论的人大多支持这种观点，主张避免和消除冲突，从而对冲突的处理方式是被动地、暂时性地解决一件已发生的纠纷事件。自 20 世纪 40 年代中期起，管理学家和行为学家改变了对冲突的看法，认为冲突是任何组织都不可避免的，是不可能被消除的，而且适度的冲突能使组织保持旺盛的生命力和永不满足、坚持创新的态度。对有些冲突，可等其发展到一定阶段再进行处理；但对另外一些冲突，如果处理不及时，就可能会造成危害，甚至会影响组织的长远发展。

冲突是一个能动的、互相影响的过程。冲突发生可划分为五个阶段：

（1）冲突的潜伏阶段。冲突的潜伏阶段存在着可能产生冲突的条件，但是这些条件并不一定会导致冲突，只有当特定的情况发生后，它们才可以转变为冲突。

（2）冲突的被认知阶段。冲突的被认知阶段是冲突各方开始注意到可能会产生分歧的阶段。

（3）冲突的被感觉阶段。当一个或更多个人、团体或组织在情绪上对存在的分歧有反应时，冲突就达到了被感觉的阶段。

（4）冲突的出现阶段。在这一阶段，冲突由认识转化为实际的行动。冲突的当事人可能会扩大冲突，也可能采取适当措施将其及时消化处理。

（5）冲突的结局。冲突双方相互作用的结果就是冲突的结局。分析冲突可能出现的结局有助于做出正确的决策。

2. 项目冲突管理的含义

项目始终处于冲突的环境中，冲突影响着项目的进展及结果。项目管理专家对项目的冲突给出了如下的定义：

项目冲突是组织冲突的一种特定表现形态，是项目内部或外部某些关系难以协调而导致的矛盾激化和行为对抗。项目冲突是项目内外某些关系不协调的结果，一定形态的项目冲突的发生表明该项目在某些方面存在着问题。深入认识和理解项目冲突，有利于项目内外关系的协调和对项目冲突进行有效管理。

项目冲突管理（Project Connict Management）是指识别冲突、分析冲突并解决冲突的过程。项目冲突管理的作用是引导项目冲突的结果向积极的、合作的、而非破坏性的方向发展。在这个过程中，项目经理是解决冲突的关键，他的职责是在项目冲突发生时，分析冲突的来源和强度，并运用正确的方法来化解冲突。

3. 项目冲突的识别

项目冲突的识别就是分析项目冲突的来源。以项目的执行过程为例，冲突可能来源于如下方面：

（1）人力资源冲突。人力资源冲突是指由于项目团队成员来自不同的职能部门所引起的有关人员支配方面的冲突。特别是在矩阵型组织结构中，这种冲突尤为突出。由于职能经理和项目经理都具有项目团队成员的支配权，他们很可能就用人问题产生冲突。

（2）成本费用冲突。成本费用冲突一般是指在费用分配问题上产生的冲突。比如，由于经费紧张，项目经理缩减了各子项目的预算，而各子项目的负责人都希望能够获得充足的预算，这就可能导致成本费用冲突的产生。

（3）技术冲突。技术冲突是指在技术性能要求、实现手段和相关技术问题上产生的冲突。如项目的技术部门为了达到项目的技术性能要求，主张采用先进的新技术，而项目经理考虑到项目的成本、进度和风险等因素，建议采用较为成熟的技术方法。

（4）管理程序冲突。管理程序冲突是围绕项目管理问题所产生的冲突。在管理部门发生的冲突包括发生在项目经理的权利和责任、不同项目团队之间或项目团队与合作方之间的冲突等。

（5）项目优先权冲突。项目优先权冲突是指项目参加者由于对实现项目目标应该完成的工作活动的先后次序存在不同的看法所产生的冲突。项目优先权冲突可能发生在项目团队内部，也可能发生在项目团队与相关的职能部门之间。

（6）项目进度冲突。项目进度冲突是指项目工作活动的完成次序、所需时间与项目进度计划不一致所产生的冲突。这主要是由于项目经理和职能经理对同一工作时间安排的看法不一致导致的。

（7）成员个性冲突。项目团队成员个性冲突是指由于项目团队成员的价值观不同、个性差异等造成的冲突。相对于其他冲突来说，个性冲突的强度较小，但却是最难解决的。

4. 项目生命期中冲突的分析

项目生命期中冲突的分布，它仅适用于一般项目。

（1）项目的启动阶段

项目的启动阶段是项目生命期中的第一阶段，在这个阶段项目冲突的强度排序如下：

①项目优先权冲突。

②管理程序冲突。

③项目进度冲突。

④人力资源冲突。

⑤成本费用冲突。

⑥技术冲突。

⑦成员个性冲突。

在这一阶段，项目优先权冲突的强度排在首位，在工作活动的优先权问题上，项目经理的权力还不明确，项目经理和职能部门常常会产生冲突。项目经理应该同有关职能部门进行协商，明确定义项目的计划，同时必须对优先权冲突进行仔细分析，尽早做出安排并找出解决方案，消除和减少优先权冲突可能引发的有害结果。

管理程序冲突的强度排在第二位，因为项目启动阶段涉及很多复杂的问题，如项目组织结构的选择，项目经理的职责和权利，项目经理对人力资源和物质资源控制的程度，沟通方式等。这些问题主要由项目经理考虑各个方面的因素来解决，冲突常常在这个过程中发生。项目经理应该设计一套详细可行的管理程序以及项目章程，使与项目有关的管理工作有章可循，从而减少管理冲突的发生。

在这一阶段，项目进度冲突的强度也很显著，职能部门可能与项目组织在活动安排、活动所花费的时间方面产生不一致的意见，这也意味着职能部门不得不调整其运作方式以及权力结构，从而避免冲突的产生。

（2）项目的计划阶段

在这个阶段，主要的项目冲突的强度排序如下：

①项目优先权冲突。

②项目进度冲突。

③管理程序冲突。

④技术冲突。

⑤人力资源冲突。

⑥成员个性冲突。

⑦成本费用冲突。

这一阶段，项目优先权、项目进度和管理程序的冲突仍然是重要的冲突，通过比较可以发现：在项目启动阶段排在第三位的项目进度冲突在计划阶段成了第二大冲突。这时，项目的进度计划要保证在规定的时间内实现项目的目标，在某些方面与职能部门会产生不一致，从而产生冲突。因此，在制定项目进度计划时，应该和职能部门一起安排各个活动的进度。

管理程序冲突的强度开始降低，这主要是由于随着项目的进展和各项项目章程的完善，管理项目的各项活动有了一定的依据，于是可能出现的管理问题无论在数量上还是频率上都有所降低。

值得注意的是，技术冲突变得显著起来，由前一阶段的第六位上升到这一阶段的第四位。在制定计划的时候，项目的技术部门不能满足技术规定的要求或要求增加技术投入就会导致技术冲突的发生。

成本费用冲突有所降低，主要是因为一些项目在计划阶段还不够成熟，不会引发项目组织与职能部门之间关于成本的冲突。

（3）项目的执行阶段

在项目执行阶段，冲突的排序与其他阶段相比发生了明显的变化：

①项目进度冲突。

②技术冲突。

③人力资源冲突。

④项目优先权冲突。

⑤成本费用冲突。

⑥管理程序冲突。

⑦成员个性冲突。

进度冲突通常是在项目计划阶段发展起来的，到了项目的执行阶段，项目进度计划可能需要根据项目的实际进展情况进行相应的调整，从而导致与某些职能部门产生更加强烈的冲突。因此，项目经理要对项目的执行情况进行监督，与受到影响的职能部门进行沟通，并预测可能产生的问题，事先制定出解决方案。

技术冲突也是执行阶段的一种重要冲突，技术冲突在这一阶段的强度较高，主要是由于项目的成本和进度的限制，以及质量控制标准、技术方案的可行性导致技术冲突更为强烈。项目经理应该尽早使技术人员了解项目的成本和进度的实际情况，就技术方案达成一致的意见。

人力资源冲突在这一阶段上升为第三位。在执行阶段，项目对人力资源的需求达到了最高峰，如果此时其他项目组织也要求职能部门提供人员，而职能部门又不会增加人员数量，则必定会产生冲突。项目经理要事先预测人员的需求量，并尽早与职能部门进行沟通。

（4）项目的收尾阶段

项目收尾阶段是项目生命期的最后阶段，主要冲突的强度排序发生了一定的变化：

①项目进度冲突。

②成员个性冲突。

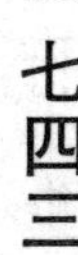

③人力资源冲突。

④项目优先权冲突。

⑤成本费用冲突。

⑥技术冲突。

⑦管理程序冲突。

在这一阶段，项目进度冲突依然是最主要的冲突。许多项目执行阶段中的进度偏差，很可能遗留到项目的收尾阶段。这些偏差经过一段时期的积累将会严重影响整个项目，甚至会导致项目的失败。项目经理应该在一些关键活动上增加新的人员，加快项目进度。

成员的个性冲突上升到了第二位，这里主要有两个原因：一是在项目完成后，项目团队就要解散，因此团队成员可能会感到前途未卜；二是由于团队成员在项目进度、质量要求、成本等方面要承受一定的压力。因此，项目经理要缓解项目中紧张的工作气氛。

在这一阶段，人力资源冲突的强度趋于上升，排在了第三位。这是因为公司中新启动的项目常常会与进入收尾阶段的项目争夺人员，职能部门也常常会召回项目的剩余人员，因此造成项目人力资源冲突。项目经理要保持与各职能部门、其他项目组织的合作关系，通过协商来调配所需的人员。

不同的冲突在项目生命期中的强度。值得注意的是，各种冲突的强度并不能代表冲突的重要程度。

5. 项目冲突的解决

项目通常处于冲突的环境中，但冲突并不可怕，如果处理得当，反而能促进项目工作的完成。冲突能帮助项目团队尽早发现项目所存在的问题并引起有关人员的注意；冲突有利于项目团队的建设，能激发团队成员进行讨论，这样可以形成一种比较民主的工作氛围；冲突能培养团队成员的积极性和创造性，促进项目团队寻找新的解决办法，从而实现项目创新。面对众多的冲突，项目管理专家提出了一些常用的解决方式。

（1）回避

回避是指卷入冲突的项目团队成员从这种状态中撤出，从而避免发生实际的或潜在的争端。采用回避方式的效果一般不大，因为这种方式未触及冲突的根源。冲突可能依然存在，只不过被人际或群体间的相互交往掩盖了，当被回避的冲突在另一个地方再次出现时，冲突可能会加剧。

（2）竞争

这种方法的实质是“非赢即输”。它认为在冲突中取得胜利要比勉强保持人际关系更为重要。这是一种积极的解决冲突的方式。但是，这种方法也存在一些弊端，可能会导致团队成员之间产生怨恨，恶化工作环境。

（3）缓和

这种方法的实质是“求同存异”，即在冲突中找出一致的方面，忽视两者之间的矛盾。这种方式认为，维持人际关系比解决问题更为重要，强行解决问题可能会伤害团队成员之间的感情，降低团队的凝聚力。尽管这一方法能避免一些矛盾，但它并不能彻底解决问题。

（4）妥协

这是一种通过协商使冲突双方在一定程度上获得满意的折中方法。尤其是当冲突双方势均力敌、难分胜负时，妥协也许是较为恰当的解决方式，但是这种方法并非永远可行。

（5）正视

正视就是直接面对冲突，这是一种解决冲突的有效方式。它既要求有效地解决问题，又要求维持良好的人际关系。

（6）防范

防范是对可能产生的冲突进行处理的最佳方法。为了做好冲突防范，项目经理必须确保所有的项目团队成员都清楚地理解项目目标和项目计划，在团队建设中强调成员间的信任和成员的自信，形成一个融洽的工作氛围等。

十、项目验收

（一）项目验收的标准、依据和结果

1. 项目验收的标准

项目验收的标准是判断项目产品是否合乎项目目标的依据。所以，只有制定科学、权威的标准才能对项目进行有效的验收。项目验收的标准一般包括：项目合同书、国际惯例、国际标准、行业标准、国家和企业的相关政策、法规。不同性质的项目，选

用的验收标准也不尽相同。

项目合同书规定了在项目实施过程中各项工作应遵守的标准、项目要达到的目标、项目成果的形式和要求等。它具有法律效力，是项目实施管理、跟踪与控制的首要依据。因此，在对项目进行验收时，最基本的标准就是项目合同书。

国际标准、行业标准和相关的政策、法规，是比较科学的、人们普遍接受的标准。项目验收时，如无特殊规定，可参照国际标准、行业标准和相关的政策、法规进行验收。

国际惯例主要是针对一些常识性的内容，如无特殊说明，可参照国际惯例进行验收。

2. 项目验收的依据

（1）工作成果。工作成果是项目实施的结果，项目收尾时提交的工作成果要符合项目目标。工作成果验收合格，项目才能终止。因此，项目验收的重点是对项目的工作成果进行审查。

（2）成果说明。项目团队还要向客户提供说明项目成果的文件，如技术要求说明书、技术文件、图样等，以供验收审查。项目成果文件说明随着项目类型的不同而有所不同。

3. 项目验收的结果

（1）项目正式验收报告。通过正式验收后将产生经项目团队和项目干系人确认并签字的项目验收报告，也可称为项目验收鉴定书。

（2）项目结束报告。项目终止后，项目经理的一项非常重要的工作就是编写项目结束报告。项目结束报告通常也是项目管理中的最后一个文件，其目的是积累项目管理经验，为改进将来的项目管理服务。项目结束报告并非是一份简单的项目评价记录，而是项目历史的记录。项目结束报告的提交标志着项目的最后结束。

项目结束报告应包含如下五项内容：①项目绩效。比较项目最终实施结果和项目计划目标，并提出相应的项目管理建议。②管理绩效。记录项目管理过程中出现的问题及相应问题的解决方式，总结管理经验。③项目组织结构。记录项目团队所采用的特有的组织结构，并分析其优缺点。④项目团队成员。对项目团队成员的表现情况、沟通情况及是否具有相互合作精神进行评价。⑤项目管理技术的运用。项目实施结果在一定程度上依赖于项目管理技术的运用。常用的项目管理技术主要有预测技术、计划技术、预算技术、进度计划、资源分配技术及控制技术等。这里主要是检查这些技术是否运用得当并总结相关经验。

（二）项目验收的组织和程序

1. 项目验收的组织

项目验收的组织是指对项目成果进行验收的组织和个人，一般由项目接收方、项目团队和项目监理人员构成。项目性质的不同，项目验收组织的构成存在较大的差异。

2. 项目验收的程序

（1）做好项目的收尾工作。当项目快要结束时，大部分的工作已经完成，但是还有一些零星、琐碎的收尾工作需要处理。收尾工作如果处理不好，可能会影响到项目今后的正常运营。因此，项目经理要带领项目团队成员保质保量地完成项目的收尾工作，做到善始善终。

（2）准备验收材料。项目文件是项目验收的重要依据，在项目实施过程中，项目团队要不断收集各种项目文件，如项目计划、项目成果说明、设计图样、测试材料等。当准备项目验收时，要将这些项目文件汇总、整理并归档，形成一套完整的验收材料，从而为项目顺利通过验收提供保障。

（3）项目团队进行自检并提交验收申请。项目管理人员先要同生产、技术、质量等部门的有关人员对项目产品进行检查，从而找出项目存在的问题和漏洞，并及时采取补救措施。项目自检合格后，项目团队就可以向客户提出验收申请，并附送相关的验收材料，以备客户组织人员进行验收。

（4）验收工作组检查验收材料。项目客户会同项目监理人员、政府有关人员和其他相关人员组成验收工作组，按照项目的要求对项目验收材料进行检查。如果验收材料不齐全或不合格，就要通知项目团队在规定的期限内予以补交或修改。

（5）对项目的完成情况进行初审。项目验收工作组根据项目团队提交的验收申请，可组织人员对项目产品进行初步检查。如果发现项目产品存在问题，要通知项目团队及时进行处理。

（6）正式验收。项目验收工作组在验收材料和初审合格的基础上，就可以组织人员公开、公正地对项目产品进行全面的正式验收。如果正式验收不合格，则要通知项目团队返工以待再作验收。如果正式验收中发现项目存在较为严重的问题，而双方又难以达成一致意见，可诉诸法律来解决。

（7）签订验收鉴定书。项目验收后，如果项目产品符合验收标准和相关法律、法规，项目团队要和客户签订验收鉴定书，表示双方当事人已经认可并验收了该项目产品。

（8）项目移交。项目移交是在签订完项目验收鉴定书后，项目团队将项目产品和相关技术档案资料移交给客户。项目移交要做好以下的工作：

1）做好项目的收尾工作，准备好所要移交的项目产品和文件材料。

2）由项目团队负责进行项目产品的试运营。

3）办理项目产品的移交手续。

4）做好项目运营后的技术服务和人员培训工作。

十一、项目后评价

（一）项目后评价的含义

项目后评价是在项目完成并运营一段时间后对项目的准备、立项决策、设计施工、生产运营、经济效益和社会效益等方面进行的全面、系统的分析和评价，从而判别项目预期目标实现程度的一种评价方法。项目后评价的目的主要是从已完成的项目中总结正反两方面的经验教训、提出建议、改进工作、不断提高投资项目决策水平和投资效果。

（二）项目后评价的特点

项目后评价有如下特点：

（1）现实性。项目后评价以实际情况为基础，依据的数据资料是现实发生的真实数据或根据实际情况预测的数据。它与项目前期的可行性研究不同，可行性研究是预测性的评价。

（2）全面性。项目后评价的范围很广，要对项目的准备、立项决策、设计施工、生产运营等方面进行全面、系统的分析。

（3）反馈性。项目可行性研究用于投资项目的决策，而项目后评价的目的在于向有关部门反馈信息，为今后的项目管理工作提供借鉴，不断提高未来投资的决策水平。

（4）合作性。项目后评价，由单独设立的后评价机构或上级决策机构，组织主管部门会同计划、财政、审计、银行、设计、质量、司法等有关部门进行。项目后评价工作的顺利进行需要各参与方融洽合作。

（三）项目后评价与可行性研究的比较

1. 相同点

（1）性质相同，都是对项目生命期全过程进行技术、经济论证。

（2）目的相同，都是为了提高项目的效益，实现经济、社会和环境效益的统一。

2. 不同点

（1）评价的主体不同。项目后评价主要由单独设立的后评价机构或上级决策机构进行，以确保后评价的公正性和客观性；可行性研究主要由投资主体（企业、部门或银行）或投资计划部门组织实施。

（2）在项目管理过程中所处的阶段不同。后评价在项目竣工投产后，对项目建设全过程和运营情况及产生的效益进行评价；可行性研究则属于项目前期工作，为投资决策提供依据。

（3）评价的依据不同。项目后评价是项目实施后或实施中的评价，所依据的是实际记录的数据和发生的情况，以及据此预测的未来数据；可行性研究全部运用预测的数据，因此项目后评价比可行性研究具有更高的现实性和可靠性。

（4）评价的内容不同。项目后评价主要是针对可行性研究的内容进行再评价，而且对项目决策、项目实施效率进行评价，以及对项目建设全过程和运营情况及产生的效益进行评价；可行性研究的内容主要是项目建设条件、工程设计方案、项目的实施计划及经济社会效益的评价和预测，从而决定是否立项实施。

（5）在决策中的作用不同。项目后评价是对项目选择决策的各种信息的反馈，对项目实施结果的鉴定，其鉴定结论间接作用于未来项目的选择决策，从而提高未来项目决策的科学化水平；可行性研究直接作用于项目选择决策，其结论是项目取舍的依据。

（四）项目后评价的作用

项目后评价的作用主要包括如下五个方面：

（1）总结项目管理的经验教训，提高项目管理水平。项目管理涉及许多部门，只有这些部门密切合作，项目才能顺利完成。如何协调各部门之间的关系，采取什么样的具体合作形式都尚在不断摸索中。项目后评价通过对已建成项目实际情况进行分析研究，总结经验，从而提高项目管理水平。

（2）提高项目决策科学化水平。通过建立完善的项目后评价制度和科学的方法体系，一方面可以促使评价人员努力做好可行性研究工作，提高项目预测的准确性，另一方面可以通过后评价的反馈信息，及时纠正项目决策中存在的问题。

（3）为国家投资计划和政策的制定提供依据。通过项目后评价能够发现宏观投资管理中的不足，从而使国家可以及时修正某些不适合经济发展的技术经济政策，修订某些已过时的指标参数，确定合理的投资规模和投资流向，协调各产业、各部门之间及其内部的各种比例关系。

（4）为银行部门及时调整信贷政策提供依据。通过项目后评价，及时发现项目建设过程中使用资金存在的问题，分析贷款项目成功或失败的原因，从而为银行部门调整信贷政策提供依据。

（5）可以对企业经营管理进行诊断，促使项目运营状态的正常化。项目后评价通过比较实际情况和预测情况的偏差，探索偏差产生的原因，提出切实可行的措施，从而促使项目运营状态的正常化，提高项目的经济效益和社会效益。

（五）项目后评价的内容

1. 项目目标评价

项目目标评价是指对项目目标的实现程度进行评价，对照原计划的主要指标，检查项目的实际情况，分析差异产生的原因，并对项目决策的正确性、合理性和实践性进行分析评价。

2. 项目实施过程评价

项目实施过程评价是将可行性研究报告中所预计的情况和实际执行情况进行比较分析，找出差别并分析原因。

3. 项目影响评价

项目影响评价包括经济影响评价、环境影响评价及社会影响评价。

（1）经济影响评价。主要分析评价项目对所在地区、所属行业产生的经济方面的影响。主要包括分配、就业、国内资源成本、技术进步等方面。

（2）环境影响评价。项目的环境影响评价一般包括项目的污染控制、地区环境质量、自然资源利用和保护、区域生态平衡和环境管理等方面。

（3）社会影响评价。即对项目在社会经济和发展方面的有形和无形的效益与影响进行分析评价。

4. 项目持续性评价

项目的持续性是指在项目的建设资金投入后，项目是否可以持续地发展下去，是否能继续实现既定目标，是否可在未来以同样的方式建设同类项目。

（六）项目后评价的步骤

1. 提出问题

明确项目后评价的具体对象、评估目的及具体要求。项目后评价的提出单位可以是国家计划部门、银行部门、各主管部门，也可以是企业（项目）自身。

2. 筹划准备

问题提出后，承担单位进入筹划准备阶段。筹划准备阶段的主要任务是组建一个评估领导小组，并按委托单位的要求制定一个详细的项目后评价计划。

3. 深入调查，收集资料

本阶段的主要任务是制定详细的调查提纲，确定调查对象和调查方法，并开展实际调查工作，收集整理后评价所需要的各种资料。

4. 分析研究

围绕项目后评价内容，采用定量和定性的分析方法，发现问题并提出改进措施。

5. 编制项目后评价报告

将分析研究的成果汇总，编制出项目后评价报告，并提交委托单位和被评估单位。

（七）项目后评价的方法

1. 资料收集法

资料收集是项目后评价的重要内容和手段，资料收集的效率和方法直接影响项目后评价的进展和结论的正确性。常用的资料收集方法有：专题调查法、固定程式的意

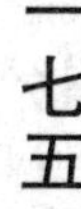

见咨询、非固定程式的采访、实地观察法和抽样法。

2. 市场预测法

项目后评价发生在项目投产后，其数据大部分都是项目准备、建设、投产运营等过程中的实际数据，为了与前期的评价进行对比分析，还需要根据实际情况对项目运营期间的全过程进行重新预测。具体预测方法分为经验判断法和历史引申法等。

3. 分析研究方法

对于通过实际调查和市场预测所得到的各种数据，只有经过加工处理并对其进行分析研究后，才能发现其中存在的问题。常用的分析研究方法有：

（1）指标计算法。即通过计算项目各阶段实际效果指标，来衡量投产项目所取得的实际效果。

（2）指标对比法。即通过将项目实际指标与预测指标或者与国内外同类项目的相关指标进行对比，发现项目实际存在的问题，提出改进的方法。

（3）因素分析法。项目投资效果的各个指标，通常都是由多种因素决定。因素分析法就是把综合指标分解成原始因素，以便找出造成指标变动的原因。

（4）统计分析法。具体做法是在项目实施前，就某一指标分别确定两组考察对象，试验组在项目所在区，对照组不在项目所在区，也就是不受项目实施的影响。进行项目后评价时，对比两组，考察项目实施怎样影响这一指标。

（八）项目后评价报告

项目后评价报告是对评价结果的汇总，是反馈经验教训的重要文件。后评价报告必须反映真实情况，报告的文字要准确、简练，尽可能不用过分生疏的专业词汇；报告的结论、建议要和提出的问题相对应，并把评价结果与未来规划以及政策的制定、修改相联系。

项目后评价报告主要包括：摘要、项目概况、评价内容、主要变化和问题、原因分析、经验教训、结论和建议、基础数据和评价方法说明等。

第十五章　创新管理

一、创新是企业发展的核心能力

德鲁克说，所谓创新，就是一种使人力资源和物质资源拥有新的、更大的创造财富能力的工作；是一种能够形成新的潜在需求，并与以前的产品和服务不同，而且也不是在原有产品或服务的基础上进行的改进。这种创新的效果是使生产更加富有效率。

（一）创新是管理的真谛

德鲁克说，每个组织都有自己的核心能力，可以说它是组织性格的一个组成部分。但是，每个组织，不仅仅是企业，都需要一种核心能力：创新。创新是企业利润增长的源泉，是企业可持续发展的有效法宝；不创新就可赚取丰厚利润的时代一去不复返了。熊彼特说："企业家精神的真谛就是创新，创新是一种管理职能。"

组织、领导与控制是保证计划目标的实现所不可缺少的，从某种意义上来说，它们同属于管理的"维持职能"，其任务是保证系统按预定的方向和规则运行。但是，管理是在动态环境中生存的社会经济系统，仅有维持是不够的，还必须不断调整系统活动的内容和目标，以适应环境变化的要求——这即是经常被人们忽视的管理的"创新职能"。创新才能发展，这已经是所有企业 CEO 们的共识。

一说起星巴克，人们都知道，它是卖咖啡的，但哪一天它要是卖茶了，相信会让所有人都大吃一惊，但是这却成了事实。2009 年，星巴克在美国本土业务大幅收缩，于是星巴克开始在全球寻找新的业务增长区域。在中国，它把眼光瞄准了中国的茶叶市场。2010 年，当中国的新茶上市的时候，星巴克这家全球咖啡连锁巨头就开始卖起了包括碧螺春在内的九款原叶茶品。

为开拓印度巨大的农村洗衣粉市场，全球消费品巨头联合利华公司改变以往袋装

星巴克总部

洗衣粉的层层分销模式，转而采取货车下乡的直销模式，直接将洗衣粉灌装给每个消费者。这种直销模式大大降低了产品的价格，给客户带来了实实在在的利益，比起在商场货架上的洗衣粉，这种洗衣粉要便宜很多，于是，利用这种方式，联合利华建立了深入印度每个村落的分销体系。

著名管理学家詹姆斯·莫尔斯说："可持续竞争的唯一优势来自创新能力。"任何企业只有不断创新才能不断实现超越。在激烈的市场竞争中，要么革新，不断地再创造；要么停滞不前，走向破产。

说起创新，VANCL是不折不扣的诠释者。

"我真的想知道我用最好的布、最好的面料、最好的线做出这件衬衣质量到底怎么样，到底要多少钱。"2007年底，非专业人士陈年带着这一初衷创立VANCL，莽撞地杀入服装业。正在外人对陈年颇为怀疑的时候，他的高歌猛进让所有人都看傻了。

2008年，VANCL的销售收入是2.78亿元，2009年VANCL的销售收入超过7亿元，夺得了"2009德勤高科技、高成长中国50强"第一名，而到2010年的时候，VANCL的销售收入达到了20亿元。一个卖服装的网站，没有颠覆性的技术，也没有革命性的产品，这个奇迹是怎么创造的呢？在这个从0到20亿元的故事背后，创新是主要的推手，透明化、退换货政策、用户体验……这一切的一切，都是陈年与别人不同的地方。

丝袜是VANCL的隐形杀手。这一带给VANCL巨额利润的产品，成功之处就在陈年的创新。有一次，袜业巨头梦娜的“富二代”宗科平和陈年聊天，这个巨资赞助2008年北京奥运会的公司，让陈年听到一个吃惊的数字：梦娜大概能占北美袜子市场的70%。陈年回忆说：“我听完了以后就傻了，说你多少钱可以给我。”结果陈年拿到了一个很低的批发价。后来，定价为9块的丝袜产品线登上VANCL，迅速就成为冠军级产品，一天就卖出去4万多双。但是在当时来说，陈年为什么没有选择裙子呢？裙子应该说是风险最小的。但这就是陈年的管理创新之处，他走的是IT业思路，他采用一种标准化切入，切入之后再个性化，因为个性化的切入公司是肯定活不成的。

不管是网站，还是杂志，VANCL的产品总是让年轻人眼前一亮，忍不住就掏出了自己的腰包、帆布鞋、印花T恤……总是年轻人青睐的产品，这都是VANCL创新所带来的效果。

身处一个竞争激烈的时代，只有创新才能做永立潮头的成功者，要是失去了创新，那么等待企业的也就只有死亡。正如德鲁克所说，创新是一家企业的核心能力，也是企业管理的真谛。

企业只有具有了创新这种核心能力，才能在竞争中取胜。管理的目的就是为了提高企业的核心能力，创新是管理的真谛。

（二）只有创新才能创造未来

国务院国资委副主任邵宁在2010年全国企业管理创新大会上说：每次经济危机之后，必然带来全球经济增长方式的调整，而经济增长方式的调整，又必须建立在制度创新、技术创新或者管理创新的基础之上。

对于企业来说，不管是技术，还是管理，创新都是一个说不完的话题，可以说，创新对于一家企业的生死存亡起着决定性的作用。德鲁克提出，“创新的组织”是今天的热门话题。但是单单使一个组织愿意接受创新，甚至把它组织起来创新，仍然远不足以使它成为变革的领导者。这样的做法，有时甚至还分散了注意力。因为作为变革的领导者，并不仅仅是愿意接受新的、不同的事物，还需要有意愿和能力来改变现行做法，他需要制定出“由现在创造出未来”的政策。

1988年，联想开始制定战略规划，探索进军海外市场的途径。在随后的几年中，随着公司在海外市场拓展上的实践，以柳传志为首的公司决策层清醒地意识到，联想要想在国际计算机市场上分得一杯羹，必须要把联想打造成一艘能抗惊涛骇浪的“大船”。为了能让这艘“大船”顺利起航，并且迅速发展壮大，联想创新出了一种“大船结构”管理模式，这种管理模式成就了现在已成为国际性大公司的联想。

这种管理模式的主要特点是“集中指挥，分工协作”，它包含四个方面：

第一，集中指挥，统一协调。公司把开发、生产、经营三个方面作为主体，围绕这三大主体，公司设置了一个决策系统，一个供货渠道，一个财务部门，实行人员统一调动，资金统一管理。根据市场竞争规律，企业内部实行目标管理和指令性工作方式，统一思想，统一号令，接近于半军事化管理。

第二，实行经济承包合同制。公司采取了这种管理模式之后，按工作性质划分了各专业部门的工作，这种划分明确了各自的工作任务，任务明确，流水作业，这种分工大大提高了工作质量和效率，有利于实现按劳分配，调动职工积极性，体现企业主人翁地位。

第三，实行制度化管理。管理要想公正、公平，就要尽可能地消除主观因素，而制度就是最好的方式，用制度说话，上至公司管理者，下至公司基层员工，都必须在制度的制约下行事。从 1998 年起，联想开始完善各种企业管理制度。比如，财务制度、职工培训制度、干部聘任制度、库房管理制度等等，着力进行规范化企业管理。

第四，董事会下设总经理（总裁）室，实行集体领导。总经理室有四名成员，两个在香港，两个在大陆，实行统一指挥。这种领导方式最大限度地保证了公司决策的正确性，避免在竞争中产生失误和失利。同时，这种模式能让领导班子起到团结和带头作用。由于领导班子成员有共同的理想、共同的思想基础，又配合默契，使总经理一班人成为公司的坚强核心，在职工面前具有很强的号召力。

再弱小的企业也需要管理，只有管理，才能让弱小企业成为一家强大的企业，联想从一家只有 10 人的工作团队、20 万元启动资金的研究院，成为中国的巨无霸企业，并成功进入世界 500 强，这和联想集团的管理创新是分不开的。德鲁克说，领导者要想成为变革的领导者，不仅仅是愿意接受新的、不同的事物，还需要有意愿和能力来改变现行做法。它需要制定出“由现在创造出未来”的政策，而管理创新就能由现在创造出企业的未来。

一个企业的发展史实际上就是一个由无数个大大小小、连绵不断的创新构成的。任何时候，只要企业不断坚持创新，那么它就一定会在市场竞争中保持旺盛的生命力，反之，就会陷入徘徊不前的境地，有被对手反超并挤出市场的可能。

（三）创新的焦点必须指向市场

创新活动可以促使商品价格降低，这是经济学家最关心的问题。之所以如此，其原因很简单，那就是因为价格降低是唯一可以用定量工具进行处理的。但是，创新的结果也可能是产生一种新的、更好的产品，或是创造出一种新的便利性，抑或是一种新的需求。

市场是企业生存的根本，企业管理者之所以要提高自己的管理能力，增强自己的管理水平，就是为了能带领企业在市场上立于不败之地。

创新作为管理者的必备素质之一，正如德鲁克所言，它必须永远盯在市场需求上，没有市场需求的创新只是一种浪费。

为了创新而创新，忽视市场需求的创新让索尼吃尽了苦头。

1945 年，井深大在东京的一片废墟上成立了东京通信研究所，这家研究所成了日后风靡全球的索尼公司。

在创业初期，索尼公司异常艰难，但是通过十来年的摸爬滚打，一家小企业慢慢地开始成长起来。因素是索尼公司发明了世界上第一台晶体管收音机“TR-55”，这一产品的出现让索尼公司运营渐入佳境，特别是特丽珑显像管的发明，更是让索尼公司自豪，盛田昭夫称赞特丽珑显像管“是仅次于索尼商标的宝贵财产”，也正是这一创新技术，让索尼公司一跃成为国际化的知名大公司，成就了索尼长达 30 多年的霸业。而其 Walkman 的创新更是引领了全球年轻人的时尚，创造了耳机文化，以至于盛田昭夫受封英国爵士，英国媒体以“起身，索尼随身听爵士”表示对索尼的尊敬。

正是凭借技术上的创新，不断涌现的创新产品让索尼创造了一个又一个辉煌。但是，无敌最是寂寞，在技术上遥遥领先的索尼也犯了盲目自信的错误，可以说正是半个多世纪的锐气风发让索尼狂妄到要改变消费者的习惯的地步。这时候，索尼开始脱离市场，只顾为创新而创新。

这是从索尼公司进入好莱坞开始的。1976 年，日本 JVC 公司开发出了一种家用录像机录制和播放标准 Video Home System，简称 VHS。为了能抢夺 VHS 的市场，索尼公司开发出了一种家用盒式录像带 Betamax。Betamax 这一产品在性能上确实优于 VHS，但由于好莱坞影视录像多用 VHS 标准，索尼的录像磁带一败涂地。

此时盛田昭夫认为，为了能推出自己的产品，索尼公司做出决策，将最高档的硬件与最前卫的内容结合，自此开始了索尼的软硬件相结合的协同战略。此后索尼大举打入美国软件市场，先买唱片公司，接着入主哥伦比亚电影，后又组财团收购好莱坞老牌电影公司米高梅，意图在于控制内容，主导世界制作标准，为其硬件销售提供便利。但事与愿违，索尼公司的战略并没有取得成功，因为索尼软硬件的协同战略只强调其自身的协同，完全忽视了消费者的选择权，这样产品并不被消费者接受。比如索尼推出的音乐播放机 PSP，只能用索尼自己的音乐卡，消费者只能一次次地购买昂贵的索尼音乐卡，此外为了防止盗版，索尼的音响产品只能收听自己开发的 ATRAC 制式，而不与市场上通用的 MP3 制式兼容。这样，索尼的如意算盘落空，协同不成，经常反成桎梏。

德鲁克说，创新的结果也可能是产生一种新的、更好的产品，或是创造出一种新的便利性，抑或是一种新的需求。但是这种新的、更好的产品或者新的需求，都是要以市场为导向的，没有市场的产品创新技术再好，也只能拖企业的后腿。

盈利是企业的目的，没有哪家公司是做亏本生意的。而要想盈利，则必须有客户，客户就是市场，产品没有市场，技术含量再高. 再新颖，也毫无用处。

（四）创新往往是不经意间的偶然

德鲁克在《创新与企业家精神》中说道：创新的机会常常是妙手偶得。刻意去追求创新是不能成功的，因为创新需要灵感，有时候不经意间的一次偶然就能成就你的创意，给你的企业带来巨大的成功。

索尼公司的老板盛田昭夫是一个善于从不经意的偶然中发现创新机遇的人。在工作之余，盛田昭夫喜欢在早上上班前去散步，有一次，他散步的时候看到自己的好朋友也在散步，手中提着个笨重的收音机。盛田昭夫对朋友的这一举动很奇怪，于是走上去一问才知道，原来这位朋友喜欢在散步的时候听听音乐或者新闻，只能提着一个笨重的收音机到处走。

回到公司后，朋友的话语深深地触动了盛田昭夫的灵感，为什么不发明一种随身携带又轻便的收音机呢？这时候，随身听的构想在盛田昭夫的脑海中开始萌芽。

为了尽快能把这种产品研发出来，盛田昭夫第二天立即召集技术人员开始设计，没过多久，世界上最小的录放音机问世，这就是现在流行的随身听的前身。索尼公司的这一产品一上市，就受到年轻人的热情追捧，产品供不应求。

从盛田昭夫的经历可以看出，很多成功的创意往往不是来源于规划，而是在不经意间获得的灵感。斯太菲克也是这种情况下的成功者。

斯太菲克在美国伊利诺斯州一个退役军人管理医院疗养的时候，他在经济上已经破产。在他逐渐康复期间，没有太多的事情可做，有一段时间特别茫然。通过看报纸，斯太菲克得知，许多洗衣店都把刚熨好的衬衣折叠在一块硬纸板上，以避免衬衣产生皱纹。他给洗衣店写了几封信，获悉这种衬衣纸板每千张要花费 4 美元。突然间，他想到了一个主意：以每千张 1 美元的价格出售这些纸板，并在每张纸板上登上一则广告。登广告的人当然要付广告费，这样他就可从中得到一笔收入。

为了能把自己的想法变成现实，出了院他就开始行动。通过努力，他获得了极大的成功。后来他决定提高他的服务效率，增加他的业务。他发现衬衣纸板一旦从衬衣上撤除之后，就不会为洗衣店的顾客所保留，这样广告的效用就不能持久。为了提高广告效用的持久性，唯一的方法就是让拥有这些纸板的家庭尽可能长久地拥有这种纸板。

有一次，他在看一档饮食电视节目的时候，突发灵感，为什么不在纸板的另一面印上一些食谱呢？于是他在纸板的一面继续印一则黑白或彩色广告，在另一面，他增加了一个供主妇用的家用食谱。效果很快产生了。有一次，一位男子抱怨，他的妻子把刚洗好的衬衣又送到洗衣店去了，而这些衬衣他本来还可以再穿穿。他的妻子这样做仅仅是为了多得一些斯太菲克的菜谱。后来，斯太菲克在纸板上又加入了一些新的东西——一个有趣的儿童游戏，或者一个引人入胜的字谜。

德鲁克说，意外创新所带来的创新的机遇风险最小，求索的过程也最轻松。不管是盛田昭夫还是斯太菲克，他们的这种创新都是一种意外的创新，这种创新之所以只有有心之人才能抓住，是因为大部分的管理者不重视这种灵感，有的甚至把这种灵感拒之门外。所以，管理者应该善于从偶然的意外事件中读出创新的信息，充分注意到偶然性带来的创新机遇并抓住它，直至成功。

不要对身边的意外事件视而不见，对发生的事件多问几个为什么，也许成功就会接踵而来。

（五）失败是创新之母

德鲁克认为，无论你自己还是你的竞争对手，每一次失败都得好好推敲，因为每一次失败的背后往往隐藏了某种变化，这种变化就有可能成为你下一次成功的机遇。

人人都知道，失败是常有之事，是不能被拒绝的，但是，失败之后，人们要么沉浸在失败的痛苦之中，要么从中吸取失败的教训，但是很少有人会把失败看成是创新机遇的征兆。德鲁克强调，失败可能是企业所提供的产品或服务、进行设计或制定营销战略所依据的设想不再符合现实，可能是客户改变了价值观或认识，这些变化都蕴含着创新的机遇。

日本富士 Xerox 公司从 1988 年就开始实施“关于事业风险投资与挑战者的纲领计划”，根据这一计划，如果公司员工的新事业构思被公司采纳，则公司和提出人就共同出资创建新公司，并保证三年工资。假如失败了，仍可以回到公司工作。对于新创立的公司，不但给予资金的支持，还给予经营与财务等必需的人才支持。

3M 公司一直在努力为员工创造轻松自由的研究开发环境，同时，对于工程师们感兴趣的研究开发，3M 公司允许他们占用工作时间的 15%在实验室中进行。如果你的创造性构想失败了，那也没有关系，照常可以从事原来的工作，而不会因此就遭到冷嘲热讽。

创新是一种高风险的活动，在创新之前谁也不能保证就一定会成功，所以，创新应该允许失败。就像爱迪生在发明电灯的过程中失败了 1500 多次，每失败一次，就排除了一种不能用作电灯灯芯的材料，所以说，不管是自己还是对手，每一次失败都是自己创新的起点。

1913 年，亨利 · 福特在美国底特律新建了高地汽车厂，生产福特 T 型汽车。为了提高生产效率，福特公司采用了大批量生产系统，传送带把汽车送到每一个工人面前，每个工人负责完成生产线上的一项指定工序，如安装车门螺丝或车门把手，传送带的速度成为控制工人活动的主要手段，这种管理方式极大地提高了效率，降低了成本。到 1920 年，福特汽车公司所生产的 T 型车能够把价格降低三分之二，降价的结果就是每年能为福特公司销售 200 多万辆 T 型车，为福特汽车公司带来了巨大的财务成功，成为世界汽车行业中的领头羊。

但是福特的成功带来了许多的竞争者，为了提高生产效率，众多的汽车公司开始采用这种生产系统，这一生产系统为汽车行业带来了巨大的变革，汽车产量得到跳跃式增长，市场供求开始平衡。与此同时，面对数量众多而品种单一的汽车，消费者的需求产生变化，从原先一般意义上的更好（质量更佳而价格更低），提升为对汽车品种、外形、色彩等的挑选。

此时的福特公司仍然以老大哥的身份沾沾自喜，“你需要其他颜色的汽车吗？我们只生产黑色”。从这种霸道的口吻就能窥见福特有多么的嚣张。为了能超越福特公司，福特的老对手通用汽车努力在寻找新的突破。在艾尔弗雷德·斯隆的带领下，通用汽车提出了以“提供满足不同钱袋不同需求的汽车”为原则的经营模式，将美国汽车市场的社会经济划分为“低层”“中低层”“中高层”“高层”四个部分，依据不同社会经济层级的需要，开发出不同品类的汽车，使通用汽车类型多样化，更好地满足了顾客需求。结果在20世纪30年代逐渐超越福特，成为20世纪40年代全球第一大汽车公司。

亨利·福特

此时的福特开始意识到危机的到来，为了抢夺市场，福特推出新车型爱泽尔（Edsel），福特花了很大的精力和时间来规划和设计爱泽尔，它的设计体现了从市场调查得到的最新信息，这些信息包括顾客在汽车的外观和款式方面的喜好，除此以外，还体现了最高质量控制标准。经过几年的研发，福特汽车公司终于在1957年推出了爱泽尔牌汽车，但不幸的是，爱泽尔一推出就遭到惨败，彻底让位于通用汽车的“别克”和“奥斯摩比”。

福特汽车公司的爱泽尔牌汽车的彻底失败一夜之间在美国家喻户晓。如果换成是别人，肯定会沉浸在失败的阴影中不能自拔，但是福特却没有那么做。按照德鲁克的说法，福特并不怪罪“不理智的顾客”，而是确认一定发生了什么事情与汽车行业的每个人对消费者行为的设想不相符合。福特公司立刻派人出去调查，通过调查得知，斯隆在20世纪20年代依据社会经济地位将美国汽车市场划分成“低层”“中低层”“中高层”“高层”四个部分的划分方式已经过时，已经被我们现在所称的“生活方式”所取代。于是福特公司从爱泽尔的失败中吸取教训，在很短时间内就推出了“雷鸟”（Thunderbird）牌汽车，它成为自老福特1908年推出T型轿车以来最成功的美国汽车。

对于成功，人人都会报以掌声，但是对于失败，在一些企业，不但没有认真地总结失败的原因，而是采取了全盘否定的做法。如果失败了而不深入检讨分析，也许会错失最好的创新机会。如果福特公司在爱泽尔失败之后不去展开调查，那么他们就不会懂得市场开始出现了变化，那么也就不可能推出雷鸟车型，进而与成功无缘。

俗话说，失败是成功之母，是因为失败者在失败后寻找原因，总结经验教训，探索成功的因素，把握创新的机会。

（六）创新是企业的保单

在德鲁克的眼里，创新是企业的基本职能之一。对于企业来说，创新是让自己立于市场不败之地的保单。并且德鲁克也说，如果把创新的目标定位在掀起产业革命，这大都不可能成功，创新最好是从小规模开始着手，这样更容易得到市场的认可。

一说起英国的《企鹅丛书》，人们不可能不把它与艾伦·莱恩这一个人联系起来。艾伦·莱恩是英国人，他在年轻时就继承了伯父的事业，出任了希德出版社的董事。在当时，出版社的处境已是举步维艰，莱恩绞尽脑汁，试图另辟蹊径，使出版社“柳暗花明”。终于有一天，当莱恩在一个候车室旁的书摊上漫无目的地扫视时，他突然发现，书摊上除了高价新版书、庸俗读物外，几乎没什么可看之书，而且这些书大部分都是价格昂贵的精装书。这种昂贵的书只有当时的贵族才能买得起，对于广大平民来说，则只能望书兴叹。

为什么不出版一些平装书呢？这样老百姓也能买得起，这样市场就广阔了。这一发现触动了莱恩的灵感，让他兴奋不已。

莱恩要出版廉价丛书的计划在英国出版界引起了强烈的反响，有人说这是自取灭亡，有人说这会严重影响整个图书界。莱恩认定这个办法是他的企业走出困境的唯一出路，所以他毫不动摇。

第一套平装系列丛书共 10 本，规格也比精装本缩小了。这不仅节省了封面制作的成本，也节省了纸张，再加上莱恩决定以购买再版图书重印权的方式出版这 10 本书，因而大大降低了成本费。莱恩把每本书的价钱压到 6 便士，这样，人们只要少吸 6 支香烟就可买到一本书。

这套书的封面也很吸引人，这是因为莱恩在上面设计了一个逗人喜爱的丛书标志物——一只翘首站立的小企鹅。莱恩把这套丛书起名为《企鹅丛书》。莱恩还用颜色表示图书的类别：紫色为剧本，浅蓝色为传记，橘红色为小说，灰色为时事政治读物，绿色为侦探类作品，黄色为其他类别读物。这一系列的改革使这套书不仅在外观上鲜艳明快，让人耳目一新，而且在装订上显得简单朴实，印刷上更是字迹工整。

1935 年 7 月，第一批 10 卷本《企鹅丛书》正式问世，在不到半年时间里，这套书就销售了 10 万册，莱恩成功了。到 1936 年元旦，由于《企鹅丛书》的成功，莱恩把希德出版社改名为企鹅图书公司。几十年来，它坚持薄利多销、为大众服务的原则，因此垄断英国平装书市场 20 多年。目前，企鹅图书公司已成为全世界屈指可数的平装书出版社之一。

正是莱恩的另辟蹊径，使祖上流传下来的图书家业"柳暗花明"。不仅让他的公司得到发展，还为世界创造了一种永恒的经典。

竞争是无情的，只有创新，才能让企业充满活力，也是企业在激烈竞争中始终立于不败之地的根本所在。对于大多数企业管理者来说，意识到市场发生了变化，却"不愿变化更新"。在激烈的市场竞争中，一切失败，归根结底是理念和思想方法的失败。假如管理者能够在理念和思维方式这个根本上解决问题，则无论竞争对手多么强大，最终一定能够战胜它。实际上，在竞争激烈的现代社会，企业真正的竞争优势就是创新。只有创新，才是基业长青的保单。

所有的管理者都希望自己的企业永葆青春，要想实现这一愿望，就只有创新。

（七）变革是时代的脉搏

现在的世界是一个日新月异的时代，可以说变革已经成为世界的常态。今天还很畅销的产品，也许明天就已经成为过时品，也许今天还很成功的管理方法，一年之后就已经不再适应企业。

德鲁克认为，除非一个组织明确了主导变革是它的任务，否则就无法生存。因为变革已经成了时代的脉搏，只有把握住这一脉搏，才能占据未来的先机，做变革的领导者。变革的领导者要把变革看作发展的机遇，懂得寻求变革，用创新去找到适合组织的有益变革。

在上海通用汽车公司的发展历程中，柔性化管理已经成为该公司一道亮丽的风景线。

在即将进入 21 世纪的时候，人类迎来了企业管理的第二次革命——柔性管理。柔性管理以"人性化"为标志，强调跳跃和变化、速度和反应、灵敏与弹性，它注重平等和尊重、创造和直觉、主动和企业精神、远见和价值控制，它依据信息共享、虚拟

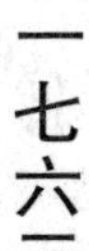

整合、竞争性合作、差异性互补、虚拟实践社团等，实现知识由隐到显的转化，创造竞争优势。为什么说柔性管理是企业管理的第二次革命呢？早在一百多年前，也就是1897年，诞生在美国的“泰罗制”算是开启了企业的“现代管理”之门，从此，“科学管理”代替了“经验管理”，企业管理经历了第一次革命，后来，又经历了20世纪的行为科学、系统理论、决策理论、全面质量管理、业务流重组等过渡性演变。到21世纪，“人性化”管理的“柔性管理”成为第二次企业管理革命。

在汽车业，中国几乎所有的汽车工厂都采用一个车型、一个平台、一条流水线、一个厂房的制造方式。唯有上海通用是另类，上海通用最多可以一条线上生产四种不同平台的车型。这种生产方式就是“柔性化”生产方式，它在国内汽车企业里是绝无仅有的。

为了赢得市场，上海通用以柔性化生产线为基础，严格而规范的采购系统，科学而严密的物流配送系统，以市场为导向高度柔性化的精益生产系统以及以客户为中心的客户关系管理，共同构成了其柔性化生产管理的支撑体系，使上海通用汽车成为通用公司全球范围内柔性最强的生产厂家，形成了企业柔性化管理的经典范例。

海港宾馆也是能抓住时代脉搏的创新者。上海作为中国的国际大都市，每天都会有数十万流动人口进进出出，而上海又是一个商业中心，所以在这数十万人口中，有很大一部分人是为了经济事务来上海的商务旅客。上海大大小小的旅社星罗棋布，而以商务旅客作为主要接待对象的却极少。坐落在上海南京西路的海港宾馆发现了这一市场，于是决定将“为商务旅客服务”作为自己突出的经营特色。有了这一目标之后。海港宾馆采取一系列措施，首先在客房的设计上大做文章。

一般的客房都是两张大床占去了房内的主要空间，一套单人沙发摆在床尾或床边，令人坐在房内感到局促，在房内行走更是觉得狭窄不便。办公桌上大彩电一放，连找个写字的地方都困难。这样的房间，只是睡睡觉还可以，怎能适合旅客处理商务的需要？海港宾馆对此做了令人惊异的变革：将床改造为可以嵌进暗墙里的活动床。早上起床后，只要一按电钮，床就会慢慢翘起，自动嵌进暗墙中。这样，一间普通客房，马上就能变成一间宽敞、气派的“经理办公室”。对旅客来说，只花了“普通客房”的住宿费，却得到了“套房”的享受。

同时，由于商务旅客可能来自世界各地，为了方便旅客，海港宾馆不仅设有多种规格的接待室、会客室，还配有中外文打字、誊写复印、传真通讯，以及外文翻译、外汇结算等有关的设备和人员。此外，他们考虑到一般商务旅客都特别希望能得到与他们业务有关的上海的各种经济信息，于是宾馆便与上海旅游学会合作开办了上海第一个商务信息电脑库，分门别类地储存关于上海各种主要机构和各种重要经济信息的资料。同时海港宾馆还欢迎上海的企业申请在电脑库中立户头，储入企业的基本情况介绍与合作意向。这一措施为商务旅客们提供了大量的合作机会和洽谈线索，大受他们的欢迎。

上海的宾馆业是竞争最激烈的地方，可谓强手如林，但是海港宾馆却正因为变革，突出了自己的经营特色与个性，很快在竞争中脱颖而出，成了商务旅客中有口皆碑的宾馆。当许多宾馆正为住房率不高而犯愁的时候，海港宾馆却常常会出现十几批旅客等、抢一间客房的热闹场面。

21 世纪因为信息革命的革命性影响，企业都面临着变革的契机，只有创新才能拯救企业，也只有创新能力强的组织或企业，才能把对手甩得越远，越容易获得成功。

变革是这个时代的脉搏，只有勇于变革，不断创新，才不会被时代抛弃。

（八）创新就是走在变局之前

著名数学家华罗庚指出："如果没有创新精神，不去探索新的道路，只是跟着别人的脚印走路，也总会落后别人一步，要想超越别人，非有创新精神不可。"

索尼公司是横跨数码、生活用品、娱乐领域的世界巨擘，不拘泥于现有的技术、独立研究开发出前所未有、"触动消费者心弦"的产品、创造全新的市场与需求正是索尼公司在 50 年间取得巨大发展的动力原因。而索尼公司的这一理念则得益于公司创始人井深大和盛田昭夫从一开始经营就立志于"率领时代新潮流"、走在变局之前的理念。

作为企业的领导人，有一次，井深大在日本广播公司看见一台美国造录音机，立即抢先买下了其专利权，很快生产出日本第一台录音机，投放市场后很受消费者欢迎。1952 年，美国研制成功"晶体管"，井深大立即飞往美国进行考察，又果断地买下这项专利，回国后仅数周时间便生产出第一支晶体管，销路大畅。当其他厂家也转向生产晶体管时，他又成功地生产出世界上第一批"袖珍晶体管收音机"。这一人无我有、人有我转的战略，使索尼的新产品总是以迅雷不及掩耳之势投放市场，并赢得了巨大的经济效益。

现在是一个高速发展的时代，可以毫不夸张地说，只要你打一个盹，你就可能落后人家很多年，你要想成为竞争中的佼佼者，正如德鲁克所言，你只有走在变局之前。

有人说，中国的管理大部分是学习国外的管理方法和经验，中国没有自己的管理思想、管理理论和管理模式。事实上，在海尔是有真正属于自己的管理模式的，即“T模式”。“T模式”是实现有竞争力的市场目标的预算体系，即：将集团创造订单、获取订单、执行订单的全流程分为13个节点，以按单生产的“T”为推进的出发点而两端推进，“T-”是对“T”的目标的支撑，“T+”是对“T”目标的提升。

海尔的T模式包含“4T”：T（Time），是时间，要准时；T（Target），是目标，要有第一竞争力的市场目标；T（Today），是日清，每天的工作要日清日结；T（Team），是团队，市场目标是由SBU团队来完成的。在“T模式”的管理下，海尔飞速发展。

刘志明是海尔洗衣机事业部质量检验经理。洗衣机事业部确定了28个“六西格玛增值项目”，在一次竞标会上，刘志明抢到了一个改善双动力洗衣机的电脑板质量的项目。

在洗衣机的质量损失中，电脑板的一项质量损失占了很大比例，每次问题反馈回来后，首先追溯的便是检验员，身为经理的刘志明也一直被这一问题困住。长期以来，这一问题一直都得不到解决。这一次，洗衣机事业部质量部长翟学英首先就给了刘志明一个新资源：按照T模式的思路，刘志明是团队负责人，他不仅要确定目标，每天日清，还可以整合型号经理、质量经理等一切资源。

在T模式的指引下，刘志明确定了完成目标的时间，并很快组建了一个项目团队：有供应电脑板的智能电子公司质改经理周传鹏、洗衣机型号经理徐忠朝，还有分析市场质量信息的质量经理尹前前。团队组建好之后，刘志明开始查找问题的关键所在，他从源头上分析问题，经过现场模拟、回访用户之后，他终于找到了问题所在。之所以电脑板很容易损坏，是因为产品在设计时细节考虑不周，如果用户误操作，就可能损坏电脑板。

根据这一发现，刘志明组建的团队开始行动，徐忠朝更新了设计，尹前前分析市场反馈的质量信息，发现改进后的产品已经没再出现以前的问题。通过这次合作之后，刘志明高兴地说：“T模式教会了我从体系上分析、解决问题的思路。在减少质量损失的同时，我自己也在成长！T模式让我尝到了甜头！”

海尔作为中国本土最成功的企业之一，它之所以能走在别人的前面，就是因为时时创新让它走在变局之前，当别人开始模仿海尔的时候，它已经又向新的领域进军了。

领先市场一小步，才能超越对手一大步，只有走在时代变局之前，你才能成为市场的主导者，最终成为市场经济的弄潮儿。

（九）技术领先，就是最大的优势

一家企业要想成为时代的领跑者，就只有时时追求技术创新。德鲁克说，对企业来说，只提供经济商品和服务是远远不够的，它还必须提供更好、更多的经济商品和服务：企业本身未必一定要变得规模更大、实力更强，但它必须能够持续地改进，以期变得更好。企业只有把技术创新作为自己的生命线，才能为客户提供更多的经济商品和服务。

一提起手机，人人都会想到诺基亚。这家芬兰小国里的企业，在掌舵人约玛·奥利拉的率领下，开创了诺基亚的一个黄金时代。他带领诺基亚完成了从多元化制造型公司向全球主要科技企业的转型，使诺基亚成了全球手机市场无可争议的领导者。

诺基亚的这种成功说明了技术领先就是企业最大的优势。比如率先在中国推出彩壳随心换手机，率先推出支持简、繁体中文短信的移动电话，率先在中国推出第一款WAP 手机，推出国内市场首款内置摄像头的可拍照手机，等等。在游戏领域，当微软布道 X-BOX，索尼竭尽全力研制 PS2 时，诺基亚开始了 N-gage 游戏手机的开发；当互联网领域的视频点播开始普及时，诺基亚推出了无线影视传播。

尽管诺基亚在 2003 年的时候遭受到对手摩托罗拉的强力挑战，由于智能手机推出过于迟缓，产品外形更新过慢，缺乏在移动通信领域更深层次的作为，诺基亚在手机市场的短暂徘徊使摩托罗拉抢占了先机。但是奥利拉没有让这种悲剧续演，他带领管理层采取果断措施，在取得领先之后，时时创新，始终使自己在市场竞争中保持领先地位。企业管理者应该知道，通过技术创新赢得市场地位实际上比防守已有的市场地位要稳妥得多。只有技术领先，才可能实现持续领先。

1903 年，身为推销员的金·吉列创建了吉列保安剃须刀公司，开始批量生产新发明的剃须刀片和刀架。在两次世界大战时期，他采取一系列措施使得吉列公司获得迅速发展。之后在世界经营剃须刀片的企业日益增多，竞争日益激烈的情况下，吉列公司为保护自己的优势地位，坚持产品创新的决策，于 1959 年推出了新产品——超级蓝色刀片，称为蓝色吉列，深受消费者的欢迎，连续创下了吉列历史上销售新纪录。特别是到了 1968 年，吉列公司创下了销售保安剃须刀片 1110 亿支的纪录。

但是，好景不长，不久之后，意大利不锈钢刀片研制成功并投放市场，给了吉列公司一个沉重的打击，使他们措手不及。由于不锈钢刀片在技术上的种种优点，吉列公司在意大利的剃须刀市场一下子就被抢走了80%。随后不锈钢刀片又进入美国。吉列公司因拿不出和不锈钢刀抗衡的新产品而节节败退。在这种情况下，吉列公司为了夺回技术上的优势，迅速组织技术力量，投入大量资金全力开发研制不锈钢刀片。1年零6个月之后，吉列公司把自己的新产品——吉列不锈钢刀片投放市场，竭力和意大利刀片抗衡。两年后，吉列公司又推出第二代超级吉列不锈钢刀片。并且以新产品为依托，采取大规模广告宣传和降低价格策略，不久就把意大利刀片赶出了美国市场。

电动剃须刀问世，给吉列公司带来了新威胁。为了应对挑战，吉列公司投入人力物力开发研制新产品，推出“双排刃保安剃须刀”，这一产品在安全、耐用、价格和能把胡子彻底刮净等方面，具有电动剃须刀不可比拟的优越性，足以和电动剃须刀抗衡。所以，即使现在电动剃须刀风行全世界，但是吉列公司仍然以它的产品创新优势立于不败之地。

竞争对于弱者而言是灾难，但是对于强者来说，则是迫使自己不得不创新的动力。只有在技术上有创新，才能让自己保持最大的优势，把别人远远甩在后面。

市场永远都是弱肉强食的状态，没有人情可言，如果不选择创新，那么你只能成为竞争中的失败者。